KB070420

특수교육 및 재활복지 분야의 전문가를 위한

장애학생 부모상담

─────── | 최국환 저 |

Counseling with Parents of
Students with Disabilities

학지사

우리는 상담이 일상화된 사회를 살아가고 있다. 그동안 많은 상담 관련 서적과 단체가 등장해 왔고, 각종 자격증이 물결을 이루고 있다는 사실로 이를 알 수 있다. 또한 상담을 공부한 후 관련 자격증을 받아 놓으면, 향후 영리 · 비영리 기관에서 일할 수 있다는 사람들의 기대심리가 반영되어 있다고도 할 수 있다.

　상담은 우리의 일상생활 속에 깊숙이 들어와 있지만, 특수교육이나 재활 분야를 전공하고 있는 학부 및 대학원 학생들은 여전히 상담이 다른 분야의 학문이고, 친숙하지 못하다는 느낌을 받고 있는 것 같다. 그 이유는 이 분야에서의 상담이 기존의 심리상담 분야와는 특성상 다소 거리감 있게 비추어질 수 있고, 상담의 주제 또한 직업상담 및 부모교육 분야의 상담 서비스에 초점이 맞추어져 있어 무언가 색다르게 느껴질 수도 있기 때문이다. 그러나 부모상담은 훈련을 통해 해당 분야의 전문성을 신장할 수 있는 학습이 가능한 영역이다. 그래서 부모교육을 담당하고 있는 교사들뿐만 아니라 동료지지 상담을 제공해 줄 수 있는 장애학생의 부모들도 전문 상담자로서의 훈련이 충분히 가능하다고 본다.

　저자는 이 책을 크게 세 부분으로 나누어 기술하고자 하였다. 제1장부터 제4장까지는 장애학생 부모상담의 기초 지식을 제공해 줄 수 있는 주제들로 '장애인에 대한 태도' '장애학생 가족에 대한 이해' '장애학생 가족의 장애적응과 대처행동 양식' 그리고 '부모교육과 부모상담'을 다루고 있다. 제5장부터 제8장까지는 부모상담의 실천적 활용이라는 측면에서 '부모상담의 이론' '부모상담의 과정과 전략' '부모의 문제유형별 상담 전략' 그리고 '장애학생 가족기능 강화 프로그램' 등의 주제들로 내용을 구성하였다. 그리고 제9장과 제10장은 '가족지원 서비스'와 '장애학생 부모상담의 윤리'의 주요 내용들로 구성하였다. 상담의 윤리란 상담자에게 요구되는 책무성이며, 장애학생 부모 또는 가족구성원에게 지역사회의 자원에 대한 정보를 제공해 주는 업무 또한 상담자의 주요 역할들 가운데 하나라고 할 수 있을 것이다.

이 책은 학교에서 장애학생 부모교육을 담당하는 교사뿐만 아니라 장애인 복지관 등에서 근무하는 재활복지 전문 인력이 큰 부담 없이 참고할 수 있는 부모상담 개론서라고 할 수 있다. 특히 저자는 책을 집필하면서 일반인도 쉽게 이해할 수 있도록 전문 용어를 쉽게 풀어 기술하고자 하였다. 그리고 외국 서적을 인용할 때는 직역을 하기보다는 문장을 크게 변화시키지 않는 한도 내에서 의역을 하여 보다 이해하기 쉬운 문장으로 대체하고자 하였다. 또한 장애학생의 부모 또는 가족구성원과 상담을 진행할 때 활용해 볼 수 있는 상담의 전략과 기술에 초점을 맞추어 내용을 구성하고자 하였다.

이 책은 이전의 『장애아부모상담』(2016)을 '장애학생 부모상담'으로 제목을 바꾸고, 최근 자료를 토대로 내용을 수정한 결과물이다. 저자는 집필한 결과물이 부족하다는 생각을 지금도 떨쳐 버릴 수가 없다. 저자 나름대로 그동안의 오류를 수정한다고 하였지만, 이번에도 독자 여러분께 다시 부탁드리고 싶다. 이 책을 읽다가 문장 또는 내용상의 오류를 발견하거나, 저자가 부지중 간과했던 부분이 있다면, 개정 시 참고할 수 있도록 조언해 주시기를 진심으로 부탁드린다.

봄, 여름, 가을, 겨울은 날씨 변화에 따른 사계를 일컫는다. 꽃이 피고, 돋아난 잎새들이 푸르러지고, 풍성한 열매가 영글고, 다음 해를 준비하는 사계의 시간은 마치 우리 삶의 희로애락과 비슷하다. 저마다 꽃이 피는 봄을 좋아할 수도 있고, 풍성한 녹음을 좋아할 수도 있고, 열매를 맺는 갈색 풍미를 좋아할 수도 있고 혹은 백지를 채우고 새해의 기다림을 사랑할 수도 미워할 수도 있을 것이다. 장애학생을 둔 부모의 마음에도 사계가 전해 주는 다양한 심리적 기제가 내재되어 있다. 계절과 절기가 문화권마다 다르게 표현될 수 있듯이,

개인의 혹은 한 가족의 장애적응 과정도 한 사회적·문화적 맥락 안에서 이해되어야 함은 자명하다.

　이 책은 장애학생을 둔 부모뿐만 아니라 특수교육, 재활상담 및 사회복지를 전공하고 있는 학생들에게도 부모상담의 이론과 상담의 실제에 관한 기초지식을 두루 제공해 줄 수 있을 것이라 생각한다. 또한 상담에 관심이 있는 사람들에게도 사계의 의미가 함축된 삶의 진리를 곰곰이 탐색해 볼 수 있는 시간이 되기를 진심으로 기대해 본다.

　끝으로, 이 책이 나오기까지 도움을 주신 모든 분들께 깊은 감사를 드리고 싶다. 먼저 바쁘신 중에도 이 책의 출판을 허락해 주신 학지사의 김진환 사장님과 집필 일정을 조율해 주신 유명원 부장님께 진심으로 감사드린다. 그리고 편집을 하면서 기타 소소한 일까지 책임을 다해 주신 편집부 김서영 선생님과 주변의 지인들께도 깊은 감사의 말씀을 전하고 싶다.

2018년 8월
성심 교정에서
최국환

제6장 **부모상담의 과정과 전략**   155

제10장　장애학생 부모상담의 윤리　　327

제1장

장애인에 대한 태도

　장애인에 대한 태도는 특수교육 및 재활 분야의 주요 연구주제들 가운데 하나이다. 일반적으로 장애학생을 둔 가족은 가족구성원 중에 장애학생이 있다는 사실로 인하여 사회의 부정적 태도를 경험하기 쉽고, 비장애인과는 다른 장애적응 과정을 경험한다. 장애인에 대한 태도 연구들은 축적된 지식을 토대로 장애에 대한 이해를 심화하고 긍정적 행동 변화를 유도할 수 있다는 점에서 고무적이다.

　이 장에서는 태도와 관련하여 자주 사용되고 있는 용어들과 장애인에 대한 태도 형성에 영향을 미치는 요인들을 살펴보고자 한다. 태도에 관한 기초 지식은 부모상담에 대한 이해를 높일 수 있다는 점에서 긍정적이다.

1. 태도 관련 용어
2. 태도 형성과 관련된 요인

1. 태도 관련 용어

Meriam-Webster 사전(2017)에 따르면, 태도는 "어떤 사람이나 사물에 대하여 생각하고 느끼는 것, 개인의 행동에 영향을 주는 감정 또는 사고방식"이다. 이 정의에 따르면 한 개인이 특정 개인에 대해 지니고 있는 호감은 긍정적인 태도로 간주되고, 그 반대의 경우는 부정적인 태도를 가진 것으로 간주된다. 그러나 태도는 어느 한 방향으로 '긍정적이다' '부정적이다'를 판단하기가 매우 어렵다. 태도는 사람의 눈에 보이지 않는 심리적 속성을 표현하고 있기 때문에 수학 공식처럼 잘 맞아 떨어지는 답이 나오기 어렵기 때문이다. 따라서 태도에 대한 평가는 특정 사물이나 개인에 대하여 한 개인이 가지고 있는 긍정적 · 부정적 경향성을 가지고 이야기를 하는 게 보다 일반적이다.

장애인에 대한 부정적 태도는 차별, 편견, 낙인 및 고정관념과 같은 용어들로 통칭된다. 그러나 이 용어들을 부모교육 및 상담 장면에서 사용할 때는 보다 신중해질 필요가 있다. 적절한 용어와 개념을 사용해야만 태도가 형성되는 과정, 그리고 인간의 행동을 보다 잘 이해할 수 있는 근거를 마련할 수 있기 때문이다.

1) 차별

국립국어원의 표준국어대사전(2017)에 따르면, 차별(discrimination)은 "둘 이상의 대상을 각각 등급이나 수준 따위의 차이를 두어서 구별하는 것"으로 명시되어 있다. Ritzer 등(1987)은 차별이 편견(prejudice)의 행동적 표현이 될 수 있다고 하였다. 일반적으로 특정 개인, 집단 및 문화에 대한 차별 과정은 부정적 반대어구를 사용하는 단계로부터 시작하여 회피, 배척, 신체공격 및 단절의 단계로 이어질 수 있고, 그에 따라 차별이라는 행동적 표현이 심화될 수 있다(Bryan, 1999). 장애인, 특정인 혹은 인종에 대한 차별이 누적되면 스트레스를 유발하게 되고, 심신의 건강을 위협하는 정서적 문제를 일으킨다.

2) 편견

표준국어대사전(2017)에 따르면, 편견(prejudice)은 "공정하지 못하고 한쪽으로 치우친 생각"으로 명시되어 있다. 또한 편견은 판단에 필요한 확실한 정보를 얻기 전, 개인 혹은 상황에 대하여 미리 결정을 내리는 일종의 마음가짐을 일컫는다(Allport, 1979). 특정 개인, 집단 및 문화에 대한 편견은 흔히 차별적 감정을 유발하기 쉽고, 장애인과의 접촉을 꺼리는 행위 등의 차별적 행동은 장애인에 대한 편견 때문에 일어난다고 볼 수 있다. Allport(1979)에 따르면, 편견은 부정적 요소와 부정적-긍정적 요소를 함께 지니고 있다. 장애 때문에 성취도가 낮을 것이라는 편견은 당사자에게 불쾌한 감정을 일으킬 수 있지만, '자폐 장애인은 집중하는 능력이 뛰어나다.'라는 편견은 부정적-긍정적 요소를 함께 가지고 있다고 볼 수 있다. 일반적으로 태도(attitude)는 편견처럼 신념(belief) 체계와 결합하여 사람들로 하여금 부정적 태도 혹은 긍정적 태도를 갖게 만드는 경향이 있다(Ponterotto et al., 2006).

3) 고정관념

표준국어대사전(2017)에 따르면, 고정관념(stereotype)은 심리적 용어로서 "잘 변하지 아니하는, 행동을 주로 결정하는 확고한 의식이나 관념"으로 정의되어 있는데, 이는 고착 관념과 유사한 말이다. 고정관념은 종종 소수집단이 일반집단에 비하여 열등하다는 태도를 취하게 하고, 특정 사람들을 분류하고자 할 때 형성되는 경향이 있다(Bryan, 1999). 물론 고정관념은 소수집단 또는 일반집단을 불문하고 어느 집단에서나 적용될 수 있는 용어이지만, 일반적으로 부정적인 속성을 더 가지고 있는 용어이다. '장애인은 불행하고 우울하다.' '흑인은 게으르다.' 등은 고정관념을 표현한 적절한 예시들이다. 장애인에 대한 부정적인 고정관념은 대상자의 정확한 실체에 관한 정보가 없음에도 불구하고 내리게 되는 판단의 오류라고 할 수 있다. 따라서 상담자가 내담자에 대한 고정관념을 가지고 있다면, 이는 위험한 상담관계로 발전할 수 있다. Hays(1994)는 전문가가 고정관념을 불식시키기 위해서는 다음과 같이 요령들을 숙지할 필요가 있다고 하였다.

- 다양한 경험을 쌓을 수 있는 기회를 갖는다.
- 다른 집단의 사람들과 친분관계를 쌓는다.
- 자신의 문화와 다른 문화에 대하여 관심을 갖는다.
- 사적인 만남을 통해 한 개인을 이해할 수 있도록 노력한다.

4) 낙인

Goffman(1963)은 그의 저서 『Stigma』에서 사회적 낙인(stigma)은 세 가지의 형태로 나타날 수 있다고 하였다. 그에 따르면, 사회적 낙인은 '흉터, 비만 등과 같은 외부의 형태 이상' '정신장애, 약물중독 등 개인적 특성의 일탈' 그리고 '민족, 종교 등 주류문화로부터의 일탈적 특성' 때문에 발생한다. 사회적 낙인은 문화적 규준이 다르기 때문에 올 수 있는 차이를 오히려 심화시키며, 특정 개인 혹은 집단을 용인하지 않는, 극단적 형태를 일컫는다. 국립국어원의 표준국어대사전에도 '낙인'은 "다시 씻기 어려운 불명예스럽고 욕된 판정이나 평판"을 이르는 말로 정의되어 있다. 낙인은 부정적 고정관념이 고착된 형태로 나타난 부정적 가치 판단의 속성을 지칭하는 용어이기도 하다. 사람들이 장애를 말할 때 떠올리는 '우둔한, 미친, 절뚝발이' 등과 같은 말들은 낙인을 표현한 말들이다. 장애인에 대한 부정적 태도를 호의적으로 개선하기 위해서는 장애와 결부된 낙인을 제거해야만 할 것이다. 장애와 연관된 낙인을 제거하기 위해서는 장애를 가지고 있다는 것은 부끄러운 일이 아니라는 사실을 학생들에게 교육할 필요가 있다(Bryan, 1999).

2. 태도 형성과 관련된 요인

지난 반세기 동안 태도 연구의 주요 목적은 장애인에 대한 부정적 태도의 원인을 찾아서 분류해 보려는 데 있었다(Livneh, 2012). 이러한 노력에는 분명 긍정적인 요소가 있다고 할 수 있다. 왜냐하면 장애인에 대한 태도에 영향을 미치는 요인들을 살펴보고, 이러한 요인들을 개념화한 후, 태도를 보다 잘 이해할 수 있도록 분류체계를 마련해 줄 수 있기 때문이다.

태도를 분류했던 초창기 연구에서, Raskin(1956)은 시각장애인을 대상으로 태도에 영향을 미치는 요인들을 정신분석학적·상황적·사회적·문화적·역사적 요인으로 분류하여 연구를 진행하였다. 한편, Gellman(1959)은 특정 장애유형을 구분하지 않고 일반 장애인을 대상으로 사회적 관습과 규범, 자녀양육방식, 아동기 좌절 및 불안 유발 상황에 대한 신경증적 공포 그리고 장애인에 대한 차별 유발 행동 요인들이 어떻게 장애인에 대한 태도에 부정적인 영향을 미치는지 그 원인을 찾고자 하였다. 이 두 연구는 장애인에 대한 부정적 편견의 원인을 찾고자 했다는 점에서 분명 공통점이 있다. 물론 두 연구자들의 태도 분류 방식에는 중복된 부분도 있고, 연구자에 따라서 부정적 태도의 원인을 다른 용어들로 기술해 놓았기 때문에 태도의 특징적 측면을 개별적으로 기술하기보다는 다음과 같이 Livneh(2012)의 분류 연구를 토대로 종합적으로 기술해 보는 것이 더 합리적일 듯하다.

1) 정신역동 요인

정신역동의 원리는 Freud의 정신분석학 이론에 토대를 두고 있다. 이 관점에서는 비장애인의 장애인에 대한 부정적 태도는 일련의 무의식적 심리 과정이 관여한다고 본다. 대부분의 정신역동 기제들은 초기 아동기의 부정적 경험에 따른 결과로 설명될 수 있고(Siller et al., 1967; Yamamato, 1971), 이러한 경험은 이후에도 태도를 형성하고 유지시키는 데 원동력이 된다고 본다. Livneh(2012)는 태도 형성의 원인을 찾으려는 여러 연구자들의 입장을 종합하여 다음과 같이 정신역동 요인을 설명하였다.

(1) 애도(mourning)에 대한 욕구

장애인은 신체의 일부가 상실되었거나 기능적 결손이 있기 때문에 스스로 슬픔을 느껴야 하는 존재로 인식된다. 이때 비장애인은 장애인의 슬픔에 동조함으로써 비장애인으로서의 신체에 대한 온전한 가치를 확인하려고 하는 경향이 있다(Dembo et al., 1975). 장애인이 자신에 대한 슬픔을 거부하려고 하면, 온전한 신체를 가진 사람의 눈에는 가시로 여겨지게 된다. 이 과정에는 비장애인의 합리화(rationalization) 방어기제가 관여한다.

(2) 절시증과 노출증에 대한 갈등

아동발달 단계의 초기에는 심리적·성적 발달과 자아발달이 이루어진다. 이 시기에 해결되지 않은 갈등이 남아 있으면, 이는 장애인에 대한 접근-회피 갈등으로 연결된다고 보는 관점이다. 절시증(scopophilia)과 노출증(exhibitionism)에 대한 갈등처럼 이 시기에 해결되지 않은 갈등은 장애인에 대한 부정적인 태도를 유발하는 경향이 있다.

(3) 확산현상에 따른 부정적 특성

Wright(1960)는 장애인에 대한 부정적 특성은 후광효과(halo effect) 또는 확산현상 기제로 설명될 수 있다고 보았다. 즉, 확산현상(spread phenomenon)은 어떤 사람이 신체적 장애를 가지고 있으면 해당 장애와 관련이 없는 정서적 또는 정신적 부적응과 연결시키려고 하는 관점이다. 확산현상은 일반화 기제로도 설명이 가능하다.

(4) 장애의 원인에 대한 책임

장애의 원인에 대한 책임 소재 여부가 부정적 태도의 원인이 될 수 있다고 보는 관점이다. 만약 어떤 사람이 일탈된 행동으로 인해 장애가 수반되었다면, 사람들은 벌 등과 같은 부정적 의미를 떠올리게 되고, 이는 부정적인 태도로 연결되기 쉽다(Safilios-Rothschild, 1970; Yamamato, 1971). 이때도 합리화 기제가 작용한다.

(5) 사회적 외면에 대한 공포

장애인과 어울린다는 사실은 다른 사람들의 눈에 심리적 부적응이 있는 것으로 간주될 수 있다. 따라서 비장애인이 장애인과 친밀한 관계를 맺는 것은 심리적인 두려움이 있기 때문이라고 부정적으로 간주될 수 있다는 점이다. 이 관점은 '유대에 의한 죄책감(guilty by association)' 현상으로 일정 부분의 설명이 가능하다(Siller et al., 1967). 장애인과의 유대는 비장애인에게 부정적으로 인식되는, 부정적인 사회의 통념을 반영한다.

(6) 온전한 신체에 대한 죄책감

장애인에게 부여된 사회적 불평등(예, 장애에 대한 부정적 책임 귀인, 자선활동에 대한 참여 부족)은 비장애인으로 하여금 무의식적 죄책감을 유발하거나 장애인과 분리되는 혹은 거리를 두는 결과를 가져올 수 있다고 보는 관점이다.

2) 사회적 · 문화적 요인

한 사회 속에 내재되어 있는 사회적 · 문화적 규준과 기대치는 장애인에 대한 부정적 태도에 영향을 미치는 요인들로 간주될 수 있다.

(1) 사회적 규준

온전한 몸, 아름다운 신체, 젊음, 건강, 호의적 외모와 같은 용어들은 우리사회의 관습 속에 종종 내재화되어 있는 개념들이다. 이 개념들이 사람들의 마음속에 내재되어 있기 때문에(Roessler & Bolton, 1978; Wright, 1960) 장애인은 비장애인보다 더 부정적으로 인식된다.

(2) 사회경제적 수준

한 사회의 현실을 대변하는 지표들(예, 실업률, 사회복지 환경, 안정보장, 빈곤 등)은 장애인에 대한 태도에 영향을 미치는 요인들이 될 수 있다(Rubin & Roessler, 2008). 낮은 수준의 사회복지 환경은 장애인에 대한 태도에 부정적 영향을 미친다.

(3) 생산성과 성취도

한 개인의 능력은 장애인에 대한 태도를 결정하는 주요 요인이 될 수 있다. 사회경제적 측면에서 경쟁력 있는 사람으로 인식될수록 비장애인의 태도는 긍정적이다(Safilios-Rothschild, 1970).

(4) 장애에 대한 사회의 인식

사회구성원들이 가지고 있는 문화적 가치는 장애인에 대한 태도를 형성하는 데 중요한 요인이 된다. 이는 '일탈귀속(imputed deviance)'의 개념으로 설명될 수 있는데(Livneh, 2012), 장애인은 문화적 가치를 누리는 데 있어서 소수자 혹은 이방인으로 비추어지는 경향이 있다. 이는 장애인에 대한 사회의 부정적 태도로 인식된다.

(5) 환자 역할

환자 역할(sick role)은 사람이 일반적으로 수행하는 사회적 의무와 책임이 면제되는 개념을 일컫는 말이다(Parsons, 1951). 환자 역할은 사회복지의 수동적 수혜 대상자로 장애인을 인식하려는 경향성이 있기 때문에 비장애인의 장애인에 대한 태도는 부정적이라고 간주된다.

3) 죄에 대한 벌

장애인에 대한 비장애인의 부정적인 태도는 죄에 대한 벌의 형태로 인지되기도 한다. 이 인식은 장애가 죄의 결과라고 보았던 역사적 관점이기도 하다. 장애인이 겪는 고통은 개인이 지은 죄이거나 조상의 잘못(Sigerist, 1945)으로 치부되는 경향이 있고, 비장애인이 장애인을 위험한 사람으로 인지하려는 경향이 있기 때문에 장애인을 회피하려 한다는 주장이 가능하다(Barker, 1964). 그러나 죄에 대한 벌이라는 개념이 모호하고, 장애인에 대한 역사적 관점도 시대에 따라 많은 변화 과정을 겪어 왔다고 볼 수 있다.

4) 아동기 양육방식

초기 아동기의 경험과 정서적 상태는 성장기 아동의 신념과 가치체계에 아주 중요한 영향을 미친다. 이때는 부모의 언어와 행동이 특히 중요하다. 부모와 주변 인물들이 보여 주는 행동, 언어, 목소리, 몸짓 등은 직간접적으로 아동에게 전달되고, 이는 장애에 대한 태도를 형성하는 데 매우 중요한 역할을 한다(Livneh, 2012). 건강한 신체와 정상적 발달과정을 강조하는 부모들의 양육태도는 결국 '건강규칙'의 중요성을 따르게 만든다. 따라서 아동이 질병 또는 장애를 가지고 있다는 사실은 이 건강규칙을 벗어나는 것으로 간주되며, 이는 장애에 대한 부정적 태도를 가져오는 경향이 있다(Gellman, 1959; Wright, 1960). 부모교육은 아동의 양육방식과 관련하여 중요한 주제이기도 하다.

5) 편견 유발 행동

장애인은 비장애인과 다른 행동특성을 보이기 때문에 이 특성은 비장애인의 눈에 편견 유발 행동으로 간주될 수 있다. Gellman(1959)과 Wright(1960)

는 그들의 초기 연구에서 장애인이 보이는 차별적 행동특성이 편견을 촉진할 수 있다고 보았다. '초대에 의한 편견'과 '침묵에 의한 편견'은 장애인에 대한 부정적 태도가 형성되는 환경을 설명해 줄 수 있다.

- 초대에 의한 편견(prejudice by invitation): 장애인의 의존적 행동, 이차적 이득(secondary gain)을 추구하는 행동, 공포를 느끼는 행동 및 안전 불감증 행동이 포함된다(Roessler & Bolton, 1978). 이러한 행동들은 비장애인에게 편견을 유발할 수 있는 원인이 되고, 장애인 스스로도 무가치한 존재, 평가절하된 존재로 취급받기를 원하는 행동을 유발할 수 있다(Wright, 1960).
- 침묵에 의한 편견(prejudice by silence): 장애인에게서 볼 수 있는 흥미상실, 대인관계 및 자조집단의 미숙한 대처 현황은 특히 장애인에 대한 고정관념과 부정적 태도를 유발하는 경향이 있다(Livneh, 2012; Livneh & Cook, 2005).

6) 장애특성 관련 요인

장애특성과 관련된 요인들 또한 장애인에 대한 태도에 영향을 미치는 주요 요인이 될 수 있다. 이 요인에는 장애의 원인, 장애유형, 장애의 정도 등 다양한 요인들이 연관되어 있다.

장애의 원인과 장애유형이 장애인에 대한 태도를 결정하는 중요한 변인이 될 수 있다. 알코올중독과 연관된 장애는 암 등과 같은 기질적 장애보다 더 부정적으로 비추어지고(Barker, 1964), 사지마비와 같은 신체장애를 가진 사람이 지적장애나 정서장애를 가진 사람보다 호의적으로 비추어지는 경향이 있다(Choi & Lam, 2001).

외부 장애와 보이지 않는 내부 장애 여부 또한 장애인에 대한 태도에 영향을 미치는 주요 변인이다. 일반적으로 육안으로 확인할 수 있는 외부 장애가 확인이 어려운 내부 장애보다 더 부정적으로 비추어지는 경향이 있다(Safilios-Rothschild, 1970). 중도장애 여부 또한 장애인에 대한 태도에 영향을 미친다. 장애의 정도가 심할수록 개인의 기능적인 제한이 수반되고, 그에 따라 비장애인의 장애인에 대한 인식은 더 부정적이다(Patterson, DeLaGarza, & Schaller, 2005; Safilios-Rothschild, 1970). 신체 부위에 따라서도 장애에 대한 인식이 달라질 수 있다. 즉, 개인적 또는 사회적 활동에 중요한 신체 부위일수록 부정적인 태도와 연관되어 있다. 장애의 전염성 수반 여부도 태도에 영향을 미친다(Patterson, DeLaGarza, Schaller, 2005; Safilios-Rothschild, 1970). 전염성이 강할수록 개인적인 접촉을 꺼리게 되고, 이는 부정적인 태도와 편견으로 이어질 수 있다. 장애의 예측성 여부도 태도에 영향을 미치는 변인이다. 장애에 따른 예후와 호전 가능성이 태도에 영향을 미칠 수 있는데, 일반적으로 호전 가능성이 있고, 장애 예후에 대한 예측이 가능할수록, 비장애인의 눈에 덜 부정적으로 인식되는 경향이 있다(Freidson, 1965; Yamamato, 1971).

7) 인구학적 요인

장애인에 대한 태도에 영향을 미치는 인구학적 요인에는 성별, 연령, 사회경제적 수준 및 교육 수준을 들 수 있다. 물론 이 변인들은 인과관계를 연결하는 변인들은 아니며, 단지 태도와의 상관성을 얘기할 수 있는 변인들이라고 할 수 있다.

(1) 성별

일반적으로 성별이 태도에 미치는 영향은 다른 인구학적 요인들에 비하여 그 비중이 낮은 것으로 보고되었고(Wong et al., 2004), 태도 형성에 있어서 성 역할이 차지하는 비중도 상대적으로 줄어들고 있다. 성별 요인은 한 나라의 문화적 맥락 속에서 이해될 수 있다(Yuker, 1994).

(2) 연령

태도변인으로서의 연령은 일반적으로 후기 아동기와 성인기에 호의적으로 나타나는 경향이 있고, 초기 아동기, 청소년기와 노년기에는 덜 호의적으로 비추어지는 경향이 있다(Ryan, 1981; Siller et al., 1967). 연령 역시 태도와 상관이 있는 변인이지만, 상관의 정도는 연구 대상자와 방법에 따라서 다양하다는 게 일반적인 견해이다.

(3) 사회경제적 수준

임금 수준이 높은 집단이 낮은 집단보다 정서장애인과 지적장애인에 대하여 보다 호의적인 태도를 가지고 있는 것으로 보고되었다(English, 1971). 그러나 집단의 임금 수준보다는 한 사회의 복지환경의 구축 여부가 장애인에 대한 태도 형성에 중요하다는 게 일반적인 견해이다.

(4) 교육 수준

교육 수준은 성별 및 연령과 달리 일반적으로 태도와의 상관성이 매우 높은 것으로 보고되었다. 교육 수준이 높을수록 장애인에 대한 태도는 더 호의적인 경향이 있다(최국환, 2010; Tunick, Bowen, & Gillings, 1979). 교육 수준과 마찬가지로 교육의 기회 또한 태도의 중요한 변인이 될 수 있다. 장애 관련 교과목을 수강한 학생들은 그렇지 않은 학생들보다 장애인에 대하여 보다 긍정적인 태도를 보여 준다고 보고되었다(양명희, 임은미, 2004; 유수옥, 2011).

8) 성격 요인

성격 요인 또한 장애인에 대한 태도에 영향을 미치는 변인으로 알려져 있다.

(1) 공격성

장애인에 대하여 공격성(aggression)과 적개심을 투사하는 이면에는 장애인이 위험하다는 인식과 그에 따른 편견이 자리 잡고 있다(Livneh, 2012, p. 21 에서 재인용). 일반적으로 공격성 점수가 낮은 사람이 장애인에 대한 태도가 더 호의적인 것으로 알려져 있다.

(2) 불안

불안(anxiety)의 정도는 태도와 깊은 연관성이 있는 것으로 보고되었다. 높은 불안 수준은 장애인에 대한 거부반응과 정적인 비례관계에 있다는 연구가 보고되었다(Marinelli & Kelz, 1973).

(3) 자기개념

긍정적인 자기개념(self-concept)은 장애인에 대한 수용적인 태도와 상관이 있다고 보고되었다. 일반적으로 자기 자신에 대하여 안전하다고 느끼고, 확신에 찬 사람일수록 장애인을 수용하는 데 보다 긍정적인 경향이 있다 (Livneh, 2012).

(4) 자아강도

자아강도(ego-strength)는 자기개념과 유사한 개념으로 장애인에 대한 태도에 영향을 미친다(Livneh, 2012). 그러나 자아강도와 태도와의 상관성에는 아직 이견이 있고, 후속 연구가 더 필요하다는 게 일반적인 견해이다.

(5) 사회적 바람직성(social desirability)

비장애인은 사회적으로 인정받고 수용되고자 하는 욕구를 지니고 있는데, 이 욕구는 장애인을 수용하는 태도와 정적인 상관관계가 있다고 보고되었다 (Doob & Ecker, 1970). 비장애인은 사회가 요구하는 가치관을 지향하는 방향으로 자신의 태도를 표현하려는 경향이 있다.

(6) 신체 및 자기만족

자신의 신체에 대한 만족도가 낮은 사람은 다른 사람에 대해서도 부정적으로 인식하거나 지체장애인에 대한 태도에 있어서 부정적이라고 보고되었다 (Leclair & Rockwell, 1980). 신체에 대한 자기만족(body and self satisfaction) 은 타인에 대한 태도에 긍정적 · 부정적 영향을 미치는 요인이 된다.

(7) 소외감

Jabin(1966)은 사람들로부터 소외되어 있거나 그렇다고 보고한 사람이 장애인에게 더 적개심을 품거나 거부하는 경향이 있다고 보고하였다. 소외감 (alienation) 역시 자신에 대해 느끼는 부정적인 인식이 장애인에 대한 거부의 태도로 표상될 수 있다는 점에서 낮은 자기개념 및 낮은 자기만족도 요인과도 밀접히 연관되어 있다.

(8) 자기통찰

자기통찰(self-insight)의 지표는 자기성찰로 간주될 수 있는데, 이 지표는 장애인에 대한 공감적 이해와 보통의 상관성이 있다고 보고되었다(Siller, 1964).

(9) 권위주의

이 요인은 권위주의(authoritarianism) 태도가 장애인에 대한 부정적인 태도와 연관되어 있을 것이라는 가정에 기초하고 있다. 권위주의 태도 지수가 낮은 사람은 장애인에 대한 태도가 더 긍정적이거나, 긍정적인 경향이 있다고 보고한 연구들(Noonan, Barry, & Davis, 1970; Tunick et al., 1979)이 이러한 가설을 뒷받침해 주고 있다.

종합해 보면, 비장애인은 장애인을 다른 시각으로 바라보려는 경향이 있다. 이러한 경향은 특정 사람에 대한 차별, 편견 및 낙인에 대한 개인의 의견이 반영된 결과일 수 있다. 장애인에 대한 태도 연구들은 태도 변화에 초점을 맞춘 다양한 행동 프로그램을 양산하는 긍정적 효과를 가져올 수 있다. 국립특수교육원에서 활용하고 있는 장애유형별 장애인식개선 교육용 프로그램이나 한국장애인고용공단 고용개발원(2010)의 'EDI 행동프로그램'은 학교현장 또는 고용현장에서 장애인에 대한 부정적인 인식을 개선하기 위해 개발되었다.

참고문헌

양명희, 임은미(2004). 현대사회와 장애인의 이해과목 수강이 대학생의 장애인에 대한 태도에 미치는 효과. **특수교육저널: 이론과 실천**, 5(3), 203-223.

유수옥(2011). 장애관련 과목 수강에 따른 대학생의 장애인에 대한 사회적 근접감에 관한 연구. **미래유아교육학회지**, 18(1), 281-304.

최국환(2010). 직업유형과 특성이 장애인에 대한 태도에 미치는 효과. **직업재활연구**, 20(3), 81-97.

한국장애인고용공단 고용개발원(2010). EDI 장애인 고용 인식개선을 위한 행동프로그램 II 개발. 한국장애인고용촉진공단.

Allport, G. W. (1979). *The nature of prejudice*. (25th anniversary ed.). Reading, MA: Addison-Wesley.

Barker, R. G. (1964). Concepts of disabilities. *Personnel & Guidance Journal, 43*, 371-374.

Bryan, W. V. (1999). *Multicultural aspects of disability*. Springfield, IL: Charles C Tomas Pub.

Choi, G., & Lam, C. S. (2001). Korean students' differential attitudes toward people with disabilities: An acculturation perspective. *The international Journal of Rehabilitation Research, 24*, 79-81.

Dembo, T., Leviton, G. L., & Wright, B. A. (1975). Adjustment to misfortune-A problem of social psychological rehabilitation. *Rehabilitation Psychology, 22*, 1-100.

Doob, A. N., & Ecker, B. P. (1970). Stigma and compliance. *Journal of Personality and social psychology, 14*(4), 302-304.

English, R. W. (1971). Correlates of stigma toward physically disabled persons. *Rehabilitation, Research & Practice Review, 2,* 1-17.

Freidson, E. (1965). Disability as social deviance. In M. B. Sussman (Ed.), *Sociology and rehabilitation*. Washington, DC: American Sociological Association.

Goffman, E. (1963). *Stigma: Notes on management of spoiled identity.* Englewood Cliffs, NJ: Prentice-Hall.

Gellman, W. (1959). Roots of prejudice against the handicapped. *Journal of Rehabilitation, 40*(1), 4-25.

Hays, S. R. (1994). *Life issues: Racism.* UK: Marshall Cavendish Corp.

Jabin, N. (1966). Attitudes towards the physically disabled as related to selected personality variables. *Dissertation Abstracts, 27*(2-B), 599.

Leclair, S. W., & Rockwell, L. K. (1980). Counselor trainee body satisfaction and attitudes toward counseling the physically disabled. *Rehabilitation Counseling Bulletin, 23*(4), 258-265.

Livneh, H. (2012). On the origins of negative attitudes toward people with disabilities. In I. Marini & M. A. Stebnicki (Ed.), *The psychological and social impact of illness and disability.* New York: Springer Publishing Company.

Livneh, H., & Cook, D. (2005). Psychosocial impact of disability (pp. 187-224). In R. M. Parker, E. M. Szymanski, & J. B. Patterson (Ed.), *Rehabilitation Counseling.* Austin, TX: Pro-ed.

Marinelli, R. P., & Kelz, J. W. (1973). Anxiety and attitudes toward visibly disabled persons. *Rehabilitation Counseling Bulletin, 16*(4), 198-205.

Noonan, J. R., Barry, J. R., & Davis, H. C. (1970). Personality determinants in attitudes toward visible disability. *Journal of Personality, 38*(1), 1-15.

Parsons, T. (1951). *The social system.* Glencoe, IL: The Free Press.

Patterson, J. B., DeLaGarza, D., & Schaller, J. (2005). Rehabilitation counseling practice: Considerations and interventions (pp. 155-186). In R. M. Parker, E. M. Szymanski, & J. B. Patterson (Ed.), *Rehabilitation Counseling.* Austin, TX: Pro-ed.

Ponterotto, J. G., Utsey, S. O., & Pedersen, P. B. (2006). *Preventing prejudice* (2nd Ed.). Thousand Oaks, CA: Sage Publications.

Raskin, N. J. (1956). The attitudes of sighted people toward blindness. Paper presented at the National Psychological Research Council on Blindness.

Ritzer, G., Kammeyer, K. C. W., & Yetman, N. R. (1987). *Sociology: Experiencing a changing society.* Boston, MA: Allyn & Bacon.

Roessler, R., & Bolton, B. (1978). *Psychological adjustment to disability.* Baltimore: University Park Press.

Rubin, S. E., & Roessler, R. (2008). *Foundations of the vocational rehabilitation process.* , Austin, TX: Pro-ed.

Ryan, K. M. (1981). Developmental differences in reactions to the physically disabled. *Human development, 24,* 240-256.

Safilios-Rothschild, C. (1970). *The sociology and social psychology of disability and rehabilitation.* New York: Random House.

Sigerist, H. E. (1945). *Civilization and disease.* Ithaca, NY: Cornell University Press.

Siller, J. (1964). Personality determinants of reaction to the physically disabled. *American Foundation for the Blind Research Bulletin, 7,* 37-52.

Siller, J., Chipman, A., Ferguson, L. T., & Vann, D. H. (1967). *Studies in reaction to disability: XI. Attitudes of the non-disabled toward the physically disabled.* New York: New York University, School of Education.

Tunick, R. H., Bowen, J., & Gillings, J. L. (1979). Religiosity and authoritarianism as predictors of attitude toward the disabled: A regression analysis. *Rehabilitation Counseling Bulletin, 22*(5), 408-418.

Wong, D. W., Chan, F., Cardoso, E. D. S., Lam, C. S., & Miller, S. M. (2004). Rehabilitation counseling students' attitudes toward people with disabilities in three social contexts: A conjoint analysis. *Rehabilitation Counseling Bulletin, 47*(4), 194-204.

Wright, B. A. (1960). *Physical disability: A psychological approach.* New York: Harper & Row.

Yamamato, K. (1971). To be different. *Rehabilitation Counseling Bulletin, 14*(3), 180-189.

Yuker, H. E. (1994). Variables that influence attitudes toward people with disabilities: Conclusions from the data. In D. S. Dunn (Ed.), *Psychosocial perspectives on disability* (Special issue).

표준국어대사전(2017. 10. 20.). 고정관념, 낙인, 차별, 편견. http://stdweb2.korean. go.kr.

Merriam-Webster(2017). Attitude. www.merriam-webster.com

제2장

장애학생 가족에 대한 이해

　장애학생 가족구성원에 관한 자료는 부모교육과 부모상담을 진행하는 데 있어서 중요한 자원이 된다. 장애학생 가족을 이해하는 데 필요한 지식의 범주는 해당 가족의 구조와 특징, 가족구성원의 의사소통 및 상호작용, 장애학생의 발달수준에 이르기까지 그 내용이 다양하다. 특히 장애학생 가족구성원은 장애아동으로 인하여 다양한 스트레스를 경험하게 되며, 해당 스트레스의 내용과 정도 또한 가족의 특성에 따라 다양하게 나타날 수 있다. 장애학생 가족구성원에 관한 정보는 부모교육과 부모상담을 실천하는 과정에서 가족의 문제를 해결하는 실마리를 제공해 줄 수 있는 이점이 있다.

　이 장에서는 가족체계 이론을 중심으로 장애학생 가족의 구조와 특징을 살펴보고, 가족기능에 영향을 미치는 요인과 장애학생 가족구성원이 경험할 수 있는 스트레스의 요인에 대해서 보다 구체적으로 살펴보고자 한다.

1. 가족체계 이론
2. 가족기능에 영향을 미치는 요인
3. 장애와 스트레스

1. 가족체계 이론

가족체계 이론은 가족구성원이 서로 다른 사람들이 아니기 때문에 한 개인에게 영향을 미치는 사건은 다른 가족구성원에게도 동등하게 영향을 미친다는 관점을 지지하고 있다(Hallahan & Kauffman, 2000). 이 관점에 따르면 가족 중 장애학생이 경험하는 장애적응의 어려움은 장애학생 자신뿐만 아니라 다른 가족구성원들에게도 동일하게 전달된다고 할 수 있다. Hallahan과 Kauffman(2000)은 가족체계 이론을 토대로 Turnbull과 Turnbull(1997)의 모델을 설명하였다.

1) 가족의 인적 구조와 역할

과거부터 현대에 이르기까지 가족의 역할은 많은 변화 과정을 겪어 왔다. 이 과정에는 가족구조의 변화뿐만 아니라 가족구성원 간의 역할 관계도 예외가 아니다. 예전의 대가족 사회에서는 부모와 자녀가 함께 살면서 가족의 경제적 안전성을 추구해 왔고, 가족 안에서 자녀의 교육발달, 사회발달 및 윤리적 인성을 발달시켜 왔다고 할 수 있다(Simpson & Mundschenk, 2010). 그러나 현대사회에서는 예전의 가족구조 속에서 볼 수 있었던 가족의 역할 관계를 보기가 쉽지 않다. 부모와 자녀는 집밖에서 대부분의 시간을 보내고, 자녀들은 가정에서보다 학교에서 또래와 사회적 역할 관계를 습득하는 기회를 더 많이 추구하는 경향이 있다. 특히 가족구성원 가운데 장애인이 있다는 사실은 일반 사회조직 속에 존재하는 사람들 간의 역할 관계와는 분명히 다른 특징을 지니고 있다. 가족구성원의 인적 구조와 역할은 [그림 2-1]과 같이 도해가 가능하다.

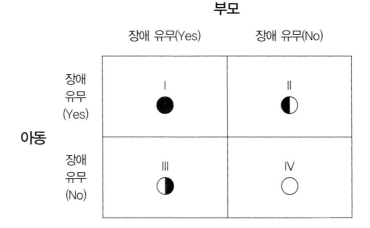

[그림 2-1] 가족의 인적 구조와 역할

(1) 자녀와 부모 모두 장애를 가지고 있음 ― [I]

자녀와 부모가 모두 장애를 가지고 있는 가족의 형태이다. 부모 가운데 한 사람 혹은 두 사람 모두 장애를 수반하는 경우가 있을 수 있다. 부모교육과 부모상담이 진행될 경우, 확대 가족구성원들 또는 가족구성원들의 다른 보호자가 상담 과정에 포함될 가능성이 매우 높다. 일반적으로 특수교육과 재활상담이 개입될 소지가 매우 높은 인적 구조라고 볼 수 있다. 물론 장애자녀-장애부모의 장애유형과 정도에 따라서 가족지원의 강도는 다를 수 있다.

(2) 자녀는 장애가 있지만 부모는 장애가 없음 ― [II]

자녀는 장애가 있으나 부모는 장애를 가지고 있지 않은 가족의 형태이다. 장애자녀의 부모를 대상으로 부모교육과 부모상담을 주로 진행하지만, 필요에 따라서 확대 가족구성원들과 가족구성원들의 보호자가 상담 과정에 포함될 수도 있다. 특수교육에 대한 상담 개입의 강도가 높은 가족의 형태라고 할 수 있다. 장애자녀의 장애유형과 정도에 따라서 가족지원의 강도는 다를 수 있다.

(3) 자녀는 장애가 없지만 부모가 장애를 가지고 있음―[Ⅲ]

자녀는 장애가 없지만 부모가 장애를 가지고 있는 가족의 형태이다. 부모 가운데 한 사람 혹은 두 사람 모두 장애를 수반하는 경우가 있을 수 있다. 장애가 있는 부모를 대상으로 부모교육과 부모상담이 실시될 수 있지만, 상담 과정에서 다른 확대 가족구성원들 또는 가족의 다른 보호자가 상담 과정에 포함될 수 있다. 부모를 대상으로 재활상담이 주로 실시될 수 있지만, 경우에 따라서 아동의 특수교육에 관한 상담이 이루어질 가능성도 있다. 부모의 장애 유형과 정도에 따라서 가족지원의 강도는 다를 수 있다.

(4) 자녀와 부모 모두 장애가 없음―[Ⅳ]

자녀와 부모 모두 장애가 없는 가족 형태이다. 일반 부모를 대상으로 부모 교육과 부모상담이 실시될 수 있으나 대부분 일반 가족상담의 범위 내에서 이루어진다. 특수교육이나 재활상담에 관한 내용은 거의 포함되지 않는다.

[그림 2-1]에서 볼 수 있듯이 가족상담은 다양한 인적 구조의 형태를 포함하고 있다. 장애학생 부모상담은 [Ⅰ]과 [Ⅱ]에서 볼 수 있는 인적 구조의 형태 속에서 진행되는 것이 일반적이고, 이 책의 내용은 바로 이 가족의 형태에 초점이 맞추어져 있다. 자녀가 장애를 가지고 있는 경우에도 성별, 출생 순위와 같은 다양한 요인들이 장애적응에 영향을 미친다.

2) 가족의 특성

가족구성원의 특성을 얘기할 때 가족에 관한 구체적인 정보가 필요하다. 가족구성원으로부터 얻을 수 있는 정보의 범주와 내용을 살펴보는 것은 가족의 구조와 특성을 이해하는 데 도움을 준다(Hallahan & Kauffman, 2000). 가족구성원의 상황과 특성을 이해하기 위해서는 다음과 같은 내용들을 살펴보아야 한다.

- **장애특성**: 가족구성원의 장애유형, 장애속성(외부 장애 vs. 내부 장애), 장애발생 부위 등, 장애발생 시기 등
- **가족의 구조적 특성**: 가족구성원의 가족 위계, 가족의 크기, 가족의 사회경제적 지위, 지리적 위치 등
- **개인적 특성**: 가족구성원의 건강상태, 대처양식의 차이 등
- **가족의 특별한 상황**: 아동 학대 · 방임, 산후우울증, 빈곤 등
- **문화적 양식**: 가족구성원의 문화적 배경(민족, 인종, 종교) 등
- **이념적 성향 또는 양식**: 가족의 신념, 가치, 대처행동 등

이와 같은 장애학생 가족의 특성들 가운데 가족의 문화적 양식은 가장 정적인 구성요소라고 할 수 있는데, 이 요소는 가족의 이념 양식, 상호작용의 형태, 그리고 가족기능의 우선순위를 형성하는 데 있어서 아주 중요한 역할을 한다(Turnbull & Turnbull, 1986). 문화적 양식은 민족, 인종, 종교 및 사회경제적 지위에 따라서 영향을 받을 수 있다고 보고되었다(Seligman, 2000). 문화적 양식은 장애를 인식하고 수용하는 데 영향을 미치기 때문에 가족구성원의 문화적 속성을 이해하는 것은 장애학생 부모교육과 상담에 있어서 꼭 필요한 정보의 범주라고 할 수 있다. 문화적 감수성 훈련 또는 문화적 배경이 다른 전문가 양성은 '도가니(melting pot)'로 불리는 미국 사회에서 그 중요성이 점점 커지고 있다. 특히 다문화 사회로 불리고 있는 오늘날의 사회상을 고려해 볼 때, 문화적 양식은 장애학생 가족의 특성을 이해하는 데 중요한 가치를 지니고 있다. 또한 이념 양식과 더불어 가족의 장애 대처 유형을 파악하는 데 도움을 준다(Seligman, 2000).

3) 가족의 상호작용

가족은 혈육이라는 DNA로 맺어진 구성원의 집합체라고 할 수 있다. 가족은 구성원의 다양한 특성으로 연결되어 있고, 이러한 특성들은 가족의 상호작

용 관계에 영향을 미치게 된다. Cottone(2012)에 따르면, 가족구성원 간 이루어지는 상호작용 관계는 가족체계 이론에서 아주 핵심적인 요소이다. 예를 들면, 3인 가족은 3개의 상호작용에 관여하고, 4인 가족은 6개의 상호작용이, 그리고 5인 가족은 10개의 상호작용 관계가 성립된다고 할 수 있다. [그림 2-2]는 4인 가족구성원들의 상호작용에 대한 관계성을 보여 주고, [그림 2-3]은 5인 가족구성원들의 상호작용에 대한 관계성을 보여 준다. 각 그림에서 선은 상호작용의 관계성을 나타내고, 원은 각 가족구성원을 의미한다.

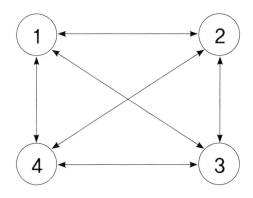

[그림 2-2] 4인 가족구성원들의 상호작용에 대한 관계성

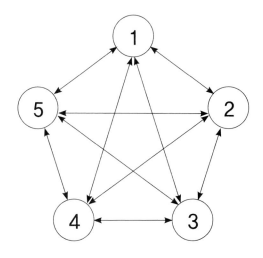

[그림 2-3] 5인 가족구성원들의 상호작용에 대한 관계성

앞의 그림에서 볼 수 있듯이, 상호작용의 관계성은 가족체계에서 아주 중요한 구성요소이다. 장애자녀를 둔 가족구성원들은 상호작용을 하지만, 장애자녀에 대한 가족구성원 간의 책무는 각기 다를 수 있다. 예를 들면, 장애자녀의 부모가 없는 경우, 일반 형제자매가 부모의 책무를 떠맡게 될 수도 있다는 점이다. 따라서 가족구성원들의 관계성이 변화되면 그에 따라서 적응을 해야 하는 것이 가족의 생리라고 할 수 있다.

한편, 가족의 상호작용은 가족구성원 간의 의사소통의 정도를 의미한다. 가족 내 의사소통이 활발하게 일어날수록 가족구성원은 가족문제를 해결하는 데 적극 동참할 수 있다. 가족구성원 간의 의사소통은 개인이 사용하는 언어적 상호작용뿐만 아니라 비언어적 의사소통(예, 몸짓, 얼굴표정, 어조 등)을 포함하고 있다. 이 모든 의사소통 수단을 포함하여 부모와 자녀 간의 의사소통의 빈도가 높을수록 아동의 성장과 발달이 더 풍부해진다(Hallahan & Kauffman, 2000). 이는 부모-자녀 간의 의사소통의 빈도가 아동의 발달과 정적인 상관 관계에 있다는 사실을 시사해 준다.

가족이라는 울타리 안에서 장애자녀는 혼자 있는 존재가 아니다. 가족 안에서 함께 가치를 공유하게 되므로 한 개인의 장애상태는 모든 가족구성원에게 영향을 미친다고 할 수 있다. Turnbull과 Turnbull(1986)은 가족의 상호 작용이 네 가지 요소들, 즉 가족의 하위체계, 화합, 적응성 및 의사소통으로 구성되어 있다고 하였다. 특히 화합과 적응성은 이들이 제안한 모델에서 주요 요소들로 지적되었는데, 이들은 가족구성원이 어떻게 상호작용하는지를 보여 주는 중요한 결정인자들이라고 할 수 있다(Hallahan & Kauffman, 2000).

(1) 하위체계

하위체계(subsystem)의 주요 구성요소로는 부부간의 관계, 육아행동, 형제자매의 관계 및 가족 외 구성원들(확대가족, 친구, 전문가 및 기타 사람들) 간의 상호작용을 들 수 있다. 이들 하위체계는 가족의 특성(가족의 크기, 편부모 여부 및 자녀 수)과 현재 자녀의 생애주기 상태(학령기 또는 학령기 이후)에 영향을 미친다(Seligman, 2000). 가족의 하위체계를 살펴보는 것은 가족구성원 간 상호작용의 빈도를 파악하는 데 도움을 준다. 다만 장애학생 부모상담을 진행하는 상담 전문가들이 하위체계를 염두에 두고 상담을 진행할 때는 주의가 필요하다. 어머니와 장애자녀 간 유대를 강화시킬 목적으로 고안된 상담 전략일지라도 다른 가족구성원들과의 유대관계에서 마찰이 빚어질 수 있는 개연성이 있기 때문이다.

(2) 화합

화합(cohesion)은 가족 내에서 한 개인이 독립적으로 행동할 수 있는 자유의 정도를 의미한다. 화합은 가족의 하위체계 요소와 달리 가족구성원이 어떻게 상호작용하는가에 초점을 맞춘 개념이기도 하다(Seligman, 2000). 장애학생을 둔 가족의 경우, 화합은 장애학생이 얼마나 가족구성원들 속에서 독립적으로 행동할 수 있느냐가 중요한 관건일 수 있다. 장애학생은 어린 시절에는 부모의 도움이 성장에 필요하다고 느끼겠지만, 성장을 하면서 독립성과 자율성은 중요한 주제가 된다. 따라서 장애학생의 독립성을 크게 침해하지 않는 범위 내에서 서로의 책무성을 할당해 주는 전략은 중요한 가치를 지닌다. 자녀의 생활무대를 집 안에 두느냐 혹은 집 밖에 두느냐 하는 문제도 중요한 관심사이다. 결국 장애학생을 향한 가족구성원의 과잉보호와 과잉개입은 장애학생의 독립성에 부정적 영향을 미칠 수 있기 때문에 장애학생의 독립성을 훼손시키지 않는 범위 내에서 합리적 경계를 설정하는 문제는 늘 고민이 필요한 주제이다.

(3) 적응성

적응성(adaptability)은 가족구성원이 특별한 상황 또는 스트레스 상황에 직면하게 될 때, 그동안 사용해 왔던 상호작용의 방식을 변화시킬 수 있는 정도를 일컫는 말이다(Hallahan & Kauffman, 2000). 적응성은 스트레스 상황에 대처하는 가족구성원의 능력이라고 할 수 있다(Seligman, 2000). 가족구성원이 위기상황에 적응하는 능력이 뛰어날수록 장애자녀에 대한 가족의 적응도 빠르다는 것은 명백한 사실이다. 장애자녀에 대한 어머니로서의 역할과 아버지로서의 역할은, 제4장 제2절에 기술한 부모참여의 개념에서 살펴보겠지만 자녀의 장애적응에 많은 영향을 미친다.

(4) 의사소통

가족체계 이론에서 의사소통(communication)은 개인을 변화시키기보다는 가족구성원의 상호작용 양식을 변화시키는 데 초점을 맞춘다. Turnbull과 Turnbull(1986)은 가족의 의사소통의 문제는 가족구성원의 내부에 있는 것이 아니라 가족구성원 간 상호작용에 달려 있다고 보았다. 즉, 장애학생의 가족에 문제가 있을 경우, 그 원인을 장애학생 혹은 가족구성원들에 있다고 보기보다는 문제를 가져온 요인이 무엇인지 살펴보는 데 초점을 맞춘다. 따라서 장애학생 가족상담은 가족구성원들 간의 의사소통을 촉진하여 가족이 순기능을 찾을 수 있도록 지원하는 데 있다고 할 수 있다. 의사소통의 중요성은 부모가 교육과정에 참여하는 데 있어서도 중요하다. 장애학생 부모가 교육과정에 성공적으로 참여할 수 있도록 동기를 부여하기 위해 부모와 전문가가 함께 의사소통이나 모임을 발전시키려는 의지를 갖고 노력할 때 비로소 성공적 의사소통 관계가 성립될 수 있다(Simpson & Mundschenk, 2010).

4) 가족의 기능

가족상담을 진행할 때는 가족의 욕구를 반영할 수 있는 순기능적 요소를 찾는 노력이 필요하다. 물론 순기능적인 요소들은 가족의 상황에 따라 다양할 수 있다. 가족이 처해 있는 상황이 다르고, 가족의 기능을 책임져야 할 가족구성원도 다를 수 있기 때문이다. 따라서 장애학생 가족의 순기능을 성공적으로 정착시키기 위해서는 가족의 순기능에 영향을 미칠 수 있는 특성들을 살펴보는 것이 필요하다. Turnbull과 Turnbull(1986)은 가족기능에 영향을 미치는

일반적 특성들을 기술하였는데 주요 내용은 다음과 같다(Seligman, 2000, p. 75
에서 재인용).

- **경제적 특성**: 직업에 따른 경제적 수입, 가계 비용 청구서 지불, 은행 이
  용하기 등
- **가정 및 건강 관리**: 교통 이용하기, 식료품 구매, 병원 이용하기 등
- **여가활동**: 개인과 가족구성원의 취미활동 등
- **사회성**: 사회활동 및 대인관계 기술 등
- **자기정체성**: 장점과 단점 인지하기, 소속감 개발하기 등
- **정서적 유대감**: 정서적 유대감 형성, 양육 지식과 기술 등
- **교육적 · 직업적 특성**: 숙제하기, 직업 선택하기, 직업윤리 개발하기 등

이와 같은 특징들은 구조적으로 서로 연결되어 있기 때문에 장애학생 가족
의 문제는 다소 복잡한 양상을 보일 수도 있다. 그래서 장애학생을 둔 가족의
경우, 그리고 그 학생이 특히 중도장애를 수반한 경우, 최소 제한 환경을 염두
에 둔 노력이 있었다 하더라도 가족구성원은 서비스에 대해 만족스럽지 않게
느낄 수도 있다. 장애학생이 정기적인 의료적 치료와 재활을 필요로 한 경우,
가족구성원 가운데 누군가는 의료시설 혹은 재활기관을 방문해야 할 필요성
도 있을 것이고, 그에 따른 시간과 노력을 감수해야 하기 때문이다. 이러한 사
건은 가족의 수입 감소, 여가 및 사회성의 위축, 자기정체성의 혼란 등으로 이
어질 수 있다(Seligman, 2000).

장애학생의 가족기능을 회복시킬 수 있는 한 방법으로 학교교육 프로그램
에 부모의 참여를 활성화시킬 수 있는 방법이 강구될 수 있을 것이다. 그러나
부모에 따라서는 학교교육 프로그램에 참여하기를 어려워할 수도 있고, 수동
적인 태도로 일관할 수도 있다. 따라서 교사는 부모들이 교육프로그램에 참여
할 수 있도록 독려하고 부모의 의견을 들을 수 있는 분위기를 조성할 수 있어
야 할 것이다.

5) 가족의 생애주기

가족의 구조와 기능은 시간이 지남에 따라 변화될 수 있다. 때로는 이러한 변화로 인해 가족의 상호작용이 바뀌기도 한다. 가족의 생애주기는 일련의 발달단계를 거치게 되는데, 각 단계마다 발달과제가 다르다는 것은 모두가 알고 있는 사실이다. 아동기에는 부모의 양육과 지도가 많이 필요하지만 아동이 학령기 혹은 학령기 이후에 접어들수록 교육과 직업에 대한 관심도가 증가하게 된다. Olson 등(1984)은 가족의 발달단계를 일곱 단계, 즉 혼인기(couple), 임신기(childbearing period), 학령기(school age period), 청소년기(adolescence period), 실행기(launching period), 양육 후기(postparental period) 및 노화기(aging period)로 나누어 가족의 특성을 기술하였고, Turnbull과 Turnbull(1997)은 가족체계 이론을 토대로 아동의 발달단계를 초기 아동기, 아동기, 청소년기 및 성인기로 나누어 단계별 발달과제들을 제시하였다. 〈표 2-1〉은 Turnbull과 Turnbull(1997)이 제시한 발달단계별 성공적 전환을 이루기 위한 과제이행 전략들을 보여 준다.

Turnbull과 Turnbull(1997)이 제시한 생애주기별 발달과제는 가족의 순기능을 정립시키기 위해 필요한 지식 영역이라고 할 수 있다. 전문가는 이러한 지식 영역을 토대로 필요한 가족지원 전략들을 수립해 직접 실천할 수 있을 것이다. 가족체계 이론은 장애학생 가족을 이해하는 데 있어 지식의 토대를 마련해 줄 수 있고, 상담 전문가 및 교사로 하여금 필요한 지원체계를 평가해 볼 수 있는 기회를 제공해 준다는 점에서 의미를 찾을 수 있다.

〈표 2-1〉 생애주기별 성공적 전환을 이루기 위한 과제이행 전략

초기 아동기	• 자녀가 정기적으로 다른 사람들과도 함께 지낼 수 있도록 배려함으로써 향후 아동이 가족과 떨어져 지내게 될 시간을 미리 준비함 • 지역사회 안에서 필요한 정보를 수집하고 자녀를 위해 유아원/유치원을 방문함 • 부모교육 프로그램에 부모의 참여를 격려함(숙련된 부모와 아동의 전환교육과정이 막 시작된 초보의 부모를 1:1로 연결시켜 줌) • 부모에게 학교 프로그램, 직업선택의 기회 또는 성인 프로그램에 관한 많은 정보를 제공하고, 미래를 준비할 수 있도록 지원함
아동기	• 부모에게 교육과정 선택에 대한 내용을 안내함 • 개별교육계획서(Individual Education Plan: IEP) 모임에 협업/협동 등 가족의 역량강화 내용이 포함될 수 있도록 함 • 부모연결, 교육 모임 또는 가족지원 집단에 부모의 참여를 격려하고, 다른 사람들과 전환교육과정을 논의할 수 있도록 지원함
청소년기	• 가족구성원과 학생에 대한 지원을 통해 지역사회 여가활동의 내용을 파악할 수 있도록 함 • 개별교육계획서(IEP)에 직장 및 직업 프로그램을 통합·작성할 수 있도록 지원함 • 다양한 직장 및 생활의 선택 기회를 제공하고, 관련 기관을 방문할 수 있도록 지원함 • 유사한 장애를 가진 성인, 장점과 선호도가 같은 직장인과 정신적 지도자 관계를 맺도록 지원함
성인기	• 가족이 원하는 후견인 제도, 자산운용 계획, 유서 작성 및 신탁 등에 관한 정보를 제공함 • 장애인, 다른 가족구성원 또는 서비스 제공자에게 책임을 이양할 수 있도록 가족구성원을 지원함 • 청·장년 또는 가족구성원에게 직장 또는 직업선택의 기회를 갖도록 지원함

출처: Turnbull & Turnbull(1997), p. 149.

2. 가족기능에 영향을 미치는 요인

장애학생은 장애로 인한 어려움뿐만 아니라 장애를 둘러싼 주변의 환경에 의해서도 영향을 받는다. 장애학생을 둔 부모는 장애에 대한 부정적 태도로

인해 주변인을 피하게 되는 사회적 고립을 경험할 수도 있다. 장애학생을 둔 어머니는 자녀가 일반 아이들과 어울리거나 자신의 자녀보다 더 중증의 장애를 가진 동료들과 어울리는 데 대해서도 두려움을 가지고 있다고 보고되었고(Walker, 1972), 장애학생을 둔 부모는 비장애인이 가지고 있는 사회적 규준, 즉 '정상으로부터의 일탈'에 따른 부정적 태도로 인하여 심리적 적응에 어려움을 느낀다고 보고되었다(Darling & Darling, 1982). 이러한 결과는 장애학생을 둔 부모가 자녀가 가지고 있는 장애에 따른 어려움뿐만 아니라 장애에 대한 사회의 부정적 태도와도 싸움을 해야 하는 이중고에 시달린다는 것을 반영해 준다(Laborde & Seligman, 1991). Laborde와 Seligman(1991)은 가족기능에 영향을 미치는 요인들로 진단에 대한 반응, 서비스 쇼핑, 부부갈등, 의사소통 방식, 가족구성원의 스트레스 등을 제시하였다. 이 요인들 가운데 가족구성원의 스트레스는 이 장의 '3. 장애와 스트레스' 절에서 좀 더 자세히 다루고자 한다.

1) 진단에 대한 반응

진단에 대한 반응은 장애학생을 둔 부모가 의료인으로부터 자녀의 장애에 대한 정보를 접하게 되면서부터 나타나는 심리적·행동적 반응 형태를 일컫는다. 진단에 대한 반응은 부모가 의료인과 접촉하면서 시작되며, 이때 의료인과 부모 간 이루어지는 접촉의 양과 질은 가족기능에 큰 영향을 미친다. 부모는 자신의 자녀에게 무슨 일이 있어나고 있고, 문제의 원인, 치료방법 및 예후에 관한 정보를 알고 싶어 한다. 이때 의료인은 부모에게 장애의 원인과 치료방법부터 장애에 따른 예후까지도 자세히 설명해 주어야 하는 의무를 지닌다.

장애정보를 얻는 시점과 장애정도에 대한 진단이 모호한 경우, 진단에 대한 부모의 반응은 달라질 수 있다. 특히 장애의 진단이 아동이 태어난 지 몇 달 또는 몇 년 후에 내려질 경우, 부모는 장애상태를 잘 인지하지 못하거나 장애를 인지하지 않으려는 심리적 성향이 있다고 보고되었다(Bristol &

Schopler, 1984; Jordan, 1971). 장애의 정도가 모호하게 판정될 경우, 부모는 자녀가 정상적인 발달과정을 밟지 못할 수도 있다는 걱정을 하게 되고, 의료인이 제공한 의료정보에 대한 회의적인 시각을 갖게 될 수 있다. 부모는 의료인의 전문성을 인정하고는 있지만, 담당 의료인이 자신의 자녀에 관한 모든 정보를 갖고 있지 않다고 생각할 수 있고(Schwartz, 1970), 이는 의료인의 정보 전달 방식에 대한 부모의 부정적 태도를 반영해 준다고 할 수 있다(Telford & Sawrey, 1981).

부모는 초기에 장애에 관한 정보를 접하면서 충격과 혼란을 경험할 수 있고, 모호한 정보로 인한 불안이 가중될 수도 있다. 상담자는 부모의 장애에 대한 초기 반응들에 대해서 심리적 안정을 제공하고, 장애의 진단과 예후에 관한 올바른 정보를 제공해 줄 수 있도록, 의료인과 접촉하는 가운데 중재자로서의 역할도 담당할 수 있어야 한다.

2) 서비스 쇼핑

서비스 쇼핑이란 부모 또는 보호자가 장애가 있다고 생각되는 자녀의 장애를 진단하고 확정하기 위해 두 곳 이상의 의료기관을 방문하는 행위를 일컫는다. 부모는 의료기관에서 자신의 자녀에게 장애가 있다는 말을 듣게 되면, 자녀의 장애상태를 더 확인하기 위하여 다른 의료기관을 방문해 진단을 받아보기를 원한다. 다른 전문가에게 자녀의 장애상태에 대해 물어보는 행동은 부모/보호자로서의 당연한 자유이자 권리이다. 특히 자녀가 중요한 발달과정에 있거나 장애상태에 변화가 있다고 느껴질 때는 다른 전문가의 의견을 더 들어 보고 싶은 욕구가 있을 수 있고, 그동안 받아 왔던 자녀의 진단에 대한 의구심 혹은 현재 자녀의 장애상태에 대한 궁금증으로 인하여 다시 진단을 받아보고 싶은 욕구가 있을 수 있다.

장애가족이 이렇게 서비스 쇼핑을 하게 되는 원인은 무엇인가? 이에 대해서는 학자들에 따라 다소 차이가 있다. Seligman과 Seligman(1980)은 부모가 의료 전문가로부터 존중과 대접을 받지 못했다고 느꼈기 때문에 온정적인 의료인을 찾아 서비스 쇼핑을 하게 된다고 하였다. 한편, Keirin(1971)은 부모 가 자녀에게 특화된 서비스를 제공하는 데 필요한 진단을 얻기 위해 서비스 쇼핑이 이루어진다고 보았다.

한편, 정신분석학에서 다루고 있는 '부인(denial)'이 서비스 쇼핑의 원인으 로 거론되기도 한다. 장애를 인정하고 싶지 않은 현실에서 차선책으로 선택 한 것이 서비스 쇼핑일 수 있다는 것이다. Davidson과 Schrag(1968)는 그들 의 초기 연구에서 전문가들이 추천했던 의료서비스 내용의 50% 정도가 장애 학생 부모들로부터 외면당했다는 연구결과를 발표하였다. 부모의 이러한 행 동은 결국 전문 서비스에 대한 부인 혹은 장애자녀의 장애상태에 대한 부인 (denial)의 기제가 서비스 쇼핑이 이루어지는 원인으로 지목될 수 있다는 것 을 시사한다.

서비스 쇼핑을 줄이기 위해서는 의료전문가가 장애에 대한 정확한 정보를 제공하고 온정적인 치료관계 속에서 장애학생 부모를 지원해야 하는 책무성 이 있다고 할 수 있다. 장애를 진단하는 과정에서 의료전문가의 진단명이 서 로 다르게 나올 경우, 이는 장애가족의 좌절과 직결되는 문제를 수반할 가능 성이 높다. 부모상담을 진행하는 전문가 입장에서는 부모가 '부인'의 기제를 보일 경우에는 서비스 쇼핑을 가져오는 원인에 대해 솔직히 설명해 주고, 의 료 전문가들과 마찰이 있을 경우에는 중재자로서 온정적인 관계를 맺을 수 있도록 지원해 줄 필요성도 제기된다. 한편, 문화권에 따라서 다소 다를 수 있 겠지만, 장애학생 부모가 일반적으로 사회에서 용인된 치료방법을 찾기보다 는 검증되지 않은 혹은 유행에 의존하는 방법들을 차용하게 될 가능성도 주 의해야 한다고 보고되었다(Laborde & Seligman, 1991).

3) 부부갈등

부부갈등에 관한 주제는 장애자녀를 둔 가족이 일반 가족보다 부부간의 갈등이 더 많을 것이라는 가정에서 출발한다. 장애를 가진 자녀를 출생했다는 사실은 양육에 대한 부모의 부담이 수반되므로 부부갈등의 원인이 될 수 있고, 가족구성원의 장애적응에도 많은 영향을 미칠 수 있다. 실제 장애자녀 부모는 비장애 자녀를 둔 부모에 비해 이혼율이 높고, 정서적 문제(우울, 불안, 좌절, 근심 등)뿐만 아니라 장애에 대한 주위의 부정적 시각으로 인해 사회적 고립을 경험하게 된다고 보고되었다(조현경, 2002). 그러나 장애학생 가족에게서 예상되었던 부부갈등의 비율은 자녀의 장애정도와는 크게 상관이 없는 것처럼 보인다. 만성질환을 가지고 있는 자녀를 둔 부부는 일반 질환을 가지고 있는 자녀를 둔 부부와 이혼율에 있어서 큰 차이가 없다고 보고되었고(Sabbeth & Leventhal, 1984), 지적장애 수준이 다른 자녀를 둔 장애학생 가족들 간 비교에서도 결혼생활에서 갈등의 차이는 없을 뿐만 아니라, 대처방식에 있어서도 큰 차이가 없었다고(Blacher et al., 1987) 보고되었기 때문이다. 이러한 연구들을 종합해 보면, 장애자녀를 둔 부부는 일반 부부보다 부부갈등의 소지가 많은 환경에 노출되어 있다고 할 수 있겠지만, 자녀의 장애정도에 따른 대처방식의 차이는 크지 않다는 것을 시사한다.

가족기능을 회복·촉진시키기 위해서는 부부갈등의 원인에 대한 분석이 필요할 수 있다. Laborde와 Seligman(1991)은 부부갈등의 원인이 장애자녀를 두고 있다는 사실에 있기보다는 장애자녀를 둘러싸고 있는 가족관계에 있다고 보았다. 따라서 부부갈등의 원인을 분석하기 위해서는 갈등의 원인이 장애학생에 대한 반응에서 유래된 것인지, 가족의 독특한 상호작용의 형태에 기인한 것인지를 먼저 구분해야 할 필요가 있다. 가족구성원들 가운데 장애학생이 있다는 사실은 가족기능에 영향을 미칠 수 있지만, 부부갈등의 원인이 장애와는 무관한 가족자원에도 있을 수 있다는 점을 간과할 수는 없을 것이다.

실제 가족자원의 문제로 인하여 부부간의 문제가 발생할 소지는 많이 있다. 장애학생에 대한 부모의 과도한 애착형성은 자녀의 발달과 독립성에 부정적 영향을 미치게 된다는 점에서 부부간 의견 충돌의 소지는 다분히 있을 수 있다. 이 경우 상담자는 과도한 애착형성의 원인이 부부간의 기대수준 때문인지 혹은 다른 요인 때문인지 살펴본 후, 부부가 해당 요인들을 인지할 수 있도록 지원해 줄 수 있다. 상담자는 가족 안에서 일어난 갈등과 좌절의 원인이 무엇인지 부모에게 이해시키고, 경우에 따라서는 부모의 생각과 행동을 변화시킴으로써 이들을 긍정적으로 지원할 수 있는 방안을 모색해 볼 수도 있다.

4) 의사소통 방식

다양한 요인들이 장애학생 가족기능에 영향을 미친다. 즉, 의사소통의 부재, 양육기술의 미흡, 놀이기술의 부족, 사회적 결핍, 애착형성의 미흡, 자조기술의 미흡 등 다양한 요인들이 존재하는데, 경우에 따라서는 전문가의 개입이 필요할 수도 있다. 특히 언어는 대인 간 의사소통의 수단으로 가족기능에 큰 영향을 미친다고 알려져 왔다. 그래서 가족구성원 간의 언어적 상호작용이 부족하면 사회적 관계형성에 필요한 사교기술이 부족하게 되고, 이는 존재감의 상실로 나타날 수 있다(Laborde & Seligman, 1991). 가족 안에서 의사소통이 원활히 일어나지 않으면, 부모-자녀 간 상호작용의 빈도 또한 감소하게 될 것이라는 점은 자명하다.

의사소통의 문제는 사회적 동기로 인하여 일어나며, 대부분의 의사소통 기능을 측정하는 모델(Carr & Durand, 1985)의 기본 가정이기도 하다. 즉, 장애학생이 보이는 대부분의 행동문제들은 주의를 끌기 위해 일어나거나, 불쾌한 상황으로부터 회피하기 위해서 발생한다고 보기 때문이다. 의사소통은 가족 간 상호작용을 촉진할 수 있는 도구로 사용되기 때문에 의사소통 기술을 향상시킬 수 있는 많은 방법들이 강구되고 있다. 효율적인 의사소통 기술을 습득함으로써 장애학생은 부모에게 개인이 지니고 있는 고충을 표현할 수 있고, 부모는 그에 화답함으로써 자녀의 고충을 이해할 수 있는 근거를 마련할 수 있다.

5) 가족기능의 정상화에 영향을 미치는 요인

'정상화(normalization)'는 Wolfensberger(1972)가 보고했던 개념으로 특수교육 및 재활 분야에서 '탈시설화(deinstitutionalization)'의 개념과 함께 많이 사용되어 왔다. 정상화의 개념에서 강조하고 있는 가치체계는 Wolfensberger가 1983년 새롭게 형성했던 사회역할 안정화(social role valorization) 이론이다. 이 이론은 장애인이 정상화에 입각한 삶을 누리려면, 자신의 역할가치를 절상시킬 수 있어야 하고, 사회적 역할을 습득·유지시킬 수 있는 지원이 종합적으로 이루어져야 한다고 가정한다.

가족기능의 정상화에 영향을 미치는 요인들로는 의료적 요인, 특수교육 요인, 행동문제, 지속적 의존성, 경제적 부담, 낙인과 그에 따른 결과 그리고 신체적 제한을 들 수 있다(Laborde & Seligman, 1991). 먼저 의료적 요인을 살펴보면 자녀의 장애정도 및 건강관리에 대한 수요에 따라 차이가 있겠지만, 장애학생 가족은 일반 가족에 비해 의료적 수요가 많고, 입원을 해야 할 일도 많은 편이다. 문제는 지역사회에서 가용할 만한 자원이 부족하면 그만큼 지속적인 건강관리에 대한 욕구를 만족시킬 수 없게 된다는 점이다. 자녀를 가정에 두고 사랑해 주기만 한다고 건강관리가 만족스러운 것은 아니기 때문에 지역사회의 가용 자원 여부는 가족기능에 영향을 미치는 중요한 요인이 될 수 있다.

장애학생 가족구성원의 특수교육에 대한 요구도 정상화에 영향을 미치는 요인이다. 통합교육은 특수교육의 오랜 화두였고, 부모들은 자녀를 위해 통합교육이 실천되기를 원한다. 그러나 학교 행정상의 편의로 인하여 부모가 특수학급 또는 분리교육을 권유받게 될 때는 문제가 발생할 수 있다. 이때 부모와 교사는 통합교육과 분리교육 사이에서 선택을 해야 하는 난감한 상황에 처하게 되고, 이러한 상황은 가족구성원의 좌절로 이어질 수 있다.

장애학생의 행동문제도 부모에게 스트레스로 작용하고 가족기능에 영향을 미친다. 이때 자녀의 장애정도와는 무관하게 비공식적 지원체계를 유지하는 가족구성원은 지원체계가 없는 가족구성원보다 장애적응 과정이 더 유리하다고 보고되었다(Bristol & Schopler, 1984; Kerr & McIntosh, 2000).

장애학생의 지속적인 의존성도 가족구성원에게 문제를 가져올 수 있다. 자녀의 일시적인 의존성은 큰 문제가 되지 않지만, 자녀의 의존성이 지속되면 가족구성원 가운데 불만이 표출될 수 있고, 이는 가족기능에 부정적인 영향을 미친다. 학령기 이전에는 자녀의 의존성이 어느 정도 용인될 수 있지만, 나이가 들면서 장애학생의 독립성에 대한 요구는 상대적으로 중요한 의미를 지니게 된다. 이때는 장애학생에게도 합리적인 책무성을 부여하는 방법이 대안이 될 수 있다. 장애학생에게 합리적인 책무성을 부여하는 방법으로는 자녀 스스로 독립성에 대한 생각을 갖게끔 환경을 조성하여 아동 자신도 가족구성원으로서의 귀중한 역할을 담당할 수 있다는 존재감을 느끼게 해 줄 수 있다.

장애자녀를 두고 있다는 사실은 가족구성원에게 심리적 적응 문제뿐만 아니라 실제 경제적 부담을 가져온다. 경제적 부담은 자녀의 치료에 사용되는 비용과 더불어 편의시설 설치 등의 간접비용까지 포함되어 있다. 사회적 편의시설 제공이라는 측면에서 볼 때, 이는 한 사회의 사회복지에 대한 수요와 연관이 깊다고 할 수 있다.

사회적 낙인 또한 장애학생의 정상화를 방해하는 요인으로 작용한다. 학교나 기관에서 장애학생을 대상으로 의사소통 기술을 향상시키려는 교육도 바로 사회적 낙인을 감소시키기 위한 프로그램이라고 할 수 있다.

물리적 장벽에 대한 개선 노력도 법률의 개정과 더불어 장애인의 정상화를 위한 사회적 배려라고 할 수 있다. 우리나라에서도 초창기 「편의시설 증진에 관한 법률」(1986)이 마련됨에 따라 편의시설 설치에 관한 의무 및 권고 조항들이 현재 시행되고 있다. 이러한 편의시설 설치에 관한 노력은 신체적 제한을 가진 장애인에 대한 사회적 배려라고 할 수 있다. 〈표 2-2〉는 Laborde와 Seligman(1991)의 가족기능의 정상화에 영향을 미치는 요인들을 주요 과제별로 제시해 놓은 것이다.

〈표 2-2〉 가족기능의 정상화에 영향을 미치는 요인과 주요 과제

요인	주요 과제
의료적 요인	• 부모에게 교육과정 선택에 대한 내용을 안내함 • IEP 모임에 협업/협동 등 가족의 역량강화 내용이 포함될 수 있도록 함 • 부모연결, 교육 모임 또는 가족지원 집단에 부모의 참여를 격려하고, 다른 사람들과 전환교육과정을 논의할 수 있도록 지원함
특수교육 요인	• 학령기 이전 장애학생의 교육에 대한 수요와 교육프로그램 제공 여부 (조기교육 프로그램의 질적 제공) • 학령기 교육관련 법규 이해, 최소제한환경과 무료 공공교육 제공 여부 • 합리적 교육배치에 대한 요구(분리교육 vs. 통합교육 프로그램 제공)
행동문제	• 장애학생의 행동관리 문제에 대한 가족구성원의 태도(장애정보 제공 vs. 장애정보 회피) • 가족구성원들의 적절한 사회적 지지체계 유지
의존성	• 장애자녀에 대한 지원서비스 제공 여부(자녀 돌봄 서비스, 휴식보호 서비스 등)
경제적 부담	• 심리적, 의료적 비용에 따른 경제적 부담 감소 • 직접비용(장애학생 보호, 건강관리, 치료, 특수장비 구입), 간접비용 (휴무, 특수주거 요구) 및 기타 간접비용(주거환경 개선, 차량개조, 편의시설 설치 등)에 대한 해결 방안
낙인 및 결과	• 언어교육 강화와 사회적 낙인을 감소시키기 위한 노력
물리적 환경 장벽	• 물리적 환경 장벽(계단, 복도, 시설 등) 제거

6) 가족구성원의 책무성

가족구성원의 책무성은 특정 구성원에게만 주어지는 임무를 의미하는 것이 아니다. 가족구성원 중 어느 한 사람에게 장애가 있다는 사실은 가족구성원 모두에게 주어지는 책무성을 전제로 한다. 장애학생을 둔 가족은 대부분 자녀의 장애상태와 관련하여 어려움을 느끼고 있는 것이 사실이다. 게다가 자녀를 돌봐야 한다는 의무감과 자녀의 요구를 수용해야 한다는 부담감 때문에 부모는 자녀를 위해 필요한 서비스를 안전하게 확보해야 하고, 사회 속에 존

재하는 차별과도 직면해야 한다(Murdick et al., 2004). 부모는 자녀가 행복을 느끼지 않는다는 생각을 하게 되면, 그동안 받아 왔던 전문가의 지원마저도 크게 도움이 되지 않는다고 생각할 수도 있다. 가족구성원의 책무성은 장애학생에 대한 가족구성원의 협동적 지원으로 긍정적인 의미를 지니고 있다고 볼 수 있다.

Laborde와 Seligman(1991)은 장애학생에게 주어지는 책무를 '합리적 책무성(reasonable responsibility)'이라고 하였다. 이들에 따르면 합리적 책무성은 장애학생이 스스로 장애적응과 가사에 참여하는 임무를 부여받는 것을 의미하고, 다른 가족구성원도 장애학생을 지원하는 기술을 익힐 수 있도록 도움을 받는, 일종의 학습전략이라고 할 수 있다. 합리적 책무성은 장애학생 스스로 자립성을 키울 수 있는 기초를 다질 수 있고, 가족구성원으로서의 역할을 담당할 수 있도록 책무를 부여해 줄 수 있는 이점을 가지고 있다. 장애학생이 단지 수동적인 존재로 비춰지는 것이 아니라 다른 가족구성원의 심리적 안녕에 도움을 줄 수 있는 능동적 책무자로 인식될 수 있다는 점에서 의미가 있다.

3. 장애와 스트레스

1) 스트레스의 정의

스트레스는 장애학생 가족기능에 영향을 미치는 부정적 요인들 가운데 하나이다. Merriam-Webster 사전(2015)은 스트레스에 대해 "우리의 생활, 직장 등의 문제들에 의해 일어나는 정신적 긴장과 걱정, 심한 불안심리 상태 및 물리적 힘과 압력 상태를 지칭하는 것"으로 기술하고 있다. 미국스트레스연구소(American Institute of Stress, 2015)에 따르면, 스트레스는 매우 주관적인 현상을 기술하기 때문에 과학자에게 그리 유용한 정의로 비춰지지는 않는다. 더구나 스트레스를 어떻게 과학적으로 측정할 수 있는가 하는 의문도 따라다닌다.

스트레스에 대해 과학적으로 접근한 사람은 Selye(1907~1982)이다. 그는 스트레스를 어떤 형태로든 변화를 요구하는 자극에 대항하려는 신체의 불특정적인 반응이라고 보았다. Selye는 동물실험을 통해 불쾌한 외부자극은 결국 위궤양, 부신질환 등의 신체질환을 유발하며 이러한 반응에는 사람도 예외가 아니라고 보았다. Selye는 스트레스가 불쾌한 경험과 반응을 유발한다는 측면에서 '자극인자(stressor)'라는 용어로 대체해 사용하였다. 스트레스는 일반적으로 고통(distress)과 동일한 용어로 간주되는데, 고통(distress)은 신체적 · 정신적 · 감정적 위축 또는 긴장으로 정의내릴 수 있는 개념이기도 하다 (Wikipedia, 2017).

한편, '스트레스'란 용어는 우리 사회에서 신체질환을 유발하는 부정적인 개념으로 알려져 왔기 때문에 스트레스의 긍정적인 측면이 간과되는 경향이 있다. 스트레스가 사람에게 성취욕을 불러일으킬 때는 유용한 측면이 있을 수 있기 때문이다. Selye는 이 스트레스를 '좋은 스트레스(eustress)'로 불렀다. 스트레스의 정의적 측면을 장애학생 부모상담 혹은 가족상담에 적용할 경우, 가족구성원에게 성취 욕구를 적절히 자극할 수 있는 좋은 스트레스는 가족의 순기능을 찾는 데 도움을 줄 수 있다. 그러나 불쾌한 스트레스 혹은 고통을 준다면, 이는 분명 전문가의 상담 및 지원이 필요하다고 할 수 있다.

2) 장애가족과 스트레스

장애학생 가족구성원에게 영향을 미치는 스트레스는 부모상담 분야에서 빼놓을 수 없는 주제이다. 왜냐하면 장애학생 가족은 일반 가족에 비해 스트레스를 경험하게 될 가능성이 높기 때문이다. 일반적으로 장애학생을 둔 가족은 일반 가족에

비해 더 많은 스트레스를 경험하고(박덕희, 2004; 조윤경, 김경혜, 2005; Wang,

Michaels, & Day, 2011), 부부간 이혼 확률도 80%까지 추정된다고 보고되었다(Cottone, 2012). 장애학생 가족은 과도한 시간적 요구, 자녀의 미래에 대한 의구심, 기회의 제한, 장애에 대한 비관, 자녀의 정체성 부족, 자녀의 의사소통 능력 제한, 우울증상 등 다양한 스트레스를 경험하고 있는 것으로 보고되었다(박덕희, 2004). 스트레스는 개인 및 가족구성원에게 긍정적인 상황을 떠올리기보다는 부정적인 상황을 떠올리는 용어로 자주 언급되고 있다.

　"우리 아이는 (장애 때문에 또는 환경 때문에) 학교에서 스트레스를 많이 받아요."
　"아이 때문에 (가족구성원이) 스트레스를 많이 받아요."
　"사람들 눈 때문에 (가족구성원이) 스트레스를 많이 받고 있지요."

　이는 장애학생 가족구성원이 자주 하는 말들로 스트레스라는 용어가 부정적으로 사용되고 있음을 알 수 있다. 물론 스트레스는 장애 자체 요인에 따라 그 반응이 달리 표현될 수 있고, 장애를 둘러싸고 있는 환경 요인에 따라서도 큰 영향을 받는다. 장애학생 가족이 경험하는 스트레스의 내용과 정도도 각 가족구성원의 특성에 따라서 달라질 수 있다. 즉, 장애학생이 있다는 사실에 대하여 부모가 받는 스트레스는 다른 가족구성원이 경험할 수 있는 스트레스의 내용과 정도와는 차이가 있을 수 있다는 것이다. 장애학생 가족구성원이 경험할 수 있는 스트레스의 원인과 내용을 살펴보는 것은 장애학생 가족의 기능을 이해하는 데 도움을 준다.

(1) 어머니의 스트레스

　장애자녀를 둔 어머니는 비장애 자녀를 둔 어머니에 비해 양육에 대한 스트레스가 다를 것이라는 짐작이 가능하다. 장애자녀를 양육한다는 것은 분명 쉬운 일이 아니다. 가족구성원의 인적 구조에 따라 스트레스가 달라질 수 있겠지만, 일반적으로 자녀양육에 관한 일차적 책임은 어머니에게 있는 경우가 많다. 장애자녀를 양육하는 데 따르는 부담이 어머니에게 전가될 경우, 가사에 대한 부담은 한층 가중될 수밖에 없을 것이다.

실제 지적장애 자녀를 둔 어머니는 비장애 자녀를 둔 어머니에 비해 우울증과 강박적 사고를 더 많이 경험하고, 분노를 다스리는 데 있어서 더 큰 어려움을 경험한다고 보고되었다(Cumming et al., 1966). 특히 자녀가 중도장애를 가지고 있을 경우 자녀에 대한 보호자로서의 역할은 더 커지게 되고, 그에 따른 심리적 부담도 더 크게 느껴질 수 있다. 한편, 편부모 가정에서 장애자녀를 키우는 비율은 일반 가정에서 장애자녀를 키우는 비율보다 훨씬 높다고 알려져 있고(Maki & Tarvydas, 2012), 장애자녀를 둔 편모는 경제적 어려움이 가중될 경우 일반 어머니보다 더 큰 스트레스를 받는 경향이 있다. Beckman(1983)은 편모는 장애자녀가 까다로운 성격을 가지고 있거나 반복적으로 문제행동을 일으키는 경우에 비장애 자녀를 둔 어머니보다 더 큰 양육부담과 스트레스를 경험하게 된다고 보고하였다. 이와 같은 사실들은 편모가 장애자녀를 양육하는 데 따르는 부담, 과잉보호, 사회의 부정적 태도 등의 스트레스 요인들을 상대적으로 많이 지니고 있다는 것을 시사해 준다.

한편, Peterson(1984)은 자녀의 장애정도는 어머니의 건강상태와 부모의 장애적응 관계의 지표상 상관성이 있다고 하였다. 이는 자녀의 장애가 심할수록 어머니의 심리적 부담이 가중된다는 것을 의미하고, 이는 장애자녀를 두고 있는 어머니에게 주변의 정서적 지원과 실질적인 도움이 필요하다는 것을 시사한다. 물론 Larborde와 Seligman(1991)은 자녀의 행동특성에 기인하는 문제들이 장애유형 또는 장애의 정도에 기인하는 문제들보다 더 큰 스트레스를 유발할 수 있다고 보고하였지만, 가족상담 과정에서는 어떠한 스트레스 인자들일지라도 제외되지 않도록 주목할 필요가 있다.

이러한 측면에서 장애자녀를 둔 어머니 및 편모가 자녀의 요구에 부응할 수 있도록 주변에서 이들에게 정서적인 지원을 제공해 주고, 아이돌봄 서비스와 같은 사회적 지원체계를 마련해 주는 일은 중요한 사회적 배려라고 할 수 있다.

(2) 아버지의 스트레스

초기 아동기의 발달단계에서 부모와 자녀의 애착형성은 매우 중요하다. 특히 가족 내 장애자녀를 두고 있다는 사실은 자녀를 돌보는 데 따르는 부담을 의미할 수 있기 때문에 부모는 자녀들과의 애착형성 과정에서 직간접적인 스트레스를 많이 경험한다.

부모가 장애자녀로부터 경험하게 되는 스트레스의 유형과 정도는 차이가 있다. 이때 가족 내 장애자녀를 두고 있는 부모 간 성역할의 차이가 나타나기도 한다. Lamb와 Meyer(1991)는 아버지는 장애자녀가 있다는 사실로 인해 우울한 성향이 있다고 보고하였고, Cummings(1976)도 아버지는 특히 지적장애가 있는 자녀와의 상호작용이 매우 낮게 나타났을 뿐만 아니라, 부모-자녀의 관계마저 소원해지는 결과를 가져왔다고 보고하였다. 그리고 아버지의 부담을 가중시켰던 원인들로는 특정 장애와 결부된 사회적 낙인과 지적장애의 특성으로 인한 부담, 즉 지속적 관리에 대한 부담을 주요 원인으로 지목하였다.

한편, 아버지는 딸보다도 아들에 대한 기대욕구가 더 크기 때문에 아들이 지적장애로 진단을 받게 되면 더 실망스러워한다는 연구도 보고되었다(Grossman, 1972). 자녀의 장애가 심하면 전통적인 놀이친구로서의 아버지의 역할이 감소되면서 가족의 상호작용도 감소하는 결과를 가져오기도 한다(Cummings, 1976).

이러한 연구들은 장애자녀에 대한 아버지의 태도와 행동이 이들의 성장에 중요한 역할을 수행할 수 있다는 점을 시사한다. 즉, 아버지의 장애자녀에 대한 수동적인 태도와 가족구성원과의 낮은 상호작용은 장애학생에 대한 가족의 지원체계에 부정적인 영향을 미치게 된다. 이처럼 아버지의 부정적 태도와 행동은 어머니의 장애자녀에 대한 지원 노력에도 부정적인 영향을 미치게 되고, 결국 어머니와 다른 자녀들에게 양육에 대한 부담을 가중시키는 결과를 가져오게 된다. 게다가 어머니에게 전가된 양육에 대한 부담은 부부 사이에도 악영향을 미치게 되는 악순환을 가져올 수 있다.

한편, 장애학생을 둔 가족에 있어서 아버지의 역할은 과거 그 어느 때보다 더 중요하게 받아들여지고 있다. 특히 자녀가 학령기 전에 중도장애를 가지고 있는 경우, 아버지들은 일반적으로 이웃으로부터 격려와 지원을 받는 것보다 아내와 친구들로부터 지원을 받는 것이 훨씬 도움이 된다고 생각하는 경향이 있다(Gallagher et al., 1981). 아버지에게 격려와 지원을 제공하는 다양한 방법들이 있지만, 상담자는 가족의 부담을 경감시키기 위한 목적으로 가사에 남편을 참여시키는 남편협력 프로그램을 고안해 볼 수 있고, 가족구성원 간의 의사소통을 촉진하기 위한 프로그램을 계획해 볼 수도 있다.

(3) 형제자매의 스트레스

그동안 가족 내 장애학생에 대한 일반 형제자매의 스트레스에 대한 연구가 진행되어 왔다. 그중 가족 내 장애학생에 대한 일반 형제자매의 스트레스 연구결과에 대해서는 이견이 있다. 장애학생으로 인하여 다른 형제자매가 사회적 관계를 맺는 데 있어서 어려움과  우울, 불안 등의 정서적 문제를 경험한다는 부정적 연구들도 있고(Fleming, 2004; Hutton & Caron, 2005), 공감능력과 개인차 변인을 알게 되어 고마움을 느끼게 되었다는 긍정적인 연구(Cuskelly & Gunn, 2006)도 있기 때문이다. 형제자매의 사회적 관계에 대한 조사에서는 일반 형제자매가 긍정적인 지표인 사회성숙도와 책임성 점수가 높게 나타났다고 보고되었고(Taunt & Hastings, 2002), 학습장애를 가진 형제자매와 일반 형제자매의 자아개념 점수상에서도 차이가 없었다고 보고되었다(Dyson, 2003). 일부 연구자들은 형제자매의 관계 속에서 성별이 중요한 요인이 될 수 있다고 하였다. 즉, 지적장애를 가진 오빠에 대한 일반 자매의 도움행동과 지적장애를 가진 여동생에 대한 일반 형제의 도움행동을 비교해 본 결과, 전자가 후자보다 더 많은 도움행동(말벗, 돌보기)을 제공했다고 보고되었고(Simpson & Mundschenk, 2010), 미래 낙관적 전망에 대한 인식에 있어서도 마찬가지로 일반 자매가 일반 형제보다 높게 산출되었다고 보고되었다(Orsmond & Seltzer, 2000).

형제자매들을 대상으로 책임귀인과 스트레스의 상관성을 조사한 연구도 있다. Burke(2008)는 장애학생을 둔 어머니의 진술을 토대로, 미국에서 일반 자매들이 장애를 가진 형제자매를 직접 돌보는 데 관여하는 비율이 75%에 이른다고 하였다. 일반 형제자매는 장애가 있는 어린 형제자매를 돌보는 데 있어서 책임감이 가중되면, 스트레스로 인해 더 부정적인 행동을 보일 수 있다는 연구결과도 있다(Laborde & Seligman, 1991). 한편, Laborde와 Seligman(1991)은 일반 자녀가 장애가 있는 형제자매에게 막연한 환상을 가지고 있고, 그들에게 해를 입힐 수도 있다는 불안과 죄책감을 경험할 수 있다고 보고하였다. 이 연구자들은 일반 형제자매가 지닌 부정적 경험을 줄이기 위해서는 직접 그들이 형제자매의 장애 관련 정보를 보다 잘 이해할 수 있는 지식을 습득하고, 환상과 같은 모호한 상황에 대처할 수 있는 능력을 키워 줄 수 있어야 한다고 제안하였다. 결국 일반 형제자매가 장애가 있는 형제자매에 대해 느낄 수 있는 막연한 불안과 죄책감은 가족구성원 간 정보의 부재 또는 상호작용의 부재에 기인한다고 볼 수 있다. 실제로 일반 청소년이 그들의 형제자매의 장애상태에 대하여 부모와 의견을 나누는 것은 성에 관한 이야기를 나누는 것만큼이나 어려운 일이라고 보고되었다(Grossman, 1972). 이와 같은 사실은 일반 자녀에게 형제자매의 장애와 관련된 현실적인 정보를 제공해 주고, 형제자매를 돌보는 부담을 부모에게 솔직히 이야기할 수 있는 가족환경이 구축될 필요가 있다는 것을 시사한다.

나이가 들면서 일반 형제자매는 장애가 있는 형제자매를 바라보는 시각이 바뀌게 된다. 즉, 부모가 나이가 들어감에 따라 일반 자녀는 장애가 있는 그들의 형제자매를 돌보는 데 일차적인 책임이 있다고 생각하는 경향이 있으며, 장애 형제자매의 향후 직업, 고용 가능성 및 자립생활에 대한 지원책 등에 대한 우려를 표명하는 경향이 있다고 보고되었다(Simpson & Mundschenk,

2010). 장애가 있는 형제자매에 대한 일반 형제자매의 태도와 행동은 일반 형제자매가 얼마나 지속적으로 가족의 스트레스 상황에 노출되었느냐에 따라 달라질 수 있을 것이다. 이러한 위기와 스트레스는 일반 형제자매와 장애 형제자매가 가족구성원으로서 함께 살아가는 동안 다양하게 일어날 수 있다.

3) 아동의 발달단계에 따른 스트레스

가족구성원은 장애학생의 발달단계에 따라서 다양한 스트레스 인자 (stressors)를 경험할 수 있다. 학자마다 생애발달의 단계를 다르게 설정하고 있지만, 장애학생의 발달단계에 따른 스트레스 요인들은 일반적으로 유사하다. 장애학생 가족구성원은 장애자녀가 삶의 전환을 이루게 되는 시점에서 주로 스트레스를 경험하는 경향이 있다. 장애학생의 가족구성원이 경험할 수 있는 스트레스에 대하여 Macklin(1980)은 장애자녀의 장애를 처음으로 인지하게 될 때, 자녀가 학교에 입학하게 될 때, 자녀가 학령기 이후 사회의 일원으로 활동하게 될 때, 그리고 부모가 나이가 들어 자녀의 양육권을 고민하게 될 때 삶의 전환과 관련된 스트레스를 경험할 수 있다고 하였다. Olson 등(1984)은 장애자녀의 성장과정에 따른 가족구성원의 스트레스 요인을 〈표 2-3〉과 같이 제시하였다.

일반적으로 가족의 생애주기는 각 단계별 지표를 통해 확인이 가능하다. 장애자녀를 둔 가족구성원도 생애주기를 참조하여 장애학생의 성장과정에서 발생할 수 있는 문제들에 대처하는 전략이 필요하다. 이때는 가족의 상황을 고려하여 부모상담 또는 가족상담 과정에서 활용할 수 있는 모든 자원들(예, 인적자원, 가족자원 및 지역사회 자원)을 동원할 수도 있을 것이다.

〈표 2-3〉 장애자녀의 성장과정에 따른 가족구성원의 스트레스 요인

발달단계	스트레스 요인들
임신기 (childbearing period)	• 정확한 장애 진단 및 의료서비스 쇼핑하기 • 정서적 안정 찾기 • 다른 가족구성원들에게 자녀의 장애 사실 알리기 등
학령기 (school age period)	• 주류화 교육 및 분리교육에 대한 개인적 의견 전달하기 • 장애자녀 또래들의 태도와 반응에 대처하기 • 자녀 보호를 위한 일정 세우기 • 방과 후 활동 살펴보기 등
청소년기 (adolescence period)	• 자녀의 만성적 장애상태에 적응하기 • 성적 문제 다루기 • 또래들과의 격리 문제 및 거부행동에 대처하기 • 장애자녀의 직업선택 지원과 계획 세우기 등
실행기 (launching period)	• 가족의 자녀에 대한 지속적 책무성 인지 및 적응하기 • 적절한 주거시설 선택하기(중도장애를 수반할 경우) • 가족구성원의 사회활동 기회의 부족에 대한 대처방안 찾기 등
양육 후기 (postparenting period)	• 배우자와의 관계 재설정하기(장애자녀가 성공적으로 사회에 진출한 경우) • 장애자녀의 주거서비스 제공자들과 친분 쌓기 등

출처: Olsen et al. (1984): Seligman(2000), pp. 77-78에서 재인용.

참고문헌

박덕희(2004). 자녀의 장애정도에 따른 정신지체아 어머니의 스트레스와 대처방식 분석.
　　한국교원대학교 대학원 석사학위논문.
조윤경, 김경혜(2005). 가족기능강화 프로그램이 아동 부모의 스트레스와 가족 기능성에
　　미치는 영향. 유아특수교육연구, 5(1), 79-104.
조현경(2002). 발달장애아 부모의 스트레스 체험과 사회적 지지의 수용 및 자녀양육태도
　　에 관한 연구. 건국대학교 행정대학원 석사학위논문.

Beckman, P. J. (1983). Influence of selected child characteristics on stress in families of handicapped infants. *American Journal of Mental Deficiency, 88*, 150-156.

Blacher, J., Nihira, K., & Meyers, C. E. (1987). Characteristics of home environment of families with mentally retarded children: Comparison across levels of retardation. *American Journal of Mental Deficiency, 91*, 313-320.

Bristol, M. M., & Schopler, E. (1984). A developmental perspective on stress and coping in families of autistic children. In J. Blacher (Ed.), *Severely handicapped young children and their families*. Orlando, FL: Academic Press, 91-142.

Burke, P. (2008). *Disability and impairment: working with children and families*. Philadelphia, PA: Jessica Kingsley Publishers.

Carr, E. G., & Durand, V. M. (1985). Reducing behavior problems through functional communication training. *Journal of Applied Behavior Analysis, 18*, 111-126.

Cottone, R. R. (2012). Family and relationship issues. In D. R. Maki., & V. M. Tarvydas (Ed.), *The professional practice of rehabilitation counseling*. New York, NY: Springer Publishing Company.

Cummings, S. T. (1976). The impact of the child's deficiency on the father: A study of fathers of mentally retarded and chronically ill children. *American Journal of Orthopsychiatry, 46*, 246-255.

Cummings, S. T., Bayley, H. C., & Rie, H. (1966). Effects of the child's deficiency on the mother: A study of mothers of mentally retarded, chronically ill, and neurotic children. *American Journal of Orthopsychiatry, 36*, 595-608.

Cuskelly, M., & Gunn, P. (2006). Encouraging active parent participation in IEP team meetings. *Teaching Exceptional Children, 36*(3), 34-39.

Darling, R. B., & Darling, J. (1982). *Children who are different: Meeting the challenge of birth defects in society*. St. Louis, MO: Mosby.

Davidson, P. O., & Schrag, A. R. (1968). Prognostic indicators for effective child psychiatric consultations. *Canadian Psychiatric Association Journal, 13*, 533.

Dyson, L. L. (2003). Children with learning disabilities within the family context:

A comparison with siblings in global self-concept, academic self-perception, and social competence. *Learning Disabilities Research, 18*(1), 1-9.

Fleming, A. (2004). My brother is autistic. *Scholastic Choices, 20*(2), 16-19.

Gallagher, J. J., Cross, A. H., & Scharfman, W. (1981). Parental adaptation to a young handicapped child: The father's role. *Journal of the Division for Early Childhood, 3*(1), 3-14.

Grossman, F. (1972). *Brothers and sisters of retarded children: An exploratory study.* Syracuse, NY: Syracuse University Press.

Hallahan, D. P., & Kauffman, J. M. (2000). *Exceptional learners: Introduction to special education.* Boston, MA: Allyn and Bacon.

Hutton, A. M., & Caron, S. L. (2005). Experience of families with children with autism in rural New England. *Focus on Autism and Other Developmental Disabilities, 20*, 180-189.

Jordan, T. E. (1971). Physical disability in children and family adjustment. In R. L. Noland (Ed.), *Counseling parents of the ill and handicapped.* Springfield, IL: Charles C Thomas, 16-26.

Keirin, W. C. (1971). Shopping parents: Patient problem or professional problem? *Mental Retardation, 9*, 6-7.

Kerr, S. M., & McIntosh, J. B. (2000). Coping when a child has a disability: Exploring the impact of parent to parent support. *Child: Care, Health and Development, 26*(4), 309-322.

Laborde, P. R., & Seligman, M. (1991). Counseling parents with children with disabilities. In M. Seligman (Ed.), *The family with a handicapped child.* Boston, MA: Allyn & Bacon.

Lamb, M. E., & Meyer, D. J. (1991). fathers of children with special needs. In M. Seligman (Ed.), *The family with a handicapped child.* Boston, MA: Allyn & Bacon.

Macklin, E. D. (1980). Nontraditional family forms: A decade of research. *Journal of Marriage and Family, 42*(4), 905-922.

Maki, D. R., & Tarvydas, V. M. (2012). *The professional practice of rehabilitation counseling* (Ed.). New York, NY: Springer Publishing Company.

Murdick, N., Shore, P., Chittooran, M. M., & Gartin, B. (2004). Cross-cultural comparison of the concept of "otherness" and its impact on persons with disabilities. *Education and Training in Developmental Disabilities, 39*(4), 310-316.

Olson, D. H., McCubbin, H. I., Barnes, H., Larsen, A., Muxen, M., & Wilson, M. (1984). *One thousand families: A national survey.* Beverly Hills, CA: Sage.

Orsmond, G. I., & Seltzer, M. M. (2000). Brothers and sisters of adults with mental retardation: Genderd nature of the sibling relationship: *American Journal on Mental Retardation, 105*(6), 486-508.

Peterson, P. (1984). Effects of moderator variables in reducing stress outcome in mothers of children with disabilities. *Journal of Psychosomatic Research, 28,* 337-344.

Sabbeth, B. F., & Leventhal, J. M. (1984). Marital adjustment to chronic childhood illness: A critique of the literature. *Pediatrics, 73,* 762-768.

Schwartz, W. D. (1970). Medicine and Computer: The Promise and Problem of Change. *New England Journal of Medicine, 283,* 1257-1264.

Seligman, M., & Seligman, P. A. (1980). The professional's dilemma: Learning to work with parents. *The Exceptional Parent, 10,* 511-513.

Seligman, M. (2000). *Conducting Effective conferences with parents of children with disabilities.* New York, NY: Guilford Press.

Simpson, R. L., & Mundschenk, N. A. (2010). *Working with parents and families of exceptional children and youth.* Austin, TX: Pro-ed.

Taunt, H. M., & Hastings, R. P. (2002). Positive impact of children with disabilities on their families: A preliminary study. *Education and Training in Mental Retardation and Developmental Disabilities, 37,* 410-420.

Telford, C. W., & Sawrey, J. M. (1981). *The exceptional individual.* Englewood Cliffs, NJ: Prentice Hall.

Turnbull, A. P., & Turnbull, H. R. (1986). Family life cycle: Theoretical and empirical implications and future directions for families with mentally retarded members. In J. J. Gallagher & P. M. Vietze (Eds.), *Families of handicapped persons.* Baltimore, MD: Brookes.

Turnbull, A. P., & Turnbull, H. R. (1997). *Families, professionals, and exceptionality: A special partnership* (3rd ed.). Upper Saddle River, NJ: Prentice-Hall.

Walker, H. H. (1972). Spina bifida and the parents. *Developmental Medicine and Child Neurology, 13,* 462-476.

Wang, P., Michaels, C. A., & Day, M. S. (2011). Stresses and coping strategies of Chinese families with children with autism and other developmental disabilities. *Journal of Autism and Developmental Disorder, 41,* 783-795.

Wolfensberger, W. (1972). *The principles of normalization in human services.* National Institute of Mental Retardation.

American Institute of Stress(2015. 11. 20.). Stress. www.stress.org

Merriam-Webster. (2015). Stress. www.merriam-webster.com.

Wikipedia (2017. 10. 15). Hans Selye. https://en.wikipedia.org.

제3장

장애학생 가족의 장애적응과
대처행동 양식

장애학생 가족구성원은 장애적응 과정에서 많은 어려움을 경험한다. 장애학생을 두었다는 사실은 가족구성원에게 스트레스로 작용하며, 외부의 사회적 활동을 위축시키는 경향이 있다. 장애학생 가족이 경험하는 장애적응 과정도 장애를 수용하는 정도에 따라 차이를 보일 수 있고, 장애적응을 설명하는 모형 또한 다양하다. 이러한 내용들을 살펴보는 것은 장애학생을 둔 가족구성원의 장애적응 행동을 이해하는 데 있어서 귀중한 지식의 토대가 된다.

이 장에서는 장애학생을 둔 가족구성원의 장애적응에 영향을 미치는 요인들을 살펴보고, 가족구성원이 보이는 심리적 반응과 장애적응을 설명하는 모형을 중심으로 살펴보고자 한다. 그리고 문화권에 따른 장애학생 부모의 대처행동 양식을 살펴봄으로써 장애학생 가족구성원을 보다 잘 이해할 수 있는 토대를 마련해 보고자 한다.

1. 장애적응에 영향을 미치는 요인
2. 장애학생 가족의 심리적 반응
3. 장애적응 모형
4. 문화권에 따른 장애 대처행동 양식

1. 장애적응에 영향을 미치는 요인

장애적응에 영향을 미치는 요인들은 다양하다. 여러 요인 가운데 장애의 내적 요인과 외적 요인은 장애적응에 영향을 미치는 일반적 요인들을 총칭하는 개념으로 사용될 수 있다. 내적 요인은 장애 자체의 요인을 의미하고, 외적 요인은 외부 환경요인을 일컫는다. 일반적으로 장애적응에 영향을 미치는 요인들은 내적 요인(장애 자체 요인), 외적 요인(사회의 부정적 태도) 그리고 자아의 강도로 요약하여 설명할 수 있다.

첫째, 내적 요인인 장애 자체의 요인이다. 주요 내용들로는 장애유형, 장애정도, 장애부위 등이 거론될 수 있다. 장애유형과 관련된 연구에서 자폐증과 행동문제가 있는 자녀를 둔 부모는 다른 유형의 장애자녀를 둔 부모보다 스트레스가 더 높다고 보고되었다(Burke & Hodapp, 2014; Wang, Michaels & Day, 2011). 자녀의 장애정도가 심할수록 부모의 스트레스가 높은 경향이 있고(박덕희, 2004; Wang et al., 2011), 이는 가족구성원의 장애적응에 영향을 미치는 요인으로 작용한다. 가족을 위한 지원체계에 따라 장애학생에 대한 양육부담은 경감될 수 있겠지만, 중증의 장애학생을 둔 가족구성원은 장애자녀의 양육에 대한 심리적 부담감이 상대적으로 큰 편이다. 가족구성원의 역할 부담에 따른 스트레스는 부모-자녀 간, 형제자매 간, 부부간에 갈등의 소지를 가져올 가능성이 높다. 한편, 장애학생의 장애부위도 장애적응에 영향을 미친다. 사용 빈도가 높은 신체 부위에 장애가 있으면 그렇지 않은 신체 부위에 장애를 수반할 때보다 장애적응에 오랜 시간이 걸린다. 심리적 부담감뿐만 아니라 대체할 수 있는 훈련에 시간이 많이 소요되기 때문이다. 장애의 발생 시점도 장애적응에 영향을 미치는 요인이 될 수 있다. 장애가 조기에 진단되면, 장애학생 가족구성원은 그만큼 조기교육을 준비할 수 있는 여유가 있기 때문에 장애적응이 빠른 편이다. 조기교육에 따른 특수교육의 이점이 있기 때문이다. 자녀의 장애가 선천적이냐 후천적이냐 하는 점도 장애적응에 영향을 미치는 요인이 된다. 일반적으로 선천적인 장애를 수반하는 경우가 후천적 장애를 수반할 때보다 장애적응이 빠르다고 알려져 있다.

　장애학생의 성별 요인도 가족구성원의 장애적응에 영향을 미치는 것으로 보고되었다. 장애자녀의 성별이 남자인지 여자인지에 따라서 가족구성원의 장애적응이 달라질 수 있다. 일반적으로 장애자녀가 남아인 경우는 여아인 경우보다 아버지가 경험하는 스트레스가 높다고 알려져 있다(Lamb & Meyer, 1991). 이와 같은 결과는 사회적 규준과 성역할에 대한 Parsons(1951)의 이론으로 어느 정도 설명이 가능하다. 즉, 아버지는 남자로 태어난 자녀가 사회적으로 성공하기를 기대하기 때문에 남아가 장애가 있다는 사실을 심리적으로 수용하는 데 어려움을 겪을 수 있다는 설명이다. 사회적 성공은 남성 위주의 사회구조 속에서 설명이 가능할 수 있지만, 여성의 인권과 사회적 성공이 중시되고 있는 현대사회에서는 Parsons의 주장과 같은 성역할이 지니는 의미는 다소 퇴색되었다고 할 수 있다. 따라서 남녀 성역할에 대한 인식은 한 나라의 문화적 맥락 속에서 이해되어야 한다는 Yuker(1994)의 설명이 보다 합리적일 수 있다.

　둘째, 외적 요인인 장애학생에 대한 사회의 부정적 태도가 장애적응에 영향을 미친다. 장애인에 대한 태도는 앞 장에서도 다루었지만, 문화적 환경 속에서 다양하게 표현되는 특징을 지니고 있다. 구체적인 예를 들어 보면, 무용수로 활동했던 사람이 신체장애를 수반하게 될 경우, 집에 머물러 있는 시간이 길어질 수도 있고 다른 무용수들을 지켜보면서 시간을 보낼 수도 있을 것이다. 이 장애인은 다른 사람들의 눈에 동정과 연민으로 비춰진다고 생각하여 술과 담배로 시간을 소비할지도 모른다. 문제는 이 무용수가 경험하고 있는 혹은 경험하게 될 장애적응의 문제는 당사자만의 문제가 아니라 가족구성원에게도 고스란히 전가될 수 있다는 점이다. 이때는 자신의 처지와 동등한 사람이면서 사회적으로 성공을 거둔 사람과 사회적 관계망을 형성함으로써 장애에 대한 어려움을 극복할 수 있는 전략이 필요할 수 있다. 따라서 무용수가 기능적 장애로 인해 직접 무용을 할 수는 없지만, 다른 무용수들의 일정을 잡아 주고 신인 선발에 관여하는 관리자의 직책을 수행할 수 있도록 사회적 배려를 제공해 줌으로써 장애적응을 지원해 줄 수는 있을 것이다. 합리적 편의제공(reasonable accommodation)은 장애학생을 두고 있는 가족구성원의 장애적응을 지원할 수 있는 가족지원의 한 방법이다. 이처럼 한 나라의 사회복지 여건은 사회의 부정적 태도를 불식시킬 수 있는 효과를 가져올 수 있다. 장애인 스스로 자신을 바라보는 태도도 중요하지만, 비장애인이 장애학생 또는 장애학생의 가족을 바라보는 부정적 태도 또한 장애적응에 분명한 영향을 미친다. 이때 개인적 환자 역할(personal sick role)의 개념과 사회적 환자 역할(societal sick role)의 개념은 한 나라의 사회복지 체계 내에서 사회적 인식과 장애적응 분야에 시사해 주는 바가 크다.

셋째, 자신의 자아강도는 장애적응에 영향을 미친다. 자아(ego)는 Freud의 정신분석학에서 나온 개념으로서 자신의 의지라는 말로 대체가 가능한 용어이다. 장애요인이 둘러싸고 있는 어려움을 해결하기 위한 노력은 가족구성원들의 의지에 달려 있다고 할 수 있다. 가족구성원이 심리사회적 장애적응 과정에서 전문가에게 도움을 청할 수 있는 능력, 지역사회의 가용 자원을 활용할 수 있는 능력 등은 장애적응에 긍정적으로 영향을 미치는 가족요인이라고 할 수 있다. 자아강도는 가족구성원의 문제해결에 대한 노력과 가용 자원을 적극적으로 활용하는 노력을 대변할 수 있기 때문에 가족구성원의 장애적응에 큰 영향을 미친다.

2. 장애학생 가족의 심리적 반응

1) 장애에 대한 가족의 심리적 반응

장애학생을 둔 가족구성원은 스트레스를 경험하게 될 확률이 높다. 물론 스트레스는 성취 동기를 북돋아 줄 때는 좋은 스트레스라고 말할 수 있지만,

장애학생 가족구성원이 경험하는 스트레스는 장애학생 양육에 기인하는 부정적 스트레스라고 할 수 있다. 장애학생 가족구성원이 경험하는 스트레스에 대한 반응은 다양한 심리사회적 반응이 중복된 형태로 나타날 수 있다.

장애학생 가족에게서 볼 수 있는 스트레스의 반응으로 우울증상을 들 수 있다. 발달장애학생을 둔 가족은 일반 가족구성원에 비해 스트레스 수준이 높고, 우울증상, 비관적 사고 및 기타 가족문제를 많이 수반하고 있다고 보고되었다(Lloyd & Hastings, 2008; Wang et al., 2011). 우울증(depressive)은 정서, 사고 및 행동에 부정적으로 영향을 미치는 일반적이고 심각한 의학적 질병으로, 슬픔, 의욕상실 등 다양한 정서적, 신체적 문제점을 일으키고, 직장과 가정에서 생활하는 개인의 능력을 감소시킨다(American Psychiatric Association, 2017).

장애자녀로 인하여 가족이 경험할 수 있는 일시적인 우울증상은 큰 문제를 수반하지 않지만, 우울증상이 장기화되면 가족관계가 와해될 수 있는 심각한 결과를 초래할 수 있다. 따라서 장애학생 가족구성원이 상실감을 자주 표현한다거나 신체적 활동 감소, 식욕감퇴(증가), 불면증 등을 이야기하면, 상담 개입이 신속하게 이루어져야 하는 시점일 수도 있다. 한 번 우울증을 경험한 사람은 우울증을 다시 경험하게 될 확률이 높기 때문에 전문가의 협조가 필수적이다. 특히 장애자녀가 학교 또는 방과 후 생활적응 문제를 수반하게 되면, 자녀의 스트레스는 곧바로 가족구성원의 스트레스로 전달되기 쉽기 때문에 가족구성원을 대상으로 한 가족상담이 필요한 조치가 될 수 있다. 장애학생 가족이 우울증상을 보인다는 단서는 면담자료, 의료일지, 심리검사 결과, 의뢰인 정보 등을 통해 파악이 가능하다.

슬픔과 애도의 표현은 장애학생 가족이 보이는 또 다른 심리적 반응의 형태이다. 슬픈 감정과 애도의 표현은 장애적응 단계 이론에서 말하는 심리적 반응이며, 장애학생 가족구성원에게서 볼 수 있는 흔한 표현들 가운데 하나이다. 슬픈 감정과 애도는 가족의 장애적응 형태에 따라 다르지만, 일반적으로 2~3개월 정도 진행되며, 적응을 위한 상담이 필요한 단계로 알려져 있다. 가족구성원이 슬픈 감정과 애도를 보이는 반응은 자녀의 장애상태에 따른 상실감의 표현으로 볼 수 있기 때문에 상담 과정에서 어느 정도 허용되는 경향이 있다. 인위적으로 슬픈 감정과 애도의 표현을 막을 수는 없기 때문이다. 그러나 장애로 인한 슬픈 감정이 사라지기를 마냥 기다릴 수는 없기 때문에 상담자는 장애학생 가족구성원을 대상으로 장애적응에 필요한 새로운 대처기술을 학습시킬 수 있는 준비가 되어 있어야 할 것이다.

장애학생 가족이 경험할 수 있는 또 다른 심리적 반응은 불안이다. 불안은 모호하고 불특정적인 걱정을 의미하는 단어이다. 한국의학검색엔진(Korea Medical Library Engine: KMLE, 2018)에 따르면, 불안은 "실제로 존재하지 않는 위험에 대해서 느끼는 불쾌한 심리상태"를 일컫는 개념으로 언급되어 있는데, 대개 피로, 심장 박동 등의 신체적 반응들을 동반하는 것으로 보고되었다. 불안은 부정적인 정서적 반응으로서 통상 과도한 불안 상태나 걱정이 6개월 이상 지속되는 경우에는 불안장애를 의심해 볼 수 있다. 불안이 지속되면 불면증, 피로 호소, 근육의 긴장, 가슴이 답답한 현상, 위통 등의 증상이 동반된다고 보고되었다(네이버지식백과, 2015).

가족구성원 가운데 장애자녀가 있다는 사실은 다음과 같은 문제들로 인해 불안이 유발될 수 있다.

- 실질적인 문제: 의료보험, 치료비 등
- 발달단계에 따른 스트레스: 학령기 장애자녀에 대한 스트레스, 미래의 불확실성 등
- 사회의 부정적 태도: 편견, 낙인 등

과도한 불안은 의료 전문가의 도움이 필요하지만, 어느 정도 극복이 가능한 불안의 경우는 일반 상담 전문가의 상담 개입이 적절한 대안일 수 있다. 장애학생 가족구성원이 경험할 수 있는 불안은 간단하게 불안검사를 통해 확인해 볼 수 있고, 가족구성원들의 불안 정도에 따라서 불안 감소 기법들을 상담 과정에서 활용해 볼 수도 있다.

분노 또한 장애학생 가족구성원에게서 흔히 볼 수 있는 심리적 반응 가운데 하나이다. 분노는 자신을 통제하는 방법으로서 외적 분노와 내적 분노로 구분된다. 외적 분노는 분노의 원인을 다른 사람 탓에 돌리는 형태를 말하고, 내적 분노는 분노의 원인을 자신에게 돌리는 형태이다. 다음은 장애학생 가족구성원이 흔히 보일 수 있는 외적 분노의 반응 형태이다.

　　"남편이 저렇게 행동하니 애가 저렇지."
　　"다 의사 잘못이야. 진단이 잘못된 게 틀림없어."

　이러한 반응들은 주로 상대방을 탓하는 조소적 어법이라고 볼 수 있다. 반면 내적 분노의 표현은 신체적 통증을 호소하거나 우울증상을 동반하는 경향을 보인다.

　　"내가 임신 중에 약을 잘못 먹어서 그래."

　일반 아동과 다른 장애자녀를 낳았다는 원망의 표현은 부모 자신에게 마음의 상처를 안겨 주는 부정적 사고를 반영한다. 이처럼 자신을 원망하고 남편을 원망하는 일은 경우에 따라서 비장애 자녀를 둔 가족구성원에 대한 질투로 전도될 가능성도 있다. 따라서 가족구성원을 대상으로 분노를 다스리는 방법을 훈련시키는 일은 가족의 순기능을 촉진할 수 있기 때문에 활용해 볼 가치가 충분하다.

　한편, 장애학생 가족구성원은 정신적·육체적 피로를 호소하게 될 가능성이 매우 높다. 피로는 특히 육체적·정신적 노동이 생체에 지나친 부담을 주었을 때 일어나는 반응으로, 생활리듬 속에서 피로가 축적되기도 하고 회복되기도 한다(한국의학검색엔진, 2018). 장애자녀를 둔 부모도 양육부담과 스트레스로 인하여 신체의 생리적 변화가 수반될 수 있고, 심한 경우 자녀의 양육에 대해 자포자기 상태가 될 가능성이 매우 높은 것으로 알려져 있다. 이때는 지역사회 안에서 활용할 수 있는 자원을 활용해 부모가 쉴 수 있도록 배려해 주는 것이 전문가에게 할당된 가족지원의 책무라고 할 수 있다.

일반적으로 장애자녀를 둔 부모는 비장애 자녀를 둔 가족구성원보다 장애적응 과정에서 부정적 심리반응을 보이는 경우가 많다. 이때는 장애자녀 가족구성원이 경험할 수 있는 부정적 심리반응을 억제 · 감소시킨 후, 긍정적 심리반응을 제공해 줄 수 있는 방안을 마련해 보는 것도 실천적 전략이 될 수 있다. 일반적으로 장애자녀를 둔 부모는 부정, 합리화, 애도, 화내기, 외부 귀인, 학습된 무기력과 좌절감, 비현실적 희망(또는 기적)과 같은 부정적 심리반응을 보이는 경향이 있다고 보고되었다(최영, 2015). 따라서 장애자녀 부모가 현실적인 기대와 희망을 갖도록 지원하고, 장애를 수용할 수 있도록 지원하는 것과 더불어 긍정적 삶의 동기를 찾을 수 있도록 상담일정을 계획해 보는 것도 좋은 방법이다.

2) 장애적응 과정에서 방어기제의 역할

방어기제는 자아가 위협받는 상황에서 무의식적으로 자신을 속이거나 상황을 다르게 해석하여 감정적 상처로부터 자신을 보호하려는 심리 의식이나 행위를 가리키는 정신분석학적 용어이다(두산백과, 2015). 장애학생 가족구성원이 장애적응 과정에서 방어기제를 보일 수 있다는 가정은 가능하다. 그러나 실제 장애학생 가족구성원이 사용하는 방어기제가 어떻게 상담의 효율성 · 효과성에 영향을 미치는지를 입증한 개관적 연구는 미흡한 편이다. 무엇보다 장애적응 과정에서 가족구성원이 보일 수 있는 심리적 방어기제를 이해하는 것이 필요하다. 왜냐하면 향후 부모를 비롯하여 가족구성원의 의사소통을 촉진할 수 있는 지식의 토대가 될 수 있기 때문이다.

(1) 부인

부인(denial)이란 어떤 사건이나 생각, 느낌을 그대로 수용하는 것이 고통스럽기 때문에 이 고통스러운 사건을 인정하고 싶지 않은 심리적 속성을 의미한다. 자녀의 장애가 선천성 기형으로 진단받았을 때, 그런 장애가 있을 수 없다면서 해당 장애를 인정하지 않으려는 심리적 반응이 그 예이다. 장애가 없는 사람도 자신에게 극히 불리한 상황이라고 판단될 때 부인이라는 방어기제를 사용한다. 장애학생을 둔 가족구성원이 너무 낙천적으로 기분이 좋아 보이거나, 장애를 너무 빨리 받아들인다는 생각이 들 경우에는 '부인'을 의심해 볼 수 있다. 이때는 가족구성원으로 하여금 현 상황을 다시 생각해 볼 수 있도록 시간을 주는 것도 하나의 방법이다.

(2) 퇴행

퇴행(regression)은 미성숙한 시절로 되돌아가서 현실적인 어려움이나 불안을 감소시키고자 하는 심리적 방어기제를 의미한다. 퇴행은 주로 자신감이 없거나 실패할 가능성이 높은 행동 등을 해야 하는 상황에서 주로 일어나는 경향이 있다. 첫째 아이가 동생이 태어날 때 보이는 행동은 퇴행을 설명해 주는 흔한 예이다. 즉, 동생이 태어나기 전에는 행동상 아무런 문제가 없었는데, 동생이 태어난 이후로 응석을 부린다거나 침대에 오줌을 싸는 등의 어린 시절의 모습으로 되돌아가는 행동을 보이는 경우이다. 정신분석학에 따르면, 장애학생이 있는 형제자매 가운데 나타날 수 있는 의존적 행동은 현실적인 자아가 위협받기 때문에 나타날 수 있는 반응으로 여겨진다. 주로 동기 수준이 낮고, 수동적인 태도를 보이는 아동이 퇴행 기제를 사용할 가능성이 높다고 알려져 있다.

(3) 억압

억압(repression)은 정신분석 이론에서 이야기하는 전형적인 방어기제 가운데 하나로서 '방어'라는 말과 거의 같은 의미로 사용된다. 억압은 우리로 하여금 충동이나 욕구를 의식하지 못하게 하거나 불쾌한 사건을 기억하지 못하게 만든다. 그러나 불쾌한 사건이 기억 속에서 영원히 사라지는 것은 아니며, 무의식 속에 남아 있다가 꿈이나 말실수 등을 통해 표현된다고 본다. 교통사고로 인해 장애를 입게 될 경우, 막상 그 사건을 기억하지 못하고 아무런 일이 없었다는 듯 행동하는 것이 억압의 적절한 예이다. 억압은 불안을 해소하는 방법으로 사용되는 일반적인 방어기제이지만, 결코 장애가 있다는 현실이 사라지는 것은 아니다. 따라서 상담자는 부모상담 과정에서 억압이 허용될 수 있는 수준, 또는 경계를 설정하는 문제를 주의 깊게 다룰 필요가 있다.

(4) 반동형성

반동형성(reaction formation)이란 자신의 솔직한 생각과 행동을 억제하기 위해서 그와 반대되는 사고와 행동을 추구하는 심리적 특성을 일컫는다. 반동형성은 일반적으로 억압과 반대 행동을 표현함으로써 일어날 수 있다. 예를 들면, 정말 싫어하는 직장 상사에게 직접 반감을 표출할 수 없기 때문에, 반대로 지나치게 공손한 태도를 보이는 경우이다. 실제 장애자녀에게 애정을 쏟지 않는 부모가 타인이나 전문가 앞에서 지나친 애정공세를 하는 경우에는 아동학대의 가능성도 의심해 볼 수 있다. 반동형성은 상담 과정에서 전문가가 직면해야 할 필요성이 있는 방어기제의 유형이라고 볼 수 있다.

(5) 전위

전위(displacement)는 자신이 가지고 있는 충동이나 욕망을 실제 표출해야 하는 대상자가 아닌, 다른 대상자를 찾아 분출하려는 심리적 특성을 일컫는다(심리학용어사전, 2014). 이때 다른 대상자의 범주는 흔히 자신에게 덜 위협적인 대상을 의미한다. 어떤 사람이 직장 상사에게 호되게 꾸지람을 당한 후, 가장 친한 친구에게 화풀이를 하는 행동은 전위의 흔한 예이다. 장애학생이 있는 일반 형제자매가 부모로부터 호되게 꾸지람을 들은 후 그 화풀이를 다른 형제자매에게 분출하게 될 경우, 가족 간의 의사소통이 와해될 소지가 크다.

(6) 합리화

합리화(rationalization)는 우리가 자책감이나 죄책감을 느끼지 않기 위해 현실을 왜곡하려는 심리적 특성을 말한다. 정신분석학의 개념인 자아(ego)가 상처받는 것을 방지하기 위해서 사용하는 무의식적 기제가 바로 합리화이다. 합리화는 일반적으로 자신이 원하는 행동을 하지 못했거나 원하는 결과를 얻지 못했을 때 발생하는 경향이 있다. 『이솝 우화』 속에 등장하는 '여우와 신 포도' 이야기는 합리화의 좋은 예이다. 장애자녀를 둔 부모의 학력수준이 높을수록 지적으로 그럴듯하게 포장하는 합리화 기제를 많이 사용하는 경향이 있다. 부모가 성실하고 정직하게 말하고 있다는 생각은 들지만, 상담자가 그렇지 않다는 생각에 부모에게 바른 말을 해 주면, 정작 부모는 화를 내기도 한다. 장애학생 가족구성원은 자기 보호와 체면 유지를 위해 합리화 기제를 사용할 수도 있다. 그러나 합리화 기제는 거짓말이나 변명과 같은 의식적인 행동과는 구분되어야 한다.

(7) 투사

투사(projection)는 자신이 받아들일 수 없는 생각, 기분, 충동 등을 다른 사람이나 외부환경 탓으로 돌려 불안감을 완화하려는 심리적 특성을 말한다. 자신이 화가 나 있다는 것은 의식하지 못하고 상대방이 화를 냈다고 생각하는 경우가 투사의 적절한 예이다. 장애자녀를 놓고 부부가 싸움을 할 경우, "내가 화가 난 게 아니라, 바로 당신 때문에 그래!"란 말이 오갈 수도 있다. 형제자매 간의 싸움이 일어날 때, "네가 먼저 잘못 했잖아!" 하는 식의 말투도 그 예이다. 장애자녀 가족구성원이 투사기제를 사용할 때, 그것이 사회적으로 허용할 만한 투사인지 아닌지는 구분할 필요가 있다.

(8) 동일시

동일시(identification)는 자신이 생각하는 중요한 인물을 닮고 싶어 하는 무의식적 반응을 말한다. 동일시는 자신의 자존감을 높이는 기능을 하는 것으로 알려져 있다. 정신분석 이론에서 동일시는 우리가 느끼는 불안, 슬픔, 수치심 혹은 고통스러운 감정을 회피하려는 동기로 인해 일어난다고 본다. 또한 자존 감과 자신감을 회복하려는 무의식적인 동기와 다른 사람으로부터 인정을 받 으려는 욕구 때문에 일어난다고 본다. 따라서 장애자녀를 둔 부모가 다른 가 족구성원의 성공한 아들을 보면서 자신이 성취하지 못한 직업적 야망을 간접 적으로 달성한 것처럼 느끼는 경우, 바로 동일시 기제가 사용되었다고 할 수 있다. 그러나 이러한 동일시는 의식적인 노력 없이 이루어지는 무의식적 동기 이므로 포장 없이 자기의 감정과 능력을 표현할 수 있도록 지원하는 것도 상 담 과정에서 필요한 전략이 될 수 있다.

(9) 승화

승화(sublimation)란 사회적으로 수용되기 어려운 욕구나 충동을 허용된 행 위로 전환시키려는 심리적 특성을 의미한다. Freud에 따르면, 승화는 사회적 으로 용인될 수 있도록 욕구를 전환하여 억압의 필요성을 제거하는 것을 의 미한다. 따라서 모든 예술적 창조물, 일 등은 승화된 욕구의 결과라고 간주된 다. 승화는 문명사회의 발전에 필요한 건설적인 방어기제라고 여겨진다. 이런 관점에서 볼 때, 승화는 경우에 따라서 사람들에게 필요할 수도 있는 긍정적 인 대처행동으로 볼 수 있다. 승화는 장애학생 가족구성원을 대상으로 여가생 활 등 사회적으로 용인된 다양한 형태의 프로그램을 구상해 볼 수 있는 긍정 적 책략으로 여겨지고 있다.

(10) 보상

보상(compensation)은 사실 여부와 무관하게 자신의 성격, 외모, 지능 등의 약점을 보완하기 위하여 다른 어떤 것을 발전시키고자 하는 무의식적 방어기 제를 말한다. '작은 고추가 맵다.'는 말은 바로 보상기제를 설명해 주는 예이 다. 자신의 부족과 불완전을 보상하여 인정을 얻으려는 심리적 도구로 활용된 다는 측면에서 볼 때, 보상은 승화와 마찬가지로 성숙한 방어기제로 여겨진다.

(11) 수동-공격성

수동-공격성(passive-aggression)은 상대방에게 분노나 적대감을 직접 표현하지 못할 때, 수동적인 형태로 상대방에게 분노 또는 적대의 감정을 표현하는 방어기제를 말한다. 상대방의 말에 침묵하는 경우가 적절한 예이다. 수동-공격성은 장애학생을 둔 가족을 대상으로 상담을 진행하는 과정에서 충분히 관찰 가능한 방어기제이다. 장애학생의 부모가 상담자와 일정을 정해 놓고 아무런 말도 없이 나타나지 않는 경우, 부모가 아직 자녀의 장애를 수용하기 어려운 심리상태이거나, 가족 내 문제로 인해 상담자에게 거부적 태도 또는 행동을 보이는 반응으로 이해될 수 있을 것이다.

(12) 신체화

신체화(somatization)는 심리적 갈등이 신체 부위의 질환이나 증상으로 표출되는 현상을 의미하는 말이다. 스트레스를 받았을 때 극심한 위통이나 두통을 호소하는 경우가 적절한 예이다. 신체화는 문화권에 따라서 증상이 다르게 표출될 수 있다. 우리나라에서는 가장 흔하게 위장기관, 심장, 호흡기 등으로 신체 증상이 전환된다고 알려져 있다. 장애학생 가족구성원이 신체 부위의 증상을 호소할 경우, 이는 신체화 증상을 의심해 볼 수 있는 근거가 될 수 있다.

(13) 전이

전이(transference)는 내담자가 과거 부모나 중요한 인물에게서 느꼈던 감정을 상담자에게 이전시키는 일종의 무의식적 심리현상을 말한다. 전이는 상담자가 장애학생 가족구성원과 상담관계를 맺는 데 있어서 긍정적일 수도 있고 부정적일 수도 있다. 만약 부정적이라면 이에 대한 해결방안이 필요하다. 즉, 상담자는 장애학생 가족구성원에게 객관적인 태도를 유지하고, 적절한 해석 기법을 통해 가족구성원이 지닐 수 있는 전이를 좌절시킬 수 있도록 상담을 진행할 수 있다. 또한 전이와 관련되어 있을지도 모르는 과거의 경험과 갈등을 해결할 수 있도록 가족구성원에게 통찰을 제공할 수 있다.

(14) 역전이

역전이(counter-transference)는 전이와 반대로 상담자가 과거 중요한 인물에게서 느꼈던 감정을 내담자에게 이전시키는 심리현상을 일컫는다. 이 개념 또한 장애학생 가족구성원과 상담관계를 맺는 데 있어서 긍정적일 수도, 부정적일 수도 있다. 부정적이라면 마찬가지로 역전이 현상을 해결할 수 있는 방안이 필요하다. 이때는 상담자 스스로 역전이 현상을 해결하려는 노력이 필요하다. 즉, 상담자는 지속적으로 자신을 점검하고, 자신에 대한 분석을 토대로 해당 지식을 축적하려는 노력이 필요할 것이다. 필요하다면 수련감독을 받아보는 것도 가족구성원과 긍정적인 상담관계를 형성하는 데 효과적일 수 있다.

장애학생을 둔 부모와 가족구성원은 모두가 장애에 대한 심리사회적 적응 과정을 거치게 된다. 장애학생 가족구성원은 자신도 모르는 사이에 무수히 많은 방어기제들을 사용하고 있다고 볼 수 있다. 긍정적이고 성숙한 형태의 방어기제는 스트레스와 불안을 감소시키는 수단이 될 수 있다는 점에서 허용될 수 있지만, 신경증적이거나 미성숙한 방어기제는 과도하게 사용하면 상담자와 가족 간의 치료관계에도 부정적 영향을 줄 수 있다. 이때는 장애학생 가족구성원에게 이들 방어기제의 속성을 사전에 솔직하게 알려 줄 필요도 있다. 따라서 전문가는 장애학생을 둔 가족구성원의 심리사회적 적응 과정을 이해하기 위한 지식체계로써 방어기제를 이해하되, 가족구성원 스스로 방어기제를 깨닫도록 지원하고, 가족구성원 간의 의사소통과 상호작용을 촉진시켜 줄 수 있는 중개자로서의 역할도 담당할 수 있어야 한다.

3) 장애학생 가족의 현실적 문제

장애학생 가족구성원은 장애와 장애를 둘러싸고 있는 물리적 환경에 영향을 받는다. 장애학생 가족구성원이 경험하는 많은 현실적인 문제점이 있는데, 대략 요약해 보면 다음과 같다.

첫째, 가족구성원은 경제적 부담을 가지고 있다. 특히 자녀가 중도장애를 수반하거나 퇴행성 장애를 가지고 있으면 의료 처치와 기타 보조치료에 의존해야 하는 현실적 문제에 직면하게 된다. 건강보험과 사설 의료보험 가입 여부에 따라 경제적 여건이 달라질 수 있겠지만, 일반적으로 의료비 지출 등으로 인해 경제적 부담이 크게 가중될 수 있고, 이에 따라 스트레스도 높은 편이다(Reichman et al., 2008). 장애학생 가족지원의 일환으로 지역사회의 모든 가용 자원을 활용한다고 하더라도 현실적으로 장애학생 가족의 요구를 채우는 데는 한계가 있다.

둘째, 가족구성원은 양육 부담과 스트레스가 높다. 비장애 자녀를 둔 가족과 달리 장애학생 가족구성원은 자녀를 양육하는 데 많은 시간과 노력을 필요로 한다. 장애학생을 둔 가족은 일반 가족구성원보다 자녀양육에 대한 부담과 그에 따른 스트레스가 높다고 보고되었다(Burke & Hodapp, 2014; Kerr & McIntosh, 2000; Wang et al., 2011).

자녀가 발달하면서 경험하게 되는 스트레스의 내용과 정도는 다양하다. 일반적으로 자녀의 장애정도가 심할수록 양육에 과도한 시간이 요구되고 그에 따른 스트레스도 심해진다고 알려져 있다(박덕희, 2004). 특히 자녀의 양육에 대한 부담이 가족구성원에게 전가될 경우 가족문제를 수반하게 될 확률 또한 높아진다. 일반적으로 장애를 빨리 수용할수록 양육에 대한 불안, 우울 및 스트레스는 감소한다고 알려져 있다(Lloyd & Hastings, 2008). 장애수용에 대한 태도는 가족구성원의 심리사회적 적응 문제에 중요한 영향을 미친다고 할 수 있다.

셋째, 부부관계에 부정적 영향을 미친다. 장애자녀를 둔 부모는 비장애 자녀를 둔 부모에 비해 부부갈등에 따른 이혼을 경험하게 될 확률이 높고, 많은 정서적 문제를 수반하고 있는 것으로 보고되었다(조현경, 2002; Cottone, 2012). 자녀 양육에 대한 부담이 가중되고 역할분담에 대한 조정이 이루어지지 않을 경우, 부부간 갈등의 소지는 높아진다. 또한 부부간 갈등은 가족 내 비장애 자녀의 양육에도 부정적 영향을 초래하고, 가족구성원 간 상호작용의 빈도를 떨어뜨리는 결과를 초래할 수 있다.

넷째, 사회의 부정적 태도를 경험할 수 있다. 장애인에 대한 태도에 영향을 미치는 많은 변인이 있지만, 사회문화적 환경은 태도에 많은 영향을 미친다. 특히 장애가 부담으로 간주되는 사회일수록, 장애에 대한 낙인이 강한 사회일수록 장애인에 대한 사회적 태도는 부정적이다. 우리나라 대학생의 정신 장애인에 대한 태도 조사에서 미국에서 성장한 한국계 대학생보다 태도 점수가 낮게 산출되었다고 보고되었다(Choi & Lam, 2001). 이는 사회문화적 환경이 장애인에 대한 태도를 조성하고 호의적으로 변화시킬 수 있는 배경요인이 될 수 있다는 것을 시사한다.

다섯째, 가족기능 회복을 위한 연계 프로그램이 미흡하다. 장애학생의 가족 문제를 해결하기 위해서는 부모-학교-기관(병원, 재활시설, 복지관 등) 간 연계가 필요하다. 물론 연계 프로그램의 효율성은 자녀의 장애 유형과 정도, 가족의 경제 여건 등에 따라 다를 수 있지만, 장애학생 가족구성원을 대상으로 하는 연계 프로그램이 국내에서는 아직 미흡한 것이 현실이다. 학교현장에서 상담 업무를 전담할 수 있는 인력을 배치하고, 기관 간 연계망 구축, 연계 프로그램에 대한 평가 등 학령기 전후로 가족기능을 통합적으로 담당할 인력과 부서를 준비하는 노력이 필요하다. 이를 위해서는 학교현장에 있는 교사를 대상으로 부모교육 및 상담에 대한 연수를 정기적으로 실시하고, 기관과의 장기적 연계 프로그램을 통해 협력 관계(partnership)를 설정하고 유지시킬 수 있는 노력이 필요하다(Turnbull & Turnbull, 2001). 서비스 협력 관계는 서비스 협동(service cooperation), 서비스 조정(service coordination), 서비스 결합(service collaboration) 그리고 서비스 통합(service integration)과 같은 일련의 과정을 거치면서 완성될 수 있다(Turnbull & Turnbull, 2001).

3. 장애적응 모형

생애주기에 따른 스트레스 인자는 장애학생을 둔 가족구성원이 함께 해결해야 하는 가족의 문제이다. 가족구성원 가운데 장애학생이 있다는 사실은 장애 자체에 따른 어려움뿐만 아니라, 장애를 둘러싸고 있는 환경이 가족기능에 부정적 영향을 미칠 수 있다. 일반적으로 장애학생 가족은 일반 가족에 비해 사회적 · 심리적 스트레스가 높은 편이다(Lloyd & Hastings, 2008; Wang et al., 2011). 장애학생 가족구성원이 스트레스가 높다는 사실은 가족기능이 와해되지 않도록 사회적 지지를 제공해야 할 필요성을 제기한다.

장애적응 단계를 설명하는 모형들은 장애학생을 둔 가족구성원이 경험하는 심리적 · 정서적 긴장상태에 대한 반응양식에 초점을 맞추고 있다. Livneh와 Parker(2005)는 만성적 질병과 장애(Chronic Illness and Disability: CID)에 관한 모형들을 종합하여 장애적응 단계를 설명하였다. 단계 모형, 선형성 모형, 진자 모형 그리고 상호작용 모형은 바로 장애적응을 설명해 주는 모형들이다. 이 모형들을 간단히 정리해 보면 다음과 같다.

1) 단계 모형

단계 모형(stage-phase models)은 장애에 대한 심리사회적 적응 과정을 설명했던 초기 모형으로서 장애적응 과정이 일련의 순서에 따라 진행된다고 가정한다. 따라서 한 개인의 장애적응 과정은 비교적 예측이 가능하다고 본다. 단계 모형을 주장하는 학자들에 따라서 약간의 차이는 있을 수 있지만, 일반적으로 충격, 부인, 불안, 분노, 수용 및 적응 단계를 거친다는 점에서 의견을 같이 하고 있다. 단계 모형은 장애인 당사자뿐만 아니라 장애가족이 경험할 수 있는 적응 과정에도 적용이 가능하다. 단계 모형은 장애적응의 초기 반응을 토대로 향후 일어나게 될 반응들을 예측할 수 있다고 가정하지만, 개인의 내부 사정에 따라 장애적응 과정이 다르게 표현될 수 있다는 점을 간과하고 있다. 즉, 장애적응의 과정이 항상 애도단계를 거쳐야 하는 것은 아니라는 점이다. 그래서 단계 모형은 개인 간(interpersonal 혹은 transpersonal) 상호작용의 요소들을 고려하지 않는 모형이라고 인식되고 있다. 이처럼 단계 모형은 장애적응 단계가 일련의 순서가 있다는 것을 가정하기 때문에, 일방통행(one

〈표 3-1〉 Kerr(1977)의 신체장애에 대한 장애적응 단계와 주요 심리적 특성

단계		대표적 반응	주요 심리적 특성
충격		"내게 일어난 일이 아니야." "이건 아니야."	• 초기 상담 개입 때 일어남 • 병원 직원을 원망할 수 있음 • 아직도 장애 이전과 같이 동일한 목표를 추진할 수 있다고 생각함
회복에 대한 기대		"장애가 있지만, 좋아질 거야."	• 완전히 회복될 것이라고 기대함 • 회복에 대한 두려움을 느끼는 순간, 신체기능을 회복시키고자 하는 동기가 아주 낮아질 수 있음
애도		"다 잃어 버렸어."	• 장애가 영구적일 것이라고 생각함 • 장애에 대한 생각이 가득 찰 수 있음 • 우울해 보일 수 있음 • 자살에 대한 생각을 할 수도 있음 • 문제가 있는 환자로 보일 수도 있음
방어	방어 1 (건강한)	"장애는 있지만, 그래도 지낼 만해."	• 장애를 이길 수 있다고 생각함(장애적응을 위해 노력함) • 동기가 향상됨
	방어 2 (병적인)	"난 저 사람처럼 초라해 보이진 않아."	• 장애상태를 부인하기 위한 방어기제를 사용함(투사, 환치 등) • 동기가 감소됨
적응		"장애가 단지 많은 개인적 특성 가운데 하나일 뿐이야."	• 장애는 많은 개인적 특성 가운데 하나일 뿐이라고 인식함 • 장애를 수용하려고 노력함

way) 모형이라고 부를 수 있다. 〈표 3-1〉은 Kerr(1977)가 초기에 제안했던 신체장애에 대한 장애적응 단계와 주요 심리적 특성을 보여 준다.

2) 선형성 모형

　선형성 모형(linear-like models)은 장애적응이 일련의 단계 혹은 시기를 따라서 진행되지만, 이러한 진행 과정에 다른 결정요인이 개입하여 그 진행 방향에 영향을 미칠 수 있다고 가정한다. 결정요인에는 장애유형, 장애정도 및 장애기간과 같은 CID 관련 요인, 대처양식과 자아개념과 같은 성격요인, 그리고 건축물 등의 물리적 장벽과 사회적 태도와 같은 환경적 요인이 함께 포함되어 있다(Livneh & Parker, 2005). 이러한 요인들은 서로 영향을 주고받는 상호작용 관계에 있고, 장애적응 과정에서 다른 수준과 다른 정도의 영향력을 행사할 수 있다고 보는 관점이 이 모형의 주요 특징이다. 선형성 모형은 이전의 단계 모형에 비해 일련의 장애적응 단계가 결정요인들에 의해 다르게 표현될 수 있다는 점에서 질적인 속성이 다르다. 장애정도가 심한 사람은 경증의 장애를 가진 사람보다 회복에 대한 비현실적 기대 수준이 더 높을 수 있고, 애도 기간이 더 길어질 수도 있다. 요약하면 선형성 모형은 장애적응 과정이 일련의 순서에 따라 진행되지만, 결정요인들에 의해 영향을 받을 수 있다는 점에서 결정요인 모형이라고 부를 수 있다.

3) 진자 모형

　진자 모형(pendular models)은 건강할 때와 질병이 있을 때, 장애 이전과 이후에 사람들의 심리상태가 마치 진자처럼 움직이고 있다는 현상을 설명하기 위해 개발된 모형이다. 이 모형은 영구장애에 대한 심리적응 과정과 그에 따른 변화 과정을 제시해 준다는 특징이 있다. 진자 모형은 개인이 장애 이전의 자기 모습(이미지)과 장애 이후의 자기 모습 속에서 차이점을 발견하고는 변화된 자신의 모습을 어떻게 바라보고 있는지, 변화 과정에 초점을 맞추고 있다. 즉, 사람은 장애가 발생하면 신체와 그에 따른 기능적 상실을 수용하기 위하여 자신의 모습을 다시 정의하고자 하는 점진적 진화 과정을 거치게 된다고 본다. 그래서 진자 모형은 장애적응 과정이 일방향 혹은 일련의 순서를 거치는 것이 아니라, 새로운 변화에 직면하고 그 속에서 동화되어 갈 수 있는 일련의 반복적 과정으로 간주된다(Livneh & Parker, 2005). 사람은 장애 이전과 이후의 자신의 모습 속에서 정체성 재구조화(identity reconstruction)를 확립해 가는데(Yoshida, 1993), 이러한 장애적응 과정은 진자(振子)라는 어의에서 보듯 추가 앞뒤로 움직임을 반복하는 양방향의 비선형(nonlinear) 과정이라고 할 수 있다. 진자 모형은 장애에 따른 사람들의 심리적 변화 과정이 진자처럼 자신의 정체성을 찾기 위한 일환으로 자기 모습(이미지)에 대한 갈등을 계속하지만, 결국 긍정적으로 자기를 바라볼 수 있는 쪽으로 변화를 확립해 간다는 점에서 이전 모형들과 차이가 있다. 진자 모형은 비선형의 양방향 과정으로 장애적응 과정을 설명한다는 점에서 양방향(two-way) 모형이라고 부를 수 있다.

4) 상호작용 모형

CID에 대한 적응 과정은 상호작용 모형(interactive models)으로 설명될 수 있다. 상호작용 모형은 개인의 심리사회적 적응 과정은 개인과 환경의 상보적 상호작용에 달려 있다고 본다. 상호작용 모형은 심리사회적 적응 과정이 다소 복잡한 양상으로 전개되는데, 바로 내적 변인과 외적 변인의 함수관계가 관여한다. 내적 변인은 다시 '개인 내 변인들(intraindividual variables)'로 명명되는데, 여기에는 신체적 변인(장애유형, 장애정도 등)과 심리적 변인(자기개념 등)이 관여하고 이 변인들이 개인의 장애적응 과정에 영향력을 행사하게 된다. 초기 Lewin의 공식을 적용하면, B=f(I, E)로 표현될 수 있는데, 행동(B)은 개인(I)과 환경(E)의 상호작용에 따른 결과라고 할 수 있다(Livneh &

Parker, 2005). Livneh와 Parker(2005)는 이 공식을 토대로 개인의 장애적응 정도는 이차원적인 공간 속에서 표상될 수 있다고 보았다. 즉, 내적 욕구와 동기 및 속성들로 구성된 내적 공간과 외부의 힘 및 장벽들로 구성된 외적 공간이 서로 밀고 당기는 상호작용의 관계 속에서 장애적응이 일어난다고 보았다. 이 모형은 장애적응 과정이 다양하게 표상될 수 있다는 점 그리고 내적 요인과 외적 요인의 함수관계를 가정하고 있다는 점에서 방사형 모형이라고 부를 수 있다.

지금까지 살펴본 네 가지 모형은 CID에 대한 개인의 심리사회적 적응 과정을 설명한 모형들이다. 각 모형은 나름대로 장애적응 과정을 설명하는 이론적 틀을 제공해 주고 있지만, 어느 모형도 인간의 복잡한 장애의 심리사회적 적응 과정을 완벽하게 설명해 주지는 못한다. 다만 이들 모형은 다음과 같은 공통적 속성들을 가지고 있다. 첫째, 장애의 심리사회적 적응은 역동적으로 진행되는 한시적 과정이라는 점이다. 둘째, 심리사회적 적응은 개인 내 요소(대처기제, 과거 경험, 인지적 사정 등)와 개인 간 요소(사회관계망의 영향, 직면한 환경적 장벽, 의료 및 재활 자원의 가용성 등)가 통합된 과정이다. 셋째, 각 모형이 장애적응의 구조와 역동적 요소들을 가정하면서 장애에 따른 어려움을 가정하지만, 사람은 한편으로는 새로운 개인적 성장과 기능을 발휘할 수 있는 쪽으로 장애적응에 대한 노력을 기울이고 있다는 점이다.

물론 장애적응 모형들은 모호한 정의와 실증적 자료들이 부족한 관계로 복잡한 인간의 장애적응 체계를 완벽하게 설명해 줄 수는 없다. Livneh와 Parker(2005)는 각 모형을 토대로 절충적 관점을 지지함으로써 '카오스 복합이론(Chaos & complexity theory: CCT)'을 제안하였는데, 이들은 CCT가 장애인의 재활과 상담 개입 과정에서 장애적응 과정의 일반적 체계를 제공해 줄 수 있다고 보았다. 즉, 다양한 관점에서 인간의 경험을 살펴보려고 하였고, 장애 이후 신체적·심리적 변화 과정을 통합하여 인간의 장애적응 과정을 이해하려고 하였다.

요약해 보면, 각 모형은 한계를 지니고 있지만, 부모상담 또는 가족상담을 진행하는 상담자의 입장에서는 장애학생 가족구성원의 장애에 대한 심리사회적 적응 과정을 이해할 수 있는 근거를 마련해 볼 수 있다는 점에서 의미를 찾을 수 있다.

4. 문화권에 따른 장애 대처행동 양식

앞서 살펴보았듯이 장애학생 가족구성원은 일반 가족구성원에 비해 사회적 · 심리적 및 경제적 어려움을 경험하게 된다. 그리고 장애학생 가족구성원이 경험할 수 있는 스트레스는 한 나라의 사회문화적 요인의 영향을 받을 수 있다. 한 개인의 심리적 장애적응 과정과 장애에 대처하는 양식들도 사회복지제도의 여건과 성숙도에 크게 영향을 받을 수 있다. 한 사회의 문화제도적 특성은 장애인에 대한 태도에 영향을 미치기 때문에 한 개인의 장애적응 및 대처행동은 해당 문화권 속에서 이해될 수 있을 것이다.

장애학생 가족구성원이 장애에 대처하는 양식을 살펴보는 것은 부모상담 혹은 가족상담 서비스를 계획하는 데 도움을 준다. 이는 향후 장애학생 가족구성원을 위한 서비스 환경을 구축할 수 있다는 점에서 또 의미 있는 일이다. 〈표 3-2〉는 문화권에 따른 장애학생 부모의 대처양식 순위를 보여 준다.

〈표 3-2〉 문화권에 따른 장애학생 부모의 대처양식 순위

순위	한국	일본	미국
1	자신과 같은 상황에 처해 있는 다른 개인/부모와 대화한다.	자신과 같은 상황에 처해 있는 다른 개인/부모와 대화한다.	자녀가 받고 있는 프로그램(TEACCH)이 가족의 최대 관심사항을 염두에 두고 있다고 확신한다.
2	같은 상황에 처해 있는 다른 사람과 대화하고, 그 사람들의 경험으로부터 배운다.	개인적인 감정과 걱정을 배우자와 상의한다.	자녀가 더 발전할 수 있도록 지원하는 방법을 보다 잘 이해한다.
3	자녀에게 자신의 생각을 주입시킨다.	의료센터를 방문했을 때 치료관계자(간호사, 사회사업가)와 대화한다.	신을 믿는다.
4	자녀가 더 발전할 수 있도록 지원하는 방법을 보다 잘 이해한다.	자기 자신의 인간적인 성장을 계획한다.	개인적인 감정과 걱정을 배우자와 상의한다.
5	자녀가 잘 회복될 것이라고 믿는다.	같은 상황에 처해 있는 다른 사람과 대화하고, 그 사람들의 경험으로부터 배운다.	남편과 보다 친밀한 부부관계를 쌓는다.
6	자신과 같은 상황에 처해 있는 다른 사람이 사건을 어떻게 대처하는지 책을 통해 배운다.	자녀와 함께 무엇인가를 한다.	가정의 안정을 유지시키기 위해 노력한다.
7	개인적인 감정과 걱정을 배우자와 상의한다.	자녀에게 자신의 생각을 주입시킨다.	자기 자신의 인간적인 성장을 계획한다.
8	자녀와 함께 무엇인가를 한다.	자신이 종종 매우 곤란한 상황에 처해 있다는 것을 이해해 줄 친구를 찾는다.	감사해야 할 것이 많다고 스스로 되새긴다.
9	가정의 안정을 유지시키기 위해 노력한다.	자신의 배우자가 자신과 자녀를 지원해 줄 수 있다고 믿는다.	자녀와 함께 무엇인가를 한다.
10	감사해야 할 것이 많다고 스스로 되새긴다.	가정간호의 임무와 책임에서 벗어나 잠시 쉴 수 있도록 한다.	자녀가 잘 회복될 것이라고 믿는다.

주: 표 안의 일부 용어들과 문장들이 내용상 큰 변화 없이 수정되었음.
출처: 서화자(1999): 윤점룡 외(2005), p. 120에서 재인용.

생각해 보기

◆ 국가 간 장애 대처양식을 살펴본 후, 유사점과 차이점이 있는지 논의해 보자.
향후 변화가 필요한 대처양식들이 있는지 토론해 보자.

참고문헌

박덕희(2004). 자녀의 장애정도에 따른 정신지체아 어머니의 스트레스와 대처방식 분석.
　　　한국교원대학교 대학원 석사학위논문.

서화자(1999). **장애인가족원조론**. 서울: 홍익제.

심리학용어사전(2014). 전위(displacement). 한국심리학회.

윤점룡, 김병식, 박용석, 박주완, 백순이, 서원욱, 심재중, 유종호, 이원희, 이한우, 임웅현,
　　　차용찬, 최기상(2005). **장애학생의 이해와 교육**. 서울: 학지사.

조윤경, 김경혜(2005). 가족기능강화 프로그램이 아동 부모의 스트레스와 가족 기능성에
　　　미치는 영향. 유아특수교육연구, 5(1), 79-104.

조현경(2002). 발달장애아 부모의 스트레스 체험과 사회적 지지의 수용 및 자녀양육태도
　　　에 관한 연구. 건국대학교 행정대학원 석사학위논문.

최영(2015). 장애아동 부모의 스트레스. 전남대학교 병원 정신건강클리닉. http://www.
　　　drchoi.pe.kr/stdis-pa.htm.

Burke, M. M., & Hodapp, R. M. (2014). Relating stress of mothers of children with developmental disabilities to family-school partnerships. *Intellectual and Developmental Disabilities. 52*(1), 13-23.

Choi, G., & Lam, C. S. (2001). Korean students' differential attitudes toward people with disabilities: An acculturation perspective. *The international Journal of Rehabilitation Research, 24,* 79-81.

Cottone, R. R. (2012). Family and relationship issues. In D. R. Maki., & V. M. Tarvydas (Ed.), *The professional practice of rehabilitation counseling.* New York, NY: Springer Publishing Company.

Kerr, N. (1977). Understanding the process of adjustment to disability. In J. Stubbins (Ed.), *Social and psychological aspects of disability: A handbook for practitioners.* Baltimore, MD: University Park Press.

Kerr, S. M., & McIntosh. J. B. (2000). Coping when a child has a disability: Exploring the impact of parent-to-parent support. *Child: Care, Health and Development, 26*(4), pp. 309-322.

Lamb, M. E., & Meyer, D. J. (1991). Fathers of children with special needs. In M. Seligman (Ed.), *The family with a handicapped child.* Boston, MA: Allyn & Bacon.

Livneh, H., & Parker, R. M. (2005). Psychological adaption to disability. *Rehabilitation Counseling Bulletin, 49*(1), 17-28.

Lloyd, T., & Hastings, R. P. (2008). Psychological variables as correlates of adjustment in mothers of children with intellectual disabilities: Cross-sectional and longitudinal relationships. *Journal of Intellectual Disability Research, 52*(1), 37-48.

Parsons, T. (1951). *The Social System.* Glencoe, IL: The Free Press.

Reichman, N. E., Corman, H., & Noonan, K. (2008). Impact of child disability on the family. *Maternal and Child Health Journal, 12*(6), 679-683.

Turnbull, A., & Turnbull, R. (2001). *Families, professionals, and exceptionality: Collaborating for empowerment* (4th ed.). Upper Saddle River, NJ: Prentice Hall.

Wang, P., Michaels, C. A., & Day, M. S. (2011). Stresses and coping strategies of Chinese families with children with autism and other developmental disabilities. *Journal of Autism and Developmental Disorder, 41*, 783-795.

Yoshida, K. K. (1993). Rehabilitation of self: A pendular reconstruction of self and identity among adults with traumatic spinal cord injury. *Sociology of Health & Illness, 15,* 217-245.

Yuker, H. E. (1994). Variables that influence attitudes toward people with disabilities: Conclusions from the data. In D. S. Dunn (Ed.), Psychosocial perspectives on disability (Special issue). *Journal of Social Behavior and Personality, 9*(5), 3-22.

네이버지식백과(2017. 10. 20.). 불안. 서울대학교병원 의학정보. http://terms.naver.com

두산백과(2015). 방어기제. www.doopedia.co.kr

한국의학검색엔진[KMLE] (2018. 5. 2.). http://www.kmle.co.kr

American Psychiatric Association [APA]. (2017. 11. 20.). depression. www.psychiatry.org/patients-families/depression

제4장

부모교육과 부모상담

현대사회의 부모의 역할이 변화하고 있다. 그동안 학교와 재활현장에서 실시되었던 부모교육의 원리와 부모상담의 방법들도 시대의 변화에 따라 변화를 맞이하게 되었다. 주로 부모를 대상으로 상담을 진행했던 과거와 달리, 가족구성원이 함께 상담 과정에 참여하면서 협력 관계를 모색하는 일이 현실이 되었다. 가족구성원 가운데 장애학생이 있다는 사실은 가족 내 모든 구성원들에게 영향을 미치기 때문이다.

이 장에서는 현대사회에서 변화하고 있는 부모의 역할에 대해 살펴보고, 장애학생 부모교육과 부모상담의 기초적 개념, 부모상담의 유형 및 상담의 가치에 대하여 살펴보고자 한다. 부모교육과 부모상담에 관한 기초 지식은 향후 상담을 진행하는 데 있어서 실질적 프로그램으로 연결될 수 있다는 점에서 의미가 있다.

1. 부모역할의 변화
2. 장애학생 부모교육
3. 장애학생 부모상담
4. 전문가와 부모의 역할 관계

1. 부모역할의 변화

한 가정 안에서 장애학생의 존재는 부모-자녀 관계에 많은 영향을 미친다. 부부 사이에 새로운 가족구성원이 생겼다는 것은 분명 반가운 일이지만, 장애를 가진 아이가 태어났다는 사실은 전혀 다른 스트레스로 다가올 수 있고, 가족구성원 간의 상호작용에도 부정적 영향을 끼치기 쉽다.

현대사회에서 부모의 역할은 빠르게 변화하고 있다. 비장애 자녀를 둔 가족과 달리 장애학생을 둔 가족에게는 예전과는 다른 새로운 부모역할이 요구된다. 과거에는 아이가 장애를 가지고 태어나면 부모의 잘못으로 치부되는 경향이 있었다. 이는 장애자녀의 탄생은 부모의 유전적 원인으로 보았던 전통적인 시각이 반영된 결과였다. 이는 19세기 말과 20세기 초에 대두었던 우생학의 유물이기도 하다(Turnbull & Turnbull, 1997). 이렇게 우생학에 근거했던 인식은 1930년대 초에 들어서면서 변화되었고, 장애의 원인을 더 이상 유전적인 데만 국한하지 않게 되었다.

장애학생의 문제행동을 바라보는 인식에 있어서도 변화가 감지되었다. 1970~1980년대 이전까지는 문제행동을 일으키는 학생의 중심에는 부모가 있었다. 즉, 자녀의 문제행동, 특히 정서적 문제는 부모의 양육태도가 그 근원이라는 시각이 지배적이었다. 한 예로, 자녀에게 냉정하고 무관심한 '냉혈 엄마(refrigerator mom)'의 모습은 아동의 자폐행동의 원인으로 간주되곤 했었다(Bettelheim, 1967). 그러다가 1970~1980년대에 들어서면서부터 이러한 인식에도 변화가 생기며 장애자녀가 보이는 문제행동들이 순전히 부모의 양육태도 때문이라고는 생각하지 않게 되었다(Hallahan & Kauffman, 2000).

장애자녀에 대한 부모역할은 시대에 따라 변화를 거쳐 왔다고 할 수 있다. Hallahan과 Kauffman(2000)은 부모역할이 변화하게 된 이유에 대하여 다음과 같이 설명하였다.

첫째, 현대사회에서 부모의 역할은 부모-자녀의 상보적 관계로 변화되었다. 부모는 자녀의 행동에 영향을 주어 행동을 변화시키기도 하지만, 자녀의 반응과 행동도 부모의 행동을 변화시킬 수 있다는 점이다. 부모의 자극에도 어떤 장애자녀는 아무런 반응을 하지 않는 경우가 있기 때문에 부모의 입장에서 자녀와 자연스럽게 대화를 나누거나 관계를 형성하기 어려울 수도 있다. 정서행동상 문제를 수반하는 장애자녀에게 분노를 표출하는 아버지가 지적장애를 가진 자녀를 돌보느라 애쓰는 어머니를 안쓰럽게 생각하는 것도 부모가 일방적으로 자녀의 행동에 영향을 미치는 것이 아니라는, 즉 상보적 관계임을 보여 준다.

둘째, 자녀의 교육과정에 가족구성원의 참여가 더욱 중요해졌다는 점이다. 물론 과거에는 자녀의 양육에 대한 부모교육을 실시하고, 그에 따라 장애자녀에게 긍정적인 효과를 발휘할 수 있도록 준비를 해 왔다. 그러나 현재는 부모가 장애자녀의 치료와 심리적 안녕을 위해서 상담 과정에 더 많이 개입하고 있는 것이 현실이다. 부모가 전문가에게 자녀의 상담과 치료에 관하여 많은 제안을 하고 있다는 점에 대해 전문가들도 공감하는 분위기이다. 따라서 전문가도 장애학생과 함께 생활해 온 부모로부터 가능한 한 많은 제안을 받아들이고, 자연적 환경에서 부모-자녀 관계가 형성될 수 있도록 건강한 관계를 조성시키려는 노력이 필요할 것이다(Hallahan & Kauffman, 2000). 과거에는 초기 상담 개입에서 장애학생 부모에게 일련의 부모교육과 훈련을 제공한 후, 이들이 준전문가로서의 역할을 담당할 수 있도록 하였는데, 이제는 전문가도 이러한 부모의 역할에 더 이상 공감하지 않는 분위기이다(Bettelheim & Hardman, 1998).

교육과정에 장애학생 부모가 적극적으로 참여하는 것은 자녀의 학교생활에도 분명 도움이 된다. 물론 학교나 가정에서 부모의 역할을 설명하는 것은 학자에 따라서 차이가 있을 수 있지만, 현대사회에서 부모역할이 점점 중요해지고 있다는 사실에 대해서는 동의하는 분위기이다. 바람직한 부모의 역할에 대해서 이연섭과 강문희(2000)는 교사로서의 부모역할, 모델로서의 부모역할,

의논 상대자로서의 부모역할 그리고 성역할 평등개념 전수자로서의 부모역할을 제시하였다. 현대사회에서 부모와 자녀의 상호작용이 중요하다는 점을 고려해 볼 때, 의논 상대자로서의 부모역할은 자녀의 문제를 수용하려는 노력이 결합된 상보적 관계로 이해될 수 있을 것이다. 특히 현대사회의 가족구조 속에서 아버지의 역할은 어머니의 역할과 마찬가지로 그 중요성이 커지고 있다.

한편, 미국에서는 「장애아교육법」(IDEA, PL 105-17)에서 장애학생을 위한 교육과정 구성에 부모와 가족구성원의 참여를 보장해 놓고 있다. 이 법에 따르면, 가족구성원은 IEP 수립 과정에 참여해야 하며, 3세 이하의 장애 영유아를 위한 개별가족지원계획서(Individualized Family Service Plan: IFSP)를 수립하는 과정에도 가족구성원이 꼭 참여해야 한다고 명시하고 있다. 이러한 법규는 가족의 참여를 법적으로 보장하고 활성화시키겠다는 정부의 의지로 해석할 수 있을 것이다. 무엇보다 현대사회에서 부모의 역할을 이해하기 위해서는 부모와 가족구성원에 대한 바른 이해가 중요하다. 〈표 4-1〉은 장애자녀 부모와 가족에 대한 오해와 진실을 보여 준다.

〈표 4-1〉 장애자녀 부모와 가족에 대한 오해와 진실

오해	진실
부모는 장애자녀가 안고 있는 많은 문제점에 대해 책임이 있다.	부모는 장애자녀의 행동에 영향을 미칠 수 있지만 자녀 또한 부모의 행동에 영향을 미칠 수 있다. 일부 장애학생은 까다로운 기질을 가지고 태어나기도 하는데, 이는 부모의 행동에 영향을 미칠 수 있다고 보고되었다.
장애자녀를 둔 부모는 적응 과정에서 일련의 정서적 반응(부인, 슬픔, 불안 및 공포, 분노 등)을 경험한다.	부모는 틀에 박힌 정서적 반응을 경험하지 않는다. 부모는 적응 과정의 일부 혹은 전부를 경험할 수 있겠지만, 특정 순서 혹은 단계에 따른 정서적 반응을 경험하지는 않는다.
장애자녀를 둔 많은 부모는 의사를 찾아 전전하며, 자녀를 위해서 가장 적합한 진단을 얻으려고 한다.	종종 반대의 경우가 사실이다. 부모는 흔히 장애자녀에게 뭔가 잘못이 있다고 의심할 수는 있지만, 전문가로부터 크게 걱정 말라는 얘기를 듣게 되는 경우가 많다. 이때 부모는 다른 전문가의 의견을 들으려는 경향이 있다.

오해	진실
아버지는 장애자녀의 발달과정에서 크게 중요하지 않다.	아버지는 종종 연구자들이 간과하는 대상이기도 하고 어머니보다 스트레스를 덜 경험하는 것으로 알려져 있지만, 아버지는 가족기능에 있어서 중추적 역할을 담당할 수 있다. 연구에 따르면 아버지의 역할이 중요해지고 있지만, 아직도 많은 부분이 어머니의 태도에 영향을 받기 때문에 아버지의 역할은 간접적인 역할에 머물러 있다.
비장애 자녀는 대개 가족구성원 가운데 장애학생이 있다는 사실에 크게 영향을 받지 않는다.	비장애 자녀도 장애자녀의 부모와 마찬가지로 같은 정서적 반응을 경험하며, 사회적 성숙도가 미흡할 경우 이러한 정서적 반응에 대처하기가 더 어려워진다.
가족문제에 초기 개입할 때, 전문가의 주요 역할은 장애자녀 가족구성원에게 전문적인 역량을 우선적으로 제공해 주는 것이다.	이제는 많은 전문가가 부모가 가족문제의 주요 의사결정 과정에 더 많이 참여할 수 있도록 도와주어야 한다는 데 공감하고 있다.
미국의 전형적인 가족은 부모가 모두 있고, 중산층이며, 아버지가 외부에 직업이 있는 형태이다.	인구학적 구조가 급변하고 있는 것이 현실이다. 현재 부모가 모두 일을 하는 가족이 많고, 편부모 가족과 빈곤 가족이 늘어나고 있는 실정이다.
장애자녀의 교육에 능동적으로 참여(예, IEP 모임, 학교 방문 등)하지 않는 부모들은 방임적이다.	부모가 학교 행정에 참여하는 것은 바람직하지만, 다른 가족기능을 담당(예, 직장, 아이 돌보기 등)하느라 참여가 어려운 경우가 더러 있다.
전문가는 늘 장애자녀 가족구성원을 돕는 데 있어서 가장 이상적인 직무를 담당하고 있다.	확대가족과 친구 같은 비공식적 자원이 전문가와 기관과 같은 공식적 자원보다 장애학생을 둔 가족구성원들을 지원하는 데 있어서 종종 더 효과적이다.
교사, 부모의 사생활을 존중해야 하며, 아주 절박한 경우(예, 아이가 아주 심각한 행동문제를 수반하는 경우)를 제외하곤 의사소통을 자제해야 한다.	교사는 가능하면 빨리 부모와 어떤 형태로든 접촉을 시도해야 한다. 그래서 어떤 심각한 문제행동이 불거져 나왔을 때, 부모와 이미 라포 형성이 되어 있으면 보다 큰 도움이 될 수 있다.

출처: Hallahan & Kauffman (2000), p. 515.

2. 장애학생 부모교육

1) 부모교육의 정의

부모교육에 대한 정의는 법률에 근거할 수도 있고, 문헌에 따라 혹은 기관
에 따라 그 내용이 다를 수 있다. 부모교육에 대한 정의가 학자와 기관의 특
성에 따라 달라질 수 있다는 점을 인정하더라도, 부모교육이 지향하는 방향
은 거의 동일하다고 할 수 있다. 부모교육이 부모와 가족구성원의 심리적 안
녕과 가족지원의 역할을 수행하고 있다는 점에서는 누구나 공감하고 있기 때
문이다.

부모교육은 교육을 담당하고 있는 주체와 교육의 대상자가 서로 상호작용
하는 가운데 가족문제를 해결해 가는 과정이라고 할 수 있다. 가족구성원이
가지고 있는 문제는 다양하기 때문에 문제유형을 다루는 전문가 집단이 다를
수 있고, 문제를 다루는 관련 기관의 프로그램 또한 다양할 수 있다. 아동학대
를 위한 부모교육과 프로그램(이인선 외, 2013), 장애아동 가족기능 강화 프로
그램(김경혜, 조윤경, 2008) 등은 학생의 문제유형에 따른 부모교육 프로그램
의 적절한 예이다. 미국 버지니아주 부모교육협의회(Virginia Statewide Parent
Education Coalition: VSPEC)는 부모교육을 다음과 같이 정의하고 있다.

> 아동의 발달, 욕구 및 독창성을 이해하고 부모로서의 역할과 책임을 인
> 지할 수 있도록 부모를 지원하고, 아동이 보이는 행동에 대한 관찰, 해석 및
> 반응에 대한 전략 수립, 수단 활용 및 통찰의 기회를 제공하여, 아동과 가
> 족구성원에게 긍정적인 효과가 일어날 수 있도록 최대한 지원하는 것이다
> (VSPEC, 2013, p. 2).

이 정의를 살펴보면, 부모교육은 부모가 아동에 대한 양육지식과 양육기

술을 습득하고 지역사회의 가용 자원을 활용함으로써 가족구성원에게 심리적 안녕을 제공해 주는 활동이라고 할 수 있다. 그러나 부모교육의 정의는 관련 용어들이 혼용되고 있는 현실을 고려해 볼 때, 용어에 대한 재정의가 필요하다. 국내에서도 부모교육 관련 용어들이 분류되어 있지만(김원경 외, 2008; 이영호, 김혜숙, 2015), 부모교육 관련 용어들이 중복되어 있고, 용어를 기술하는 방식에 있어서도 다소 차이가 있다. 〈표 4-2〉는 앞의 연구자들이 제시한 용어표를 참조하여 부모교육 관련 용어들을 다시 정리해 놓은 것이다.

부모교육의 정의는 부모교육 프로그램의 정의로 일컬어지기도 한다. 이는

〈표 4-2〉 부모교육 관련 용어들

용어	정의
부모교육 (parent education)	부모의 역할 및 기능을 원활히 수행할 수 있도록 부모에게 자녀의 양육 등에 관한 정보 또는 지식을 전달하거나 관련 기술을 습득할 수 있도록 훈련기회를 제공하는 활동. 부모훈련 등의 용어와 함께 사용됨. 소극적·수동적 의미를 함축하고 있음
부모참여 (parent participation)	부모가 학교 또는 가족생활에 영향을 미칠 수 있는 프로그램의 구성과 운영에 직접 참여하는 활동. 적극적·능동적 의미를 함축하고 있음
부모지지 (parent support)	부모에 대한 친척의 도움행동을 비롯하여 교회, 지역사회 기관 및 단체(부모회, 지방단체, 아동복지시설·병원, 교육기관, 사업기관)의 지원과 지지 활동을 의미함
부모개입 (parent involvement)	부모가 자녀의 교육활동, 교육 프로그램 또는 지역사회 서비스를 위한 정책결정 과정에 직접 참여하는 활동. 부모참여 등의 용어와 유사한 의미로 사용됨
부모관여 (parent engagement)	부모가 학교교육에 참여하여 학생의 학습활동을 지원하고 학교 업무를 이행하는 데 있어서 적극적인 동반자(partnership)로서의 역할을 수행한다는 의미를 함축하고 있음
부모역할 (parent role)	자녀를 관리·양육하고 부모-자녀 간의 대화를 비롯한 자녀지도에 포함되는 모든 반응, 활동 및 기술을 포함하는 활동을 의미함

아마도 부모교육 프로그램이 '부모에게 바람직한 자질을 갖추도록 준비시키고, 자녀의 성장발달 및 교육에 효과적으로 관여할 수 있도록 고안된 전략'이기 때문일 것이다(이영호, 김혜숙, 2015). 부모교육 관련 용어들 가운데 '부모교육(parent education)'과 '부모지지(parent support)'는 부모교육 담당자가 부모에게 관련 지식이나 기술을 전수한다는 의미에서 볼 때, 소극적 · 수동적 의미가 내포된 개념으로 볼 수 있고(이영호, 김혜숙, 2015), '부모참여(parent participation)'와 '부모개입(parent involvement)'은 부모가 자녀를 위해 학교교육과정에 직접 참여할 수 있다는 의미에서, 능동적 · 적극적 활동의 개념으로 간주된다. 특히 '부모개입'은 일반적으로 교육계에서 큰 논란 없이 통용되는 용어로 알려져 있고, 자녀교육에 있어서 변화를 유발할 수 있는 긍정적 개념으로 인식되고 있다. LaBahn(1995)은 '부모개입'을 부모가 학교나 자녀를 위해 헌신하고 능동적으로 참여하는 활동, 즉 헌신과 참여라는 두 가지의 결합 형태로 보았는데, 교육과정에 부모의 개입이 많을수록(Gonida & Cortina, 2014), 부모의 질적 동기요인이 강할수록(Cheung & Pomerantz, 2012), 학생의 학교생활과 성적은 보다 긍정적이라고 보고되었다.

요즘에는 '부모관여(parent engagement)'의 개념이 부모개입의 개념과 함께 자주 거론되곤 한다. 부모개입이 부모가 학교교육이나 활동에 적극 참여하는 데 있어서 일차적으로 학교의 지침을 따르는 일방통행 식의 개념이라면, 부모관여는 부모가 학교활동에 흥미를 갖고 적극 참여하여 학교교육의 목표를 수립하는 행위를 포함하는 양방향의 개념으로, 부모개입보다는 더 적극적인 지도자로서의 역할이 부각된 개념이다(Teachnkids Learn INC, 2018).

한편, 김원경 등(2008)은 부모교육과 혼동되는 용어로 '부모역할(parent role)'을 제시하였는데, 이 용어는 부모교육, 부모참여, 부모지지 및 부모개입을 포함하는 포괄적이고 행동적인 용어로 볼 수 있다.

2) 부모교육의 의미와 목적

장애학생을 둔 가족에게 부모교육은 꼭 필요한 과정이라고 할 수 있다. 장애학생 부모는 장애요인이 지니고 있는 의미와 주위의 비호의적 환경이 가져오는 가족의 문제들이 해결될 수 있기를 희망한다. 일반적으로 부모교육이 지니는 의미는 다음과 같이 요약될 수 있다.

첫째, 부모교육을 통해 자녀 양육에 관한 지식과 기술을 습득할 수 있다. 부모교육의 내용은 가족구성원 간의 문제를 파악하는 방법부터 의사소통을 촉진하고 가족기능을 강화시킬 수 있는 프로그램에 이르기까지 그 내용과 범위가 아주 광범위하다. 부모는 가족문제를 해결하는 데 있어서 매우 중요한 역할을 수행하기 때문에 전문가와 함께 자녀의 역량을 강화시키기 위해서는 협력 관계를 유지해야 한다. 중요한 사실은 장애학생 부모교육을 일회성에 그치는 과정이 아니라 평생교육의 차원에서 접근해야 한다는 점이다. 장애학생의 생애주기에 따라서 부모가 받는 스트레스의 영역이 다른 만큼, 부모교육이 생애주기에 따라 합리적으로 이루어져야 할 것이다. 윤점룡 등(2005)은 장애학생의 생활주기에 따른 가족의 스트레스를 부부단계, 출산·취학전기, 학령기, 청소년기, 사회진출기, 부모 후기 및 노년기에 이르는 일곱 단계로 구분하였고, 각 단계별 부모교육의 주제가 될 수 있는 특정 스트레스 영역을 제시해 놓았다. 이 영역들은 부모교육 프로그램과 연계될 수 있고, 가족구성원의 역량을 강화하기 위한 목적으로도 운영될 수 있다.

둘째, 부모교육은 장애학생 가족이 경험할 수 있는 분노와 스트레스에 대처할 수 있는 기회를 제공한다. 가족구성원은 장애학생의 존재로 인하여 불안, 좌절 등의 정서적 문제를 경험하기 쉽다(Bruce & Schultz, 2002; Hooste & Maes, 2003). 부모교육은 장애학생 가족구성원에게 이러한 정서적 문제들에 대처하는 방법(예, 분노에 대처하기, 스트레스 다루기)을 알려 주는 실천적 특성을 지니고 있다. 물론 문화권에 따라 정서적 문제를 다루는 방식은 차이가 있을 수 있다. 다만 정서적 문제를 다루는 데 있어서 객관적으로 검증되지 않은 개입방법에 대해서는 주의가 필요하다. 객관적 검증이란 정서적 문제에 대처하는 방법이 이론적 토대를 갖추고 있고, 효과성에 대한 평가 과정이 있고, 실제 가족문제가 해결되는 가시적 성과(문제해결)가 나타날 수 있어야 한다는 것을 의미한다.

셋째, 부모교육은 가족문제를 해결하는 데 있어 가족구성원이 현실적 기대수준을 갖도록 준비시켜 준다. 현실적인 기대감이란 앞서 단계 이론에서 살펴보았듯이 자녀의 장애회복에 대한 막연한 기대가 아니라 현실적인 기대를 갖는다는 것을 의미한다. 부모는 가족구성원 가운데 장애자녀가 있다는 현실에 실망하여 가족 내 비장애 자녀에게 높은 기대감을 표출하는 방향으로 대처행동이 일어날 수 있다. Rogers는 자기개념의 형성 과정에서 현실적인 자기(real self)와 이상적인 자기(ideal self) 사이에서 오는 불일치 때문에 부적응이 발생한다고 보았다. 상담자는 부모와 가족구성원에게 장애자녀에 대한 현실적인 기대를 할 수 있도록 지원하고, 장애수용을 앞당길 수 있도록 지원해 줌으로써 가족구성원이 심리사회적으로 적응할 수 있도록 도울 수 있다.

넷째, 부모교육은 장애학생 부모에게 정보 교환과 의사소통의 기회를 제공한다. 부모교육은 동일한 혹은 유사한 가족문제를 가지고 있는 부모들 간의 모임을 촉진할 수 있다. 즉, 정보를 공유하고 발전 방향에 대하여 논의할 수 있는 기회를 제공해 줄 수 있다. 전문가가 장애학생 부모에게 양질의 교육을 전수해 준다고 하더라도, 경우에 따라서는 동료 부모의 지지와 지원이 전문가가 제공하는 지원보다 더 효과적일 수도 있다. 실제 Kerr와 McIntosh(2000)는 장애학생 부모들이 수행한 자기평가를 근거로, 친지, 친구 및 전문가들로부터 받은 지원보다 동일한 장애자녀를 둔 부모들로부터 받은 지지와 지원이 그들에게 더 스트레스를 감소시키는 효과가 있었고, 정서적·사회적·실용적 지원을 더 많이 받았다는 사실을 보고하였다. 이와 같은 사실은 동료 지지 혹은 지원이 장애학생 가족구성원의 문제해결에 큰 힘이 될 수 있는, 긍정적 부모교육 프로그램 전략이 될 수 있다는 것을 시사해 준다.

일반적으로 부모교육은 교육을 담당한 기관에서 프로그램을 개발한 후 시행하는 단계로 이어진다. 우리나라의 여성가족부에서 실시하고 있는 부모교육도 우리 사회의 실정에 맞는 부모교육 프로그램을 개발하여 보급함으로써 부모의 가치관을 정립시키고 가족기능을 회복시키는 것을 목적으로 운영되고 있다. 물론 부모교육의 목적은 교육을 담당하고 있는 기관의 특성에 따라 실제 프로그램의 내용이 달라질 수 있는 가능성이 존재한다. 이영호와 김혜숙(2015)은 부모교육의 목적을 부모역할의 개념 안에서 설명하였다. 이들이 제시한 부모교육의 목적을 요약하면, "부모가 자신을 보다 잘 이해할 수 있도록 부모역할에 대한 통찰의 기회를 제공하여 부모가 자신감을 갖고 자녀를 올바른 방향으로 성장시킬 수 있도록 지원하는 것"이다.

　교사이자 부모교육 전문가인 Jungreis-Wolff(2012)도 부모의 양육에 관한 다섯 가지의 주요 목표들을 제시하였는데, ① 자녀의 행동을 주의 깊게 관찰할 수 있는 부모, ② 교사와 협력 관계를 형성할 수 있는 부모, ③ 사회성 기술 전수자로서의 부모, ④ 아동에게 자립생활을 가르칠 수 있는 부모, 그리고 ⑤ 자녀와 의사소통하는 부모를 이상적인 부모의 역할이라고 보았다. 이러한 부모로서의 역할은 장애자녀를 둔 부모에게도 적용될 수 있는 부모교육 프로그램의 목표가 될 수 있을 것이다. 그러나 아무리 중요한 부모교육 프로그램이 운영된다고 하더라도 부모교육의 성과가 가시화되지 못한다면 부모교육의 목적과 목표는 내실이 없는 교육으로 인식될 수 있다. 따라서 부모교육의 목적을 실천할 때는 '교육을 통한 효과의 검증'이라는 전제하에 구체적으로 구현될 수 있도록 교육 프로그램이 기획되어야 한다. 부모교육은 장애학생을 포함해 부모와 가족구성원이 만족해야 하고, 부모교육을 담당하고 있는 기관 혹은 전문가가 만족해야 하는, 상호작용의 역학관계 속에서 긍정적인 결과가 나타날 수 있도록 기획되어야 한다.

3. 장애학생 부모상담

장애학생 부모상담은 부모-가족-전문가가 함께 진행하는 특징이 있다. 부모교육과 마찬가지로 부모상담도 전문가가 전문성을 담보로 상담의 대상자인 부모에게 일방적으로 상담을 진행하면서 목표를 달성하도록 강요할 수는 없다. 장애학생 가족구성원이 경험할 수 있는 다양한 스트레스를 감소시키고, 지역사회의 모든 가용 자원을 동원하여 가족의 순기능이 촉진·유지될 수 있도록 지원하는 것이 상담의 주요 목적이 되어야 할 것이다. 부모상담은 부모교육과 마찬가지로 장애학생의 발달단계에 따른 주요 관심 사항들을 고려하여 평생교육적 차원에서 접근하되, 부모-전문가의 상호작용을 촉진할 수 있도록 계획될 수 있다.

1) 장애학생 부모상담의 유형

장애학생 부모를 대상으로 상담을 진행하는 방법과 내용은 다양하다. 상담을 진행하는 방법으로는 전문가 중심의 상담 모형과 상담자와 부모가 함께 진행하는 협력 관계 모형이 있다(Davis, 1993). 이 책의 내용은 협력 관계 모형의 입장에서 주로 기술되었다. Laborde와 Seligman(1991)은 상담의 유형을 교육상담, 촉진적 상담 그리고 개인옹호상담으로 세분화한 후, 각 상담의 내용과 실시방법을 제시하였다.

(1) 교육상담

장애자녀를 둔 부모는 자녀의 장애의 특성과 그에 따른 예후를 알고 싶어 한다. 여기에는 자녀의 장애특성에 관한 정보, 특수교육 기기의 활용에 관한 정보, 지역사회의 가용 자원 활용에 대한 정보 등이 포함된다. 부모가 장애자녀에 관한 정보를 잘 인지하지 못하면, 정보의 부재로 인해 자녀의 발달과정에 대한 불안과 그에 따른 스트레스를 경험하게 될 확률이 높아진다. 따라서 초기 장애진단을 담당하는 전문가는 장애에 관한 진단과 예후에 대한 정보를 부모에게 정확하게 전달할 수 있어야 하고, 부모와 상담자가 지역사회의 가용자원에 관한 정보를 상호탐색(mutual exploration)해 봄으로써 가족지원에 대한 구체적인 정보를 공유할 수 있도록 지원하는 역할을 담당할 수 있어야 한다(Laborde & Seligman, 1991). 교육상담은 장애학생 부모를 대상으로 자녀의 양육에 관한 지식과 기술을 강화시키고, 자신감 회복 및 장애적응을 지원함으로써 부모가 경험할 수 있는 혼란, 불안정한 심리상태 및 스트레스를 감소시키는 데 기여한다고 할 수 있다(Trute & Hiebert-Murphy, 2013). 교육상담은 교사, 사회복지사 및 상담 전문가가 실시할 수 있다.

(2) 촉진적 상담

부모와 가족구성원은 장애와 관련된 기본적인 정보를 얻었다 하더라도, 가족 안에 장애학생이 있다는 현실 속에서 지속적인 양육 스트레스를 경험하게 된다. 이때 부모의 반응은 자신을 꾸짖는 방식이나 외부로 분노를 표출하는 방식으로 나타날 수 있다. 부모는 장애적응 과정에서 다양한 심리적 반응들과 방어기제를 보여 줄 수 있고, 실제 장애자녀를 양육하면서 경험하게 되는 현실적인 문제들에 직면하게 될 수도 있다.

촉진적 상담(facilitative counseling)에서는 부모-가족-전문가가 함께 상담과정에 참여하며, 정서적 문제를 다룰 수 있는 다양한 상담기술이 활용될 수 있다. 이러한 측면에서 촉진적 상담은 가장 전문적인 상담기술이 요구된다. Trute와 Hiebert-Murphy(2013)는 촉진적 상담의 다섯 가지 주요 목표를 제시하였는데, ① 장애학생 부모의 스트레스 감소, ② 시간관리 지도, ③ 정신적 지지, ④ 사회적 지지, ⑤ 문제해결 기술 학습으로 요약될 수 있다. 촉진적 상담은 가족문제로 인해 스트레스를 받고 있는 부모와 가족구성원의 심리적 안녕을 지원하기 위해 다양한 기법을 활용하는 실용적 상담 과정이라고 할 수 있다. 촉진적 상담은 상담의 주요 목적에 따라 달라질 수 있지만, 주로 상담 전문가, 사회복지 전문가, 동료 지지를 이끌어 낼 수 있는 다른 장애학생의 부모 그리고 주변의 종교 지도자가 담당할 수 있다.

(3) 개인옹호상담

개인옹호상담(personal advocacy counseling)은 부모와 장애학생의 복지를 위해 필요한 지원을 제공해 주는 능동적 지원 과정이라고 할 수 있다(Laborde & Seligman, 1991). Laborde와 Seligman(1991)은 개인옹호상담의 목적과 이점을 다음과 같이 기술하였다.

> 부모를 지원하여 자신의 삶을 직접 통제할 수 있다는 느낌을 경험하게 하는 것이다. 부모는 이러한 잠재력을 경험하게 됨으로써 자신이 선택적인 상황이거나 원치 않는 상황에 직면하게 되었을 때, 보다 확신과 목적을 갖고 행동할 수 있는 이점을 가지고 있다. 개인옹호상담은 부모가 자신의 가족복지를 위하여 긍정적이고 확고한 태도로 작업을 수행할 수 있도록 도와준다(p. 363).

개인옹호상담은 장애학생 부모의 가족 상황을 고려하여 의료상담, 법률상담, 재무상담 등 해당 가족지원의 범위와 내용이 달라질 수 있다. 개인옹호상담은 주로 장애인 부모단체와 같은 비영리 기관의 전문 인력, 자조집단의 전문 인력, 사회복지 전문가 등이 실시할 수 있다.

2) 장애학생 부모상담의 가치

Orton(1997)은 부모개입이라는 측면에서 부모상담 과정의 가치를 다음과 같이 설명하였다.

> 상담 과정에 부모가 참여함으로써 상담자와 가족의 관심사를 나눌 수 있

고, 자녀와 상호작용 속에서 일어나는 장점과 단점을 탐색할 수 있고, 자녀
의 입장에서 부모-자녀의 관계를 이해할 수 있고, 부모-자녀의 부정적 관계
를 변화시켜 긍정적 관계로 회복시킬 수 있고, 부모의 확신과 능력을 신장
시킬 수 있다(p. 396).

　　Orton은 부모상담의 가치들을 보다 특징적으로 보여 줄 수 있는 핵심 개
념들로 발전시켰는데, 이 핵심 개념들은 격려(관심을 갖고 이야기를 나눌 수 있
는 상담자와 대화함), 의사소통(부모-자녀의 상호작용 속에서 일어나는 장단점 파
악), 관점(자녀의 관점에서 자녀를 이해함), 관계성(부모-자녀의 관계 회복 및 강
화) 및 자기확신(부모의 확신과 능력에 대한 자신감)이다. 이 핵심 개념들은 장애
학생 부모상담을 진행하는 전문가 상담 과정에서 활용해 볼 수 있는 일종
의 마음자세라고 할 수 있다. 부모상담은 전문가와 부모가 함께 가족의 문제
를 해결해 나가는 연속적 과정이기도 하다. 부모는 상담자로부터 존중받기를
원하고, 스스로 장애자녀를 지원할 수 있다는 자신감을 회복하고 자녀의 성장
을 촉진할 수 있기를 원한다. 가족중심의 상담 과정에서 전문가-부모의 관계
는 부모가 단지 조언을 받는 관계가 아니라, 서로 존중하고 의견을 나누는 협
력 관계로서의 가치를 지니고 있다고 할 수 있다.

4. 전문가와 부모의 역할 관계

　　장애학생 부모상담은 가족구성원이 함께 참여해 상담을 진행해 가는 다소
복잡한 과정을 거친다. 특히 상담을 진행할 때는 부모 이외의 다른 가족구성
원의 협조가 필요한 경우도 있다. 상담 과정은 전문가와 부모가 1:1로 진행하
는 치료적 관계라기보다는 가족구성원이 모두 참여하는 가족상담 또는 다자
구도의 상담 형태를 지닌다. 따라서 부모상담은 장애학생 가족구성원이 경험
할 수 있는 심리사회적 적응 문제를 사전에 예방하고, 문제가 발생했을 때 적

절히 개입함으로써 전반적인 가족기능을 유지하기 위해서 실시된다고 할 수 있다.

Upshur(1991)는 전문가와 부모의 역할 관계를 부모의 관점과 전문가의 관점으로 나누어 설명하였다. 부모의 관점에서 볼 때, 상담의 시작은 부모가 자녀의 초기 장애진단 과정을 전문가에게 말하면서 시작되는데, 진단에 관한 정확한 정보의 부재, 사회복지 수혜에 대한 전문가의 부정적인 태도, 비밀보호에 대한 보호 장치 미흡, 가족욕구의 다양성을 인정하는 데 미흡한 전문가의 태도 등은 전문가와 부모의 관계형성에 부정적으로 작용할 수 있다. 결국 전문가와 부모의 긍정적인 역할 관계는 전문가가 부모의 행동을 얼마나 잘 이해하느냐에 달려 있다고 할 수 있을 것이다. 한편, 전문가의 관점에서 전문가-부모의 역할 관계가 곤란한 상황에 처하게 될 수 있는 상황들이 있을 수 있다. 이러한 부정적 조건들은 '전문가가 부모가 경험할 수 있는 문제(예, 분노, 적개심, 전문가의 권고에 대한 부모의 고의적/무의식적 불응 등)를 이해하지 못하거나 적절히 대처할 수 있는 능력이 부족할 때' '전문가 스스로 자신의 분노, 슬픔 및 좌절을 인지하려고 하는 욕구가 미흡할 때' 그리고 '장애학생의 부모와 협력적 관계를 형성하는 데 필요한 훈련과 실천이 부족할 때' 일어날 수 있다(Upshur, 1991).

전문가가 장애학생 가족구성원과 효과적인 상담을 진행하기 위해서는 가족 내 상호작용이 원활하게 일어날 수 있도록 분위기를 조성해야 하고, 가족에게 필요한 정보를 제공할 수 있어야 한다. 부모와 가족구성원에게 심리적 지지와 지역사회에서 활용할 수 있는 자원에 관한 정보를 제공하는 데 실패한다면, 부모와 가족구성원은 정서적·심리적 스트레스를 경험하게 되고, 분노, 혼란 및 불안이 가중되는 결과를 가져올 수 있다(Fiedler et al., 2007). 특히 부모상담을 진행할 때 상담의 기법과 기술은 아주 중요한 수단이 된다. Butler와 Constantine(2005)은 상담자가 자신의 전문 자격증이 상담관계에 영향을 줄 수 있는 수단이 될 수 있고, 실제 상담능력에 대한 가치 기준이 될 수 있다고 여긴다는 사실을 보고하였다. 그러나 대부분의 내담자들은 상담자에게 기대했던 역할과 실제로 인지하게 된 역할 간에 차이가 나타났을 때 상담 개입을 불만족스러워했다는 연구결과(Severinsen, 1966)는 우리에게 시사해 주는 바가 크다. 전문가-부모의 역할 관계는 전문가가 상담에 관한 해박한 지식과 기술을 가지고 있는 것도 중요하지만, 상담자의 그러한 능력을 부모가 이해할 수 있는 눈높이에 맞게 잘 맞춰 줄 수 있는지가 더 중요하다는 사실을 시사해 준다.

전통적인 입장에서 전문가-부모의 역할 관계는 치료적 관계로 간주되었고, 부모는 상담자의 전문성에 의존해야 하는 수동적 수혜자로 비추어져 왔던 것이 사실이다. 이러한 인식은 전문가와 부모 혹은 가족구성원 간의 힘의 균형이 상실된 결과로 간주될 수 있고, 장애학생 가족구성원이 필연적으로 외상에 따른 스트레스를 경험할 수밖에 없다고 보는 관점으로(Fiedler et al., 2007), 전문가-부모의 역할 관계가 수직적·수동적 관계였다고 간주될 수 있을 것이다. 이 관점은 전문가-부모의 협력 관계 모형과 명백히 대비된다.

일반적으로 장애학생 부모상담은 교사, 사회복지 전문가, 상담 전문가 등이 실시할 수 있다. 특히 학령기 장애자녀를 둔 부모는 학교 방문의 기회가 많기 때문에 교사와 적절한 친밀한 관계를 형성해 두는 것이 중요할 수 있다. 교사 중에는 상담자격 요건을 구비한 전문가도 있지만, 대개는 연수를 통해 최소한의 부모상담 기술을 습득해 온 것이 일반적이다. 다만 교사가 장애학생 부모상담 혹은 가족상담을 진행하는 데 있어서 주의가 필요한 경우가 있다. Coleman(1986)은 장애학생 부모들이 보고했던 가족문제 중에서는 교사로서의 업무 수행 범위를 넘어서는 경우가 종종 있다고 하였고, 이런 경우에는 따로 상담 전문가에게 부모상담을 의뢰하는 것이 좋다고 권고하였다. 상담 전문가에게 의뢰할 수 있는 조건은 다음과 같다.

• 부모가 일정 기간 흔치 않은 경제적 어려움, 부부갈등 또는 정서적 불안을 보고할 때
• 부모가 일상적으로 무기력감 또는 우울증상을 표현할 때

- 부모가 자녀의 행동을 통제하기 어렵다고 느낄 때
- 부모가 자녀의 습관적인 비행을 보고할 때
- 부모가 만성적으로 높은 스트레스 수준에 있는 것처럼 보일 때
- 부모가 개인적인 문제들을 가지고 집 또는 학교에서 교사에게 시간을 과도하게 요구할 때

　상담의 기법들은 부모와 장애학생 가족구성원에게 장애적응 과정에서 직면할 수 있는 많은 문제점에 대하여 적절히 대처할 수 있도록 돕는다. 또한 부모로 하여금 자녀양육에 관한 지식과 기술을 습득시키고, 나아가 자신감을 회복할 수 있도록 도움을 줄 수 있다. 상담을 진행하는 전문가는 장애학생 가족이 거주하고 있는 지역사회 안에서 활용이 가능한 자원의 종류와 서비스 내용에 대해서도 잘 알고 있어야 할 뿐만 아니라, 그 내용을 가족구성원에게 잘 전달할 수 있도록 충분히 인지하고 있어야 한다. 전문가-부모의 긍정적인 협력 관계는 가족중심의 건강한 사회통합을 이루기 위해 필요하며, 가족문제를 해결하는 토대가 될 수 있다.

📁 참고문헌

김경혜, 조윤경(2008). 장애아동 가족기능 강화프로그램의 이론과 실제. 파라다이스 복지재단.

김원경, 조홍중, 허승준, 추연구, 윤치연, 박중휘, 이필상, 김일명, 문장원, 서은정, 유은정, 김자경, 이근민, 김미숙, 김종인(2008). 최신특수교육학. 서울: 학지사.

윤점룡, 김병식, 박용석, 박주완, 백순이, 서원욱, 심재중, 유종호, 이원희, 이한우, 임웅현, 차용찬, 최기상(2005). 장애학생의 이해와 교육. 서울: 학지사.

이연섭, 강문희(2000). 부모교육. 서울: 정빈사.

이영호, 김혜숙(2015). 장애아동 부모교육의 실제. 경기: 공동체.

이인선, 윤덕경, 이미정, 김소영, 장화정, 강지영(2013). 아동학대예방을 위한 부모교육 제도

화 및 활성화 방안 연구. 한국여성정책연구원, 보건복지부.

Bettelheim, B. (1967). *The empty fortress: lufantile autism and the birth of the self*. New York: Free Press.

Bettelheim, J. O., & Hardman, M. L. (1998). *Lifespan perspectives on the family and disability*. Boston: Allyn & Bacon.

Bruce, E., & Schultz, C. (2002). Non-finite loss and challenges to communication between parents and professionals. *British Journal of Special Education, 29*(1), 9-13.

Butler, S. K., & Constantine, M. G. (2005). Collective self-esteem and burnout in professional school counselors. *Professional School Counseling, 9*, 55-62.

Cheung, C. S., & Pomerantz, E. M. (2012). Why does parents' involvement enhance children's achievement? The role of parent-oriented motivation. *Journal of Educational Psychology, 104*(3), 820-832.

Coleman, M. C. (1986). *Behavior disorder: Theory and practice*. Englewood Cliffs, NJ: The Free Press.

Davis, H. (1993). *Counseling parents of children with chronic illness or disability*. The British Psychological Society.

Fiedler, C. R., Simpson, R. L., & Clark, D. M. (2007). *Parents and families of children with disabilities: Effective school-based support services*. Columbus, OH: Pearson Prentice Hall.

Gonida, E. N., & Cortina, K. S. (2014). Parental involvement in homework: Relations with parent and student achievement-related motivational beliefs and achievement. *The British Journal of Educational Psychology, 84*, 376-396.

Hallahan, D. P., & Kauffman, J. M. (2000). *Exceptional learners: Introduction to special education*. Boston, MA: Allyn and Bacon.

Hooste, A. V., & Maes, B. (2003). Family factors in the development of children with Down syndrome. *Journal of Early Intervention, 25*(4), 296-309.

Jungreis-Wolff, S. (2012). 5 parenting goals for every family. *http://www.aish.com*.

Kerr, S. M., & McIntosh, J. B. (2000). Coping with a child has a disability: Exploring the impact of parent-to-parent support. *Child: Care, Health and Development, 26*(4), 309-322.

LaBahn, J. (1995). *Education and parental involvement in secondary schools: Problems, solutions, and effects.* Valdosta, GA: Valdosta State University.

Laborde, P. R., & Seligman, M. (1991). Counseling parents with children with disabilities. In M. Seligman (Ed.), *The family with a handicapped child.* Boston, MA: Allyn & Bacon.

Orton, G. L. (1997). *Strategies for counseling with children and their parents.* Pacific Grove, CA: Brooks/Cole Publishing Company.

Severinsen, K. N. (1966). Client expectation and perception of the counselor's role and their relation to client satisfaction. *Journal of Counseling Psychology, 13*(1), 109-112.

Trute, B., & Hiebert-Murphy, D. (2013). *Partnering with parents: Family-centered practice in children's services* (Ed.). University of Toronto Press.

Turnbull, A. P., & Turnbull, H. R. (1997). *Families, professionals, and exceptionality: A special partnership* (3rd ed.). Upper Saddle River, NJ: Prentice-Hall.

Upshur, C. C. (1991). Families and the community service maze. In M. Seligman (Ed.), *The family with a handicapped child.* Boston, MA: Allyn & Bacon.

Virginia Statewide Parent Education Coalition. (2013). *Virginia parent education coalition tool kit.* VSPEC Best practice Committee.

Teachnkids Learn INC (2018. 5. 8.). http://teachnkidslearn.com

제5장

부모상담의 이론

상담의 이론은 인간의 행동을 통합해 설명해 주는 지식체계라고 할 수 있다. 상담의 이론은 개인의 행동에 대한 지식을 바탕으로 향후 일어날 수 있는 행동을 예측하고, 개인의 행동에 대한 가설을 세울 수 있도록 실질적인 도움을 준다. 상담자의 입장에서 상담이론은 개인의 행동에 대한 질문들에 대해 답을 할 수 있는 근거를 마련해 줄 수 있고, 내담자의 입장에서는 문제에 대한 실마리를 제공해 줄 수 있다는 점에서 유용하다.

그동안 인간의 행동을 예측하고 설명하기 위하여 많은 상담이론이 개발되고 파생되었다. 상담의 이론과 접근이 다양했던 관계로 어느 하나의 이론을 중심으로 인간의 행동을 설명한다는 건 분명 무리가 있다.

이 장에서는 주요 상담이론 가운데 정신분석, 행동주의, 인본주의, 합리주의, 인지주의 및 절충주의 이론을 중심으로 살펴보고자 한다. 이 이론들은 장애학생 부모 및 가족구성원의 장애적응 과정에 대한 이해를 높이는 데 도움을 준다.

1. 정신분석적 접근
2. 행동주의적 접근
3. 인본주의적 접근
4. 합리주의적 접근
5. 인지주의적 접근
6. 절충주의적 접근

1. 정신분석적 접근

정신분석적 접근은 Freud가 인간의 심리적 특성을 이해하기 위해 개발한 이론이다. 정신분석적 접근은 후기 Freud 학파로 불리는 Jung, Adler 등에 의해 초기 개념들이 부분적으로 수정되면서 더욱 발전해 왔다. 정신분석 이론은 인간의 심리와 행동을 이해하기 위해 개발된 최초의 이론으로 다수의 이론들을 탄생시키는 데 기여하였다. 여기에서는 Freud의 정신분석 이론과 Adler의 이론을 중심으로 살펴보고자 한다.

1) Freud의 정신분석 이론

(1) 이론적 토대 및 특징

정신분석 이론은 인간의 심리적 특성과 행동이 무의식적 동기, 생물학적·본능적 충동에 의해 결정된다는 입장을 취하고 있다. 이 요인들은 매우 역동적으로 활동하며, 개인의 행동에 영향력을 행사하는 에너지로 간주된다. 따라서 이 접근방식은 인간의 행동이 결코 우연적으로 일어나는 일이 아니라, 원인을 제공하는 인과관계의 구조 속에서 이해되어야 한다고 본다. 이 요인들을 이해하는 것은 바로 인간의 심리적 특성과 행동을 이해하는 통로라고 간주된다.

의식과 무의식은 정신분석학 접근의 주요 개념이다. 의식은 우리가 현재 자각하고 있는 현실 세계를 지배하는 힘이고, 무의식은 우리가 현실에서 인식하지는 못하지만 언제나 현실 세계로 튀어 나오고자 하는 잠재적인 힘으로 간주된다. 인간의 행동을 이해하기 위해서는 이 잠재적 힘의 원천인 무의식의 세계를 조명해야 한다고 주장하는 것이 정신분석 이론의 주요 관점이다.

그렇다면 우리는 어떻게 무의식의 세계를 이해할 수 있을까? 이 질문에 답하기 위해서는 세 가지 성격 원리를 이해하는 것이 필요하다. 성격은 본능

(id), 자아(ego) 및 초자아(super ego)로 나뉘어 있고, 각 성격의 구조는 개인으로 하여금 사회적 요구에 대처하고 적응해 나갈 수 있도록 에너지를 발휘한다고 여겨진다. 이때는 쾌락을 추구하고 고통은 멀리하는 쾌락-고통(pleasure-pain)의 원리가 작동하게 되고, 개인의 행동은 생물학적 항상성의 원리(constancy principles)에 따라 움직인다고 여겨진다(Sales, 2007). 이 성격의 구조는 마음의 구조라고도 부를 수 있는데, 본능은 성적·공격적 본능이 지배하는 생물학적 원리(biological principle)가 주축이 된 에너지이다. 자아는 본능을 사회적으로 용인된 방식으로 표현할 수 있도록 도와주는 현실 원리(reality principle)에 따라 움직이며, 개인의 이성적 사고와 행동을 통제하여 계획대로 움직이게 한다. 자아는 본능과 초자아를 매개하는 역할을 담당한다. 한편, 초자아는 생물학적 원리로 작동되는 무의식적 죄책감을 억제하는 기능을 담당하고 있으며, 사회적 관습과 윤리를 통제하고 있는 성격구조로 일컬어진다. 즉, 초자아는 도덕적 원리(ethical principle)에 의해 작동되는 에너지로 간주된다.

Freud 이론에서 이야기하는 성격 구조에 따르면, 개인은 생물학적인 항상성과 쾌락을 추구하고 고통을 회피하면서 자신의 성격을 표현하려는 경향이 있다고 여겨진다. 그러나 이러한 본능을 표출할 때는 개인의 초자아와 사회적 관습에 의해 제지당하게 되므로 개인은 사회적으로 용인된 방어기제들을 사용함으로써 현재의 갈등상황을 해결하려 한다고 보고 있다. 이 이론에 따르면, 무의식적 본능은 항상 현실로 나오려 하므로 불안(anxiety)이 발생한다고 본다. 방어기제(예, 억압, 보상, 승화, 반동형성, 합리화, 환치, 투사 등)는 사람이 불안을 완화시키기 위해서 사용하는 수단으로 여겨진다(Parker & Szymanski, 1998). 이때 불안을 해소시키거나 갈등상황을 사회적으로 용인된 형태로 전환하려는 노력은 바로 자아의 역할이자 기능이 된다. 자아기능은 개인의 자아의지 혹은 자아강도라고도 일컬어진다. 방어기제의 유형과 특징은 제3장 제2절에서 구체적으로 기술하였다.

정신분석적 접근에서는 유아기나 아동기의 경험이 개인의 성격을 형성하

는 데 매우 중요한 역할을 한다고 보고 있다. 따라서 아동이 5세가 되면 기본
적인 성격 구조가 완성되고, 이후 심리성적 발달단계를 거치면서 점점 성숙해
진다고 보고 있다. Freud의 심리성적 발달단계는 〈표 5-1〉과 같이 다섯 단계
로 진행된다.

〈표 5-1〉 Freud의 심리성적 발달단계와 주요 특징

단계	연령	특징
구강기	0~1	입으로 빠는 행위를 통해 욕구를 추구한다. 구강기 아동의 양육과정에서 만족감을 제공해 주어야 하는데, 이 만족감은 탐욕과 소유욕을 형성하는 데 중요한 역할을 한다. 만약 만족감이 부족하게 되면, 구강기의 욕구는 고착된다. 이는 애착형성 과정에서 타인의 사랑에 대한 불신과 거부의 원인이 되며, 신뢰 있는 인간관계를 형성하는 데 두려움을 가져온다.
항문기	1~3	항문이 성격 형성에 중요한 신체 부위가 된다. 이때는 독립성과 의존성을 구분하는 중요한 시기이다. 만약 배변활동을 담당하는 항문기에 고착이 일어나면, 아동의 독립성에 영향을 미치게 되고 부정적 감정(분노, 공격 등)을 표현하는 방식에 방해를 받게 된다.
남근기	3~6	아동이 생식기를 만지는 행동을 통해 만족감을 얻는다고 여겨지는 시기이다. 무의식적 근친상간의 갈등이 억압된 형태로 나타날 수 있다. 이 시기에는 오이디푸스 콤플렉스와 엘렉트라 콤플렉스가 일어나며, 부모의 태도는 아동기의 성격 형성(성적 태도, 느낌 등)에 중요한 영향을 미친다.
잠복기	6~12	이 시기는 성적 충동 이후의 휴식기에 해당한다. 아동은 이전의 성적 충동이나 흥미를 외부 활동(친구와 대화, 놀이 활동, 스포츠·여가 활동 등)으로 대치시킨다. 이 시기에 발달과제를 완성하지 못하면 대인관계 형성 등 사회화 과정에 어려움을 경험할 수 있다.
생식기	12~18	잠복기 이전의 남근기가 부활된 시기로 간주된다. 사춘기부터 노년기에 이르기까지 자아를 완성하고 유지시켜 가는 과정이다. 사회적으로 용인된 다양한 방식으로 사회화 과정(인간관계 형성, 예술 활동, 스포츠·여가 활동, 직업 준비 등)에 대처하고 만족감을 추구하게 된다. 이 시기에 고착이 일어나면, 자아 결여, 정체성 혼란 등이 나타날 수 있다.

Freud의 심리성적 발달단계는 아동의 발달과정에 관한 이론을 최초로 정립했다는 점에서 의미가 있지만, 개념의 모호성과 이론의 기초에 관한 증거가 부족하다는 이유로 많은 비판을 받아 왔다. 물론 Freud도 자신의 이론을 몇 번씩 수정해 왔지만 기본적인 주요 개념들, 즉 충동(drive), 역동이론(전의식과 무의식), 이중-본능 이론(dual-instinct theory)[리비도(eros)와 공격성(tantatos)] 및 구조이론(본능, 자아 및 초자아)은 그대로 남겨두었고, 심리성적 발달단계와 오이디푸스 콤플렉스[거세불안(castration anxiety)과 남근선망(penis envy)]와 같은 개념들은 이후에 추가되었다(Parker & Szymanski, 1998).

(2) 부모상담에 대한 시사점

정신분석적 접근에서 전문가는 장애학생 부모 또는 가족구성원의 억압된 무의식의 내용을 의식 속으로 전환해 주는 촉진자의 역할을 담당하게 된다. 무의식적 내용 혹은 억압된 갈등을 의식 속으로 전환시킬 때는 규칙이 필요하다. 즉, 무의식적 내용은 사회적으로 용인될 수 있는 방식으로 전환되어야 한다. 이때는 다양한 정신분석적 기법들이 활용될 수 있는데, 전문가는 꿈 분석(dream analysis), 해석(interpretation), 자유연상법(free association), 전이(transference), 역전이(counter-transference) 및 저항(resistance)을 분석함으로써 장애학생 부모 혹은 가족구성원의 무의식적 내용 또는 갈등을 이해할 수 있다.

정신분석적 접근을 통해 부모 및 가족구성원의 문제 혹은 갈등을 해결하고자 할 때는 이 상황들을 어떻게 규정하느냐에 따라 접근방식이 달라질 수 있다. 전통적인 접근에서는 Freud가 주장했던 꿈의 분석, 자유연상법, 저항 및 전이에 대한 해석 등이 강조되지만, 정신분석적 접근의 틀 안에서 역전이(counter-transference), 해석, 공감, 실제 상담관계(real relationship) 등의 다른 접근방식을 접목할 수도 있기 때문이다. 현대 정신분석 이론가들은 자아의 통합(Kohut, 1984)과 개발, 공감, 상담관계, 촉진적 치료환경 등과 같은 기법들을 강조하고 있다. 이러한 관점에서 본다면, 정신분석적 접근은 (어떤 면에서는) 인간중심의 치료과정과 유사하다고 볼 수 있다(Parker & Szymanski, 1998). 그러나 뒷부분의 인간중심 이론에서 좀 더 다루겠지만, 두 접근은 철학적 · 이론적 토대가 분명 다르다고 할 수 있다.

상담 진행 과정에서 방어기제의 개념들은 개인의 장애적응 과정을 이해하는 데 도움을 줄 수 있다. 즉, 상담자는 장애학생 부모 또는 가족구성원이 장애적응 과정에서 경험할 수 있는 방어기제를 진단함으로써 향후 대처 전략을 모색해 볼 수 있는 근거를 마련할 수 있다. 정신분석적 접근은 초기 경험의 중요성, 성격의 구조, 무의식과 의식의 역할, 방어기제의 역할 등의 지식체계를 통해 장애학생 부모 또는 가족구성원의 장애적응 과정을 이해할 수 있다는 점에서 유용한 측면이 있지만, 한계를 지니고 있는 것도 사실이다.

(3) 장점과 단점
정신분석적 접근의 장점과 단점을 요약해 보면 다음과 같다.

장점
- 다른 접근들에 비해 이론에 관한 연구가 많은 편이다.
- 장애와 관련된 다양한 방어기제를 확인할 수 있다.
- 내면세계를 탐색해 볼 수 있는 기회를 제공해 준다.

단점
- 아동기의 초기 경험이 너무 강조되는 경향이 있다.
- 일반적으로 상담 비용이 높고 치료과정도 긴 편이다.
- 전문가를 양성 · 훈련시키는 데 시간이 많이 걸린다.
- 장애인 시설 등에 이론을 적용하기가 쉽지 않다(실용성 미흡).
- 장애인의 역량강화 측면에서 한계를 지니고 있다.
- 이론을 객관적으로 증명하기가 어렵다.

2) Adler의 이론

(1) 이론적 토대 및 특징

Adler(1870~1937)는 Freud의 정신분석 이론을 발전시켜 Adler식 상담의 기초 이론을 개발하였다. Adler는 초창기 Freud, Jung 등과 함께 연구를 진행하였지만, Freud와 달리 성을 지나치게 강조하는 것을 경계하였고, 성격상의 어려움들은 개인의 자기주장의 욕구가 제한된 데 따른 열등감이 원인일 수 있다는 주장을 하였다. Adler는 아동기의 초기 경험, 출생 순위 및 가족관계가 어떻게 개인의 삶의 방식이나 성격발달에 간접적인(비결정적인) 방식으로 영향을 미치게 되는지 관심을 가졌고, 그의 이론을 수정해 왔다.

Adler는 잘 알려진 저서 『개인심리학의 이론과 실제』에서 사람들은 자신의 삶을 지속적으로 통제하려고 한다고 믿었다. 그는 우리의 행동 속에 숨겨져 있는 충동 또는 동기 세력들이 있다고 믿었으며, 잠재력 충족에 대한 욕구를 통해 우리가 생각하는 이상적인 자아상과 더욱 가까워질 수 있다고 주장하였다. 한편, Adler의 '개인심리학(individual psychology)' 이론에서는 개인은 독특한 존재이기 때문에 모든 사람에게 적용시키는 데는 무리가 있다고 보았다. Adler의 이론은 성격발달(the development of personality), 우월성에 대한 노력(striving towards superiority), 심리적 건강(psychological health) 및 성격의 통합성(the unity of personality)이라는 측면에서는 지지를 얻었으나, 당시 많은 심리학자는 Adler의 자기실현(self-actualization)에 대한 생각에 대해서는 크게 동조하지 않았다.

한편, Sales(2007)는 Adler 이론에서 주장하고 있는 세 개의 주요 원리를 설명하였는데, 이 원리들은 이론을 보다 명확하게 이해하는 데 도움을 준다. 첫 번째 원리는 모든 행동이 목표-지향적(goal-directed)이라는 것이다. 개인의 행동은 외부의 힘에 의해 결정되는 실체라기보다는 자신이 세운 목적을 향해 역동적으로 움직이는 실체로 여겨진다. 두 번째 원리는 모든 행동은 사회적인 속성을 가지고 있다는 것이다. 즉, 인간은 사회적 존재로서 소속감을

찾고자 한다고 여겨진다. 이때 사회적 흥미(social interest)는 삶의 성공에 필
요한 요소라고 간주된다. 이 이론은 문제의 원인이 다른 사람과의 상호작용에
있다고 보기 때문에 문제를 해결하기 위해서는 높은 수준의 사회적 흥미가
필요하다고 보고 있다. 세 번째 원리는 인간은 역동적이고 통합된 유기체로서
목적을 지향하는 존재, 결정적 방식으로 삶을 살아가는 존재로 간주된다. 이
이론은 '사회적 소속감' '사회적 흥미' 및 '목표-지향적 행동'이라는 주요 개
념들로 정리될 수 있을 것이다.

(2) 부모상담에 대한 시사점

Adler 이론은 Freud의 정신분석적 접근과 마찬가지로 초기 아동기의 경험,
부모와 가족구성원의 역동적 상호작용을 탐색해 볼 수 있다는 점에서 의미가
있다. 이 이론에서 제기되었던 주요 개념들은 상담자가 상담의 방향을 설정하
는 데 도움을 줄 수 있다. 자아 존중감(feelings of self-worth)의 개념은 부모
에게 사회적 소속감의 중요성을 주목할 수 있도록 해 준다. 이는 부모상담을
전개하는 데 있어서 상담자가 사회적 가족지원을 연계할 수 있는 방안을 찾
아 부모 및 가족구성원을 지원할 수 있도록 도와준다. 장애학생 부모와 가족
구성원의 선택(informed choice)과 자기-결정(self-determination) 및 삶의 목
표와 삶의 계획을 주목하게끔 했다는 점도 이 이론이 지니는 장점이라고 할
수 있다. 왜냐하면 부모의 자기 선택과 자기-결정권에 대한 개념은 장애학생
가족의 상황에 따라서 부모 혹은 가족구성원을 대상으로 역량강화를 위한 전
략을 모색해 볼 수 있는 이론적 틀을 제공할 수 있기 때문이다.

(3) 장점과 단점

Adler 이론의 장점과 단점을 요약해 보면 다음과 같다.

장점

- 상담 과정이 보다 민주적이다. 전문가와 부모는 상담의 목표를 공동으로

설정하고 동등한 협력 관계를 형성한다.
- 치료 과정이 비교적 짧은 편이다.
- 치료적 접근이 통합적이고 융통성 있게 운영된다.

단점
- 타인 또는 사회가 문제를 수반한다는 실증적 증거가 부족하다.
- 개념의 모호성이 존재한다.
- 이 접근을 지지할 만한 후속 연구가 더 필요하다.

2. 행동주의적 접근

1) 이론적 토대 및 특징

　　행동주의 이론은 행동중심 상담, 강화이론, 사회학습 이론 등으로도 통용되고 있다. 각 이론은 접근방식에 차이가 있지만, 모두 학습이론을 토대로 한다는 점에서 행동주의적 접근이라고 불린다.

　　Watson(1878~1958)은 행동주의 심리학자로 1920~1930년대에 활발하게 활동했고, Skinner(1904~1990)는 1950~1960년대에 활발하게 활동했던 심리학자이다. Watson은 우리의 사고와 의지는 내적인 과정이기 때문에 관찰이 불가능하다고 보았고, 인간의 행동연구에서 관찰 가능한 행동만이 과학적 연구가 될 수 있다고 주장하였다. Skinner의 '조작적 조건형성'은 학습의 원리를 대표하는 주요 개념으로, 행동의 변화는 행동을 유발하는 선행사건과 결과를 짝지어 줌으로써 행동이 조성될 수 있다고 인식하였다. 결국 이 이론에 따르면 결과는 자극과 행동의 연합작용으로 나타나고, 결과는 강화(reinforcement)와 벌(punishment)에 의해 조성될 수 있다고 간주된다. 강화 방법에는 정적강화(positive reinforcement)와 부적강화(negative reinforcement)가 있고, 벌의 경우는 벌 제시와 벌 철회의 기법으로 분류될 수 있다.

정적강화는 개인이 원하는 행동을 선보일 때 보상(돈)을 제공하는 방법이고, 부적강화는 행동의 결과로 원치 않는 자극을 제거하는 방법을 말한다. 부적강화의 예를 들면, 방을 청소하면(원하는 행동) 화장실 청소(원치 않는 자극)를 하지 않아도 되는 행동규약을 들 수 있다. 벌 제시(punishment presentation)는 원치 않는 행동을 보일 때, 원치 않는 자극을 제시하는 것을 말한다. 예를 들면, 수업시간에 떠드는 학생에게 잠시 손을 들고 있으라고 지시를 내리는 경우이다. 벌 철회(punishment removal)는 개인이 원치 않는 행동을 보일 때, 원하는 자극을 제거하는 경우는 말한다. 예를 들면, 수업시간에 떠드는 학생(원치 않는 행동)에게 3일 동안 휴대폰을 사용하지 못하게 하는 행동규약을 들 수 있다.

프리맥의 원리(Premack Principles) 또한 강화기제를 사용하여 행동을 조성하는 데 효과가 있다고 알려져 있다. 프리맥의 원리는 '할머니의 규칙'으로도 널리 알려진 학습방법인데, 더 일어날 확률이 높은 행동을 이용하여 그보다 일어날 확률이 낮은 행동을 강화시킬 수 있는 학습원리이다. 프리맥의 원리는 가정에서 장애학생의 행동을 조성시키는 데 많이 활용될 수 있다. 예를 들면, "이 채소를 먹으면 맛있는 아이스크림을 줄게."와 같이 말하는 경우이다.

행동주의 이론과 상담은 학생을 대상으로 학습장면에서 많이 활용되고 있으며, 행동부적응을 보이는 학생의 행동을 조성시키는 데 많이 활용되고 있다. 학습장면에서는 복잡한 과제를 작은 단위의 과제들로 나누어 학습시키는 것을 강조하는데, 행동주의 이론에서 강조하고 있는 학습의 원리는 다음과 같이 대부분 친숙한 내용들이다.

상담자(교사)는 명확하게 교육목표를 진술하고 목표에 대한 기대치를 정리한 후 학생을 가르친다. 교육은 모든 정답을 알고 있는 교사가 중심에 서서 주도한다. 교수 내용도 정답과 오답을 강조하고 선택에 초점을 맞춘다.

상담자(교사)는 학생에게 기본적인 기술을 가르치고 점진적으로 고차원적인 기술을 습득시키는 방향으로 교육을 진행한다. 학생은 개별적으로 학업을 수행하면서 강의를 듣고, 연습문제를 풀고 복습을 하며 과제를 완성한다.

행동주의 이론에 토대를 둔 상담의 목표는 장애학생의 부모 또는 가족구성원에게 행동의 변화가 긍정적으로 일어날 수 있도록 학습의 원리에 따라 행동을 조성시키는 것이라고 할 수 있다. 이 접근에서 문제의 원인은 가족구성원이 부적응 행동을 학습해 왔거나 구체적인 적응 행동을 학습하는 데 실패했기 때문이라고 간주된다. 문제의 원인을 분석하고 부적응 행동을 분류하는 것은 크게 의미가 없다고 본다. 따라서 부모 또는 가족구성원의 현재 문제점을 확인한 후, 관찰 가능한 구체적인 행동목표들을 세워 문제를 해결하는 데 행동주의 기법들을 활용하는 것이 상담 개입의 주요 요지이다(Parker & Szymanski, 1998). 일반적으로 많이 활용되는 기법은 서면계약(written contract)이다. 부모와 상담자는 세부적인 상담목표들을 성취하기 위해서 행동목록을 살펴보고 행동변화를 위한 상담을 함께 진행할 수 있다. 특히 이 접근에서는 감정, 경험 및 통찰과 같은 개념과 같은 기법이 활용되는 것은 논리적으로 맞지 않는 것으로 간주된다.

상담자가 활용할 수 있는 행동주의의 기법에는 칭찬, 단서제공(cueing), 완전학습(mastery learning), 유도(prompting), 간헐적 강화계획(intermittent reinforcement schedules), 프리맥의 원리(Premack Principle), 토큰강화(token reinforcement), 긍정적 실행(positive practice), 점진적 접근법(successive approximation), 자극포만(stimulus satiation), 집단적 결과(group consequences), 착한 행동게임(good behavior game) 등이 있다. 요즘은 인지적 학습 프로그램(독서 프로그램, 협동학습법, 학생 프로젝트)과 자기관리 과제 및 방과 후 학생중심 활동(음악, 연기 및 스포츠)을 통합적으로 활용하는 방안이 점차 부각되고 있다.

행동주의 이론은 블랙박스 모형(black-box model)이라고도 불린다. 블랙박스 모형은 컴퓨터 프로그램에서 나온 용어로 사용자가 정보를 입력하면(자극) 컴퓨터가 사전 프로그램화된 논리에 따라 정보를 사용자에게 산출(반응)시켜 준다는 의미로 통용되고 있다. 블랙박스 모형이란 블랙박스 안의 내용은 확인이 어렵고, 오직 입력과 출력에 따른 내용만 확인할 수 있기 때문에 붙여진 이름이다.

행동주의 원리는 게임에서도 많이 활용되고 있다.

2) 부모상담에 대한 시사점

행동주의 기법은 다양한 재활장면에서 부적절한 사회적 행동, 직업전환과 관련된 공포 등을 감소시키는 데 효과적이라고 알려져 있다(Parker & Szyamanski, 1998). 상담자는 학습원리에 입각한 이론과 훈련을 통해 가족의 문제를 확인하고 목표를 설정함으로써 상담 실천을 위한 목록을 작성할 수 있다. 행동주의 상담에서는 조건억제, 역조건화, 체계적 둔감화, 자기주장훈련, 혐오치료, 조작적 조건형성 등 학습의 원리를 활용한 기법들이 널리 활용되고 있다. Parker와 Szymanski(1998)는 '통제소재(locus of control)'와 같은 개념을 사회학습 이론에 접목하면 상담을 진행하는 데 도움이 될 수 있다고 보았다. 즉, 통제소재는 인지주의에 가까운 용어이지만 장애학생의 부모와 가족구성원이 상담자의 도움을 받아 자신의 행동을 관찰해 볼 수 있다는 이점이 있다. 즉, 자신의 행동이 내적 통제에 의해 영향을 받았는지 외적 통제 요인에 의해 영향을 받았는지 관찰해 본 후 자신의 행동을 조성할 수 있다는 점이다. 이 접근은 장애학생, 부모 또는 가족구성원을 대상으로 부적응 행동 또는 해로운 행동을 확인한 후, 이들을 긍정적인 행동으로 변화시키는 데 효과적이라고 알려져 있다. 이때 학습을 촉진할 수 있는 강화물(상, 벌 등), 프리맥의 원리 등을 효과적으로 활용할 수 있다.

3) 장점과 단점

행동주의적 접근의 장점과 단점을 요약해 보면 다음과 같다(Kendra, 2015).

장점
- 연구를 수행하기가 용이하다. 즉, 관찰 가능한 행동에 초점을 맞춤으로써 관련 자료와 정보를 수량화할 수 있다.
- 보상, 벌, 강화 등의 기법은 실제 학습장면에서 효과적으로 활용될 수 있어 실용적이다.
- 장애학생, 장애학생 부모 및 가족구성원을 대상으로 장애 부적응 문제나 해로운 행동을 감소시키는 데 활용될 수 있다.

단점
- 행동의 원인에 대한 분석보다는 행동의 결과에만 초점이 맞추어져 있다.
- 관찰과 측정이 가능한 행동들을 중시하기 때문에 개인의 자유의지와 내적 상태(기분, 사고, 감정 등)는 무시되는 경향이 있다.
- 강화와 보상 없이 일어나는 학습을 설명하기 곤란하다. 실제 행동과 학습은 외부 요인들에 의해서도 영향을 받을 수 있다.
- 새로운 정보가 들어오면 학습된 행동에 변화가 일어날 수 있고, 이는 소거의 경우도 마찬가지이다.

3. 인본주의적 접근

인본주의적 접근에서는 내담자가 문제해결의 주체로서 능동적인 역할을 담당한다. 인본주의적 입장을 취하는 치료적 접근으로는 인간중심 치료(person-centered therapy), 게슈탈트 치료(Gestalt therapy) 등이 있다. 인간중심 치료와 게슈탈트 치료는 인간을 바라보는 기본적 관점이 유사하다.

1) 인간중심 치료

(1) 이론적 토대 및 특징

인간중심 치료는 Rogers(1902~1987)가 주장한 인간중심 이론에 바탕을 두고 있으며, 상담관계에서 내담자의 역할이 더 중요시된다. 인간중심 이론은 초기에 내담자-중심 상담(client-centered counseling)으로 불렸는데, 부분적으로는 정신분석 이론과 행동주의 이론에 대한 반발에서 나왔고, 정신분석 이론과는 그 철학적·이론적 토대가 다르다고 할 수 있다.

이 이론에서 인간의 본성은 매우 긍정적으로 비추어지며, 인간은 자기실현을 위해 노력하는 생산적인 존재로 비춰진다. 인간의 행동은 보다 현실성이 있고, 과거보다 미래를 지향하는 건설적인 특성을 보인다고 여겨진다. 이때 개인의 현실적 자아(real-self)와 이상적 자아(ideal-self) 사이에 부조화(incongruence)가 일어나면 문제가 발생할 수 있고, 개인의 심리적·사회적 어려움이 수반된다(Sales, 2007). 공감적 이해(empathetic understanding)는 현상학적 세계와 개인의 행동, 감정 또는 사고 및 다른 사람들로부터 나오는 현실적 반응들 사이에서 조화(congruence)를 찾아 주는 역할을 담당함으로써 내담자를 도와줄 수 있는 기법이라고 할 수 있다.

인간중심 치료(상담)의 목표는 장애학생 부모 또는 가족구성원에게 안전하고 호의적인 환경을 조성해 줌으로써 보다 긍정적인 자아상을 회복, 촉진할 수 있도록 지원해 주는 것이다. 즉, 상담 개입 이전에 개인이 가지고 있던 부정적이고 왜곡된 자아상을 긍정적이고 이상적 세계와 조화를 유지하는 방향으로 변화시켜 준다는 것이다. 결국 이러한 상담 과정을 통해 개인은 자신을 보다 신뢰할 수 있게 되고, 사람과 상황에 대하여 긍정적인 행동(예, 무력감과 무기력감의 감소, 고정관념에 따른 부정적 행동표현의 감소 및 생산적 · 창의적 · 융통성 있는 의사결정 지원)을 보여 줄 수 있게 된다(Sales, 2007). 또한 인간중심의 상담 개입은 개인(부모와 가족구성원)으로 하여금 효과적인 문제해결이 가능하도록 지원할 수 있고, 긍정적인 자기개념 및 현실적 자아와 이상적 자아의 조화를 지각할 수 있도록 도울 수 있다(Parker & Szymanski, 1998).

한편, Rogers(1957)는 인간중심 상담에서 치료적 변화를 가져올 수 있는 몇 가지 필요충분 조건(the necessary and sufficient conditions of therapeutic change)을 제시하였는데, 이 조건들(또는 개념들)은 상담자가 상담환경을 조성하는 데 전략적인 도움이 될 수 있다. 이 조건들은 장애학생 부모상담 과정에서 동일하게 적용될 수 있을 것이다.

- 전문가(상담자)와 내담자(부모 또는 가족구성원)는 심리적으로 접촉되어 있어야 한다.
- 내담자가 불안 또는 취약성을 보이는 부조화 상태에 있다는 것을 확인할 수 있어야 한다.
- 전문가는 상담관계 형성에서 조화와 진실성을 보여 줄 수 있어야 한다.
- 전문가는 내담자에 대하여 무조건적인 존중을 보여 줄 수 있어야 한다.
- 전문가는 내담자가 언급한 내부적 갈등상황에 대하여 공감적 이해를 보여 줄 수 있어야 한다.
- 내담자는 전문가의 무조건적인 존중과 공감적 이해를 어느 정도는 인지할 수 있어야 한다.

이와 같은 필요충분 조건들이 갖추어지면 상담자는 상담을 시작할 수 있는 근거를 마련할 수 있다. 일반적으로 상담 개입 과정은 장애학생 부모 및 가족구성원이 자신의 왜곡된 자아상과 부조화를 점점 더 인지하는 과정을 거치게 되는데, 상담자는 이전의 필요충분 조건들 안에 제시되어 있는 진실성(조화), 수용(무조건적인 존중) 및 공감적 이해를 부모 또는 가족구성원에게 보여 줄 수 있어야 한다. 인간중심 이론에서는 무비판적인 경청(nonjudgmental listening)과 수용(acceptance)이 핵심적 개념으로 소개되고 있는데, Rogers(1957)는 이 두 개념이 내담자로부터 변화를 이끌어 낼 수 있는 선결 조건이 될 수 있다고 보았다. 그 밖에 핵심적 상담기술로는 공감, 존중, 진실 등이 있다. 이 기술들은 다음 장의 부모상담의 과정별 상담 전략에서 보다 구체적으로 다룬다.

한편, 인간중심 치료(상담)에서 대안적 해결책을 모색하기 위한 일환으로 활용될 수 있는 충고 또는 직접적 제안 기법들은 상담장면에서 크게 도움이 되지 않는다. 마찬가지로 해석, 탐색, 역할연기, 정보 제공, 책망, 상담자의 가치 도입 등과 같은 개념들도 내담자의 성장에 부정적인 결과를 가져올 수 있는 기법으로 간주된다(Parker & Szymanski, 1998). 이 접근에서 상담의 효과는 자아개념과 자아의 조화 정도를 측정하는 자기-보고식(self-report) 검사 도구를 활용하여 검증될 수 있다.

(2) 부모상담에 대한 시사점

인간중심 치료(상담)는 개인의 능력과 창의성 그리고 자아실현에 대한 욕구를 중요시한다. 이 접근도 장애학생 부모와 가족구성원에게 적용해 볼 수 있는 이점을 가지고 있다. 진실성, 수용, 공감적 이해 등의 개념들은 상담자와 부모 또는 가족구성원 간 수평적 상담관계를 형성함으로써 의사소통을 촉진시켜 주는 상담기술로 활용될 수 있다. 그러나 이러한 기술들은 지적 장애인 당사자와 극심한 정서적 불안을 호소하고 있는 내담자에게 적용할 때는 효과적이지 않을 수 있다(Parker & Szymanski, 1998). 특히 부모가 표현성 언어가 부족한 경우에는 상담관계 형성이 부자연스러워질 수 있고, 공공기관에서 장애학생의 부모와 가족구성원을 위해 서비스의 적격성 여부를 판정해야 할 경우에도 상담자의 역할은 혼란스러워질 수 있다(Parker & Szymanski, 1998).

이 상담 접근의 기법들은 심리치료(심리상담) 분야에서 공식적인 훈련이 필요하다기보다는 상담자의 개인적 특성으로 여겨지는 경향이 있기 때문에, 주요 개념들이 쉽게 간과되거나 쉽게 여겨지는 경향이 있다. 그러나 인간중심 치료(상담)는 상담자와 부모 혹은 가족구성원이 상호 간 신뢰 있는 상담관계를 형성함으로써 인간적인 성장과 긍정적인 행동변화를 가져올 수 있다는 측면에서 분명 이점이 있다.

(3) 장점과 단점
인간중심 치료의 장점과 단점은 다음과 같다.

장점
- 상담의 과정, 목표 및 속성이 장애인의 역량강화적 관점과 잘 맞는다.
- 개인의 자기결정과 협동적 상담관계를 지지한다.
- 장애학생 부모 또는 가족구성원이 긍정적인 동기와 능력을 가지고 있는 존재로 여겨진다.
- 가족구성원이 가지고 있는 장점에 상담의 초점이 맞추어져 있다.
- 성공적 치료에 대한 연구들이 많고 연구기관들도 많다.

단점
- 상담이 주로 언어를 매개로 전개되므로 지적장애나 의사소통 기술이 부족한 장애학생, 부모 또는 가족구성원에게 적용시키는 데는 한계가 있다.
- 장애인 당사자 또는 장애학생 부모의 잠재력을 너무 긍정적으로 지지하게 되어 실제 문제를 충분히 다루지 못하게 될 수도 있다.
- 부적절하게 훈련받은 전문가가 철학적 이해 없이 기법을 활용할 개연성이 높다.

2) 게슈탈트 치료

(1) 이론적 토대 및 특징

게슈탈트는 독일어로 모양(shape), 형태(form)을 의미한다. 게슈탈트의 개념은 1890년 독일의 Ehrenfels에 의해 철학 및 심리학 분야에 처음 도입되었고, 1940~1950년대 Fritz Perls, Laura Perls 및 Paul Goodman에 의해 게슈탈트 치료가 개발되면서 지속적으로 발전해 왔다. Fritz Perls(1893~1970)는 실존주의적-현상학적 전제를 토대로 치료이론을 발전시켰는데, 인간의 행동은 환경과의 지속적인 상호작용 관계 속에서 이해될 수 있다고 보았다(Shane, 1999). 즉, 인간은 힘과 능력을 가진 존재이기 때문에 그들 주변에서 무슨 일이 일어나고 있는지 인지할 수 있고, 그에 따라 자신의 삶의 문제들을 다룰 수 있다고 보았다.

게슈탈트 상담의 주요 개념으로는 전체론(holism), 장이론(field theory), 여기-지금(here-and-now) 및 도형과 배경(figure and ground)이 있다. 전체론에 따르면, 인간의 신체, 정서, 사고, 감각 및 지각은 따로 움직이지 않고 하나로 움직이며, 그 안에서 개인과 환경의 상호작용이 통합적으로 일어난다고 본다. 장이론은 개인의 심리적 장이 생활환경 속에서 형성되고, 그 안에서 자기-조절 행동이 일어난다고 보고 있다. 여기-지금의 개념은 개인의 성장에 있어서 과거나 미래보다는 현재가 더 중요하다는 관점을 지지한다. 도형과 배경은 개인이 사물을 인지하는 방식을 말하는데, '도형'은 개인이 지각하고 직면해야 하는 '미완의 사업(unfinished business)'으로 인식되고, 다른 부분은 일시적으로 가라앉은 '배경'으로 작용한다고 설명될 수 있다. 도형은 인간의 지각체계에 대한 전체론의 관점을 지지해 주는 개념으로 인식되고 있다.

게슈탈트 상담에서는 개인이 무엇을 어떻게 경험하고 있는지 인식할 수 있도록 도와주는 것이 초기 상담의 목적이 될 수 있다. 이때는 생산적인 상담관계 형성이 중요한 가치를 지니게 되는데, 개인의 문제와 관심사들(미완의 사업들)을 구체적으로 불러오는 상담 전략이 구사될 수 있다. 개인의 성장은 상담

관계에서 중요한 가치를 지니는데, 좌절은 성장을 촉진시켜 자립할 수 있도록 격려하는 역할을 수행한다고 알려져 있다(Parker & Szymanski, 1998). 즉, 완전기능인간(fully functioning people)을 추구하게 되는데, 이는 자신의 감각을 깨닫고, 자신을 온전히 표현하고, 자조적이면서 크게 부족한 경험이 없이 자신의 본 모습에 충실한 삶을 살아가는 인간을 의미한다(Simkin & Yontef, 1984). 게슈탈트 상담의 궁극적인 목적도 단절된 자신(self)의 모든 구성요소들을 불러 모아 온전한 개인(individual)이 될 수 있도록 통합(integration)시키는 것이라고 할 수 있다(Parker & Szymanski, 1998).

게슈탈트 치료는 개인의 책임성, 현재의 경험, 치료사와 내담자(부모 또는 가족구성원)의 협력 관계, 환경적·사회적 맥락 및 인간의 자기-조절적(self-regulating) 적응 행동에 초점을 맞추고 있다(Wikipedia, 2015). 이러한 치료적 접근은 게슈탈트 상담이 공감, 이해, 무조건적 수용을 통해 개인의 성장을 촉진시킬 수 있다는 점에서 인간중심 상담과 유사하다고 할 수 있다.

게슈탈트 치료(상담)에서 활용되는 기법들로는 빈 의자 기법(empty chair technique), 과장연습(exaggeration exercise) 등이 있다. 빈 의자 기법은 빈 의자에 누군가가 앉아 있다고 암시를 준 후, 의자와의 대화를 통해 개인의 사고, 감정 및 행동에 변화를 유도하는 게슈탈트 치료(상담)의 정수라고 할 수 있다. 이 기법은 전체 상황을 염두에 두고서 개인이 자신의 조각난 자아를 찾도록 지원해 줄 수 있다. 과장연습은 개인에게 얼굴을 찌푸리거나 다리를 움직이게 하는 것과 같은 특이한 운동이나 표현을 반복 또는 과장시켜 보게끔 하는 방식으로 변화가 유발될 수 있도록 진행된다. 게슈탈트 상담에서 이와 같은 신체언어들은 강한 감정의 표현으로 여겨진다. 따라서 이러한 표현을 요청하는 것은 내담자(부모 또는 가족구성원)로 하여금 행동과 연관되어 있는 자신의 감정을 인식할 수 있도록 도와줌으로써 궁극적으로 내담자를 지원할 수 있다. 기타 게슈탈트 상담에서 자각 또는 인식을 향상시킬 수 있는 기법으로는 반전기법(reversal technique), 피드백(feedback), 꿈 작업(dream work), 집행과 직면(enactment and confrontation) 등이 있다.

한편, 게슈탈트 이론은 자각의 원리에 대해서 본질적으로 설명을 제공해 주기보다는 기술적인 측면이 강하다는 비판을 받아 왔다. 이러한 이유로 게슈탈트 이론이 도움이 되지 않는다고 여겨지기도 한다(Bruce et al., 1996). 그러나 게슈탈트 이론은 형태와 사물의 지각에 관한 연구들을 활성화시켰고, 행동, 사고, 문제해결 등에 관한 연구들을 진행할 수 있는 토대를 마련해 주었다고 할 수 있다.

게슈탈트 상담은 개인의 선택과 책임성을 강조한다는 점에서 실존주의의 영향을 받아왔다고 볼 수 있다. 게슈탈트 심리학과 게슈탈트 치료는 그동안의 역사적인 연결고리를 생각해 볼 때 연관성이 있다고 여겨지지만, 대부분의 게슈탈트 심리학자는 게슈탈트 치료가 게슈탈트 심리학의 형태는 아니라는 사실을 더 강조하고 있다. 논란을 차치하고서라도 분명한 사실은 자극과 반응에 초점을 맞춘 행동주의적 접근과는 달리, 이 접근은 개인의 인지과정을 탐색해 보고자 하는 특징을 지니고 있다는 점이 차별적이라고 할 수 있다.

(2) 부모상담에 대한 시사점

게슈탈트 치료는 이전에 개관했던 인간중심 상담과 유사한 부분이 있다. 그러나 게슈탈트 치료는 현시점에서 지각과 통합을 경험해 보는 것과 같은 활동적 기법들을 강조하고 있다는 점에서 다소 차이가 있다. 장애학생 부모로 하여금 자신의 문제 상황을 자각할 수 있도록 교육의 기회를 제공하는 것은 전략적으로 유용하다. 게다가 부모가 다른 사람과 어떻게 상호작용하고 있는지 강조하고 있는 부분도 게슈탈트 상담의 큰 공헌이라고 할 수 있다. 이 접근은 직면도 잘 다루기만 하면 효과적인 상담기법이 될 수 있다는 것을 시사해 준다(Sales, 2007). 게슈탈트 상담은 다양한 집단의 사람들에게 적용될 수 있다고 보고되었는데, Parker와 Szymanski(1998)는 게슈탈트 상담의 가치에 대하여 다음과 같이 기술하였다.

게슈탈트 상담은 아동, 청소년 및 성인뿐만 아니라 장애(알코올중독, 정서

장애, 지적장애)를 수반하고 있는 사람에게도 도움을 줄 수 있고, 일반화된 불안, 불편함, 정신신체장애, 아노미 상태, 대인관계에 문제가 있는 사람 그리고 왜곡된 자기상을 가진 사람에게도 효과적으로 사용될 수 있다. …… 그러나 내담자를 다루는 일반적인 위험부담을 고려해 볼 때, 게슈탈트 상담은 광범위한 훈련이 요구되며 개인상담의 형태로 진행될 수도 있다. 특히 훈련과 개인상담의 측면에서 보면, 재활상담을 전개하는 전문가들에게는 실용성이 떨어질 수도 있다. …… 이 기법들은 전통에 얽매이지 않기 때문에 대부분의 기관들이 이 접근을 배제시키려는 경향이 있다. 일반 전문가들은 내담자가 특히 직면이 필요하고 비전통적 상담이 필요하겠다 싶으면, 게슈탈트 전문 상담사들에게 사례를 의뢰할 수도 있을 것이다(p. 242).

(3) 장점과 단점
게슈탈트 치료의 장점과 단점을 요약해 보면 다음과 같다.

장점
- 상담관계가 협력적이다.
- 상담관계에서 책임성과 긍정의 에너지를 인식하는 것이 중요하다.
- 상담에서 여기-지금(here-and-now)을 중시하고 비언어적 표현을 강조한다.
- 개인의 성장과 목표-지향적 능력에 대한 믿음이 있다.

단점
- 인지과정이 덜 강조된다.
- 본질적으로 지각의 원리를 설명하기보다는 기술적인 특징만 제시해 놓고 있다.
- 독창성이 부족하다. 다른 이론들의 다양한 기법들을 혼용한다.
- 문화권에 따라서 맞지 않을 수 있다. 유용성이 미흡하다.

- 상담사의 역할이 무엇인지 뚜렷하게 제시되어 있지 않다.
- 목표에 대한 평가와 변화 과정에 대한 기준이 모호하다. 상담사의 임상적 판단에 따르는 경향이 있다.

4. 합리주의적 접근

합리주의적 접근에서는 논리적이고 지적인 해결을 촉구할 수 있는 방향으로 상담을 진행하는 것이 특징이다. 이는 인본주의적 접근에서 강조하고 있는 인간의 감정, 경험 및 인식에 초점을 맞추고 진행하는 상담 방식과는 차이가 있다. 합리주의 이론에 토대를 둔 접근들로는 특성-요인 이론, 합리적-정서적 행동치료 및 현실치료가 있다.

1) 특성-요인 이론

(1) 이론적 토대 및 특징

특성-요인 이론(trait-factor theory)의 대표적인 학자로는 Williamson (1900~1979)을 들 수 있다. 인본주의 접근은 인간의 문제해결에 대한 정신분석적 접근에 대한 반발로 대두되었지만, 특성-요인 이론은 직업상담에 관한 다년간의 연구를 통해 대두되었다. 따라서 특성-요인 이론의 주제들은 주로 교육과 직업적응의 문제에 초점이 맞추어져 왔고 재활상담 분야의 핵심 이론으로 발전해 왔다. 이 이론을 직업상담 분야에 적용할 때는 다음과 같은 기본 가정이 가능하다(Parker & Szymanski, 1998).

- 개인의 주요 특성은 측정이 가능하고 개인과 직업을 연결시켜 주는 데 활용될 수 있다.
- 검사와 진단을 통해 나온 정보는 직업과 일반 적응 문제와 관련된 의사

결정 과정을 지원하는 데 활용될 수 있다.

- 개인 관련 정보는 환경적 수요를 고려해 제공되어야 한다.
- 상담의 주요 과제는 정보의 체계적인 조합으로, 개인의 직업적 특성과 환경의 주요 차원들을 연결시킬 수 있는, 합리적 예측이 가능해야 한다.

이 접근의 상담목표는 기본 가정의 조합이라고 할 수 있다. 즉, 개인과 관련된 모든 정보를 조합하여 개인의 특성과 합치되는 직업을 알선하고, 개인의 전인적 성격발달을 지원해 준다는 것이다(Parker & Szymanski, 1998; Sales, 2007). 이를 위해서 상담자는 개인이 사회의 일원으로서 성장과 행복을 추구할 수 있도록 사회적응을 지원하는 역할을 담당한다. 또한 개인이 사회 구성원으로서의 책무성과 사회적 규율 및 가치를 습득하고 현실적인 문제해결 기술을 습득할 수 있도록 상담을 제공할 수 있다. 이 이론은 개인과 환경의 상호작용과 조화를 중시하기 때문에 '개인(person)×환경(environment)' 접근이라고 불리며, 개인과 환경의 상보성을 강조한다는 점에서 '역동적 상보성(dynamic reciprocity)'으로 명명되기도 한다(Rounds & Tracey, 1990). Williamson(1965)이 제시한 특성-요인 이론의 상담 진행 절차는 다음과 같이 6단계로 제시될 수 있다.

① 분석(analysis): 내담자(부모 및 가족구성원)의 문제와 현재 그리고 향후 적응 문제를 이해할 수 있도록 되도록 많은 정보를 수집하고 분석한다.
② 조합(synthesis): 내담자에 관한 정보를 요약하고 정리한다. 이때 내담자의 장점과 단점, 적응 및 부적응 문제들을 열거해 본다.
③ 진단(diagnosis): 내담자의 문제를 진단하고 문제의 원인을 파악한다. 진단 과정에 내담자의 정서 상태나 지적 능력을 고려한다.
④ 예후(prognosis): 대안적인 계획을 세운다. 상담자는 문제에 대한 결과를 예측하고 대안적인 계획을 세운다.
⑤ 상담(counseling): 협동적 상담관계를 형성하고 자문해 준다. 내담자의

적응을 지원할 수 있도록 내적 · 외적 자원들을 활용한다.

⑥ 사후지도(적응지도, follow-up): 새로운 문제가 있는지 살펴본다. 합리적 문제해결 기술을 활용하고 내담자에게 변화가 유지될 수 있도록 지원한다.

상담을 진행하는 데는 특별한 기술이 필요할 수 있다. 특성-요인 이론에 토대를 둔 상담은 '실험(experiment)'으로 지칭되는데(Sales, 2007), 무엇인가 발견을 목적으로 진행되는 절차들을 의미하기 때문이다. 이는 전통적 입장, 즉 내담자(부모 및 가족구성원)에게 연습을 시키고 학습을 강화하는 진행 방식이 아니다. 일반적인 상담의 기법들로는 동조(conformity)시키기, 환경 변화시키기, 적절한 환경 선택하기, 필요한 기술 학습하기, 태도 변화시키기 등이 있고, 보다 구체적인 기법들로는 라포 형성하기, 자기에 대한 이해 촉진하기 그리고 충고하기 또는 활동 프로그램 계획하기가 있다. 이때 상담자는 합리적 문제해결을 위한 집행자로서 내담자를 교육하는 역할을 담당하게 된다. 상담자는 문제해결 과정에서 정보를 전달하고 충고 또는 가르치는 등 상담 개입이 보다 능동적이고 직접적이다.

(2) 부모상담에 대한 시사점

특성-요인 이론은 내담자의 전인적 성격발달을 지원한다는 측면에서 장점을 지니고 있다. 특히 직업상담 부분이 상담 개입에 포함되어 있다는 점은 장애학생 가족구성원이 경험할 수 있는 환경적 요인, 즉 직업과 관련된 부적응 문제를 해결하는 데 도움을 줄 수 있다. 장애학생 가족구성원의 문제는 장애 부적응 문제도 있지만, 학령기 이후 자녀의 직업문제가 대두될 경우, 가족의 기능은 더 복잡해질 수 있다. 이때 전문가는 특성-요인 이론의 적절한 상담 개입 전략들을 활용함으로써 가족구성원의 공통적 관심사를 반영해 줄 수 있는 상담을 진행할 수 있을 것이다. 특성-요인 이론은 요즘 개인-환경적 접근으로도 명명되는데, 이 명칭이 덜 권위적이고 더 역동적으로 비춰지기도 한다

(Parker & Szymanski, 1998). 그러나 이 접근은 기본적으로 상담자의 지시적인 기법에 많이 의존하기 때문에 인본주의적 접근에 부담을 느끼는 장애학생 부모와 가족구성원에게 선별적으로 활용될 수 있다.

(3) 장점과 단점

특성-요인 이론 및 상담의 장점과 단점을 요약해 보면 다음과 같다.

장점

- 직업발달과 직업적응에 관련된 주제들이 이론 속에 포함되어 있다.
- 내담자를 대상으로 최대한의 전인적 성격발달을 지원하는 것이 상담 개입의 목적이다.

단점

- 측정을 강조하기 때문에 장애인에게는 적합하지 않을 수 있다.
- 전문가의 역할은 내담자를 가르치는 것이다.
- 상담자는 해당 분야에 정통한 전문가로 간주될 수 있다.
- 상담 개입이 지시적이다.
- 실제 변화를 측정할 수 있는 체계적인 절차가 없다.

2) 합리적-정서적 행동치료

(1) 이론적 토대 및 특징

합리적-정서적 행동치료(Rational-Emotive Behavior Therapy: REBT)는 정신분석의 피상적이고 비과학적인 특성에 반발해 Albert Ellis(1913~2007)가 개발한 심리치료법이다. Ellis는 여러 심리치료를 조합해 탄생시켰던 인지-행동치료(Cognitive-Behavioral Therapy) 분야의 초기 전문가 중 한 사람으로서 합리적-정서적 행동치료를 심리치료 분야에 처음 도입하였다.

이 접근은 인간의 행동이 과거의 경험, 고착 또는 외부 자극에 의해 영향을 받는 것이 아니라, 현재의 욕구에 따라 동기화된다고 믿고 있다(Sales, 2007). 이 접근은 인간의 행동은 선택의 문제가 중요하기 때문에 개인이 다른 사람의 권리를 침해하지 않으면서, 바른 선택을 할 수 있도록 상담과 교육을 제공하는데 초점을 맞춘다. 이 접근의 가장 핵심적인 구조는 사고, 감정 및 행동의 상호 연결성이다. 이 구조들 가운데 사고에 문제가 생기면 정서적인 문제가 발생한다고 보고 있으며 불합리한 사고는 개인의 제반 정서적 문제와 자기-패배적 사고(self-defeating thought)를 불러올 수 있다고 본다. 즉, 무슨 일이 일어나 문제와 스트레스를 유발하는 것이 아니라, 개인의 불합리한 사고 때문에 문제가 발생한다고 본다. 따라서 상담의 목표는 개인의 불합리적 사고를 합리적인 사고로 전환시켜 건강한 심리 · 행동 상태를 유지할 수 있도록 지원하는 것이라고 할 수 있다. Parker와 Szymanski(1998)는 REBT의 기본 가정과 개인이 지닐 수 있는 불합리한 신념체계를 다음과 같이 요약하였다.

① 기본 가정
- 인간은 합리적 사고를 할 수 있는 내적 잠재력을 지니고 있다.
- 불합리한 사고는 대체적으로 이른 나이에 학습된다.
- 지각, 사고 및 감정은 서로 상호작용하며 동시에 일어난다.
- 불합리한 신념은 정서적 문제를 일으킬 때, 문제의 원인이 될 수 있고 부정적인 자기-진술(self-statement)을 불러올 수 있다.
- 불합리적 신념은 개인에게 긍정적인 자기-대화(self-verbalization)를 통해 합리적 신념으로 대체될 수 있다.

② 불합리한 신념체계
- 나는 아주 잘해야 한다.
- 남에게 나약해 보이거나 어리석은 행동을 보이게 되면, 나는 죄인이거나 가치 없는 사람이다.

- 나는 내가 중요하다고 여기는 사람들로부터 인정받고 수용되어야 한다.
- 나는 주변 사람들에게 사랑을 받아야 한다.
- 거부를 당한다면, 나는 나쁜 사람이고 추한 사람이다.
- 사람들은 나를 공정하게 대해야 하고, 내가 필요로 하는 것들을 제공해 주어야 한다.
- 사람들은 내 기대에 부응해야 한다. 그렇지 않으면 그건 정말 끔찍한 일이다.
- 윤리적으로 행동하지 않는 사람은 가치 없고 썩은 인간이다.
- 나는 정말 나쁜 일이 생긴다거나 성격이 매우 까다로운 사람을 보면 참을 수 없다.
- 사는 동안에는 번거롭거나 어려운 일들이 거의 없어야 한다.
- 중요한 일들이 내 뜻대로 안 되면, 이상하거나 끔찍하다는 생각이 든다.
- 삶이 공정하지 않다는 생각이 들면, 정말 참을 수 없다.

한편, REBT의 주요 상담 진행은 A-B-C 프로그램을 바탕으로 진행된다. A(Activating events)는 사실, 사건, 개인의 행동이나 태도를, B(Beliefs)는 신념체계를, 그리고 C(Consequences)는 신념에 따른 결과나 반응을 의미한다. 이 가운데 불합리한 신념체계는 개인에게 스트레스와 행동문제를 유발하기 때문에 해결해야 할 가장 중요한 요소로 여겨지고 있다. 따라서 이 접근에서는 비합리적인 신념체계를 합리적인 신념체계로 전환시켜 주는 논박(disputing) 과정이 필요하다. 이 논박 과정을 통해 개인은 궁극적으로 합리적 태도와 행동을 보여 줄 수 있다. REBT의 또 다른 중요한 개념은 가치(value)이다. 확실한 가치는 정서적 적응과 정신건강을 향상시킬 수 있다고 간주된다. DiGiuseppe(1999)는 이러한 가치의 주요 핵심요소를 다음과 같이 제시하였다. 즉, 자기-수용(self-acceptance), 모험심(risk taking), 비(非)유토피아적 가치(non-utopian value), 고(高)욕구불만내성(high frustration tolerance), 자기-책임성(self-responsibility for disturbance), 자기-흥미(self-interest), 사회적 흥미(social interest), 자기-지시(self-direction), 내성(tolerance), 융통성(flexibility), 불확실성 수용(acceptance of uncertainty), 기여(commitment) 등이다.

REBT에서 기존의 정신분석 및 인간중심 접근에서 사용된 기법들은 경계의 대상이다. Ellis는 자유연상, 꿈 분석, 해석 등과 같은 정신분석 기법은 효율성도 떨어지고 효과가 없다고 보았다. 따라서 REBT에서는 문제의 원인으로 지목된 비합리적 사고를 내담자에게 확인시켜 주고 이유를 설명해 줄 수 있는, 능동적이고 지시적 상담을 제공한다. 이때 전문가는 내담자가 합리적 대안을 찾을 수 있도록 이전 상담 회기를 녹화한 음성 파일을 제공할 수 있고, 비합리적 사고의 순간을 기록하게끔 숙제를 할당해 줄 수도 있다.

(2) 부모상담에 대한 시사점

REBT는 다양한 문제를 가진 사람들을 대상으로 개인상담, 집단상담 및 가족상담 분야에서 널리 활용되어 왔다. 또한 이 기법들을 활용할 수 있는 장소도 정신건강센터, 복지관, 교육기관 등으로 활용 빈도도 높은 편이다. 이러한 결과를 놓고 보면, REBT는 철학적인 토대를 단단히 갖추고 있는 과학적 상담 개입이라고 할 수 있다(Broder, 2001).

개인의 사고, 감정과 행동은 이 접근의 주요 요소로서 개인의 비합리적 신념체계를 합리적 신념체계로 전환시켜 주는 노력이 상담의 핵심 전략이다. 따라서 이러한 접근은 장애학생 부모와 가족구성원이 장애적응 과정에서 경험할 수 있는 다양한 비합리적 사고(예, '왜 하필 우리 가족에게 이런 일이 일어난 거야.')를 합리적 사고로 전환시켜 주는 상담 전략이 강구될 수 있도록 안내할 수 있다. 이 접근은 낮은 자존감을 보이거나 사회성 훈련이 필요한 경우, 그리고 장애수용에 어려움이 있는 사람에게 효과적으로 사용될 수 있지만, 내담자가 지적 능력에 제한이 있거나 극심한 정서장애를 수반하고 있는 경우, 그리고 교육 및 직업적 선택과 결정을 내려야 하는 긴박한 상황에서는 적절하지 않을 수 있다(Parker & Szymanski, 1998). 이 접근에서 강조하고 있는 선택의

자유, 자기-확신, 자기-수용 등의 개념은 장애학생 부모 및 가족구성원에게
도 동등하게 적용될 수 있을 것이다.

(3) 장점과 단점

합리적-정서적 치료의 장점과 단점을 요약해 보면 다음과 같다.

장점

- 단단한 철학적 토대를 갖추고 있고 과학적이다. 성공에 대한 평가기준을
  갖추고 있다.
- 비합리적 사고의 문제는 모든 사람에게 적용될 수 있다.
- 상담 과정이 능동적이고 시간이 제한되어 있으며 목표-지향적이다.
- 논박 과정을 통해 스스로 공개적 선택과 결정을 내릴 수 있다.

단점

- 상담이 매우 지시적이다.
- 인지과정을 너무 강조한다.
- 인지능력에 문제가 있거나 극심한 사고장애를 수반하는 사람에게는 적
  합하지 않을 수 있다.

3) 현실치료

(1) 이론적 토대 및 특징

현실치료(reality therapy)는 William Glasser(1925~2013)에 의해 개발된
심리치료 방법이다. 현실치료에서는 문제의 원인이 우리가 어떤 행동을 선택
하느냐에 달려 있다고 보고 있다. 개인이 어떤 행동을 선택하느냐 하는 선택
의 문제(matter of choice)가 바로 현실치료를 다른 접근들과 구분하는 주요
개념이 된다. 이 접근에서는 개인의 선택적 행동에는 분명 책임이 뒤따른다

고 본다. 개인에게 주어진 행동에 대한 책임성은 정신분석에서 얘기하는 무의
식적인 힘과는 분명 다른 개념이다. 그래서 현실치료에서는 개인이 책임 있는
행동을 수행할 수 있도록 지원하는 것이 상담의 핵심 전략이 된다. 원래 현실
치료는 William Powers의 '통제이론'을 토대로 개발되었는데, 이 통제이론
은 초창기 '선택이론'으로 불렸고, 현재는 현실치료라고 불리게 되었다(Sales,
2007, p. 138에서 재인용).

현실치료에서 상담의 주요 목적은 내담자가 자신의 욕구를 효율적 · 효과
적으로 만족시킬 수 있는 선택을 할 수 있도록 지원하는 것이라고 할 수 있다
(Sales, 2007). 이러한 선택에는 개인의 책임이 따르기 때문에 다른 사람의 욕
구를 침해하지 않으면서도 개인의 욕구를 만족시킬 수 있는 좋은 선택방안을
찾는 것이 중요하다. 따라서 상담 개입의 세부 목표는 책임감 없이 행동을 선
택하는 사람이 책임감을 가지고 행동을 선택하는 사람으로 변화될 수 있도록
지원하는 것이다.

이 접근에서 상담자는 교사로서의 역할을 담당할 수도 있다. 이 부분은 내
담자(부모 및 가족구성원)의 행동 변화에 영향을 주는 상담자의 지배적 역할을
의미한다고 볼 수 있다. 따라서 상담자는 내담자의 행동을 평가하고, 변화를
위한 계획을 수립하며, 개인의 행동목표를 설정할 수 있도록 지원해 주는 교
수자의 역할을 담당하게 된다.

현실치료의 목적을 달성하기 위해서 상담자들은 직면(confrontation), 건설
적 논쟁(constructive arguing) 등을 포함하는 다양한 상담기법을 활용할 수 있
다. 이 기법들은 내담자로 하여금 현재의 자신의 모습을 돌아볼 수 있도록 안
내해 줄 수 있다. 이때는 감정이 아니라 행동에 초점을 맞추고 내담자가 책임
감 있는 행동을 할 수 있도록 지원한다. 경우에 따라서 상담자는 내담자의 변
명을 수용하지 않아야 할 때도 있고, 벌도 봐주지 않는 단호한 모습을 보여 주
어야 할 때도 있다(Parker & Szymanski, 1998). 물론 내담자가 상담 과정에서
저항을 표시하는 경우도 있다. 이 경우에는 상담자가 내담자와 개인적인 인맥
을 쌓는 방안까지도 고려하여 상담관계를 형성해야 할 필요성도 제기된다. 한

편, 현실치료에서는 공식적인 진단의 개념을 거부하는데, 이 진단 혹은 진단명이 개인에게 문제를 일으킬 수 있는 부정적 요소가 될 수 있다고 보기 때문이다. 상담목표를 실천하기 위해서 개인에게 진단명을 부여하지 않는 것은 긍정적인 치료관계를 형성하는 또 하나의 방법이 될 수 있다고 여겨진다.

　현실치료에서 상담 개입은 다음의 두 과정으로 진행될 수 있다(Sales, 2007). 첫째, 확고하면서도 호의적인 상담환경을 조성한다. 상담환경은 개인이 자발적으로 자신의 통제력을 탐색해 볼 수 있도록 도와준다. 둘째, 개인으로 하여금 자신이 원하는 것이 무엇인지 탐색해 볼 수 있도록 하고, 자신의 모든 행동적 측면을 살펴봄으로써 원하는 것을 실제로 얻을 수 있는 가능성 및 선택의 효과성에 대해 평가할 수 있도록 지원한다. 이러한 과정은 결국 내담자가 스스로 현실적인 계획을 수립할 수 있도록 도울 수 있다.

(2) 부모상담에 대한 시사점

　정신분석 이론에서 강조하듯이, 현실치료는 과거의 경험에 초점을 맞추지 않고 개인의 현재 상황과 현재 가지고 있는 장점에 초점을 맞추고 있다. 그리고 이 접근은 내담자의 현재 행동에 초점을 맞춘 단기적인 상담회기로 진행된다. 특히 내담자가 내적 통제를 강화할 수 있고, 단기적으로 변화에 대한 욕구를 촉진할 수 있는 힘을 얻을 수 있다는 점은 이 접근이 보다 현실적이고 실용적이라는 사실을 시사한다.

　현실치료는 내담자가 의사결정 과정에 공동으로 참여할 수 있고, 상담계약을 협력적으로 발전시킬 수 있다는 점에서 장애학생 가족구성원의 역량을 강화할 수 있다. 특히 이 접근은 갈등 상황을 해결하는 데 장점을 지니고 있고(Gladding, 2007), 장애학생 가족구성원 간에 일어날 수 있는 많은 갈등 상황에 대해 보다 전문적으로 접근할 수 있는 계기를 마련해 줄 수 있다. 한편, 현실치료는 일반적으로 의존적인 행동을 보이는 사람, 알코올·약물 문제를 가지고 있는 사람 및 공공사범에게 효과적으로 적용해 볼 수 있다(Parker & Szymanski, 1998). Parker와 Szymanski(1998)도 지적했듯이, 상담자가 내담자와 개인적 인맥을 쌓을 수 있고, 계약서를 작성하는 과정에 내담자가 공동으로 참여함으로써 자기 정체성을 확고히 다질 수 있다는 점은 이 접근이 재활의 이념과도 잘 부합한다는 사실을 시사한다.

(3) 장점 및 단점
현실치료의 장점과 단점을 요약해 보면 다음과 같다.

장점
- 상담이론이 복잡하지 않고 현재 가지고 있는 문제를 다룬다.
- 내담자는 성장과 변화를 이끌어 낼 수 있는 존재로 인식된다.
- 개인의 책임과 선택의 자유를 강조하고 있다.
- 개념이 명료하고 접근이 간단하므로 여러 분야의 전문가가 활용할 수 있다.
- 접근에 융통성이 있다. 다양한 문제를 가지고 있는 사람에게 적용할 수 있다.
- 스스로 원하는 것을 탐색해 볼 수 있고, 그것을 평가할 수 있다.
- 상담자는 교사이자 역할 모델이 될 수 있다.
- 재활의 이념을 비교적 잘 반영하고 있다.

단점
- 상담자가 상담 과정을 지배하는 경향이 있고, 내담자는 수동적이다.
- 문제를 해결하는 데 있어서 현재를 너무 강조한다. 개인적 경험 등 과거로부터 통찰을 얻을 수도 있다.
- 상담자와 내담자의 의사소통을 중시한다. 욕구에 대한 표현이 미흡하고 선택과 결정에 어려움을 겪는 사람에게는 적용이 어려울 수 있다.
- 개인의 내적 통제가 중시되므로 통제할 수 없는 상황에 대한 해결책이 상대적으로 부족하다.

5. 인지주의적 접근

1) 이론적 토대 및 특징

인지는 개인의 사고, 신념, 자기와 타인에 대한 태도 및 주변 세계에 대한 지각을 일컫는다(Hackney & Cormier, 2005). 인지이론은 개인이 외부 세계로 부터 얻은 자료를 종합-분류-처리하는 정보처리 과정에 토대를 두고 있는데, 정보처리 과정 속에 내재되어 있는 사고, 정서 및 행동은 각각 독립된 요소가 아니라 상호작용을 한다고 여겨지고 있다. 이 요소들 가운데 사고는 감정과 행동을 결정하는 요인이라고 보고 있다.

인지치료(Cognitive Therapy: CT)는 1960년대 Aaron Beck(1921~)이 개발한 심리치료로 인지행동치료의 큰 범주들 중 하나라고 볼 수 있다. 인지치료는 행동치료의 단점을 보완해 만든 기법으로 역기능적인 사고(thought)가 문제의 원인이라고 지목한다. 따라서 내담자의 역기능적인 사고를 기능적인 사고로 전환시켜 개인에게 만족스러운 정신건강(감정)과 행동을 유지할 수 있도록 지원하는 것이 인지치료의 핵심이라고 할 수 있다.

행동치료가 내담자의 외현적 행동만을 대상으로 관찰 가능한 행동의 변화를 강조했다면, 인지치료는 내담자가 학습한 행동이 어떻게 학습되었는지 그 과정을 좀 더 구체화하는 것을 강조하고 있다. 물론 인지치료는 인지적 측면을 강조하고 있다는 점에서 합리적-정서적 행동치료(REBT) 및 현실치료와 유사한 부분이 있다(Gladding, 2007). 그러나 현실적인 사고를 방해하는 인지적 왜곡을 다루는 방식에 있어서 REBT와 인지치료는 차이가 있다(Parker & Szymanski, 1998). 즉, REBT에서는 내담자가 불합리한 신념을 수정 또는 제거해야 하지만, 인지치료에서는 불합리한 신념이나 왜곡된 사고를 치료 과정 속으로 가져와 내담자가 검증해야 한다는 점이 다르다. 그러나 두 접근은 학습이론에 토대를 두고 있다는 점에서는 분명 동질적이다.

인지치료는 일반적으로 내담자의 사고, 지각 및 신념의 오류들을 변화시키거나 수정함으로써 정서적 스트레스와 그에 따른 부적응 행동을 감소시키는 데 초점을 맞추고 있다(Hackney & Cormier, 2005). 내담자가 그동안 가지고 있었던 왜곡된 사고 또는 부정적 사고에 변화가 일어나 현실적인 사고방식으로 대체되면, 내담자의 감정과 행동은 변화가 일어날 수 있다고 보는 것이 인지치료의 관점인 것이다. 따라서 인지치료의 목적은 내담자의 역기능적인 사고를 전환시켜 자신과 타인의 관계를 현실적으로 설정하고, 정서적 스트레스와 문제행동을 감소시킬 수 있도록 지원하는 것이라고 할 수 있다.

인지치료 분야에서 그동안 많은 치료기법이 소개되어 왔다. '대안적 적응 반응(alternative adaptative response) 기법'은 과잉과 왜곡으로 점철된 역기능적 자동사고(automatic thought)를 교정하는 데 효과적으로 이용될 수 있고, '사고중지(thought stopping)'는 역기능적 사고를 기능적 사고로 대체하는 데 활용될 수 있다(Parker & Szymanski, 1998). 기타 접근들로는 문제의 원인을 재설정해 볼 수 있는 '긍정적 자기-대화(positive self-talk)'와 '재귀인 기법(reattribution technique)', 내담자의 내적 통제를 강화시킬 수 있는 '재정의 기법(redefining technique)' 등이 있다. 일반적인 상담 개입은 내담자에 대한 다량의 정보를 습득하고, 역기능적 사고에 대한 탐색과 통찰, 문제점 발견과 해결에 대한 책임성 부여 그리고 대안적 해결방안을 모색하는 순으로 진행될 수 있다(Parker & Szymanski, 1998). 인치치료 과정에서 내담자는 정보습득 과정에 참여함으로써 치료에 관한 지식을 얻고 자신과 타인과의 관계를 이해할 수 있고, 삶의 경험을 토대로 새로운 문제해결 양식을 찾아볼 수도 있다. 내담자와 협력적 상담관계를 형성하는 일도 인지치료의 목적을 달성하는 데 있어서 중요한 과정이다.

2) 부모상담에 대한 시사점

이 접근은 우울증상을 치료하는 데 널리 활용되어 왔고, 장애에 따른 반응으로 우울증상을 보이는 사람에게도 효과적이라고 보고되었다(Parker & Szymanski, 1998). 일반적으로 자신에 대한 부정적 시각, 세계에 대한 부정적 시각 그리고 미래에 대한 부정적 시각은 역기능적인 사고를 유발하며 우울 증상의 원인이 될 수 있다. 가족 내 장애학생이 있다는 사실은 부모와 가족구 성원에게 많은 스트레스와 우울증상을 초래한다는 다수의 연구(박덕희, 2004; 조윤경, 김경혜, 2005; Wang, et al., 2011)를 고려해 볼 때, 가족구성원의 현실 에 대한 부정적인 시각은 가족의 순기능을 방해하는 요소라고 할 수 있다. Hackney와 Cormier(2005)는 인지적 접근의 도움을 받을 수 있는 내담자(부 모 및 가족구성원)의 특성을 다음과 같이 제시하였다.

- 보통 이상의 지능을 가지고 있는 사람
- 보통 이상의 역기능적인 스트레스를 경험하고 있는 사람
- 감정과 사고를 확인할 수 있는 능력을 가지고 있는 사람
- 정신장애 또는 심한 심리적 와해 상태를 경험하고 있는 사람
- 적절한 (대체)기술 또는 행동반응을 보여 줄 수 있는 사람
- 정보를 시각적 또는 청각적으로 처리할 수 있는 사람
- 분석 활동에 적합한 문화적 감수성을 지니고 있는 사람

인지치료는 내담자의 낮은 자존감을 변화시키는 데 활용될 수 있다고 보고 되었다(Mckay & Fanning, 2000). 이전에 살펴보았듯이 장애자녀를 둔 부모는 장애적응 과정에서 낮은 자존감 및 스트레스를 경험한다는 연구(Reichman, Corman, & Noonan, 2008)를 고려해 볼 때, 부모가 사고의 전환을 통해 자존 감을 회복하면 자신감 있게 자녀의 양육에 관한 지식과 기술(행동)을 습득할 수 있다는 것을 시사한다.

3) 장점과 단점

인지주의적 접근의 장점과 단점을 요약해 보면 다음과 같다.

장점
- 학습 과정이 능동적이다. 내담자(부모와 가족구성원) 스스로 학습 과정을 지배할 수 있다.
- 내담자는 다양한 행동양식을 탐색해 볼 수 있고, 자신에게 적합한 양식을 선택할 수 있다.
- 학습은 본질적으로 보상이 될 수 있다.

단점
- 상담자는 문화적 감수성에 대한 별도의 훈련이 필요할 수도 있다.
- 내담자의 저항(resistance)이 수반될 수 있다.
- 우울증의 증상과 인지적 원인 간의 차이가 모호하다. 우울증의 증상은 증상일 뿐, 그것이 인지적 원인은 아니다(Sun, 2009).
- 긍정적인 자기-평가의 결과는 종종 부정확하고 편견이 개입될 소지가 있다(Sun, 2009).

6. 절충주의적 접근

1) 이론적 토대 및 특징

절충적 접근(eclectic approach)은 두 개 이상의 심리치료 이론과 기법을 절충 혹은 통합(integration)하여 내담자의 문제를 해결하는 전략적 이론 또는 기법을 일컫는다. 절충주의(eclecticism)는 다양한 이론과 전략을 종합적으로 고려하고 있다는 측면에서 통합적 접근이라고도 불린다. 많은 학자가 심리치료 분야의 순수 이론들이 지니고 있는 한계점을 극복하기 위해 절충주의를 채택하고 있지만, 인간의 발달과 행동에 대해 각기 다른 이론들을 통합시킨다는 것은 그리 쉬운 일이 아니다. 실제 어느 한 이론으로 복잡한 인간의 문제를 다 설명할 수는 없고, 동질의 문제를 가진 내담자들이라고 할지라도 하나의 이론과 접근으로 개인의 문제행동을 충분히 설명할 수 없다는 관점에서 보면, 절충주의는 그렇게 나쁜 접근은 아니다. 절충주의라고 해서 무작위로 심리치료의 순수 이론들을 추출하지는 않는다. 왜냐하면 절충주의도 자체의 이론적 체계를 구비하고 기존 이론의 철학적 토대를 전승해 조화를 이룰 수 있도록 개발되었기 때문이다.

절충적 접근(상담)은 순수 심리치료 이론이 아니기 때문에 내담자의 욕구를 반영하여 다양한 기법을 개발하는 것이 가능하다. 기법의 개발과 관련하여 Corey(2005)는 재활상담 분야에서 절충주의를 인정할 수 있는 기준을 다음과 같이 들었다(Sales, 2007, p. 158에서 재인용).

- 이론의 복잡성과 상보적 속성을 인정한다.
- 이론의 공통성을 확인한다.
- 장애인의 다양한 문제점과 욕구를 고려한다.
- 내담자의 동반자, 동료, 가족구성원 및 주변의 환경 문제들을 확인한다.
- 능동적이고 단기적인 상담의 속성을 갖출 수 있도록 한다.
- 상담자가 인지, 행동, 정서에 초점을 맞출 수 있도록 한다.
- 상담자가 적응 행동의 교사로서 역할을 수행할 수 있도록 한다.

Sales(2007)는 이와 같은 기준 외에도 환경 장벽을 제거할 수 있고, 내담자의 역량을 강화시킬 수 있는 기준들을 절충안에 포함시킬 수 있다고 제안하였다. 이러한 기준을 토대로 많은 절충주의 이론이 제안되었는데, 이 이론들은 상담자가 상담 전략의 다양한 관점을 살펴봄으로써 상담의 효율성과 효과성을 촉진하는 데 기여할 수 있다는 점에서 도움을 줄 수 있다.

　　Parker와 Szymanski(1998)는 Lazarus(1995), Beutler(1983) 및 Howard 등(1986)의 이론을 절충주의 관점에서 설명하였다. 첫째, Lazarus(1995)의 '다모형치료(Multi-Model Therapy: MMT)'는 다양한 심리치료 이론을 체계적으로 정리한 이론이라고 볼 수 있다. 이 이론은 두 개의 절충주의를 고려하고 있는데, 하나는 내담자의 욕구를 고려해 기법들을 차용한 기법적 절충주의(technical eclecticism)이고, 다른 하나는 두 개 이상의 상담 이론을 차용한 이론적 절충주의(theoretical eclecticism)이다. Lazarus의 BASIC(Behavior, Affect, Sensation, Imagery, Cognition)-ID(Interperdonal relationships, Drugs/biology) 양식은 총 36개의 기법을 묶어 7개로 분류해 놓은 것이다. 둘째, Beutler(1983)가 소개한 체계적 절충주의(systematic eclecticism)에서는 상담자의 특성, 내담자의 특성 및 치료 변인들을 중심으로 상담자-내담자를 결합하는 방법을 강구하고 있는데, 상담 과정에서 상담자의 역할은 능동적이다. 셋째, Howard, Nance와 Myers(1986)가 환경리더십 이론에서 차용해 온 '적응상담 및 치료(Adaptive Counseling and Therapy: ACT)' 이론이다(Parker & Szymanski, 1998). 이 이론은 상담자의 지원 유형과 리더십 유형을 각각 네 가지 수준으로 배열하여 총 16개의 세부 유형들로 분류해 놓았고, 각 셀(cell) 안에 주요 상담이론과 기법을 배치시켜 놓은 것이 특징이다. 어떻게 보면 ACT는 통합적 접근이라기보다는 이론들 간의 관련성을 개념화시켜 놓은 보조 이론에 더 가깝다(Parker & Szymanski, 1998).

　　상담의 목표와 관련해서는 절충적 상담의 기본적 관점을 살펴보는 것이 상담 진행에 도움이 된다. 즉, 개인의 욕구는 저마다 다르기 때문에 문제에 대처하는 양식들도 다르다는 것을 기본적으로 인식하는 것이 절충적 상담의 출발점이다. 이 접근에서는 내담자(부모와 가족구성원)의 문제 유형을 진단하고, 학습 내용을 결정하는 것이 상담의 목표 설정과 관련된 중요한 과정으로 간주된다. 이 접근은 온정적·수용적인 환경 속에서 개인을 안심시킬 수 있어야 하고, 이후 학습을 촉진할 수 있는 정보를 제공하여 개인의 행동에 변화가 일어날 수 있도록 상담을 진행하는 것을 권고하고 있다(Sales, 2007). 따라서 이 접근에서는 개인의 현재 문제점을 진단하고 절충적 상담을 진행할 수 있는 상담자의 종합적 능력이 매우 중요한 기술로 간주된다. 상담자는 개인의 욕구 유형과 수준에 따라서 정서적-합리적 접근 등 다양한 상담 개입 방식을 차용할 수 있고, 그에 따라서 내담자의 개인적 성장을 도와줄 수 있다.

2) 부모상담에 대한 시사점

재활 분야에서 절충적 상담은 이론에 초점을 맞추기보다는 내담자의 욕구에 맞는 실용적인 모형들을 많이 제시해 왔다(Parker & Szymanski, 1998). 물론 개인마다 욕구가 다양하고 문제에 대처하는 방식도 다양한 것이 사실이다. 장애학생 부모 및 가족구성원이 장애적응 과정에서 경험할 수 있는 심리적·사회적 욕구들도 가족의 문제 상황들에 따라 다양한 분포를 보일 수 있다. 그래서 장애학생 가족구성원의 욕구를 정확히 진단하고자 하는 노력은 절충적 상담을 진행하는 출발점이 된다고 할 수 있다. 장애학생 부모와 가족구성원의 다양한 욕구를 수렴하고, 문제를 확인하고, 환경장벽에 관한 구체적 문제들을 다룰 수 있다는 측면을 고려해 볼 때, 절충적 상담은 가족상담 및 재활상담 분야에서 많은 효용적 가치를 지니고 있다고 할 수 있다. 다만 내담자의 문제를 정확히 진단하고 다양한 실용적 전략들을 구사할 수 있는 기초적 학문 지식과 기술을 습득하려는 노력은 상담자에게 주어진 과제라고 할 수 있을 것이다.

3) 장점과 단점

절충적 접근의 장점과 단점을 요약해 보면 다음과 같다.

장점
• 융통성이 있다. 내담자의 욕구를 고려해 다양한 이론의 기법들을 활용할

수 있다.

- 상담자의 숙련도는 시간이 지나면서 향상될 수 있다.

단점

- 상담에 필요한 학문적 지식과 기법들을 학습하는 데 많은 시간이 소요된다.
- 상담자는 높은 수준의 자기인식이 필요하다. 어설픈 기법의 조합은 좋지 않은 상담 결과를 가져올 수 있다.
- 내담자의 문제에 대한 정확한 진단이 필요하다. 현재의 진단체계에서 정확한 진단은 어렵다.

참고문헌

Beutler, L. E. (1983). *Eclectic psychotherapy: A systematic approach*. Pergamon Press

Broder, M. S. (2001). Dr. Albert Ellis —In His Own Words —On Success. *Journal of Rational-Emotive & Cognitive-Behavior Therapy, 2*, 77-88.

Bruce, V., Green, P., & Georgeson, M. (1996). *Visual perception: Physiology, psychology and ecology* (3rd ed.). LEA.

Corey, G. (2005). *Theory and practice of counseling and psychotherapy* (7th ed.). Thomson Brooks/Cole.

DiGiuseppe, R. (1999). Rational emotive behavior therapy. In H. T. Prout & D. T. Brown (Eds.), *Counseling and psychotherapy with children and adolescents: Theory and practice for school settings* (pp. 252-293). New York: John Wiley.

Gladding, S. T. (2007). *Counseling a comprehensive profession* (5th ed.). Upper Saddle River, NJ: Pearson Prentice Hall.

Hackney, H., & Cormier, S. (2005). *The professional counselor: A process guide to helping* (5th ed.). Boston, MA: Pearson Education, Inc.

Howard, G. S., Nance, D. W., & Myers, P. (1986). Adaptive Counseling and Therapy: An integrative, eclectic modal. *The Counseling Psychologist, 14*(3), 363-442.

Kendra, C. (2015). Learning Study Guide: Behaviorism. *http://psychology.about.com/od/psychologystudyguides.*

Kohut, H. (1984). *How does analysis cure?* Chicago: University of Chicago Press.

Lazarus, A. A. (1995). Multimodal therapy. In R. J. Corsini & D. Wedding (Eds.), *Current psychotherapy* (5th ed.). Itasca, IL: Peacock Publishers.

McKay, M., & Fanning, P. (2000). *Self-esteem* (3rd ed.). New Harbinger Publications

Parker, R. M., & Szymanski, E. M. (1998). *Rehabilitation counseling: Basics and beyond.* (3rd ed.). Austin, TX: Pro-ed.

Reichman, N. E., Corman, H., & Noonan, K. (2008). Impact of child disabceity on the family. *Maternal child Health Journal, 12*(6), 679-683.

Rogers, C. R. (1957). The necessary and Sufficient Conditions of therapeutic peisonality Change. *The journal of consultingpsychology. 21*, 95-103.

Rounds, J. B., & Tracey, T. J. (1990). From trait-and-factor to person-environment fit counseling: Theory and process. In W. B. Walsh & S. H. Osipow (Eds.), *Career counseling* (pp. 1-44). Hillsdale, NJ: Erlbaum.

Sales, A. (2007). *Rehabilitation counseling: An empowerment perspective.* Austin, TX: Pro-ed.

Shane, P. (1999). Fritz Perls and Paul Goodman: when Ahasuerus met Erasmus. In D. Moss (Ed.), *Humanistic and transpersonal psychology: A historical and biographical source book* (pp. 355-373). Westport, CT: Greenwood Press.

Simkin, J., & Yontef, G. (1984). Gestalt therapy. In R. Corsini (Ed.), *Current psychotherapies* (3rd ed.) (p. 279-319). Itasca, IL: Peacock.

Sun, K. (2009). Four drawbacks of cognitive therapy. Psychology Today (Posted on Mar 02, 2009). *https://www.psychologytoday.com/blog/the-justice-and-responsibility-league.*

Williamson, E. G. (1965). *Vocational counseling.* New York: McGraw-Hill.

Wikipedia(2015). Gestalt therapy. https://en.wikipedia.org

제6장

부모상담의 과정과 전략

  장애학생 부모상담은 상담자와 부모 또는 가족구성원이 의사소통을 통한 협력 관계 속에서 가족문제를 해결해 나가는 전략적 과정이다. 상담 과정에는 장애학생의 부모와 가족구성원이 함께 문제를 탐색하고 해결방안을 찾기 위한 다양한 상담기법이 포함되어 있다.

  이 장에서는 상담이 진행되는 일련의 과정을 살펴보고, 과정별 부모상담 전략 그리고 장애학생 부모 및 가족구성원의 문제해결을 위한 대처 전략들을 개관해 보고자 한다. 또한 부모와 가족구성원의 효율적 의사소통 방법들에 대해서도 함께 살펴보고자 한다. 장애학생 부모상담의 일반적 과정과 상담기술은 부모상담을 진행하는 상담자에게 상담에 관한 기초 지식과 실천 방법을 알려 주는 지침서가 될 수 있다.

1. 부모상담의 특성과 과정
2. 부모상담의 과정별 상담 전략
3. 가족구성원을 위한 대처 전략
4. 의사소통 기술에 대한 이해

1. 부모상담의 특성과 과정

1) 상담자의 특성

앞 장에서 부모상담의 이론들은 상담의 접근방식에 있어서 차이가 있다는 것을 개관하였다. 그러나 상담자와 내담자(부모 또는 가족구성원) 간 이루어지는 상담관계에서 상담자가 갖춰야 할 기본적인 자세는 모든 상담이론에 공통적으로 적용될 수 있을 것이다. Rogers(1961)는 인간중심 상담 이론에서 상담자가 지녀야 할 기본적 특성들로 진실성, 공감 및 무조건적 존중의 개념을 언급하였다. 이 개념 혹은 기법들은 상담자가 장애학생의 부모 및 가족구성원을 대면할 때도 그대로 적용될 수 있는 상담자의 기본 특성이라고 할 수 있다.

'진실(genuineness)'은 Rogers가 상담자의 성격특성으로 언급했던 '일치(congruence)'의 개념과 동등한 의미로 사용되어 왔다. 일치란 상담자가 사용하는 단어, 행동 및 감정이 일관되어 있는 상태를 의미한다(Hackney & Cormier, 2005). 상담자가 한 말은 그대로 일관되게 부모에게 언행일치로 다가와야 한다는 것을 의미한다. Davis(1993)에 따르면, 진실은 상담자의 정직(honesty)하고 성실(sincerity)한 태도를 일컫는 말이며, 다음과 같은 상담자의 특성을 가정하고 있다.

- 장애학생 부모에게 사실(truth)을 말하는 태도
- 오해를 불러일으키지 않는 태도
- 자신이 한 말은 꼭 실천하는 태도
- 자신의 무지와 실수를 인정할 줄 아는 태도

상담자의 기본 특성과 관련하여 '자발성(spontaneity)'이라는 용어도 진실과 연관된 용어로 자주 언급되고 있다. Hackney와 Cormier(2005)는 자발성

을 "상담자가 자연스럽게 자신을 표현하고, (자신에게 유리한) 사회적 선별 과
정 없이 정직함(honesty)을 표현하는 능력"이라고 하였다. 이들은 자발성에
대한 보다 구체적인 내용을 다음과 같이 제시하였는데, 진실과 연관된 개념으
로 상담자의 자세를 이해하는 데 도움이 된다.

> 자발성은 상담자가 내담자(부모 또는 가족구성원)에게 떠오르는 생각을
> 모두 말하게 하는 특성을 의미하는 것이 아니다. 또한 내담자에게 마음속에
> 있는 말을 언제라도 불쑥 내뱉을 수 있는 자격이 (상담자에게) 주어졌다는
> 것도 아니다. 자발성은 상담자의 실제 모습(realness)을 내담자에게 전달하
> 고 내담자가 상담자를 이해할 수 있는, 그러면서도 상담자와 의미 있는 관
> 계를 맺을 수 있는 토대를 제공해 준다(p. 50).

한편, '공감(empathy)'은 내담자의 세계로 들어갈 수 있는 상담자의 능력으
로 일컬어진다(Rogers, 1961). 즉, 공감은 마치 상담자가 내담자가 된 것처럼
내담자의 세계를 경험해 보는 것을 의미한다. 공감을 장애학생 부모 및 가족
구성원에게 적용시켜 보면 부모 또는 가족구성원의 생각과 감정을 존중하는
상담자의 기본 태도라고 할 수 있다. 물론 상담자가 부모 또는 가족구성원의
입장에서 가족의 문제를 이해하고 경험한다고 하더라도 완벽히 공감을 표현
하기는 어려울 수 있다. 그러나 최대한 부모 또는 가족구성원의 입장에서 가
족의 문제들을 바라본다는 것은 상담자의 수용적 태도로서 상담관계를 촉진
할 수 있는 힘을 분명 지니고 있다. '수용(acceptance)'은 부모 또는 가족구성
원의 의견을 존중하되 그들의 의견에 꼭 동조해야만 하는 것은 아니고, 그들
이 느끼고 생각하는 방식대로 상담자가 그대로 따라가야 한다는 것을 의미하
는 말도 아니다(Benjamin, 1969). 수용은 상담자에게도 자신의 권리와 가치가
있듯이 부모 또는 가족구성원도 자신의 권리와 가치를 가지고 있다는 사실을
인정해 줄 수 있는 상담자의 태도를 일컫는 말이다. 공감은 장애학생 부모와
가족구성원이 처해 있는 상황과 입장을 수용하는 기술로서 경청 과정을 촉진

시킬 수 있다(Simpson & Mundschenk, 2010).

　'무조건적인 존중(unconditioned positive regard)'은 상담자가 부모 또는 가족구성원의 언행을 판단하지 않는 태도, 즉 부모 또는 가족구성원이 지니고 있는 어떤 특성이나 조건에 상관없이 긍정적으로 받아들이는 태도를 의미한다. 이 개념은 상대방에 대한 존경(respect)과 연관된 개념이기도 하다(Davis, 1993).

　상담자와 부모는 상담 개입 과정에서 상호 존중과 협력을 기본 철학으로 간주하고 있기 때문에 이러한 상담자의 특성들은 상담을 실천하는 기본적인 태도로 받아들여지고 있다.

2) 부모상담의 환경 및 구조

　부모상담의 환경적 특성은 상담이 이루어지는 물리적 환경을 의미한다. 물리적 환경은 상담의 진행 과정에 영향을 미칠 수 있는 요인이기 때문에 상담 진행에 호의적인 환경을 조성할 필요가 있다. 일반적으로 사무실 소품(액세서리)부터 벽면 색상, 가구 디자인 및 배치, 조도, 냄새, 소음, 사무실의 건축용 재질 및 온도와 같은 구조적인 배치 환경은 사무실의 물리적 환경 특성이라고 볼 수 있다(Pressly & Heesacker, 2001). 상담실 환경은 외부의 부정적 환경 자극(소음, 악취 등)으로부터 자유로워야 한다. 물리적 환경은 라포 형성에도 영향을 미칠 수 있기 때문에 호의적인 사무실 환경을 조성하는 일은 상담자의 상담에 대한 배려라고 할 수 있다.

　일반적으로 부모상담의 구조는 상담의 형태, 의뢰 관계, 동의서 작성 등이 포함된다. 상담의 형태란 개인상담과 집단상담을 일컫는다. 개인상담은 집단상담에 비해 시간과 노력이 많이 소요되는 상담 방법이다. 부모-교사 협의회(Parent-Teacher Organization: PTO)는 일반적으로 부모가 학교 교육과정에 참여하는 집단상담의 형태로 이루어지는 경향이 있다. 상담의 의뢰 주체에 관한 정보도 상담관계를 설정하는 데 중요한 자료가 될 수 있다. 부모 또는 가족구성원이 부모상담을 직접 의뢰할 수도 있고, 다른 전문가로부터 부모상담을 상담자가 의뢰받을 수도 있다. 일반적으로 타 기관 혹은 전문가로부터 장애학생 부모를 의뢰받은 경우에는 부모가 자발적으로 상담을 의뢰하는 경우보다 가족구성원에 관한 정보가 미리 포함되어 있는 경우가 많다. 부모가 자발적으로 상담을 의뢰하는 경우는 상대적으로 가족구성원의 가족문제에 관한 사전 정보가 포함되어 있지 않은 관계로 초보 상담자에게는 다소 당혹스러울 수도 있다.

　상담관계를 설정하는 데 있어서 동의서 작성 여부도 중요한 관심사가 될 수 있다. 상담이 진행되면서 정보의 양은 많아지게 되는데, 부모와 가족구성원은 상담 과정에서 노출될 수 있는 민감한 가족 상황들이 외부로 알려지는 것을 원하지 않을 수 있다. 이때 비밀보장(confidentiality issue)에 관한 일은 매우 중요한 사안이 될 수 있다. 기본적으로 비밀보장에 대한 믿음이 보장되지 않는다면, 상담자와 부모 또는 가족구성원 간의 협력 관계는 부정적인 관계로 이어질 개연성이 매우 높다. 따라서 동의서를 작성할 때는 정보 보호에 관한 내용을 서류상에 명확히 명시하고, 장애학생의 부모와 가족구성원에게 해당 내용을 구두로 꼭 전달하여 안전하다는 믿음을 심어 줄 수 있도록 해야 할 것이다.

3) 부모상담의 과정

　부모상담의 과정은 상담이 이루어지는 흐름도를 일컫는 말이다. 상담 과정은 학자에 따라서 과정과 내용의 편성에 차이가 있을 수 있지만, 일반적인 과정과 내용은 비슷하다. Orton(1997)은 아동의 문제행동을 가족구성원과의 관계형성 속에서 찾고자 하였다. 그녀는 Adler의 일반적 상담 과정을 부모상담에 적용하여 상담 과정을 제시하였는데, 상담은 '관계형성 단계(relationship phase)' '행동평가 단계(investigation of behavior dynamics)' '통찰 단계(insight phase)' 그리고 '재교육 단계(reorientation phase)' 순으로 진행된다.

이 상담 과정은 장애학생이 보여 주는 문제행동들에 초점이 맞추어져 있고, 부모와 가족구성원이 참여하여 아동의 행동변화를 유도할 수 있는 상담기법을 강조하고 있다. Orton(1997)이 제시한 Adler식 상담 과정을 구체적으로 살펴보면 다음과 같이 제시될 수 있다.

(1) 관계형성 단계

관계형성 단계(relationship phase)는 장애학생의 문제행동에 변화가 일어날 수 있도록 부모와 상담자가 함께 상담관계를 형성하고 상담목표를 설정해 가는 과정이다. 상담자는 장애학생 부모(또는 가족구성원)와 상호작용의 관계 속에서 가족구성원의 사고, 감정 및 행동에 관한 내용들을 경청하게 된다. 이 때 상담자는 '공감적 이해'와 '존중'의 기술이 필요하다. 이 단계에서 상담자는 부모 스스로 자녀와의 관계를 탐색해 볼 수 있도록 도움을 제공할 수 있고, 자녀와 부모의 의사소통을 촉진할 수 있는 지지적 상담을 제공할 수 있다.

(2) 행동평가 단계

행동평가 단계(assessment of behavior dynamics phase)는 부모와 장애자녀의 관계 속에서 나타나는 장단점을 탐색해 보는 과정이다. 상담자는 부모의 관점에서 자녀의 행동을 관찰해 볼 수 있고, 자녀와 가족구성원 간의 상호작용을 관찰해 볼 수도 있다. 상담자는 부모-자녀 관계를 보다 객관적으로 관찰해 볼 수 있는 이점이 있다. 이때는 부모와 상담자가 함께 가족문제들을 평가하게 되는데, 부모가 처음으로 가족구성원들의 상호작용을 인지해 볼 수 있는 단계이고, 함께 부모-자녀의 관계를 탐색해 볼 수 있는 단계이기도 하다.

(3) 통찰 단계

통찰 단계(insight phase)에서 상담자는 부모의 행동이 장애자녀의 행동에 미치는 부정적인 영향을 이해할 수 있도록 도움을 줄 수 있다. 부모에게 통찰을 제공해 줄 수 있는 좋은 방법은 부모가 자신의 어린 시절로 돌아가 당시 부모와 경험했던 상호적 관계를 스스로 재탐색해 볼 수 있도록 요청해 보는 것이다. 이러한 관계 설정을 통해 부모는 자녀의 행동에 영향을 주었던 자신의 행동을 되돌아볼 수 있는 통찰의 기회를 가질 수 있다.

(4) 재교육 단계

재교육 단계(reorientation phase)는 상담자가 부모와 가족구성원들 간의 관계를 재점검해 보는 과정이다. 이때는 장애학생이 지니고 있는 문제행동보다는 자녀의 긍정적 행동에 초점을 맞추어 상담을 진행하는 것이 좋다. 상담자는 부모에게 통찰의 기회를 갖도록 격려해 줄 수 있고, 자녀의 문제행동에 대해서는 대안적 행동을 직접 실천해 볼 수 있도록 도와줄 수 있다. 상담자는 가족의 상황이 긍정적으로 변화될 수 있다는 것을 자연스럽게 인지할 수 있도록 격려해 준다. 물론 부모와 장애자녀 사이에 긍정적 상호작용이 일어났다 하더라도, 다른 가족구성원과의 관계는 오히려 부정적으로 변화될 수도 있다. 이때는 부모가 경험할 수 있는 실망을 감소시키기 위한 전략들이 강구될 수 있다.

부모상담의 과정은 Adler식 상담에 국한되어 있는 것이 아니다. Gladding (2007)은 상담관계(counseling relationship)에 기초하여 관계형성, 상담 진행 및 상담종결 순으로 상담 과정을 제시하였고, Davis(1993)는 상담자와 부모의 협력 관계(relationship)를 토대로 한 상담 과정을 제시하였다. Davis(1993)는 상담의 흐름이 탐색기(exploration), 문제설정(clear model), 목표설정(goal-setting), 활동계획(planning action), 상담실행(implementation), 평가(evaluation) 및 종결(termination) 순으로 제시될 수 있다고 보았다. 한편, Hackney와 Cormier(2005)도 상담 과정을 다섯 단계로 구분하였는데, 이는 관계형성 단계, 문제평가 단계, 상담목표 설정단계, 상담 개입 단계 및 평가·종결·의뢰 순으로 진행된다. Davis(1993)는 상담이 일련의 순서를 따르고 있지만, 각 단계별 진행 과정은 상담자와 부모 또는 가족구성원이 연속적 상호작용의 관계에 있기 때문에 상담 과정이 어느 한 단계에 정체될 수 있고, 이전 단계로 역행할 수도 있다고 하였다. 만약 설정했던 목표를 달성하지 못한 것으로 평가되면, 상담이 초기 단계로 역행할 수 있고, 성공적인 경우에는 상담 관계가 종결될 수 있다는 것이다.

앞에 제시되어 있는 상담 과정들은 각각 다른 상담 과정을 가정하는 것이 아니다. 상담 접근의 철학적 토대와 기법은 다를 수 있겠지만, 상담이 일련의 순서에 따라 진행되고, 해당 단계에서 내담자의 인간적 성장을 추구하는 실천적 상담기술들을 활용한다는 측면에서는 모두 공통적이라고 할 수 있다. 상담이 진행되는 과정을 종합해 보면, [그림 6-1]과 같이 장애학생 부모상담 과정을 완성할 수 있다.

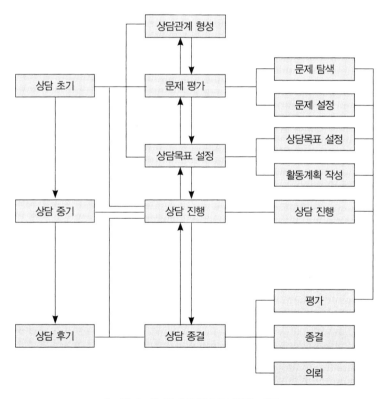

[그림 6-1] 장애학생 부모상담 과정

상담 초기에 상담자는 부모(또는 가족구성원)와 라포를 형성하고 신뢰를 구축하는 일이 중요하다. 상담자는 부모의 말을 경청할 준비가 되어 있어야 하고, 가족구성원이 경험할 수 있는 모든 문제점을 평가하고, 또 확인하는 과정을 거치게 된다. 가족구성원이 경험하고 있는 장애적응의 문제점을 확인하는 작업은 상담목표를 설정하기 위한 작업이기도 하다. 상담목표를 설정하고 구체적인 활동계획을 작성하는 일은 상담 초기 단계에서 진행할 수 있는 중요한 업무이다. 상담의 목표들과 활동계획의 내용들은 향후 상담의 효과를 평가할 수 있는 지표가 될 수 있고, 상담 종결을 위한 근거자료로도 활용될 수 있다.

상담의 실행 단계는 상담 중기에 해당하며, 목표를 성취하기 위해 상담자가 구체적인 상담기술들을 발휘하는 시기이다. 이때는 장애학생 부모와 가족구성원을 대상으로 가족의 문제점들을 해결하기 위한 다양한 상담기법들을 활발하게 적용할 수 있다. 상담기법들은 상담자와 부모 또는 가족구성원 간 의사소통을 촉진하고 상담목표로 설정된 세부적인 내용들을 해결하는 주요 수단들로 활용될 수 있다. 물론 상담기법이 상담의 실행 단계에서만 활용되는 것은 아니다. 상담 초기부터 종결에 이르기까지, 과정 혹은 단계를 넘나드는 촉매제의 역할을 담당할 수 있는 것이다. 물론 각 단계에서 활용될 수 있는 주요 상담의 기법들은 활용 빈도에 있어서 차이가 날 수는 있다.

상담의 종결 단계에서는 그동안 진행되어 왔던 상담 과정에 대해 평가를 토대로 상담자가 부모 또는 가족구성원에게 상담 내용을 요약해 주는 과정을 거치게 된다. 이때 상담자는 성공적인 종결을 할 것인지, 타 기관에 의뢰를 할 것인지, 아니면 다시 상담을 진행할 것인지를 결정해야 한다.

2. 부모상담의 과정별 상담 전략

1) 상담관계 형성

상담은 상담자와 장애학생 부모가 처음으로 만나는 순간부터 시작된다. 상담자와 부모의 첫 만남은 서로 소통할 수 있는 분위기를 형성해 가면서 상호 신뢰를 구축해 가는 중요한 과정이기도 하다. 상담 과정에서 활용되는 다양한 기법들은 상담 진행에 필요한 도구들이 된다.

상담의 기본 기술들은 학습이 가능하다고 알려져 있다. 물론 상담자의 기본적 인성이 중요하다고 알려져 있지만, 상담의 이론을 통해 지식체계를 습득하고 질적인 훈련 과정을 거치게 되면 더욱 숙련된 상담자가 될 수 있다.

(1) 라포 형성하기

장애학생 부모 또는 가족구성원과의 의사소통을 촉진하기 위해서는 호의적 상담환경을 조성하려는 노력이 필요하다. 상담자가 부모 또는 가족구성원을 만나자마자 상담의 본론으로 들어가게 되면, 두 사람의 관계는 어색해질 수 있기 때문이다. 라포 형성 과정은 상담자가 부모 또는 가족구성원과 신뢰를 구축해 가는 중요한 과정이라고 할 수 있다. 일반적으로 상담의 시작은 기관에 대한 소개, 상담자 자신에 대한 소개, 역할에 대한 정보 제공, 상담 시작 전 동의 구하기 등으로부터 시작된다.

학교현장에서 장애학생 부모는 교사와 대면할 수 있는 기회가 많은 편이다. 교사는 학교에서 자녀의 학습과 행동을 책임지고 있는 교육자이면서 상담자이기 때문에 부모가 자녀의 문제를 가지고 교사와 상담할 수 있는 기회가 많다. 이때의 만남은 정기적인 면담일 수도 있고, 자녀의 문제를 상의하기 위한 상담의 형태일 수도 있을 것이다. 문제는 교사와 부모 또는 가족구성원 간에 의사소통의 문제가 발생할 때이다. 부모와 교사 간 의사소통의 부재는 라포 형성에 많은 어려움을 가져온다(Simpson & Mundschenk, 2010). Davis(1993)는 상담자와 내담자(부모 또는 가족구성원)가 효율적으로 의사소통을 하지 못하는 이유는 상담관계를 맺기 어렵기 때문이라고 하였다. 다음의 내용은 상담관계를 형성하는 데 있어서 어려움이 초래될 수 있는 조건들로서 참조해 볼 만한 가치가 있다.

- 상담자가 상담 모형에 관한 지식체계가 부족한 경우
- 상담자가 상담관계를 형성하는 기술이 부족한 경우
- 상담자가 심리적·사회적 문제들을 다루는 데 있어서 상담기술을 접목하고 자신의 역할을 수립하는 데 불안을 느끼는 경우
- 부모가 다른 사람들과 인간관계를 맺는 데 극도의 심리적 어려움을 호소하는 경우
- 부모가 상담자와의 만족스럽지 못했던 과거 경험으로 인하여 상담에 깊은 불신을 가지고 있는 경우

이러한 내용들은 상담자가 장애학생 부모 또는 가족구성원과 상담관계를 형성하는 데 시사하는 바가 크다. 우선 상담자(또는 교사)가 상담 관련 지식과 활용 기술이 부족한 경우 해당 지식과 기술을 습득해야 할 필요성을 제기해 준다고 할 수 있다. 앞서 제시한 내용들 가운데 마지막 두 가지 항목은 교사가 접근하기 어려울 경우 숙련된 상담자에게 의뢰 또는 협업을 요청하는 것이 보다 적절한 대안이 될 수도 있다.

한편, 긍정적인 언어적 강화는 라포 형성에 기여하며, 부모와 상담자의 의사소통을 촉진하는 힘을 가지고 있다(Seligman, 2000). 부모와 상담자의 상담관계(counseling relationships)에 있어서 라포 형성이 지니는 의미는 다음과 같이 요약될 수 있을 것이다(Davis, 1993).

좋은 부모-상담자 관계를 형성하는 것은 바로 도움행동의 시작이며, 전

체 상담 과정을 성공적으로 이끌기 위한 매우 핵심적인 전략이 될 수 있다. 또한 (부모-상담자의) 상담관계 형성은 중요한 치료적 기능을 수행한다. 부모에게 정서적·사회적 지원을 제공해 주는 것이 상담의 주요 목적이며, 이때 친밀한 상담관계 형성은 그 자체로도 (목적을 달성하는 데) 아주 효과적인 힘을 발휘할 수 있다(p. 44).

(2) 경청하기

'경청하기'는 상담의 모든 과정에서 활용될 수 있는 상담자의 핵심적 상담기술이다. 경청하기는 상담자가 상대방의 말을 관심 있게 듣고 있다는 의미를 전달해 주기 때문에 상담자-부모의 상담관계 형성에 있어서도 매우 중요하다. 그리고 경청하기는 연습을 통한 학습이 충분히 가능하다.

일반적으로 경청을 방해하는 몇 가지 요인이 있다. 첫째, 상담자가 한 번에 너무 많은 대화를 시도하거나 한꺼번에 너무 많은 주제를 다루고자 할 때는 부모의 말을 경청하기가 쉽지 않다. 여러 주제들과 방대한 얘깃거리는 하나의 주제에 초점을 맞추지 못하고 산만한 상담환경을 조성하기 때문에 상담자가 부모의 얘기에 귀를 기울이지 못하고 있다는 부정적 인상을 심어 주기가 쉽다. 둘째, 상담자가 다른 생각으로 가득 찬 경우 적극적으로 경청하기가 쉽지 않다. 이때는 부모와 대화를 나누었더라도 무슨 얘기를 나누었는지 기억을 못하거나 부분적인 기억만 떠오르는 경우가 많다. 셋째, 환경적 요인이 경청을 방해할 수 있다. 특히 학교현장에서 교사가 복도를 지나가다가 부모를 만나 비공식적인 대화를 나눌 때, 수업시간 바로 전에 상담 일정을 잡게 될 때, 행정 업무 등으로 인해 전화벨이 자주 울릴 때 등은 적극적 경청을 어렵게 만드는 상황이 되기 쉽다. 급하게 다른 일을 하다가 상담을 진행할 경우에도 상담자가 대화에 신경을 쓰지 않는다는 부정적 인상을 심어 줄 수 있다.

Sileo와 Prater(2012)는 학교현장에서 교사가 적극적 경청 기술을 향상시킬 수 있는 몇 가지 방법을 제안하였다. 이들이 제안한 방법은 다음과 같다.

첫째, 시간과 장소 요인으로 얼마 남지 않은 수업시간 바로 전에 상담 일정을 잡지 않아야 하고, 시끄러운 복도가 아닌 꼭 상담실에서 상담을 한다.

둘째, 노트에 꼭 기록을 남긴다. 상담은 일회성에 그치는 활동이 아니라 시간이 필요한 활동이다. 교사는 학교 행정과 관련된 바쁜 일로 인해 부모와 나누었던 이전의 대화 내용을 모두 기억하기가 어려울 수 있다. 따라서 노트에 기록을 남기면 이전의 대화내용을 부모들에게 요약·설명해 줄 수 있는 이점이 있다. 이때는 교사가 부모의 얘기에 귀를 기울이고 있다는 긍정적인 인상을 심어줄 수도 있을 것이다.

DeVito(2001)는 적극적 경청을 방해할 수 있는 몇 가지 요소를 제시하였는데, 이 요소들은 전문가가 장애학생 부모상담 과정에서 숙고해 볼 수 있는 교육 지침서가 될 수 있다(Simpson & Mundschenk, 2010, p. 84에서 재인용).

첫째, 어떤 상담자는 학습한 대로 경청하려고 하지만, 그건 실제로 경청하지 않는 것일 수도 있다. 이들은 부모가 말을 끝내면 원래 말하고자 머릿속에 맴돌았던 반응만을 전달하는, 단지 수동적 형태의 예행 연습을 해 보고 있을 뿐이다.

둘째, 어떤 상담자는 실제 부모의 말을 경청하려 하지 않고, 부모가 하는 말을 용인만 한 채, 단지 듣고 있을 뿐이다.

셋째, 어떤 상담자는 부모가 하는 말을 실제 경청하려 들지 않고, 부모가 하는 말의 내용을 축소하거나 분석하려고 한다. 또한 부모가 했던 말 가운데 흥미가 없는 내용들은 제외하거나 듣지 않으려고 한다.

넷째, 어떤 상담자는 부모와 가족구성원이 말하고 있는 동안, 백일몽을 꾸는 듯 무엇인가에 사로잡혀 있는 것처럼 보인다. 이들의 마음속에는 분명히 엉뚱한 무엇인가가 들어가 있는 게 분명해 보인다.

다섯째, 어떤 상담자는 적극적 경청을 하다가도 '통합' 또는 '공정'과 같이 강한 정서적 반응을 유발하는 민감한 단어들을 우연찮게 발견이라도 하게 되면, 이내 대화의 초점을 바꿔 버린다. 그래서 이 민감한 단어들이 부모에게 어떠한 의미가 있는지 생각해 보도록 회유하고, 대화의 초점을 엉뚱한 방향에다 맞춰 버리는 경향이 있다.

여섯째, 어떤 상담자는 부모가 입고 있는 옷, 억양 또는 음성 내지 허드렛일 같은, 주제와 관련 없는 내용들에 이끌리는 경향이 있다.

한편, Gordon(1970)은 '적극적 경청'이 내담자와 소통하는 기본적 수단이 될 수 있다고 하였다. 적극적 경청은 공감과 더불어 상담자가 부모상담을 진행할 때 충분히 활용할 수 있는 기술이라고 할 수 있다.

Davis(1977)는 상담을 진행할 때 경청하기를 촉진할 수 있는 몇 가지 방법을 제안하였는데, 장애학생 부모상담 과정에 해당 내용을 적용시켜 보면 다음과 같이 제시할 수 있다.

- 부모에게 말할 수 있는 기회를 부여해 준다.
- 부모가 편안하게 느낄 수 있는 환경을 제공해 준다.
- 부모가 말하는 주제에 대하여 흥미를 갖고 이야기를 듣는다.
- 부모상담에 방해가 될 수 있는 자극들을 제거한다.
- 상담자는 부모에게 공감을 표현한다.
- 회기마다 부모가 말하고 싶은 주제들을 말할 수 있는 충분한 시간을 허용한다.
- 상담 과정에서 화를 내거나 논쟁적 혹은 비판적 상황이 초래될 수 있는 환경은 피한다.
- 부모에게 가끔씩 질문을 하여 상담자가 대화 내용에 흥미를 가지고 있다는 것을 보여 준다.

'공감(empathy)'은 상담자가 부모의 말을 경청하는 데 필요한 기본 기술로 간주된다(Simpson & Mundschenk, 2010). 상담자의 공감은 부모의 관점에서 문제를 바라보고 이해하려는 태도를 지칭하는 말일 수도 있다. 상담자는 협력적 상담관계를 형성하기 위해 공감 기술을 활용할 수 있다. 상담자는 부모의 감정에 공감을 표현함으로써 부모로 하여금 자신이 느끼는 근심과 걱정을 보다 잘 이해할 수 있게 안내할 수 있다. 공감은 효율적 의사소통의 한 수단으로서 가족의 관심사에 대한 이해를 공유할 수 있도록 도와준다. 다음은 상담자(C)와 부모(P) 사이에 공감이 활용된 대화 내용을 나타낸 것이다.

> P: 그 사람이 내게 전화를 걸어, 내 아들이 학교에서 또 싸움을 걸었다는 거예요. 그러고는 "당신 애 손목을 끌고 와 직접 전화를 걸어야 믿겠어요?"라고 불쑥 내뱉는 거예요. 전 정말 할 말을 잃었죠.
>
> C: 네. 어머니께서 당시 걱정스러웠고, 무기력한 느낌이 들었다는 말이로군요.
>
> P: 맞아요. 전 그 사람이 정말 우리 아이를 끌고 온다는 생각에 두려웠어요. 거기서 무슨 일이 벌어지고 있는지도 모르겠고, 또 무슨 말을 해야 할지 정말 모르겠더라고요.

(3) 신뢰 형성하기

Merriam-Webster 사전(2017)에 따르면, 신뢰(trust)는 "어떤 사람이나 일의 특성, 능력, 강점 또는 진실에 대한 확고한 믿음"을 일컫는 말이다. 신뢰의 긍정적 의미는 부모상담을 진행하는 데 있어서도 그대로 적용될 수 있다. 상담자와 장애학생 부모 간 신뢰를 쌓는 노력은 첫 상담관계에서 자연스럽게 일어나는 과정은 아니다. 상담 초기에 부모와 쌓은 질적인 상담관계는 이후의 상담 회기에도 큰 영향을 미치기 때문에 상담자에게는 신뢰를 쌓는 전략과 기술이 필요하다. Friend와 Cook(2003)은 부모와 교사가 신뢰를 쌓기 위해서는 동등한 협력 관계를 촉진하고자 하는 상호 간 의지가 필요하다고 하였다. 신뢰를 바탕으로 협력 관계를 쌓는 일은 어느 한 사람에 의해 성취되는 과정이 분명 아니다. Simpson과 Mundschenk(2010)는 신뢰 형성에 필요한 몇 가지 철학적 요소들을 제시하였는데, 이 요소들은 부모와 상담자가 상호 협력 관계를 형성하는 데 있어서 고려해 볼 수 있는 주요 내용이 될 수 있다.

- 부모와 상담자는 신뢰와 협력에 대한 실천적 의지를 가지고 있어야 한다.
- 정직함과 긍정적인 전망은 부모와 상담자가 상호 신뢰를 쌓고 상호 협력 관계를 형성하는 데 있어서 핵심적 요소이다.
- 부모와 상담자는 서로 긍정적 강화를 제공하고 문제 사안들에 맞설 수 있는 노력을 기울여야 한다.
- 건강한 협력 관계를 유지하기 위해서는 서로가 필요한 존재라는 사실을 잊지 않고 유지하는 노력이 필요하다.

물론 상담자와 장애학생 가족구성원이 상호 신뢰를 쌓는 것에는 여러 방법들이 있을 수 있다. 초기 상담을 진행해 가면서 정보를 공유하는 문제도 상담자가 상담 과정에서 주의해야 할 대목이다. 특히 상담자와 부모 혹은 가족구성원 간 정보를 공유한다는 것은 가족구성원에 따라서는 매우 민감한 사안이 될 수 있기 때문에, 상호 신뢰가 전제되지 않으면 상담 진행이 매우 어려워질 수 있다. 이때는 가족구성원의 사적인 정보가 외부에 노출되지 않도록 확신을 심어 주는 노력이 신뢰 형성에 있어 중요한 사안이 될 수 있다. Simpson과 Mundschenk(2010)는 부모와 교사(상담자) 간 협력 관계에 있어서 기본적으로 해야 할 일과 하지 말아야 할 일을 구분하여 제시하였다. 이 내용들은 교사(상담자)와 부모 간 신뢰를 쌓는 데 참고해 볼 만한 지식 영역이라고 할 수 있다. 다음은 이들이 제시해 놓은 내용들을 요약한 것이다.

① 긍정적 결과를 가져올 수 있는 행동
- 자신뿐만 아니라 함께 상담을 진행하는 부모와 가족구성원을 있는 그대로 받아들이도록 한다.
- 온정적 마음, 긍정적 마음, 진실한 마음, 존경하는 마음, 경청하는 마음 자세를 갖도록 한다.
- 부모와 가족구성원이 가족문제를 해결하는 효율적인 협력자임을 깨닫는다.

- 필요한 상황에서 부모를 격려하고 긍정적 강화를 제공해 줄 수 있도록 한다.
- 부모와 가족구성원의 감정과 신체언어(body language)에 주의를 기울인다.
- 부모와 가족구성원이 이해할 수 있는 언어를 사용한다.
- 유머감각을 유지한다.

② 부정적 결과를 가져올 수 있는 행동
- 결과에 대하여 성급한 판단을 내린다.
- 부모와 가족구성원에게 도덕적 판단을 한다.
- 너무 비판적인 모습을 보인다.
- 부모와 가족구성원과 논쟁을 벌인다.
- 지키지 못할 약속을 하고 지키기 어려운 내용에 합의한다.
- 부모와 가족구성원을 협박 또는 비웃거나 꾸짖는다.
- 부모와 가족구성원에게 강한 정서적 반응(예, 놀라움, 걱정 등)을 보인다.
- 모든 문제를 해결할 수 있는 현자처럼 행동한다.
- 의사결정 과정에 부모를 제외하려 한다.
- 부모와 가족구성원을 가르치려 들거나 사안들을 사적인 것으로 취급하려고 한다.
- 부모와 가족구성원이 말하는 의미를 축소하려 한다.

한편, 신뢰 형성을 가늠해 볼 수 있는 평가체계는 신뢰의 효율성과 효과성을 진단해 볼 수 있다는 점에서 긍정적인 지표라고 할 수 있다. 〈표 6-1〉은 교사(상담자)가 장애학생 부모 및 가족구성원과 신뢰 있는 관계를 유지하고 있는지 평가해 볼 수 있는 설문지들 가운데 하나이다. 물론 이 설문지는 비공식적이고 규준이 따로 마련되어 있지는 않지만, 평가지표들은 신뢰 항목들을 나타내며, 해당 항목이 시간이 지남에 따라 어떻게 변화되었는지, 그 과정을

〈표 6-1〉 부모와 가족구성원들에 대한 신뢰 평가 설문지(상담자 또는 교사용)

번호	항목	1	2	3	4	5
1	부모/가족에게 아동과 관련된 실수를 했었다고 말한다.					
2	부모/가족에게 모른다고 (솔직히) 말을 한다.					
3	부모/가족에게 당사자 본인이나 아동이 치료를 받는 게 좋겠다고 말한다.					
4	부모/가족과 대적한다.					
5	부모/가족 앞에서 분노, 슬픔 등과 같은 감정을 표현한다.					
6	부모/가족에게 가르치고 있는 모습을 보여 준다.					
7	교육과정, 교수방법 등에 대해 정당하게 설명한다.					
8	학교 모임에서 부모를 동등한 파트너로 대한다.					
9	부모/가족에게 아동과 관련된 기록물과 자료들을 검토하게 한다.					

주: 오른쪽 숫자는 1: 매우 안전함/편안함, 3: 보통, 5: 매우 불안전함/불편함을 나타냄; 신뢰 정도에 대한 Likert 척도를 나타냄.

출처: Fiedler et al. (2007), p. 58.

진단해 볼 수 있는 장점을 가지고 있다(Fiedler, Simpson, & Clack, 2007).

2) 문제 평가 단계

이 단계에서 상담자의 주요 역할은 장애학생 부모 및 가족구성원이 지니고 있는 문제점들을 파악하고 분류하는 일이다. 이 단계에서는 상담의 구체적인 목표들을 설정하고, 이 목표들을 토대로 문제해결을 위한 상담을 진행하기 위한 토대를 마련하는 일이 핵심이다. 물론 평가 단계도 상담관계 형성의 연장선이며 상담관계를 더욱 촉진하는 데 도움을 준다. 이때는 상담 초기에 활용했던 기본적 상담기술들이 이 단계에서도 지속적으로 활용된다.

평가가 진행되는 과정은 일반적으로 부모와 가족구성원에 대한 정보 습득,

문제에 대한 규정 그리고 가족구성원에 대한 임상적 평가 순으로 진행된다. 가족구성원에 대한 정보는 구조화된 초기 면접지 또는 비구조화된 양식을 활용할 수 있을 것이다. 초기 면접지에 포함되는 주요 내용들로는 가족구성원에 관한 인적 사항 정보, 가족사, 주요 문제점, 기타 문제 상황 등이 열거될 수 있다. 이때는 가족구성원의 문제를 규정하는 데 있어서 보다 구체적이고 포괄적인 진단 기준이 필요할 수도 있다. Hackney와 Cormier(2005)는 가족구성원의 문제들을 진단하는 기준과 세부 조건들을 다음과 같이 제시하였는데, 이 기준들은 장애학생 가족구성원이 지니고 있는 문제점들을 규정하고 명료화하는 데 도움을 줄 수 있다.

- 가족문제를 구성하는 요소: 문제가 드러나는 방식에 관한 관찰을 말한다. 일반적으로 감정 상태(문제점과 관련된 가족구성원의 혼란, 우울 등), 인지 상태(인지, 사고, 신념 등) 및 행동(관찰 가능한 행동)이 여기에 해당한다.
- 문제를 촉발시키는 양식 또는 사건: 문제를 일으키거나 지속시키는 양식 또는 관심사에 대한 탐색이 이루어진다. 언제, 어디서, 무슨 일이, 어떻게 일어났는지 등에 대한 탐색이 이루어진다.
- 문제의 지속시간: 문제가 가족구성원을 방해하거나 일상생활의 기능을 방해하는지에 대한 탐색이 이루어진다.
- 가족구성원들의 대처 기술, 장점 및 자원들에 관한 정보: 가족구성원이 그동안 보여 주었던 대처 양식에 관한 탐색, 성공적 경험에 관한 정보 및 주변의 자원정보에 대한 탐색이 이루어진다.

가족구성원에 대한 임상적 평가는 장애학생뿐만 아니라 부모와 가족구성원이 모두 평가 대상자의 집단에 포함될 수 있다. 특히 문제에 대한 평가는 평가와 관련된 기술이 필요하다. 질문과 관련된 기술로는 명료화(clarification), 개방형 질문(open-ended questions), 폐쇄형 질문(closed-questions), 직접 질문, 간접 질문, 확증적 진술(confirmatory statement) 등이 있다. 여기서 확증적 진술은 평가적 측면에서 중요한 의미를 지니고 있다. 확증적 진술은 평가를 진행하면서 가족구성원에게 그동안 한 말들을 다시 확인시켜 주는 역할을 할 뿐만 아니라, 상담자가 가지고 있던 가설들을 확인시켜 주는 역할도 담당한다. 질문의 유형들과 상담기술들은 이 장의 '4) 상담 진행하기'에서 구체적으로 다루었다.

3) 목표 설정 단계

상담목표를 설정하는 작업은 향후 상담의 진행 방향과 상담기술을 선택하는 데 많은 영향을 미친다. 상담목표를 설정하는 작업은 상담 과정에 대한 동기적 기능, 교육적 기능, 평가적 기능 및 향후 상담효과에 대한 전반적 평가기능을 수행하는 의미 있는 활동이다(Hackey & Cormier, 2005). 상담자는 장애학생 부모 또는 가족구성원과 상담의 목표를 공동으로 설정함으로써 상담 진행에 대한 동기를 부여해 줄 수 있고, 상담 과정에서 통찰을 얻을 수 있도록 지원해 줄 수 있다. 또한 상담 진행 상황을 평가해 볼 수 있도록 해 주고, 전반적인 상담의 진행과 개입에 대한 동료 평가의 기회를 제공해 줄 수도 있다.

상담목표를 설정할 때는 현실적인 상담목표를 세우는 작업이 중요하다. 즉, 행동상 변화가 일어날 수 있는 행동 범주를 설정하고, 어떤 상황에서 행동 변화가 일어날 수 있는지, 그리고 현실적인 수준에서 어느 정도의 변화를 성공기준으로 삼을 것인지를 고려해야 한다(Hackney & Cormier, 2005). 이 내용들은 실제 효과적인 상담목표를 설정하는 데 필요한 구성요소들이라고 할 수 있다.

상담목표를 설정하는 데도 기술이 필요하다. 목표 설정에는 구조화 기술과 언어적 기술이 활용될 수 있다. 구조화 기술(structuring skills)은 부모가 자신의 사고, 활동 및 자기-평가(evaluation) 계획을 수립하고 분류해 볼 수 있도록 지원하는 수단으로 활용될 수 있다. 그리고 언어적 기술(verbal skills)은 장애학생 부모가 부모상담의 장기·단기 목표들을 점검하고 평가해 볼 수 있도록 배려하는 상담자의 반응 또는 기술이라고 할 수 있다(Hackney & Cormier, 2005). 구조화 기술은 일반적으로 상담의 목표 설정에 대한 안내, 목표를 이루는 데 필요한 시간 설정, 행동평가에 대한 사항, 상담자와 내담자의 역할에 대한 설명 등에 관한 진술을 일컫고, 상담의 첫 회기에 시간을 충분히 배분하는 것이 좋다. 한편, 언어적 기술은 목표활동에 대한 시각적 활동기법(visualizing activities), 언어적 직면(verbal confrontation), 확증적 반응(affirming response) 등의 기법을 활용하는 것을 의미하며, 상담이 부드럽게 진행될 수 있도록 도와준다. 언어적 기술을 활용한 예를 살펴보면 다음과 같다.

- 시각적 활동기법:
"당신이 남편과 장애자녀를 양육하는 방법에 대해 합의를 한다면, 삶에 어떤 변화가 일어나게 될지 한번 상상해 보시겠습니까?"

- 언어적 직면:
"당신은 싸움을 해결했다고 했는데, 당신이 말할 때면 목소리가 무언가 좀 다르다는 것을 알고 계신가요?"

- 확증적 반응:
내담자: "전 제 심정을 남편에게 얘기하고 싶지만, 만약 그렇게 하면 남편이 당혹스러워할 것 같아요."
상담자: "그렇다면 남편에게 얘기할 수 있는 어떤 긍정적인 방법들을 찾을 수 있지 않을까요?"

상담목표를 설정하는 데 있어서 부모나 가족구성원의 저항은 상담자가 유심히 살펴보아야 할 또 다른 부분이다. 어떤 사람은 상담자의 강압적 태도가 싫어 목표 설정을 망설일 수 있고, 자기 자신도 무엇을 원하는지 모를 수 있고, 또 목표의 우선순위를 어떻게 결정할지 몰라 혼란스러워할 수도 있기 때문이다. 따라서 상담자는 다양한 상담기술을 활용하여 목표 설정을 꺼리는 원인을 탐색해 본 후, 다시 목표 설정을 진행할 수 있다.

4) 상담 진행하기

상담은 일방통행식으로 이루어지는 의사소통이 아니라 부모 또는 가족구성원의 협력적 상호 교류 속에서 진행된다는 것을 다시금 숙지할 필요가 있다. 상담목표가 설정되었다면, 다음은 상담목표의 우선순위에 따라서 구체적인 상담 개입이 이루어진다. 상담자는 상담 진행에 필요한 상담기술들을 상담이 진행되는 모든 과정을 통틀어 활용할 수 있겠지만, 각 상담기술의 사용빈도는 상담의 진행단계에 따라 차이가 날 수 있다. 일반적으로 상담 진행에 필요한 상담기술들은 개방형/폐쇄형 질문하기, 명료화하기, 반응하기, 의역하기, 확증적 진술, 직면하기, 침묵하기, 요약하기, 언어적 행동과 비언어적 행동 등이 활용될 수 있다.

(1) 질문하기

질문하기에는 개방형 질문, 폐쇄형 질문, 단일 질문 및 중복 질문이 있다.

'개방형 질문'은 장애학생 부모와 가족구성원으로부터 많은 반응이 나타날 수 있도록 유도하는 질문의 형태이다. 대개 가족구성원에 관한 좀 더 자세한 정보를 얻기 위해서 사용된다. 다음은 개방형 질문을 보여 주는 예이다.

"장애자녀가 그렇게 얘기했을 때 어머니는 어떻게 반응하셨나요?
"문제를 해결할 수 있는 방법이 있다면 그게 무엇일까요?"

'폐쇄형 질문'은 부모나 가족구성원에 관한 구체적인 정보가 필요할 때 사용될 수 있다. 부모나 가족구성원이 보이는 반응은 대체로 제한되어 있다. 일반적으로 "네." "아니요."로 응답하거나 여러 개 가운데 하나를 선택하는 반응을 보인다. 누가, 언제, 어디서 등과 같은 질문의 형태를 보이는 것이 특징이다.

> "현재 어떤 약을 복용하고 있나요?"
> "이전에 상담을 받아 보신 적 있나요?
> "장애는 언제부터 있었나요?"

'단일 질문'은 부모 또는 가족구성원이 장애학생과 대화를 나눌 때, 혹은 상담자가 부모 또는 가족구성원과 대화를 나눌 때, 내담자가 한 가지 반응에 초점을 맞출 수 있도록 유도하는 기술이다.

> "영희가 집에 오면 꼭 숙제를 해야 하나요?"
> "가정통신문을 동수에게 전달했는데, 어머님이 보셨나요?"

'중복 질문'은 부모와 가족구성원에게 복수의 질문을 해서 응답을 유도하는 방법이다. 이 질문 방식은 부모나 가족구성원이 응답하는 데 효율적이지 않을 수도 있다. 응답자가 부분적으로만 응답할 수 있고, 잘못 이해할 수 있는 환경을 초래할 수도 있기 때문이다(Sileo & Prater, 1212).

> "영희가 집에 오면 꼭 해야 할 일들이 있나요? 어떤 종류의 일이죠?
> "아이에게 오전이 좋을까요? 아니면 오후가 좋을까요? 혹시 아무 때든
> 다 좋을까요?"

(2) 명료화하기

명료화하기(clarification)는 부모 또는 가족구성원에게 좀 더 구체적인 내용을 질문하기 위해 사용하는 기술이다. 명료화하기는 부모 또는 가족구성원

이 계속 자신을 탐색하도록 도울 수 있고, 상담관계가 더 심층적으로 발전하도록 도와준다.

> "무슨 일이 일어났는지 좀 더 얘기해 주시겠습니까?"
> "울렁거린다고 말씀하셨는데, 그게 어떤 느낌인지 좀 더 구체적으로 얘기해 주시겠습니까?"
> "이야기하신 내용을 이해하기가 좀 어렵군요. 그 느낌을 좀 더 자세히 얘기해 주시겠습니까?"

명료화하기는 부모와 가족구성원이 처해 있는 상황을 상담자가 이해하고 있다는 것을 알려 주는 방법으로도 활용될 수 있다. 다음은 상담자가 부모와 대화하면서 명료화하기 기술을 사용하고 있는 예이다.

> 부　모: 동수는 학교에서 학생들과 계속 싸움을 해요. 담당자가 내게 전화를 걸어 아이를 퇴학시켜야 할 것 같다는 말도 했어요. 아이에게 마지막 기회라고 하던데……. 아이가 쫓겨나면 무슨 일이 일어날지 모르겠어요.
> 상담자: 동수가 스스로 싸움을 통제하지 못하면, 아이에게 무슨 일이 일어날지를 걱정하시는 거로군요.

(3) 정서적 반영

정서적 반영(affective reflection)은 부모 또는 가족구성원이 한 말 가운데, 다른 한 부분을 인정해 주는 방법으로 활용된다. 정서적 반영을 활용하기 위해서는 부모가 표현한 감정 또는 정서 상태를 상담자가 인지해야 하고, 이 감정을 전달할 수 있는 적절한 언어를 선택할 수 있어야 한다. 이 언어를 단지 기술하는 것이 아니라 반영적 형식으로 당시 느꼈던 감정을 부모 또는 가족구성원에게 다시 전달해 주어야 한다(Hackney & Cormier, 2005).

부　모: 아이와 거의 3개월 동안 별 문제없이 잘 지냈죠. 그런데 관계가 좋을 만하면 꼭 집안에 문제가 생겨서 관계를 망치게 돼요. 이럴 땐, 정말 지긋지긋하다고 말할 수밖에 없네요.

상담자: 문제가 잘 해결될 만한데, 다시 관계가 나빠져 정말 실망스러웠겠군요.

(4) 의역하기

의역하기(paraphrasing)는 장애학생 부모 또는 가족구성원이 한 말의 의미를 보다 잘 이해할 수 있도록 내담자의 핵심적 사고나 단어를 기억해 두었다가, 이해할 수 있는 용어로 다시 진술해 주는 방법이다. 의역하기는 내담자로 하여금 자신이 말하고자 하는 주제를 더 탐색해 볼 수 있도록 돕고, 자신의 의사를 잘 전달했다는 느낌을 받게끔 할 수 있다(Simpson & Mundschenk, 2010).

부　모: 저는 부담을 좀 덜고 싶은데, 무슨 일을 하든지 그 생각이 머릿속을 떠나지 않아요.

상담자: 어머니는 좀 더 편하게 생각하고 싶으신데, 실제로는 그 반응을 통제할 수 없다는 말처럼 들리는군요.

(5) 확증적 진술

확증적 진술(confirmatory statement)은 상담자가 부모 또는 가족구성원의 이야기를 적극적으로 이해하고 있고, 정확히 구체적인 정보를 이해하고 있다는 것을 확인시켜 주는 기술이다. 상담자의 입장에서는 내담자로 하여금 주제, 감정 또는 상태에 관하여 보다 심도 있는 탐색을 할 수 있게 도와줄 수 있고, 평가 측면에서는 부모 또는 가족구성원이 한 말을 확인시켜 줄 뿐만 아니라, 상담자가 가지고 있던 가설들을 확인해 볼 수 있는 기회를 제공해 준다(Hackney & Cormier, 2005).

"어머니께서 자녀와의 관계가 더 나빠졌다고 진술했을 때, 아주 상심이 컸을 것 같습니다."

  "제가 이해한 부분을 좀 확인해 보겠습니다. 그러니까……."

(6) 직면하기

직면하기(confrontation)는 장애학생 부모 또는 가족구성원이 간과했거나 회피했을지도 모르는 어떤 문제들을 스스로 깨달을 수 있도록 도와주는 기법이다. 이 기법을 활용하기 위해서는 먼저 부모나 가족구성원이 언어적 · 비언어적으로 일관성 없이 진술했던 내용들을 확인할 수 있어야 한다. 그런 다음에는 이 일관되지 않은 진술들을 부모 또는 가족구성원이 직면할 수 있는 상황을 만들어 주어야 한다. 물론 직면하기를 통하여 부모 또는 가족구성원의 행동에 변화가 일어났는지, 그 효과성에 대한 평가는 필요하다. 직면하기는 부모와 가족구성원이 문제를 해결하는 데 적극적으로 대처할 수 있도록 도와준다.

  "아버님은 자녀와 더 많은 시간을 보내고 싶다고 말씀하셨는데, 그동안의 행동을 보면, 그건 그렇게 중요하지 않은 것 같습니다."

  "건강 때문에 자주 운동을 해야 한다고 말씀하셨는데, 그동안 운동장이나 체육관을 다녀오신 적은 없었던 것 같군요."

(7) 침묵하기

침묵하기(silence)는 상담자가 장애학생 부모나 가족구성원에게 질문을 전달하기보다는 내담자가 가족의 문제들에 대해 더 말할 수 있는 기회를 제공하는 기술이다. 침묵하기는 상담자가 입을 다물고 있기 때문에 때때로 부모를 당혹스럽게 만들 수도 있다. 그러나 말없고 무뚝뚝한 부모나 가족구성원이 있다면, 이들의 의사소통에 대한 노력을 자극할 수 있고, 부모 또는 가족구성원의 신체언어와 다른 비언어적 의사소통에 대한 실마리를 관찰할 수 있는 기회를 제공해 준다(Simpson & Mundschenk, 2010).

(8) 요약하기

요약하기(summarization)는 그동안 장애학생 부모나 가족구성원을 관찰해 오면서 이들이 보여 주었던 행동의 결과나 진술들을 요약해 주는 기법이다. 요약하기는 상담자가 가족의 관심사들을 주의 깊게 듣고 있고, 더 듣기를 원한다는 표현을 전달해 줄 수 있다. 가족구성원은 요약하기를 통해 가족문제들을 더 잘 인식할 수 있고 명료화할 수 있다.

> "어머님은 자녀가 특수학교에 배치된 게 가장 불쾌했다고 말씀하셨는데, 그 이유는 어머님이 그동안 진단체계를 잘 이해하지 못했고, 또 자녀를 직접 도와줄 수 없었기 때문에 무기력해진 거라고 생각해도 될까요?"
>
> "요약해 보면, 당신은 세 가지 주요 걱정거리들을 밝혀낸 것 같은데요."

(9) 비언어적 행동

비언어적 행동(verbal-nonverbal behavior)은 얼굴표정, 자세, 그리고 실제 음성언어를 제외한 언어적 구성요소들(음색, 억양)을 지칭한다. 비언어적 행동은 실제 상담을 진행하는 데 있어서 의미의 전달을 더 강화시켜 주는 역할을 한다. 일반적으로 눈을 찌푸린다거나 팔짱을 낀다거나 하는 행위는 상담자와 부모에게 부정적으로 비춰지는 비언어적 행동이라고 볼 수 있다. 비언어적 행동은 부모나 가족구성원로부터 관찰될 수 있지만, 상담자 자신의 비언어적 행동 또한 부모나 가족구성원에게 영향을 미칠 수 있다. 이런 점은 비언어적 행동이 양방향의 의사소통 수단이 될 수 있다는 것을 시사해 준다. 상담자는 부모나 가족구성원의 비언어적 행동을 유심히 관찰해 봄으로써 그들의 정서적 반응과 진술의 일관성을 살펴 볼 수 있다. 상담자는 고개를 끄덕이는 등의 비언어적 행동을 부모나 가족구성원에게 적절히 표현해 줌으로써 상담자가 내담자의 이야기에 주의를 기울이고 있다는 느낌을 전달해 줄 수 있다.

(10) 직관적 추측

직관적 추측(intuitive guessing)은 부모가 자녀에 대해 느끼는 생각과 감정을 표현하지 않는 경우 활용할 수 있는 기법이다. 이 기법은 가족이 처해 있는 상황을 해석하는 데 도움을 준다. 부모가 수용하기 어려운 상황을 다시 해석해 줌으로써 부모로 하여금 통찰을 갖도록 지원해 줄 수 있다.

> 부　모: 때때로 난 이 아이가 없다면 삶이 어떻게 되었을까 생각할 때가 있어요.
>
> 상담자: 어머니께선 아이가 보이는 문제행동들을 다루지 않아도 될 거란 생각을 하신 거로군요.

(11) 해석하기

해석하기(interpreting)는 상담 과정에서 활용해 볼 수 있는 핵심적 기술로 통찰을 발전시키는 데 아주 유용하게 활용되는 기법이다. 일반적으로 상담자가 경험이 많을수록 직관적 추측을 토대로 정확히 해석할 수 있는 확률이 높아진다. 해석하기도 학습 과정이기 때문에 상담자는 경험을 축적시키는 노력이 중요하다.

> 부　모: 학교에서 매번 전화가 올 때마다 전 제정신이 아니죠. 담당자가 아이를 다루기 힘드니까 보호소에 넘길 것만 같아요. 어떻게 해야 되죠? 아이와 함께 학교에 갈 수가 없어요.
>
> 상담자: 어머니께선 무슨 일이 일어날지 겁도 나고, 그걸 막자니 무기력한 느낌이 든다는 말씀이시군요.

(12) 격려하기

격려하기(encouragement)는 부모가 자신의 장점과 자산을 활용할 수 있도록 지원하여 올바른 선택과 결정을 할 수 있다는 것을 직접 깨달을 수 있도록 도와주는 기법이다. 격려하기는 부모-자녀 간의 상호작용 관계 속에서 볼 수 있었던 장점들을 활용할 수 있도록 지원해 주고, 부모의 역량을 강화시켜 약점을 보완하도록 도움을 준다. 격려하기는 상담 전반의 여러 단계에서 활용할 수 있는 기법이다.

> 부　　모: 동수는 학교에서 자주 싸움을 하지만, 집에선 아주 친절하고 사려 깊은 아이죠.
>
> 상담자: 그럼 어머님이 동수와 어떤 상황에 있을 때 아이가 친절하고 사려 깊은 행동을 하게 되는지, 긍정적인 방법들을 한번 탐색해 볼까요?

5) 상담 종결 단계

상담의 종결은 상담자와 부모(또는 가족구성원)가 상담목표로 설정했던 모든 문제들이 만족할 만한 수준으로 회복되었거나 긍정적인 성장을 견인했다는 평가가 뒤따를 때 오는, 상담의 마지막 시점을 의미한다. 상담에서 종결은 학습과 변화의 끝을 의미하기보다는 새로운 학습을 위한 동기의 시발점, 변화 상태의 유지 및 개인적 성장을 의미한다(Gladding, 2007).

상담목표가 달성되었다는 판단이 서면 종결 시점을 찾는 것은 상담자의 중요한 과제이다. 왜냐하면 조기 종결은 부모 또는 가족구성원이 상담 과정 속에서 얻은 통찰을 잃어버리게 될 수도 있고, 종결 시점을 너무 길게 잡으면 부모나 가족구성원이 상담자에게 너무 의존적인 행동을 취하게 될 수도 있기 때문이다. 물론 종결의 시점은 장애학생의 부모 또는 가족구성원의 장애부적응 정도에 따라 달라질 수도 있을 것이다. 그러나 상담 초기 설정해 놓았던 상담목표들이 객관적으로 달성되었다면, 상담자는 평가를 토대로 종결 시점을 진술할 수 있을 것이다. 다음과 같이 진술의 형태는 다양할 수 있다.

"지난 몇 달 동안 많은 진전이 있었던 것 같습니다."

"이제 문제가 잘 해결된 것 같고, 제가 할 수 있는 부분은 이제 다한 것 같습니다."

이와 같은 진술문은 상담이 종결 시점에 다다랐다는 것을 시사해 주는 의미로 해석될 수 있을 것이다. 물론 상담은 상담자에 의해 종결될 수도 있고, 장애학생 부모 혹은 가족구성원(이하 내담자)에 의해서도 종결될 수 있다. Young(1998)은 상담을 종결할 때는 언제 상담을 종결하는 것이 적절하고 도움이 될 것인지, 상담자와 내담자가 합의를 하는 것이 좋다고 지적하였다. 상담자와 내담자 간에 이루어졌던 상담관계는 상담이 종결되는 시점까지도 지속적으로 이루어진다. Maholick과 Turner(1979)는 상담의 종결과 관련하여 관심 있게 살펴볼 필요가 있는 구체적인 평가 영역들을 제시하였는데(Gladding, 2007, p. 175에서 재인용), 이 기준들은 상담을 종결하는 객관적 지표로 활용될 수 있을 것이다.

- 내담자(부모 또는 가족구성원)가 초기에 보고한 문제나 증상들이 감소되었거나 사라졌는지에 대한 평가
- 스트레스 인자들로 인한 감정이 사라졌는지에 대한 평가
- 내담자의 대처능력에 대한 평가, 자신 및 타인을 이해하는 정도에 대한 평가
- 내담자가 다른 사람들과 보다 잘 지낼 수 있는지 그리고 사랑을 주고받을 수 있는 존재인지에 대한 결정
- 내담자가 계획을 수립하고 해당 업무를 생산적으로 추진할 수 있는 능력을 갖추었는지에 대한 평가
- 내담자가 삶을 잘 살아가고 즐기며 살 수 있는지에 대한 평가

물론 이와 같은 종결과 관련된 평가 영역들은 모든 내담자에게 동일하게

적용되지는 않는다. 종결의 문제는 상담관계가 종결되더라도, 내담자가 자신의 삶을 효율적·효과적으로 살아갈 수 있느냐에 달려있다고 할 수 있다(Young, 1998).

한편, 상담자는 상담의 조기 종결(premature termination)에도 주의를 기울일 필요가 있다. 조기 종결은 내담자가 상담관계 형성을 꺼리거나 회기가 진행되는 도중에도 나타날 수 있다. Cavanagh(1990)는 상담자가 조기 종결에 이르게 될 때는, 보통 둘 중 한 가지 문제를 가지고 있는 경우라고 지적하였다. 하나는 상담자가 자신을 비난하는 경우이거나 문제 상황에 처해 있는 내담자를 비난하는 경우이다. 어느 형태로든 비난은 조기 종결의 원인이 될 때가 많다. 다른 하나는 상담자가 조기 종결에 대하여 거만한 태도를 보이는 경우이다. 예를 들면, "A씨가 상담을 진행하지 않기로 한 것은 참으로 안됐어요. 어쨌든 난 다른 내담자들도 많이 있지요."라고 말하는 경우를 들 수 있다. 조기 종결의 부정적 측면을 방지하기 위해서는 조기 종결의 원인이 될 수 있는 문제점들을 유심히 살펴보는 노력이 필요할 것이다.

상담의 종결에 있어서 저항(resistance)은 또 다른 주제이다. 저항은 상담의 종결 시점에서 내담자에 의해 나타날 수 있고, 상담자에 의해서 나타날 수도 있다. 내담자는 상담목표가 달성되었음에도 불구하고 마지막 상담시간을 좀 더 요구하거나 추가적인 회기를 요구할 수도 있다. 더구나 새로운 증상의 출현, 즉 초기 상담의 관심사가 아니었던 우울증과 불안과 같은 증상들이 내담자로부터 관찰되면 상담 종결을 더욱 어렵게 만든다(Gladding, 2007). 저항은 내담자가 상담에 큰 가치를 부여해 왔을 경우에 나타날 수 있고, 종결 이후 삶의 변화에 대한 두려움으로도 나타날 수 있다(Gladding, 2007). 따라서 상담자는 내담자의 특별한 요구를 살펴본 후, 자조집단이나 가족 지원과 같은 다른 지원체계를 탐색해 볼 수 있도록 정보를 제공할 수 있다. 한편, 상담자의 입장에서도 내담자의 개인적 성장이 부족하다고 판단해 미안함을 느끼게 될 경우, 상담자가 상담을 좀 더 지속하고 싶은 개인적 욕심이 있는 경우 등등의 상황은 상담의 종결을 어렵게 하는 요인으로 작용할 수 있다. 상담자는 저항의 원인들을 탐색해 본 후, 상담목표들이 객관적으로 성취되었다는 판단이 들면, 상담 종결을 암시하는 문장들을 미리 준비해야 할 것이다.

3. 가족구성원을 위한 대처 전략

1) 스트레스 감소 전략

장애학생 부모는 자녀 양육에 따른 스트레스로 인하여 개인적인 여가활동 시간이 비장애 자녀를 둔 부모에 비하여 적다고 보고되었고(Barnett & Boyce, 1995), 일상생활의 스트레스 상황에서 벗어나고 싶지만 심리적으로 크게 여유가 없는 것도 사실이다. 여가 및 레크리에이션 활동은 간단히 음악을 듣는 시간부터 가족이 함께 여행을 떠나는 활동에 이르기까지 다양하다. 그러나 장애학생을 데리고 밖으로 나간다는 것은 부모로서 쉬운 일이 아니다. 장애학생의 부모가 경험할 수 있는 스트레스의 단면을 살펴보자.

> 아이가 밖에 나가 동물원도 가고, 공원도 가고, 다른 아이들도 만나는 게 필요하다는 걸 알고 있죠. 가능하면 아이를 데리고 나가고 싶지만······. 차에서 오르내려야 하고 그게 그렇게 쉬운 일은 아니죠. 다른 아이들도 챙겨야 하고, 기저귀도 같이 챙겨야 하고, 모든 준비를 마쳐야 해요. 설사 장소에 도착했다고 해도 시설도 그렇고, 솔직히 장애학생이 접근할 만한 곳도 못 되죠. 또 사람들이 휠체어를 탄 아이를 보는 눈도 그렇고······. 다른 아이들도 불편해하거든요. 저도 잘못되었다는 걸 알지만······. 그냥 집에 있는 게 솔직히 더 편해요(Simons, 1987: Fiedler et al., 2007, p. 112에서 재인용).

(1) 수동 평가 기법

수동 평가 기법(passive appraisal technique)은 장애학생 부모 혹은 가족구성원이 경험할 수 있는 스트레스를 감소시키기 위해 활용될 수 있다. 이 기법은 부모가 갖고 있는 문제를 의도적으로 무시해 버리고는 마치 문제가 없는 것처럼 느끼게 해 주는 방법이다(Muscott, 2002). 상담자는 부모가 얘기를 하는 동안, 다음 단계로 진행하지 않고 그냥 부모의 얘기를 들어주면서 지지를 표현해 준다. 이 기법은 주로 부모가 자녀의 장애를 받아들이기 어려운 부인(denial)의 단계에서 활용할 수 있다. 이때는 이완 기법(relaxation technique)이 함께 활용되기도 하는데, 이 기법은 부모에게 간단히 심호흡을 하면서 머릿속에 이완에 필요한 이미지를 떠올려 볼 수 있도록 안내해 줄 수 있다. 이완 기법은 근육을 이완시켜 심신의 긴장을 풀어 주는 효과가 있다.

(2) 체계적 스트레스 관리 기법

체계적 스트레스 관리 기법(systematic stress management technique) 또한 장애학생 부모가 경험할 수 있는 스트레스를 감소시키는 데 활용될 수 있다. Hawkins와 Singer(1989)는 이 기법이 스트레스 사건과 반응에 대한 자기 통제, 근육 이완 및 인지적 수정 단계 순으로 진행될 수 있다고 하였다. 이 기법들을 간단히 소개하면 다음과 같다.

- 1단계: 스트레스 사건과 반응에 대한 자기 통제
  부모는 스트레스로 인해 유발될 수 있는 특별한 증상들이 무엇인지 확인해 보도록 지시를 받는다. 그리고 이 증상들과 관련된 환경적 요인들이 무엇인지 확인해 보도록 지시를 받는다. 그런 다음 공책을 준비한 후, 하루에 세 번씩 자신들이 경험하고 있는 긴장 수준을 평가해 보고, 특별히 긴장을 촉발시키는 사건들이 있으면 그게 무엇이었는지 적어 볼 수 있도록 지시를 받는다.
- 2단계: 근육 이완
  부모는 점진적 근육 이완 기법을 학습한다. 이때는 대근육을 긴장시키고 이완시키는 방법을 체계적으로 배운다. 그 다음에는 집에서 직접 실습을 해 볼 수 있도록 오디오 테이프를 전달해 준다.

- 3단계: 인지적 수정

부모는 긴장을 느낄 때 무슨 생각이 드는지 확인해 볼 수 있도록 지시를 받는다. 부모는 언제, 어느 상황에서 왜곡된 생각을 하게 되었는지 깨닫는다.

(3) 워크숍 활동

워크숍 활동(workshop activity)은 장애학생 부모에게 자녀를 양육하면서 경험할 수 있는 스트레스를 경감시킬 수 있는 기회가 될 수 있다. 워크숍 활동 프로그램은 장애학생의 부모가 스트레스 상황 속에서 많은 시간과 에너지를 낭비하고 있다는 가정에 토대를 두고 있다(Fiedler et al., 2007). 워크숍 프로그램은 부모가 경험할 수 있는 스트레스 상황에 초점을 맞추되, 스트레스의 목록을 작성한 후, 우선순위를 정해 훈련을 하는 과정으로 운영되고 있다. 다음은 워크숍 프로그램의 일환으로 Fiedler 등(2007)이 보고했던 장애학생 부모를 위한 스트레스 목록의 우선순위를 선정하는 방법이다.

- 현재 영향을 미치고 있는 스트레스 인자들을 최대한 많이 적어 본다.
- 통제할 수 없다고 생각되는 스트레스 인자들을 적어 놓은 목록에서 제외시킨다.
- 지금 당장 시간과 노력을 들일 가치가 없는 것으로 여겨지는 스트레스 인자들을 목록에서 제외시킨다.
- 그동안 영향을 미쳤던 스트레스 인자들 옆에 별표를 해 둔다.
- 긍정적으로 변화될 수 있는 스트레스 인자들 목록 위에 동그라미를 표시해 둔다. 마지막 이 목록을 순위별 활동계획 안에 포함시킨다.

스트레스 진단 및 기타 가족기능 강화를 위한 프로그램의 구체적인 내용은 제8장에서 다루고 있다.

2) 인지적 대처 전략

주어진 스트레스 상황을 받아들이는 정도는 사람마다 다르다. 스트레스를 받아들이기가 어렵다고 생각하는 사람이 있는 반면, 크게 문제되지 않는다고 인식하는 사람도 있을 수 있다. 결국 스트레스의 정도는 개인이 해당 스트레스 인자들을 어떻게 받아들이느냐에 따라 감소될 수도, 더 가중될 수도 있다. 장애학생 부모에게도 주어진 상황을 긍정적으로 받아들일 수 있도록 인지전략에 변화를 줄 수 있다면, 당면한 문제 상황들에 대해서도 편하게 느낄 수 있을 것이다. 장애학생 부모를 대상으로 활용될 수 있는 인지적 대처 전략들로는 '긍정적 재구성'과 '인지적 적응'이 있다.

(1) 긍정적 재구성

긍정적 재구성(positive reframing)은 1960년대 Beck의 인지치료 과정에서 나온 인지 재구조화(cognitive restructuring)의 개념에 토대를 두고 있다. Beck(1997)에 따르면, 인지 재구조화는 사람의 부정적 사고방식을 변화시켜 긍정적 사고방식을 갖도록 하는 게 주요 목적이다. 이 용어는 인지적 재구성(cognitive reframing)이라고도 불리는데, 사람이 심리적 스트레스 상황을 변화시키기는 어렵더라도, 스트레스 사건을 바라보는 인식에는 변화를 줄 수 있다고 본다(Breazeale, 2012). 긍정적 재구성은 가족에게 힘든 상황을 좀 더 합리적이고 수용적인 방식으로 전환시켜 줌으로써 가족이 처한 상황을 통제할 수 있도록 도와주는 방법이며(Olson et al., 1983), 장애학생 가족구성원이 지니고 있는 가족문제를 해결하기 위한 전략으로도 활용될 수 있다. Fiedler 등(2007)에 따르면, 이 전략은 다음과 같이 두 단계로 진행될 수 있다.

첫째, 스스로 통제할 수 없는 상황들로부터 통제가 가능한, 즉 변화될 수 있는 상황들을 구분한다.

둘째, 대안적 상황들이 결정되면 직접 행동 변화를 위한 작업을 개시한다.

인지적 재구성은 상담자가 활용하고 있는 상담기술들 중 하나이지만, 무엇보다 장애학생 부모가 자신의 인지과정을 꼭 변화시키고 싶은 마음이 간절할 때 효과적으로 활용될 수 있다고 보고되었다(Fiedler et al., 2007). 물론 인지적 재구성을 활용하는 기술은 전문가마다 다소 차이가 날 수 있다. 그러나 일반적으로 이 기술은 부모에게 스트레스 상황이 머릿속에 떠오를 때마다 노트에 적어 보게 함으로써 자신의 스트레스 상황을 분석하고 해결 가능한 통찰력을 키울 수 있도록 지원해 줄 수 있다. 어떤 사람은 고무줄 기법을 활용하기도 하는데, 이는 손목에 고무줄을 끼우고 부정적인 생각이나 신념이 들 때마다 고무줄을 팅겨서 자신에게 경고를 보내는 방법이다. 이때는 순간적으로 부정적인 생각을 멈추게 되고, 향후 부정적인 생각을 덜 하게끔 조건화시킬 수 있다고 주장하는 사람들도 있다. 가족의 문제를 성공적으로 해결하기 위해서는 상담자와 부모의 협력 관계도 중요하지만, 부모와 가족구성원의 높은 자아 강도가 분명 필요하다.

사고방식의 변화를 위해서는 부모 또는 가족구성원이 스스로 가족이 지니고 있는 문제점들이 무엇인지 본질적인 질문을 던져 볼 수 있어야 할 것이다. 다음과 같은 질문들은 장애학생의 가족구성원이 처해 있는 걱정거리들을 평가해 볼 수 있는 근거를 마련해 줄 수 있다(Fiedler et al., 2007).

- 내가 이 상황을 제대로 보고 있는가?
- 내가 공포를 느끼고 있다면 그 증거가 무엇인가?
- 이 상황이 정말 나에게 또는 가족구성원에게 해를 끼칠 수 있는가?
- 이 상황에서 나타날 수 있는 가장 최악의 결과는 무엇인가?
- 이 상황을 반전시키기 위해 내가 할 수 있는 일은 무엇인가?
- 나 스스로도 확신이 없는데 내가 정말 이 상황을 헤쳐 나갈 수 있을까?

이러한 질문 외에도 많은 질문거리들이 있을 수 있다. 인지적 재구성을 위한 하나의 전략은 노트에 떠오르는 걱정거리들을 적어 본 다음, 해당 생각과 걱정거리들이 합리적인 사고로 거듭날 수 있는지 비교해 보면서, 가능하다고 판단되는 항목들을 선별해 보는 것이다. 인지적 재구성은 장애학생 부모들을 대상으로 스트레스를 완화시킬 수 있는 중요한 대처 전략이라고 보고되었다 (Nguyen et al., 2015). 다음은 긍정적 또는 인지적 재구성이 필요한 진술문의 형태를 보여 준다.

> "나의 삶은 정말 불행으로 가득 찼어. 결코 일어나선 안 될 일이 일어난 거야."

(2) 인지적 적응

인지적 적응(cognitive adaptation)도 장애학생 부모와 가족구성원의 장애 적응 문제를 해결하기 위한 전략으로 활용될 수 있다. 인지적 적응의 기본적인 가정은 부정적인 가족 상황 또는 부정적인 생각을 일으키는 어려운 상황 속에서도 긍정의 의미를 찾으면 어려움을 극복할 수 있는 힘을 얻게 된다는 것이다. 이때 긍정의 힘은 바로 장애적응을 도와주는 에너지원으로 작용하게 된다.

Taylor(1983)는 인지적응 이론을 소개하면서 사람들이 어떻게 위기상황 속에서 적응해 살아갈 수 있는지, 세 가지 인지적 요소를 들어 설명하였다. 이 요소들은 '위기상황 속에서 의미를 찾으려는 노력' '위기상황을 극복할 수 있는 노력' 그리고 '자존감(self-esteem)을 향상시키려는 노력'으로 구성되어 있다. 물론 장애학생 가족구성원이 처해 있는 스트레스 환경에 따라 이들이 경험하는 스트레스의 정도는 다양할 수 있겠지만, 인지적 적응 전략이 가족구성원의 장애적응을 도와줄 수 있다는 점에 대해서는 이견이 없다. Taylor가 언급한 첫째, '위기상황 속에서 의미를 찾으려는 노력'은 스트레스 환경을 수용하되, 가족구성원에게 어려운 상황일지라도 변화가 수반될 수 있다는 긍정적 의미를 부여해 주는 지원 방법을 의미한다. 물론 부모 또는 가족구성원이 자녀의 장애상태를 부인하거나 비현실적인 기대를 하는 단계에서는 이들에게 긍정의 의미를 부여하기가 결코 쉽지 않을 것이다. 어려운 스트레스 환경 속에서 긍정의 의미를 부여해 주고자 하는 상담자의 노력은 가족의 관심사를 해결하기 위한 첫걸음일 수 있다. 둘째, '위기상황을 극복할 수 있는 노력'은 위기상황 속에서 자신이 통제할 수 있는 것과 통제할 수 없는 것을 명시해 놓고, 무엇을 통제할 수 있는지 스스로 인식해 보는 노력을 의미한다. 이때는 시간과 에너지를 가족구성원들이 균등히 배분할 수 있는 일(예, 집안 청소)과 같은 직접통제(direct control)의 방법과 사회적 가족지원 체계(예, 언어치료, 양육지원)를 활용하는 것과 같은 간접통제(indirect control)의 방법을 활용해 볼 수 있다. 셋째, '자존감 향상을 위한 노력'은 장애자녀를 두고 있다는 사실로 인해 부모 또는 가족구성원이 경험하게 되는 낮은 자존감과 자신감을 향상시키고자 하는 노력을 의미한다.

Behr와 Murphy(1993)는 낮은 자존감의 원인을 설명해 줄 몇 가지 인지적 전략들을 제시하였는데, 이 전략들에는 '하행식 사회적 비교(downward social comparison)' '상행식 사회적 비교(upward social comparison)' 그리고 '긍정적 기여(positive contribution)'가 포함되어 있다. 이는 장애학생 부모와 가족구성원의 자존감을 향상시킬 수 있도록 도움을 주는 전략들이다. 먼저, 하행식 사회적 비교는 부모가 자신이 처해 있는 상황을 자신보다 못한 가족의 상황과 비교함으로써 자신의 자존감을 지키는 인지적 전략이다. 예로, 학습장애자녀를 둔 아버지가 인지적·신체적 중복장애 자녀를 둔 다른 가족구성원의 어려운 모습(자녀가 음식도 스스로 못 먹고 화장실 이용도 불편함)을 보면서 위안을 삼는 경우이다(Fielder et al., 2007). 다음으로, 상행식 사회적 비교는 반대로 장애학생의 부모가 자신이 처해 있는 상황을 자신보다 더 성공한 다른 장애학생의 부모가 처한 상황과 비교해 봄으로써 자신감을 얻는 인지적 전략이다. 이 전략은 동일한 또는 유사한 상황에 처해 있는 장애학생 부모를 관찰하면서 자신감을 회복할 수 있다는 점에서 하행식 사회적 비교보다는 더 긍정적인 전략으로 간주될 수 있다. 마지막으로, 긍정적 기여는 장애학생 부모가 자녀의 긍정적 측면에 초점을 맞출 수 있도록 지원하는 인지적 전략이다. 이 전략은 장애자녀가 그동안 가족구성원에게 보여 주었던 긍정적 행동에 초점을 맞출 수 있도록 안내를 하면서 자신의 자녀도 가족구성원에게 기여를 할 수 있다는 사실을 인지시키고, 부모 스스로 양육에 대한 자신감을 회복할 수 있게끔 하는 방법이다.

인지적 적응 전략은 장애학생을 둔 모든 가족구성원에게 적용시키는 데는 무리가 따를 수 있다. 왜냐하면 장애학생의 부모 또는 가족구성원이 장애적응 전략을 이해할 수 있어야 하고, 또 문제를 해결하고자 하는 자아강도가 부족하다면 성공할 수 없기 때문이다. 물론 부모가 처해 있는 문제 상황과 가족구성원의 이해 정도를 고려해 적절히 활용되면 분명 성공적인 전략이 될 수 있을 것이다.

3) 기타 지원 전략

장애학생의 부모와 가족구성원은 장애적응 과정에서 사회적 지원이 필요할 수 있다. 사회적 지원은 장애학생의 부모뿐만 아니라 장애적응 과정에 관여된 모든 가족구성원이 포함되기 때문에 실제 지원의 범주는 매우 광범위한 편이다. 사회적 지원은 부모들의 자조모임 혹은 부모지지 집단을 통해서 이루어질 수 있고, 전문가에 의한 공식적 지원으로 연계될 수도 있다. 사회적 지원은 공적 지원체계와 사적 지원체계를 포함해 다양하게 운영될 수 있다.

(1) 부모지지 집단을 통한 사회적 지원

사회적 지원은 가족문제에 대한 조기 개입부터 문제행동의 감소, 형제자매 간 문제 해소, 부부갈등 해소, 주택 마련 등에 이르기까지, 다양한 형태로 이루어질 수 있다. 많은 사회적 지원 프로그램 가운데 부모에 의한 사회적 지원은 자녀의 장애상태 혹은 구체적인 행동문제에 초점을 맞춰 진행되는 프로그램이라고 볼 수 있다. 부모 대 부모 교육 프로그램(parent to parent programs)의 간단한 원리는 부모가 교육 지원을 통해 지식을 습득하면, 이후 자신의 자녀들을 교육시킬 수 있고 필요한 지원을 할 수 있게 된다는 것이다(Fiedler et al., 2007). 이 교육 프로그램 속에는 부모 대 부모 지원의 역사, 장애적응 과정에 대한 이해, 적극적 경청 및 의사소통 기술, 문제해결 기술 및 부모지지와 역할에 관한 내용들이 포함되어 있다.

이처럼 부모 대 부모 교육 프로그램은 부모결연 프로그램으로도 불리는데, 장애자녀를 둔 다른 부모들과의 사회적 관계망을 촉진할 수 있다는 장점을 가지고 있다. 또한 유사한 장애자녀를 둔 다른 부모들과 사회적 관계를 맺음으로써 부모와 가족구성원이 심리적 안녕을 취할 수 있고, 자녀에 대한 긍정적 보살핌, 부모와 가족구성원의 자녀에 대한 긍정적 태도, 부모-자녀 간 상호작용 촉진, 아동의 문제행동 감소 등과 같은 이점들을 누릴 수 있다고 보고되었다(Dunst et al., 1989). 사회적 지지(social support)는 부모와 가족구성원이 장애학생에 대한 양육지식과 기술을 습득함으로써 자신감을 회복할 수 있도록 지원하는 데 도움을 준다. 장애학생의 부모에게 지역사회의 자원을 활용할 수 있는 정보를 제공해 주는 것도 가족구성원의 역량을 강화시켜 줄 수 있는 긍정적 효과를 가져올 수 있다.

(2) 전문가에 의한 사회적 지원

장애학생의 부모와 가족구성원을 지원하는 데는 전문가의 전문적 지식과 기술이 필요할 때도 있다. 특히 장애학생 가족구성원이 장애적응 과정에서 많은 스트레스를 경험하고, 그로 인해 가족의 순기능을 찾기 어려운 경우에는 지역사회의 공공기관이나 전문 기관의 도움을 받는 것이 도움이 된다. 물론 지원의 종류와 형태는 가족의 상황에 따라 차이가 있지만, 주로 가족구성원의 정서적 안정을 위해 전문적 상담을 제공해 주고, 지역사회의 가용 자원을 이용할 수 있도록 정보를 제공하는 데 지원의 초점을 맞춘다.

전문가에 의한 사회적 지원은 특수상담 분야의 지원(예, 의료지원, 법률지원 등)을 포함하여, 개인상담 또는 집단상담이 동원될 수 있다. 이때도 전문가와 부모 또는 가족구성원 간의 상호 신뢰를 통한 협력은 기본이다. 전문가 지원의 궁극적인 목적은 장애학생 부모와 가족구성원에게 보다 확신에 차고, 독립적이고, 또한 역량이 강화된 생활을 할 수 있도록 지원해 주는 것이라고 할 수 있다(Fiedler et al., 2007).

'문제해결 기술'은 전문가들이 활용할 수 있는 사회적 지원 전략 중 하나이다. Fiedler 등(2007)은 장애학생 부모를 대상으로 문제해결 기술을 체계적으로 교육시킬 수 있는 여섯 단계의 훈련 전략을 제시하였다. 이들이 인용했던 상황을 보다 구체화하여 상담자와 부모의 협력적 관계를 재조명해 보는 것은 분명 이점이 있다. 문제해결 기술은 장애학생의 가족구성원이 지니고 있는 문제에 대처할 수 있는 효과적인 방법이라고 보고되었다(Childres et al., 2012; Melnyk et al., 2001).

📋 문제 상황

철수는 정서 · 행동장애를 가지고 있는 10세 남학생이다. 철수의 어머니는 철수 아버지가 교통사고로 사망한 후, 3년 전부터 혼자 철수를 키워 왔다. 담당 교사는 철수가 매일 숙제를 해 오지 않는다고 보고하였다. 담당 교사는 이 문제를 해결하기 위해서 오전에 주어진 휴식시간을 이용해 철수가 직접 숙제를 할 수 있도록 조치를 취해 왔다. 그리고 얼마 후 철수의 어머니는 담당 교사에게 전화를 걸어, 철수가 오전 쉬는 시간에 숙제를 하면 다른 일반 아이들과 어울릴 수 있는 사회적 통합의 기회가 사라질 수 있다는 우려를 전달하였다. 더구나 이러한 조치로 인하여 철수가 학교에서 돌아오면 더 시무룩해진 것 같고, 문제행동이 더 증가된 것 같다는 의견을 전달하기에 이르렀다. 담당 교사와 부모는 의견이 상충되는 갈등 속에서 철수의 문제를 해결하기 위해 적극적 방법을 모색해 볼 수 있기를 희망하고 있다.

⧖ 실행 전략

■ 1단계: 갈등 상황을 확인하고 갈등에 대한 정의 내리기

갈등 상황은 상담자가 보는 관점과 부모가 보는 관점에 따라 다를 수 있고, 이 관점의 차이는 갈등을 불러일으킬 수 있다. 교사의 입장에서는 철수가 숙제를 해 오는 것이 희망사항이고, 부모의 입장에서는 철수가 일반 아동과 통합된 환경 속에서 상호작용이 활발히 일어나는 것이 희망사항이다. 가장 좋은 해결방안은 철수가 숙제를 해 올 수 있도록 지도하고, 통합된 환경 속에서 일반 아동과 상호작용이 활발하게 일어날 수 있도록 지원하는 것이다. 그러나 어떻게 이 문제 상황을 해결할 것인가 하는 질문은 아직 남아 있다.

■ 2단계: 가능한 해결방안을 제시하기

부모와 상담자는 철수의 문제를 해결할 수 있는 모든 방안을 열거해 볼 수 있다. 상담은 협력 관계 속에서 진행되므로 부모가 제시할 수 있는 모든 방안이 열거될 수 있도록 시간을 허락해 준다. 지원의 형태로는 다른 학생에 의한 학업 지원, 방과 후 가정교사에 의한 학업 지원, 부모의 가정학습 지원, 지역사회 기관의 방과 후 학업 지원 등 다양한 해결방안이 제시될 수 있다 (Fiedler et al., 2007).

■ 3단계: 대안적 해결방안을 평가하기

해결방안을 실행에 옮기는 데는 가능성에 대한 분석이 필요하다. 실행할 수 있는 방안이라고 해도 실제로는 시간과 경제적 여건 등을 고려해 맞지 않는 경우가 더러 있기 때문이다. 따라서 2단계에서 제시되었던 해결방안 중에서 지역사회의 가용 자원 여부를 고려해 가능성이 높은 해결방안을 선별하는 과정이 필요하다. 방과 후 학업지도는 철수 어머니가 반대하여 제외하기로 하였다.

■ 4단계: 최종적으로 해결방안을 결정하기

가능한 해결방안 가운데 가장 현실적인 방안 한 가지를 선별한다. 이때는

어머니의 의견을 경청한 후 해결방안을 제시하는 것이 좋다. 가정교사는 가정의 경제적 상황을 고려해 어렵다고 판단되었고, 부모의 학업지원은 철수 어머니의 개인적인 사정으로 시간을 내기가 어렵다는 의견을 참고하여, 최종적으로 학급 동료가 철수의 숙제를 도와주는 것으로 결정되었다.

▣ 5단계: 결정된 내용을 실행에 옮기기

결정된 내용을 실행에 옮길 때는 구체적인 시간에 대한 정보가 필요하다. 얼마나 오랫동안 학업을 지원할 것인지, 하루 몇 시간을 학업 지원에 할당한 것인지를 결정해야 한다. 또한 학업 내용에 대한 평가기준도 결정되어야 한다. 실행 전략을 향후 더 지속할 것인지도 결정해야 한다. 이 부분에 대해서는 한 달간, 하루 40분씩 동료 학생이 철수의 숙제를 도와주기로 하였고, 목표들이 잘 이행되고 있는지 2주에 한 번씩, 총 2회의 상담을 진행하기로 합의하였다.

▣ 6단계: 사후 평가하기

이 단계에서는 5단계에서 설정했던 평가기준을 토대로 동료 학생에 의한 학업지도가 효율적 · 효과적으로 이루어졌는지 평가한다. 이때는 과제를 제시간에 제출했는지에 대한 여부, 할당된 숙제의 오류 비율 및 동료들과의 상호작용에 대한 평가가 포함될 수 있다. 이때는 그동안 진행해 왔던 학업 전략에 대한 평가를 토대로, 현 전략에 대한 수정과 재평가 여부를 결정할 수 있다.

(3) 임시간호 서비스

임시간호(respite care) 서비스도 장애학생의 부모를 위한 사회적 지원의 한 형태로 활용될 수 있다. 실제로 장애학생의 부모는 자녀를 돌보는 책임감으로 인하여 심신의 피로가 가중될 수 있기 때문에 때때로 쉬고 싶어 한다. 임시간호 서비스는 장애학생의 가족구성원이 지니고 있는 문제 상황과 가족 지원의 체계에 따라서 짧게는 몇 시간, 길게는 며칠 동안 지속적으로 제공될 수 있다.

이 서비스는 장애학생의 가족구성원이 현실 상황에서 떨어져 각자를 돌아볼 수 있는 시간을 가지고 향후 계획을 세워 볼 수 있도록 도움을 줄 수 있다. 부모가 이 서비스를 통해 심신의 안정을 취하고, 자녀를 돌보는 데 자신감을 얻을 수 있다는 점에서 임시간호 서비스는 긍정적 형태의 사회지원 서비스라고 할 수 있다. 임시간호 서비스는 한 나라의 정책과 제도에 따라 다르게 운영될 수도 있다.

현재 우리나라에서도 장애학생 부모들이 '장애아가족 양육지원 사업'을 신청하면 맞춤형 서비스를 지원받을 수 있다. 「장애인복지법」에 따라 만 18세 미만의 1~3급 장애아와 생계 및 주거를 같이하는 전국 가구 평균 소득 100% 이하의 가정을 대상으로 서비스가 제공되고 있다. 장애아동 보호 및 부모를 위한 휴식 지원은 월 80시간 이내, 연간 480시간 범위 내에서 가능하다.

◎ 생각해 보기

제 아이 주치의가 말했어요. "아이에게 기저귀를 채우지 마세요."라고요. 그런데 이 말은 남편과 저를 아주 힘들게 했어요. 지난번 아이에게 공공장소에서 팬티를 갈아 입히고 있었는데……, 그 말을 떠올리는 순간, 우린 사람들 앞에서 너무 당혹스러울 수밖에 없었죠. 의료진들은 일을 한쪽으로만 보려 해요. 이와 같은 문제가 우리 가족에게 어떤 문제를 일으킬 수 있는지 크게 신경을 쓰지 않는 것 같아요(Spina Bifida Association of America, 1982: Darling, 1991, p. 121에서 재인용).

자녀의 장애진단 과정에서 부모는 근심과 걱정을 많이 경험하게 된다. 자신의 자녀에게 정말 장애가 있을지도 모른다는 초조했던 마음이 의사로부터 장애진단 소식을 접하게 되는 순간 이내 실망스러운 마음으로 바뀌게 되고, 가족구성원의 장애적응 과정은 보다 복잡한 양상을 띠게 된다. 가족구성원은 장애의 원인뿐만 아니라 가족구조에 미치는 영향, 치료 방법 및 장애의 예후에 관한 많은 궁금증과 더불어 걱정스러운 마음을 가지고 있다(Taylor, 2004).

◆ 이 사례에서 기저귀를 채우지 말라는 의료진의 의견과 기저귀를 채우려는 부모의 의견이 상충하고 있다. 부모의 입장에서 의료진은 어떠한 부분을 간과한 것인지 토론해 보자.

4. 의사소통 기술에 대한 이해

1) 상담자와 부모의 정보소유 관계 파악

Joseph Luft와 Harrington Ingham은 1955년에 자신들의 이름을 조합하여 '조하리(Johari)의 창'이란 모형을 발전시켰는데, 이 모형은 상담 과정에서 상담자와 부모 간 이루어지는 의사소통의 효율적 방법을 모색해 볼 수 있는 토대를 마련해 준다. '조하리의 창'은 상담자와 장애학생의 부모 또는 상담자와 가족구성원의 정보소유 관계를 평가해 볼 수 있다는 점에서 의미가 있다. [그림 6-2]는 상담자와 부모의 정보소유에 관한 관계를 도식적으로 나타낸 그림이다.

'조하리의 창'은 장애학생의 부모상담 과정에서 상담의 목표를 설정할 때 전략적으로 활용될 수 있다. 이 모형은 가족중심의 문제해결을 위한 구조적인

장애학생 부모

		정보 소유(Yes)	정보 소유(No)
상담자	정보 소유 (Yes)	I Yes-Yes	II Yes-No
	정보 소유 (No)	III No-Yes	IV No-No

[그림 6-2] 상담자와 부모의 정보소유에 관한 관계

틀을 제공해 주는데, 상담자의 역할과 기능이란 측면에서 다음과 같이 살펴볼 수 있다.

(1) 열린 창(open window) ─ [I]

장애학생의 부모와 상담자가 정보를 공유하고 있는 창으로 상담자와 부모가 함께 지향하는 이상적이고 개방적인 창이다. 상담자-부모의 상담관계 형성은 그대로 유지되지만, 정보를 탐색하는 데 특별한 지원이 필요하지는 않다.

(2) 보이지 않는 창(blind window) ─ [II]

장애학생의 부모는 모르고 있지만 상담자는 가족의 상황에 대한 정보를 인지하고 있는 창이다. 상담자는 부모 스스로 인식하지 못하고 있는 양육과 관련된 지식과 기술을 교육시켜야 하는 과제를 안고 있다. 부모는 자녀양육에 관한 새로운 지식과 그에 따른 대처기술을 습득할 수 있게 됨으로써 열린 창으로의 이동이 가능하다. 이 창은 다른 상담자나 부모의 지인들로부터 상담자가 상담을 의뢰받는 경우에 형성될 수 있다.

(3) 숨겨진 창(hidden window) ― [III]

부모는 알고 있으나 상담자가 모르고 있는 창이다. 장애학생의 부모는 장애적응 과정에서 경험할 수 있는 스트레스 상황을 외부에 노출하지 않으려고 할 수도 있다. 부모가 알고 있는 정보의 흐름이 상담자에게 전달되지 않을 경우, 부모 또는 가족구성원은 사회적 고립을 맞이하게 될 수도 있다. 상담자는 부모와 건설적인 상담관계를 형성하여 부모가 자기-표현과 자기-주장을 펼칠 수 있도록 경청하고 수용해 줌으로써 부모 스스로 가족의 문제를 해결하도록 도울 수 있다. 이 창은 부모가 자청하여 가족문제를 전문가에게 의뢰하는 상담의 초기단계에서 나타날 수 있다. 상담관계가 형성되면 열린 창으로의 이동이 가능하다.

(4) 미지의 창(unknown window) ― [IV]

부모와 상담자가 모두 정보를 공유하지 않는 또는 공유하지 못하고 있는 창이다. 상담자와 부모 또는 상담자와 가족구성원이 서로 가족의 문제 상황을 잘 인지하지 못하는 경우 나타날 수 있는 창이다. 일반적으로 가족문제를 해결하는 데 있어서 상담자의 저항, 부모 또는 가족구성원의 저항이 나타날 수도 있다. 상담자-부모의 상담관계 속에서 중간의 보이지 않는 창 또는 숨겨진 창으로의 이동이 가능하고, 궁극적으로 열린 창으로 이동할 수 있는 다양한 지원체계가 필요하다.

2) 의사소통을 방해하는 요인

효율적인 의사소통은 상담관계를 형성하고 상담의 목표를 실현시켜 가는 과정에 있어서 매우 중요한 역할을 한다. 상담자-부모 또는 상담자-가족구성원 간에 호의적 상담관계를 형성하기 위해서는 의사소통을 방해하는 요인들을 사전에 인지하는 것이 중요하다. Pugach와 Johnson(2002)은 학교현장에서 질적인 의사소통을 방해할 수 있는 활동들을 제시하였는데, 이는 종종 교사-부모 간 협력 관계를 형성하는 데 방해가 되거나 오해 요인이 될 수 있다(Sileo & Prater, 2012). 또한 교사와 장애학생의 부모 간 이루어지는 상담현장에서 의사소통을 방해하는 주요 요인으로 작용할 수 있다.

다음은 Pugach와 Johnson(2002)이 제시한 의사소통을 방해할 수 있는 요인들이다.

첫째, 부모나 가족구성원이 원하지도 않는데 충고를 하려고 하거나, 문제를 빨리 해결하려고 조급해 한다. 문제를 빨리 해결하지 않으면 전문성이 없다고 여겨질 수 있다는 생각에 상담자는 성급해지고, 바람직하지 않은 충고를 굳이 전달하려는 경향이 있다.

둘째, 부모나 가족구성원에게 잘못된 위로를 전달하거나 안일한 생각이 들게끔 환경을 조성함으로써 가족구성원의 감정을 축소하려고 한다. 가족의 문제 상황을 축소하거나 문제가 잘 풀릴 것 같다는 행동을 보이게 되면 부모 또는 가족구성원의 입장에서는 무관심한 사람, 무시하려는 사람으로 비추어질 수 있다.

셋째, 적절한 질문을 하지 않고 적극적 경청을 하지 않는다. 교사는 너무 많은 질문, 부적절한 질문, 산만한 질문 또는 잘못된 유형의 질문과 같은 비생산적 상담을 진행하기도 한다.

넷째, 주의를 집중할 수 없는 상황에서 상담을 진행하는 경향이 있다. 교사는 상담을 진행하는 동안 다른 생각에 골몰하거나 다른 일로 주의가 분산되는 경향이 있다. 이 경우에는 다시 상담 일정을 잡는 것이 좋다.

다섯째, 간섭을 받는 일이 많다. 교사는 상담을 진행하는 동안 외부적 간섭요인(예, 전화벨 소리 등)이나 내부적 간섭요인(예, 동료 교사의 간섭 등)에 의해 상담활동이 방해받을 수 있다.

이와 같은 요인들은 상담자에게 효율적인 의사소통 방안을 강구할 수 있는 통찰력을 제공해 줄 수 있다. 상담자는 장애학생의 부모 또는 가족구성원과 상담을 진행할 때, 의사소통을 방해할 수 있는 제반 요인을 사전에 인식함으로써 생산적·효율적 의사소통의 실천 전략들을 강구할 수 있을 것이다.

📁 참고문헌

김경혜, 조윤경(2006). 장애아동 가족기능강화 프로그램의 이론과 실제: 실제편. 파라다이스복지재단.

Barnett, W. S., & Boyce, G. C. (1995). Effects of children with Down syndrome on parents' activities. *American Journal on Mental Retardation, 100*(2), 115-127.

Beck, A (1997). The past and the future of cognitive therapy. *Journal of Psychotherapy Practice and Research, 6*, 276-284.

Behr, S. K., & Murphy, D. L. (1993). Researchprofress and promise: The role of perceptions in cognitive adaptation to disability. In A. P. Turnbull, J. M. Patterson, S. K. Behr, D. L. Mruphy, J. G. Marquis, & M. J. Blue-Banning (eds.), *Cognitive coping, families and disability* (pp. 151-164). Baltimore: Brookes.

Benjamin, A. (1969). *The helping interview*. Boston: Houghton: Mifflin.

Breazeale, R. (2012). Positive reframing as optimistic thinking. *psychology today*, Posted in Sep 25, 2012.

Cavanagh, M. E. (1990). *The counseling experience*. Prospect Heights, IL: Waveland.

Childres, J. L., Shaffer-Hudkins, E., & Armstrong, K. (2012). Helping Our Toddlers, Developing Our Children's Skills (HOT DOCS): A Problem-solving approach for parents of young children with autism spectrum disorders. *Journal of Early Childhood and Infant Psychology, 8*, 1-19.

Darling, R. B. (1991). Parent-professional interaction. In M. Seligman (Ed.), *The family with a handicapped child*. Boston, MA: Allyn & Bacon.

Davis, H. (1993). *Counseling parents of children with chronic illness or disability*. The British Psychological society.

Davis, K. (1977). *Human behavior at work: Organizational behavior*. New York: McGraw-Hill.

DeVito, J. A. (2001). *The interpersonal communication book* (9th ed.). New York: Longman.

Dunst, C. J., Trivette, C. M., Gordon, N. J., & Pletcher, L. L. (1989). Building and mobilizing informal family support networks. In G. H. S. Singer & L. K. Irvin (Eds.), *Support for caregiving families: Enablingpositive adaptation to disability* (pp. 121-141). Baltimore: Brookes.

Fiedler, C. R., Simpson, R. L., & Clark, D. M. (2007). *Parents and families of children with disabilities: Effective school-based support services*. Columbus, OH: Pearson Prentice Hall.

Friend, M., & Cook, L. (2003). *Interactions: Collaboration skills for school professionals* (4th ed.). Boston: Allyn & Bacon.

Gladding, S. T. (2007). *Counseling a comprehensive profession* (5th ed.). Upper Saddle River, NJ: Pearson Prentice Hall.

Gordon, T. (1970). *Parent effective training*. New York: Wyden.

Hackney, H., & Cormier, S. (2005). *The professional counselor: A process guide to helping* (5th ed.). Boston, MA: Pearson Education, Inc.

Hawkins, N. E., & Singer, G. H. S. (1989). A skills training approach for assisting parents to cope with stress. In G. H. S. Singer & L. K. Irvin (Eds.), *Support for caregiving families: Enabling positive adaptations to disability* (pp. 71-83). Baltimore: Brookes.

Maholick, L. T., & Turner, D. W. (1979). Termination: The difficult farewell. *American Journal of psychotherapy, 33*, 583-591.

Melnyk, B. M., Feinstein, N. F., Moldenhouer, Z., & Small, L. (2001). Coping in parents of children who are chronically ill: Strategies for assessment and intervention. *Pediatric Nursing, 27*(6), 547-557.

Muscott, H. S. (2002). Exceptional partnerships: Listening to the voices of parents of children with disabilities. *Preventing School Failure, 46*(2), 66-69.

Nguyen, S., Pertini, M., & Kettler, L. (2015). Parental cognitive appraisals and coping behaviours following child's epilepsy diagnosis: A qualitative study. *Clinical Child Psychology and Psychiatry, 20*(1), 20-38.

Olson, D. H., McCubbin, H. I., Barnes, H., Larson, A., Muxen, M., & Wilson, M. (1983). *Families: What makes them work.* Beverly Hills: Sage.

Orton, G. L. (1997). *Strategies for counseling with children and their parents.* Pacific Grove, CA: Brooks/Cole Publishing Company.

Parker, R. M., & Szymanski, E. M. (1998). *Rehabilitation counseling: Basics and beyond.* (3rd ed.). Austin, TX: Pro-ed.

Pressly, P. K., & Heesacker, M. (2001). The physical environment and counseling: A review of theory and research. *Journal of Counseling and Development, 79*, 148-160.

Pugach, M. C., & Johnson, L. J. (2002). *Collaborative practitioners, collaborative schools* (2nd ed.). Denver, CO: Love.

Rogers, C. R. (1961). *On becoming a person: A therapist's view of psychotherapy.* Boston: Houghton Mifflin.

Schmuck, R. A., & Runkel, P. J. (1994). *The handbook of organization development in schools and colleges* (4th ed.). Prospect Heights, IL: Waveland.

Seligman, M. (2000). *Conducting Effective conferences with parents of children with disabilities.* New York, NY: Guilford Press.

Sileo, N. M., & Prater, M. A. (2012). *Working with families of children with special needs.* Upper Saddle River, NJ: Pearson.

Simons, R. (1987). *After the tears: Parents talk about raising a child with a disability.* San Diego: Harcourt Brace Jovanovich.

Simpson, R. L., & Mundschenk, N. A. (2010). *Working with parents and families of exceptional children and youth.* Austin, TX: Pro-ed.

Taylor, G. R. (2004). *Parenting skills collaborative services for students with disabilities.* Lanham, MD: Scarecrow Education.

Taylor, S. E. (1983). Adjustment to threatening events: A theory of cognitive adaptation. *American Psychologist, 38*, 1161-1173.

Young, M. E. (1998). *Learning the art of helping.* Upper Saddle River, NJ: Merrill/ Prentice Hall.

Woolfson, L. (2003). Disabled children, parents and society: A need for cognitive reframing. *Proceedings of the British Psychological Society, 11,* 5.

Merriam-Webster (2017). Trust. www.merriam-webster.com/dictionary/trust

제7장

부모의 문제유형별 상담 전략

　　장애학생의 부모와 가족구성원은 장애적응 과정에서 많은 어려움을 경험한다. 현실적인 어려움에는 가족구성원의 사고, 정서 및 행동의 다양한 영역들이 포함되어 있고, 부모는 장애자녀와의 상호작용에 여러 문제를 안고 있다. 자녀가 지닌 장애 자체 요인과 그를 둘러싼 환경요인 그리고 부모의 장애수용에 대한 자아강도가 총체적으로 가족기능에 영향을 미친다고 할 수 있다. 부모상담은 가족구성원이 경험할 수 있는 제반 문제점들을 확인하고, 문제해결을 위한 목표를 수립하고, 상담 및 평가를 진행하는 총체적 과정 속에서 진행되어야 한다.
　　이 장에서는 장애학생 부모의 문제유형을 중심으로 고찰해 보고, 학교현장에서 교사 또는 상담자가 접근할 수 있는 부모상담의 전략을 살펴보고자 한다.

1. 의존적 성향의 부모
2. 태만한 성향의 부모
3. 과잉보호 성향의 부모
4. 완벽주의 성향의 부모
5. 분노 성향의 부모
6. 다투는 성향의 부모

7. 비협조적 성향의 부모
8. 도움행동이 과한 부모
9. 행동하지 않는 부모
10. 전문가로서의 부모
11. 내담자로서의 부모

1. 의존적 성향의 부모

1) 의존적 부모의 특징

의존적 성향의 부모는 장애자녀를 양육하고 자녀의 학교생활에 대한 부모 개입과 적극성이 부족한 성격특성을 보인다. 부모교육과 부모상담 과정에서 장애학생에 대한 보다 적극적 양육기술이 요구되는 유형이라고 할 수 있다.

의존적 부모는 가족의 문제를 해결하는 데 있어, 자신들이 직접 전면에 나서기보다는 상담자 혹은 보호자에게 더 기대려는 경향을 보인다. 그래서 부모 중 한 사람이 의존적이라면, 그렇지 않은 배우자에게 더 기대려고 할 수도 있다. 물론 의존적인 부모라고 해서 무조건 수동적이라는 말은 아니다. 실제 이들은 상담자에게 매우 협조적인 경우도 많기 때문이다. 그러나 이들에게서 볼 수 있는 협조적 성향은 보통 사람이 생각하는 건설적인 협조적 성향과는 조금 다르다. 왜냐하면 이 유형의 부모는 상담자가 가족구성원을 대신하여 문제 해결의 방안에 대한 결정을 내려줄 수 있고, 그에 따른 책임을 상담자가 가정할 수 있다는 생각이 들 때만 협조하려는 경향이 있기 때문이다. 이러한 이유로 의존적 부모는 상담자의 눈에 아이처럼 보일 때가 있을지도 모른다. 그 이유를 살펴보면, 의존적 부모는 어린 시절부터 의존적인 교육을 받아 왔거나, 결혼 이후에도 의존적인 생활을 하는 데 큰 불편함이 없었기 때문에 의존성이 계속 강화되어 왔다고 볼 수 있다. 이는 학습이론에서 얘기하는 강화학습의 원리와 같다.

의존적 부모는 스스로 생각하려 들지 않고, 행동의 결과에 따른 책임을 지지 않으려는 경향이 있다. 과거 중요한 일을 결정했던 경험이 좋지 않은 결과로 나타났다면, 그리고 당시 그에 따른 책임이 뒤따르게 되었고 또 그 책임에서 자유롭지 않다고 느꼈거나 죄책감을 지울 수 없다는 생각이 들었을 때는 더 의존적인 행동을 보일 수 있다. 게다가 의존적 부모는 자녀의 문제를 자신이 직접 다루지 못할 것이라고 느낄 수도 있다. 또 다른 실수를 저지르기보다는 상담자 또는 교사의 결정에 맡기는 것이 더 속 편하다고 느낄 수도 있다. 그러나 이러한 유형의 의존성은 지속적으로 문제를 일으키지는 않는다. 죄책감, 심리적 부담감 등은 비장애인도 느낄 수 있는 보편적인 감정들이다.

2) 부모상담 전략

과도하게 의존적인 부모에게는 점진적으로 그들의 의존성을 감소시키는 전략이 필요하다. 부모가 의존성을 보일 때 상담자가 즉시 거절하여 오히려 불안을 증폭시킬 필요는 없기 때문이다. 이때는 부모가 결정하고 행동하는 모습을 보여 주면, 적절한 강화책을 전달하는 방법을 활용해 볼 수 있다. 부모가 상담자 또는 교사에게 자녀 혹은 가족의 문제를 결정해 달라고 요청하거나 도움을 요청할 경우, 다음과 같은 진술문이 부모의 의존성을 감소시키는 데 도움이 될 수 있다.

> "무엇을 할 것인지 안다는 건 쉬운 일이 아니지요. 그러나 제 의견이 어머니의 의견보다 더 낫다고는 절대 생각하지 않아요. 어머니께선 무엇을 하는 게 더 좋다고 생각하세요?"
>
> "정말 어려운 상황입니다. 저도 그런 상황에 처했다면 무엇을 해야 할지 모를 것 같아요. 그래도 본인의 생각은 어떠한지 궁금하군요."(Seligman, 2000, p. 236)

만약 부모가 상담자 또는 교사에게 의견을 제시해 달라고 하거나 결정을 내려 달라고 거듭 부탁을 한다면, 다음과 같이 격려해 주는 말도 좋은 방법일 수 있다.

> "결정을 내리는 게 분명 어렵다는 걸 이해합니다. 최대한 도움을 드리고

싶습니다만, 제가 생각하기에는 사람들도 어려운 상황 속에서 스스로 결정을 내리게 될 때, 더 큰 자부심을 느낄 수 있다고 생각합니다. 물론 결정이 항상 옳게 판명되지 않을 때라도 말입니다. 전 본인이 결정할 수 있을 때 결정하는 게 더 좋다고 생각합니다."(Seligman, 2000, p. 236)

　특수학교(학급) 교사는 특히 의존적 부모의 행동에 대해서 더 수용적인 태도를 보여줄 수도 있다. 장애학생의 가족구성원들에게 도움을 제공하는 것이 교육의 이념이자 교사 자신의 책임이라고 생각할 수도 있기 때문이다. 그래서 의존적 부모가 스스로 가족의 문제에 대처할 수 있도록 지원방안을 마련하기보다는 교사 자신이 도와줘야 한다고 생각할 수도 있다. 이 부분은 상담자로서의 교사가 경계해야 할 부분이기도 하다.

2. 태만한 성향의 부모

1) 태만한 부모의 특징

　학생에게 따뜻한 보살핌과 사랑을 전해 주어야 한다는 것은 교육에서 강조하고 있는 실천적 이념이다. 부모뿐만 아니라 교사에게도 학생들에 대한 보살핌의 윤리는 동일하게 적용될 수 있을 것이다.

　태만한 성향이 있는 부모는 장애자녀를 돌보거나 사랑을 전달하는 행동을 보여 주기가 쉽지 않다. 어떤 부모는 자신의 태만함이 오히려 자녀의 자립심을 개발시키는 데 도움이 될 수 있다고 주장한다. 또 어떤 부모는 자신의 삶의 방식이 원래 그렇다고 자연스럽게 말할 수도 있을 것이다. 그러나 이와 같이 삶의 방식을 얘기하는 부모들은 대부분 알코올이나 게임과 같은 다른 곳에 신경을 쓰는 일이 많아 정작 자신의 자녀를 돌보는 행동이 뒷전인 경우가 많다. 자녀의 자립심을 키우기 위해서 무관심하게 행동한다는 부모의 태도를 상담자는 어떻게 받아들여야 할까? 자녀의 자립심을 키우기 위해 무관심하게 행동하고 있다는 부모의 태도는, 빈곤 또는 질병으로 가족의 상황이 더 악화되어 있는 장애학생 부모와는 사정이 분명 다르다.

태만한 부모는 자녀를 방임하거나 학대할 여지가 있다. 특히 자녀에게 심각한 어려움이 초래될 수 있는 행동을 보이는 부모가 있다면, 상담자는 이 사실을 관계 당국에 신고해야 할 때도 있다. 가족지원의 한 방법으로 제공되는 의뢰 서비스의 경우, 사회복지사를 동반해야 하는 경우도 있고, 상담자는 사회복지사와 함께 이들 가족의 상황에 대한 관련 정보를 교환해야 할 경우도 있다.

태만한 부모는 비협조적인 부모와 성격 유형이 비슷하지만, 자녀에 대한 관심과 애정을 기울이는 데 있어서 차별적인 특성이 있다. 즉, 비협조적인 부모는 상담자에게 비협조적일 수 있지만 기본적으로 장애자녀에 대한 사랑의 감정이 남아 있고 자녀에게 관심과 지지를 표명한다. 그러나 태만한 부모는 자녀의 건강과 발달에 중요한 정서적 지원을 제공해 주지 않는다. 또한 이들에게는 비협조적인 행동들이 뒤섞여 있는 경우가 많다. 그래서 상담자는 태만한 부모를 대상으로 상담을 진행하기가 쉽지 않다는 말을 할 때가 많다. 때때로 사회복지사가 학교현장에서 부모-교사의 모임을 주선할 수도 있지만, 이 또한 쉬운 일은 아니다. 이러한 경우, 장애학생의 부모가 괜찮다고 한다면 가정방문까지도 고려해 볼 수 있어야 한다. 물론 부모가 학교 모임에 참석할 수 있는 기회가 주어질 수 있지만, 태만한 부모는 그냥 참석만 할 뿐, 참석 자체로 부모가 담당해야 할 의무를 다한 것이라고 생각한다는 점에서 문제의 심각성이 있다. 부모상담이 적극 개입되어야 할 문제유형이라고 할 수 있다.

2) 부모상담 전략

상담자는 아무리 태만한 성향의 부모를 대한다고 할지라도 자녀의 문제에 대하여 부모를 비난하지 않는다는 자세로 상담을 진행하는 것이 중요하다. 부모가 장애학생의 안녕에 안 좋은 결과를 가져올 수 있다는 생각이 들면 상담자는 즉시 조치를 취할 준비가 되어 있어야 한다.

태만한 부모가 자신의 부정적인 행동을 인지하지 못하는 경우, 또한 의식적으로 자녀에게 태만한 행동을 지속할 경우에는 공개적으로 부모에게 솔직하게 얘기를 하고, 이 사실을 관계 기관에 보고해야 한다. 물론 상담자는 부모의 행동에 대한 적극적 보호조치를 취하기 전에 다른 학교에 있는 전문가를 만나 자문을 받을 수도 있을 것이다. 장애학생이 태만한 부모에 의해 심리적·신체적 방임의 희생양이 되지 않도록 노력을 기울여야 한다는 점이 중요하다. 이때 기관 간의 협조는 분명 필요한 조치일 수 있다. 만약 행정적인 조치로 부모(또는 보호자)가 감금 등의 처분을 받게 될 경우, 장애학생은 다른 가족구성원으로부터 또 다른 방임과 학대를 받을 수 있다는 연구를 고려해 볼 때(Aaron & Dallaire, 2010), 아동에게 지속적인 상담을 제공하고 관계 기관과 지속적인 협력 관계를 유지하는 일은 필수적이라고 할 수 있다.

더구나 상담자는 부모뿐만 아니라 장애학생과도 별도의 상담을 진행해야 할 필요성이 있다. 가족이 안고 있는 문제는 한 사람에게 국한된 것이 아니기 때문이다. 부모(또는 보호자)가 지속적으로 장애학생을 방임하고 학대해 왔다면, 자녀는 이후 살아가는 데 있어서 인지적·심리적·정서적 문제들을 수반할 가능성이 크고, 문제행동을 일으키게 될 여지도 크다(Huang et al., 2015).

따라서 상담자는 관계 기관의 협조와 더불어 방임이 장애학생에게 주는 효과를 인식할 수 있도록 부모상담을 제공할 기회를 마련할 수 있어야 한다. 태만한 부모에 의해 장애자녀가 방임과 학대를 받게 될 가능성을 상담자가 간과할 수는 없기 때문이다. 관계 기관에 협조를 하는 과정에서 부모는 상담자 또는 교사를 못마땅하게 생각할 수도 있다. 이러한 껄끄러운 관계를 사전에 방지하기 위한 차원에서도 기관 간 협조는 꼭 필요한 부분일 수 있다. 상담자는 부모를 타 기관에 의뢰해 상담을 지속시킬 수도 있고, 사전에 부모의 승인을 얻음으로써 지속적인 상담관계를 유지할 수도 있을 것이다.

부모상담을 진행하는 과정에서 상담자는 장애학생을 위해 별도의 부모역할을 겸해야 할 경우도 있다. 태만한 부모의 품에서 자란 장애학생이 가정에서 따뜻한 감정을 못 느꼈을 개연성이 크기 때문이다. 이때 장애학생을 따뜻하게 안아 준다거나, 집단 활동에 참여시킴으로써 일정한 역할을 수행할 수 있게끔 지원하는 것도 고려해 볼 수 있다. 이러한 접근은 상담자가 교사인 경우에도 마찬가지이고, 전문 상담자의 경우에도 교사와의 협력 관계는 필수적이라고 할 수 있다.

상담을 진행하면서 장애학생의 부모에게 지역사회의 자녀양육 프로그램을 소개해 주는 것도 상담자의 중요한 업무 역할이 될 수 있다. 부모에게서 종종 관찰되는 부족한 양육기술은 부모-자녀 관계를 더욱 어렵게 만들 수 있다. 많은 지역사회 기관에서 재정적 부담이 크지 않으면서 효율적인 양육 지식과 기술에 관한 교육을 제공하고 있으므로 부모들이 이러한 프로그램에 참여할 수 있도록 기회를 만들어 주는 것이 좋다. 태만한 부모의 성격적 특성을 바꾸기는 어렵다고는 하지만, 가족기능이 와해될 정도라면 이는 분명 곤란하다. Seligman(2000)은 교사가 이 유형의 부모에게 권장해 줄 수 있는 진술문을 다음과 같이 소개하였다.

"집안에 여러 문제가 있다는 걸 이해하고 있습니다. 그러나 수지가 운다는 건, 단지 그냥 우는 게 아니라 부모님으로부터 사랑을 받고 싶다는 마음을 표현한 것이라고 생각합니다. 기대와 달리 더 심각한 상황이 오기 전에 (또는 더 큰 도움이 필요하기 전에), 수지가 어머님의 보살핌을 느낄 수 있도록 좀 더 노력해 보시길 부탁드립니다."(Seligman, 2000, p. 241에서 의역 인용)

3. 과잉보호 성향의 부모

1) 과잉보호 부모의 특징

자녀의 과잉보호 문제는 장애학생의 부모에게만 국한되어 있는 것이 아니다. 오늘날 비장애 자녀를 둔 부모 또한 자녀에게 자유를 허락하지 않고 더 보호하려는 경향이 있기 때문이다. 그 이유는 30~40년 전에 비해 오늘날의 생활환경이 더 위험해졌고, 이는 아동을 대상으로 한 범죄율의 증가 및 미디어의 영향과도 무관하지 않다(Dill, 2014). 물론 부모의 과잉보호 성향은 자녀를 신체적·심리적 위해환경으로부터 보호하려는 동기에서 나온 행동일 수 있다. 부모의 이러한 보호 속성은 자녀의 학문적 성취 영역부터 질병, 사고, 대인관계 등의 영역에 이르기까지 광범위하게 걸쳐 있다. 과잉보호에 대한 동기가 높은 부모는 자녀에 대한 염려와 불안으로 인하여 자녀를 더욱 과잉보호하려는 경향을 보인다. 문제는 부모가 어느 정도까지 자녀의 자립심과 선택의 자유를 보호해 줄 수 있느냐 하는 점일 것이다.

일반적으로 장애자녀를 둔 부모의 과잉보호 성향은 비장애 자녀를 둔 부모의 과잉보호적 성향과는 다르다. 즉, 장애학생 부모는 자녀의 장애에 따른 죄책감으로 인해 특히 더 보호하려는 경향이 있다고 보고되었다(Seligman, 2000). 그래서 부모는 자녀가 혼자 성공적으로 수행할 수 있는 과제가 있더라도 개입을 하려고 하고, 이러한 과잉보호 성향은 다른 영역에까지 확대되는 경향이 있다. 자녀가 밖에서 또래와 놀 때도 다칠까 봐 염려하고, 놀이공원에 갈 때도 손을 꼭 잡아야 하는 등, 자녀를 위한 보호본능에 있어서 만큼은 타인의 눈을 의식하지 않으려 한다. 부모의 입장에서는 자녀가 지니고 있는 장애자체도 어려운데, 그로 인한 또 다른 어려움이 자녀에게 수반될 가능성을 용인하고 싶지 않은 태도 때문일 수도 있다. Seligman(2000)이 지적했듯이, 부모는 이러한 이차적 문제들이 가중될 수 있는 가능성을 차단하겠다는 차원에서 자녀를 더 보호하려는 경향이 있다고 볼 수 있다.

　　한편, 과잉보호 성향이 있는 부모는 자녀의 발전 가능성을 간과하려는 경향이 있다. 물론 장애학생의 장애 유형과 정도에 따라 다르겠지만, 과잉보호 성향을 가진 부모의 성격적 특성은 보다 지속적인 경향이 있다. 즉, 자녀의 장애 여부 등을 불문하고 자녀를 더 과잉보호하려는 성격적 특성을 드러낼 수 있다는 점이다. 문제는 자녀가 자신의 발전 가능성을 더욱 확장시킬 수 있는 환경조건을 가졌음에도 불구하고 보호를 받게 됨으로써 개인적 성장에 큰 도움이 되지 못한다는 사실이다. 과잉보호 성향이 있는 부모는 보호적 성격특성으로 인하여 자녀의 자립에 대한 불안이나 공포를 느낄 수 있으므로, 이들의 불안과 공포를 감소시켜 주고 행동을 전환시켜 줄 수 있는 부모상담 전략이 필요하다.

2) 부모상담 전략

　　상담자는 과잉보호 성향이 있는 부모와 상담을 진행할 때 자녀의 자립생활에 대한 교육을 실시할 수 있어야 한다. 즉, 교사는 장애학생의 부모 또는 가족 구성원에게 보다 현실적이고 개인적 성장을 촉진시켜 줄 수 있는 양육을 실천해 달라고 요구할 필요가 있다. 구체적으로는 자녀에게 자립생활이 꼭 필요하기 때문에 이를 강화시켜 줄 수 있는 교육이 필요하다는 것을 주지시켜 주어야 한다는 점이다. 이를 위해서는 학생이 다니고 있는 학교의 부모-교사 모임을 통해 독립적인 생각과 행동을 촉진시켜 줄 수 있는 학습의 기회가 제공될 수 있도록 배려하고, 학생 스스로 자립생활에 대한 대처능력을 개발시킬 수 있는 프로그램과 연계되도록 지원해 주어야 한다. 이러한 측면에서 상담자는 교육현장에 있는 담당 교사와의 협력이 필요하며 교사가 상담자로서 부모상담을 진행할 경우에는 알림장을 의사소통의 수단으로 충분히 활용할 수 있어야 할 것이다.

　　만약 부모가 자녀양육에 대한 과잉보호적인 행동을 지속하려 한다면, 상담자는 장애자녀에게 분명 도움이 되지 않을 것이라는 확신 아래 자녀에 대한 생각을 솔직하고 단호하게 부모에게 전달할 수 있어야 한다. 물론 부모상담에 대한 접근은 이전 상담이론에서 살펴보았듯이, 어떤 상담이론을 중심으로 부모상담을 전개하느냐에 달려 있다고 할 수 있다.

> "수지를 도와주고 보호하고 싶은 마음은 저도 이해를 합니다만……, 아이의 성장에 큰 도움이 될 수 있는 삶의 경험들을 방해하지 않을까 걱정이 됩니다. 부모님은 무슨 일이든 아이에게 해가 될 수 있다는 생각이 들면 아이를 더 보호하려고 하겠지요. 그건 부모님의 입장에서 사랑과 관심의 표현이고 자연스러운 일이니까요. 그러나 지나친 과잉보호는 나중에 아이의 자립심을 개발하는 데 방해가 될 수 있고, 살아가면서 스스로 보람을 느낄 수 있는 기회를 방해할 수 있다고 봅니다."(Seligman, 2000, p. 239)

자녀를 자신의 영향력 아래에 두고자 하는 부모는 나중에 자녀가 독립적인 생활을 하게 될 때 서운함을 느낄 수도 있다. 그러나 부모도 스스로 인생을 살아오면서 경험했듯이 서운함은 결코 자녀의 성장에 도움이 되지 않는다. 상담자는 부모에게 지지상담을 제공해 줌으로써 장애자녀의 자립생활과 개인적 성장을 도와줄 수 있다.

4. 완벽주의 성향의 부모

1) 완벽주의 부모의 특징

완벽주의 성향의 부모는 자녀의 일에 걱정을 너무 많이 하는 경향이 있다. 이 유형의 부모는 자녀와 관련된 모든 일이 완벽에 가깝게 처리되어야 한다고 생각한다. 완벽하지 않으면 걱정과 근심이 가득 차는 성격특성을 지니고 있다. 완벽주의 부모는 학교 혹은 자녀와 관련된 일에 형식적으로 참여할 뿐 참여를 아예 회피해 버리는 부모와는 행동특성이 다르다(Seligman, 2000). 완벽주의를 추구하는 부모의 성격유형은 어린 시절의 경험에서 기인할 수 있다. 그래서 예전에 자신이 완벽하게 일을 처리하지 못했을 때, 부모 또는 주변인으로부터 비난과 조롱이 섞인 말을 들어 왔기 때문에 더 완벽함을 추구하게 된다고 여겨진다(Seligman, 2000). 결국 부모의 입장에서는 자녀가 자신과 같은 어린 시절을 경험하지 않도록 자녀에게 더 완벽함을 요구하게 된다는 해석이 가능하다. 부모의 완벽주의 성향은 분노와도 연관되어 있는 것으로 보고되었다(Kruthi et al., 2012).

완벽주의를 추구하는 장애학생 부모는 자녀가 수용할 만한 수준보다 못한 학업성취를 보였다는 생각이 들면, 자녀와 교사에게 종종 실망감을 표출하는 경향이 있다(Seligman, 2000). 이러한 실망감의 표현은 자녀의 입장에서 수용하기가 너무 힘들게 느껴질 수도 있다. 자녀는 자신의 능력의 범위를 벗어난 과도한 성취를 부모가 요구한다고 느낄 수 있기 때문이다. 이때 자녀는 심적 부담이 더 가중될 수 있고, 그에 따라서 문제행동이 수반될 가능성도 커진다.

완벽주의 부모의 성격특성으로 인해 자녀는 학교 과제물에 부정적인 태도를 취하게 될 가능성이 높다. 준비된 과제물이 부모의 기대수준 이하로 떨어질 때마다 많은 비난이 쇄도했던 경험을 해 왔기 때문에 학교 과제물에 부정적인 태도를 갖게 되고, 이러한 태도는 성취를 요구하는 다른 내용에도 일반화될 수 있다. 완벽주의를 추구하는 부모로 인해 장애자녀가 정서적 문제를 호소한다면 이는 부모가 자녀에 대한 기대수준을 너무 높게 잡았기 때문일 것이다. 부모의 입장에서 장애자녀에 대한 기대치가 너무 낮아도 문제가 될 수 있지만, 너무 높아도 문제가 된다. 자녀에 대한 기대치가 너무 높은 나머지 자녀가 자존심에 상처를 입게 된다면, 자녀가 보여 줄 수 있는 가능성은 부모의 비난으로 인해 더 멀어질 수 있다. 이는 부모교육과 상담이 필요한 이유가 될 수 있다.

2) 부모상담 전략

부모상담의 전략은 장애학생이 지니고 있는 학습문제의 본질, 한계점 및 잠재력을 부모가 인지할 수 있도록 분명하고 이해할 수 있는 용어들로 설명해 주는 것이다(Seligman, 2000). 물론 상담자는 부모가 자녀에게 거는 높은 기대수준이나 성취도 수준을 상담을 통해 낮추어 줄 수 있겠지만, 기대수준이 지니는 의미는 하나의 평가기준이 되어 조급함을 불러올 수 있기 때문에, 이는 자녀에게 또 다른 압박 요인으로 작용할 수 있다. 따라서 상담자는 단지 부모의 기대수준을 낮추기 위해 노력하기보다는 자녀의 안정적인 성장이 심리적 · 인지적 요소들과 연관되어 있다는 것을 부모가 인식할 수 있도록 부모교육과 상담을 강화하는 노력이 더 필요할 수도 있다. 즉, 심리적 부담감이 있는 상태에서는 학생의 학업수행이 일반적으로 저조했던 반면, 심리적 부담감이 없는 상태에서는 그와 반대로 향상되었다는 것을 부모에게 실증적으로 얘기해 줄 수 있을 것이다. 이는 심리적 부담감이 학생의 학업수행에 어떻게 영향을 미치는지 설명할 근거가 될 수 있다.

경우에 따라서는 부모를 수업시간에 초청하여 참관하도록 안내하는 것도 하나의 대안이 될 수 있다. 다만 수업참관이 자녀에게 부정적인 영향을 미치지 않는다는 가정하에서 가능할 것이다. 완벽주의 부모로 인하여 자녀가 수업시간에 오히려 위축이 된다면 상황이 더 난감해질 수 있기 때문이다. 부모 중 한 사람이 완벽주의 성향이 덜하다면, 부부가 함께 수업에 참관할 수 있도록 배려할 수 있다. 부부 중 보다 합리적인 한 사람이 완벽주의자인 배우자에게 긍정적인 균형을 잡아 주는 역할을 기대할 수 있기 때문이다(Seligman, 2000).

5. 분노 성향의 부모

1) 분노 성향의 부모의 특징

　부모는 자녀의 행동이 마음에 들지 않을 때 분노를 표출할 수 있고, 아동 또한 자신의 욕구가 충족되지 않을 때 분노를 표출할 수 있다. 분노는 분노의 주체와 객체에 따라 정서적 반응의 실체가 다르다. 분노 성향의 부모는 자녀의 학업성취나 행동문제가 제기될 때, 분노의 대상을 자녀의 교육을 담당하고 있는 교사, 학교 또는 교육과정의 운영에 돌리려는 경향이 있다(Seligman, 2000). 분노의 표현은 인간의 적응 과정에서 나타날 수 있는 자연스러운 현상이지만(Faupel et al., 2011), 분노의 표현은 자녀의 성장발달에 지속적으로 영향을 미치고, 정서적 · 행동적 문제와 더불어 가족기능의 전반에 문제를 일으킬 수도 있다(Fanning et al., 1996).

　문제는 분노 성향의 부모는 분노의 감정을 자녀가 다니는 학교와 관련이 없는 기관 또는 다른 사람들에게 표출할 수도 있다는 점이다. 이때 상담자는 부모가 분노하는 이유가 무엇인지 확인해야 하겠지만 결코 쉬운 일이 아니다. 부모가 보여 주는 행동이나 언어적 표현을 바로 이해하기가 어렵고, 분노의 감정 속에 내재된 무의식적인 동기를 알아채기도 어렵기 때문이다. 그럼에도 상담자는 부모가 분노를 표출할 때는 그 원인이 무엇인지에 대한 탐색이 꼭 필요할 것이다. 이때 상담의 이론이나 문제에 대처하는 양식에 관한 이론은 상담자가 분노의 원인을 현실적으로 평가할 수 있도록 도움을 줄 수 있다.

　학교현장에서 공개적으로 교사 또는 학교를 비난하는 부모는 분노 성향의 부모들 가운데서도 가장 불안을 유발하는 부모의 유형에 속한다(Seligman, 2000). 이 유형의 부모는 교사가 학생을 잘못 대하였고, 잘못 교육시켰다고 공개적으로 비난할 수도 있고, 더 나아가 자신의 자녀가 부당한 교육으로 피해를 입었다며 소송을 제기할 수도 있다. 그 원인을 좀 더 들여다보면 부모가 교사 또는 학교에 대해 품고 있는 분노의 감정 혹은 적개심은 실제 교사가 잘못한 것이 아닐지라도, 자신의 자녀가 명백히 교육의 도움을 받지 못하고 있다는 불안에서 나온 자구책일 수도 있을 것이다.

분노 성향의 부모는 자녀의 장애로 인한 어려운 현실에 직면하게 되면 문제를 해결하기보다는 다른 곳에 비난을 돌리려는 경향이 있다(Seligman, 2000). 이들이 보이는 분노의 표현은 과거 자녀를 지도했던 전문가(교사, 상담자)와의 어색한 관계가 원인일 수도 있다. 이러한 부정적인 경험은 실제 자녀가 새로운 담당 교사를 만나기 이전부터 생성되어 온 감정으로, 누구일지라도 일단 적개심을 품고 대하고자 하는 행동특성을 반영하고 있는지도 모른다. 더구나 학교 행정은 자녀에 대한 부모의 요구조건을 일단 수용하는 체제로 운영되는 것이 원칙이기 때문에, 부모는 합법적으로 자신의 분노를 표출할 수 있는 조건이 만들어졌다고 생각할 수도 있다. 분노가 있는 부모는 과거 자신의 요구사항에 대해 이견이 접수되었다는 사실만으로도 교사에게 분노를 표출할 수 있다. 분명한 점은 교사에게 직접 분노를 표출하는 부모는 교사가 자기 자녀에게 관심을 기울이지 않았다는 사실에 기초해 불만을 토로하고 있다는 것을 시사해 주는 대목일 수도 있다(Seligman, 2000). Seligman(2000)도 지적했듯이 부모에 따라서는 교사가 자신의 자녀에게 별로 관심을 기울이지 않았다는 생각에 좌절할 수도 있고, 적대적 감정을 표출하게 될 수도 있다.

분노 성향의 부모는 자녀교육과 관련하여 관계 기관 혹은 학교로부터 자녀를 다른 곳으로 전출 혹은 전과하라는 말을 듣게 될 경우 더 분노를 표출하는 경향이 있다. 즉, 그동안 자녀가 다니던 익숙한 곳을 떠나 다른 경험을 해야 한다는 사실에 대해 더 분노를 표출할 수도 있다는 것이다. 이때 부모는 자신의 이야기를 먼저 경청하지 않았다고 교사나 관련 기관을 원망할 수도 있고, 공개적으로 비난의 화살을 퍼부을 수도 있다. 새로운 환경은 자녀가 새로운 전문가, 새로운 동료 및 색다른 환경에 노출된다는 것을 의미하기 때문에 새로운 환경에 적응한다는 것은 또 다른 스트레스이자 불안의 요인으로 작용할 수 있다.

2) 부모상담 전략

분노 성향의 부모를 대할 때, 상담자가 할 수 있는 첫 번째 일은 친절하게 손을 먼저 내밀고 경청하는 자세를 보여 주는 일이다. 이때 적절한 상담기술을 활용하여 부모가 분노를 표현하게 된 이유를 탐색해 보는 과정이 필요하다. 분노의 대상이 자녀로 인해 일어났는지, 주변의 환경적 요인으로 인해 일어났는지 탐색해 보아야 한다. 분노의 원인이 자녀의 행동 때문이라고 할 때, 부모는 흔히 "난 네게 완전히 손들었어. 네가 행동을 변화시켜야 내 기분이 언짢지 않지."라는 식으로 말하곤 한다. 이는 부모가 자신의 불안을 먼저 다스리기보다는 자녀의 행동을 먼저 통제하려고 할 때 흔히 사용하는 대화이다(Pincus, 2015). 효율적인 의사소통을 위한 부모교육이 필요하다는 생각이 들면 부모에게 지역사회 기관의 프로그램에 대한 정보를 알려주는 것도 한 방법이다.

만약 분노의 원인이 학교와 관련된 일이라고 한다면 그 분노가 자녀의 담당 교사 때문인지, 학교 또는 교육 프로그램의 내용과 연관되어 있는 것인지 탐색해 볼 수 있을 것이다. 이때는 눈에 잘 띄지 않는 언어적 표현까지도 주의 깊게 관찰할 필요가 있다. 흔히 부모의 말 가운데 잘 표현되지 않는 부분은 불만족스러운 감정과 연관될 때가 많기 때문이다(Seligman, 2000).

부모와 상담을 진행하는 동안 부모가 직접 표현할 때까지는 부모의 언사에 대하여 비난하거나 해석하려고 하지 않는 것도 상담의 전략이 될 수 있다(Seligman, 2000). 분노를 표현하는 부모와 상담을 진행할 때는, 앞 장에서 살펴보았듯이 폐쇄형 질문보다는 개방형 질문을 사용하는 것이 대화의 분위기를 좋게 만들 수 있다. 따라서 "제 생각에는 영희 문제와 관련해서 아버님이 제게 만족스럽지 않은 것 같은데요."라고 말하기보다는 "제 생각에는 영희가 진전이 없는 데 대하여 만족스럽지 않으신 것 같습니다. 왜 이런 일이 일어나게 되었는지 아버님의 생각은 어떠신지요?"(Seligman, 2000, p. 228)라고 말하는 것이 더 자연스러운 상담 분위기를 조성할 수 있다.

이 유형의 부모와 상담을 진행할 때는 자녀의 단점보다는 장점을 부각시킬 수 있는 내용을 활용하는 것이 상담에 큰 도움이 된다. 부모로부터 자녀와 관련된 자료를 얻기 힘든 경우에는 자녀가 다니고 있는 학교 담당 교사로부터 필요한 서류를 제공받을 수 있다. 물론 교사가 직접 부모상담을 진행하는 경우에는 학생에 관한 학업 관련 서류들을 자유롭게 활용할 수 있을 것이다. 만약 자녀가 학업성취 등의 발전 가능성을 보이는 부분이 있다면, 이를 상담 과정에서 언급해 주는 것도 부모의 분노와 조급함을 덜어 낼 수 있는 좋은 방법이 될 수 있다. 자녀의 학교생활에 대한 기대수준이 높고 그 기대수준을 만족시키지 못했다는 생각이 들면 부모는 자녀가 보여 줄 수 있는 작은 성취에도 주의를 기울이지 않고 그냥 지나치기 쉽기 때문에 이 부분을 언급해 주는 것이 좋다.

분노 성향의 부모와 상담을 진행할 때, 상담자는 오히려 자신이 분노를 표출하거나 부모의 말에 방어적인 자세를 취하게 되는 경우도 있는데, 이 또한 경계할 필요가 있다. 상담자와 부모의 관계가 더 적대적인 관계로 발전하게 될 가능성이 높기 때문이다. '경청하기'는 가장 강력하고 긍정적인 반응을 유도할 수 있는 의사소통 기술이라는 점을 잊지 않는 게 좋다(Nichols, 1995).

학교 내 활동에 대해 분노를 표출하는 부모에게는 '의역하기'와 '공개적으로 초대하기'와 같은 상담기술을 활용하면 대화를 부드럽게 진행하는 데 도움이 된다. 다음과 같은 진술문이 한 예이다.

> "동수 아버님, 좌절감과 분노의 감정을 충분히 이해할 수 있습니다. 동수가 학교에 있는 동안 행동이 더 악화된 것 같아서 걱정을 하고 계신 듯합니다. 동수가 이렇게 행동하게 된 어떤 이유가 있는지……, 아버님의 생각은 어떠신지 궁금합니다."(Seligman, 2000, p. 229에서 의역 인용)

상담자(교사)는 부모의 의견을 경청한 후, 객관적이고 논쟁적이지 않은 방식으로 각자의 의견을 개진할 수 있는 시간을 갖는 것이 좋을 것이다. 자녀의 문제 행동의 원인에 대한 다양한 관점이 있을 수 있기 때문에, 먼저 자녀의 행동에 대한 부모의 이야기를 경청하고, 상담자와 부모가 함께 합의를 이끌어 낼 수 있는 민주적 방식의 상담 전략이 필요할 것이다.

부모는 학교 이외의 장면이나 방과 후 활동에 대해서도 분노의 감정을 표출할 수 있다. 기관 또는 학원에서 자녀의 장애 상태를 너무 강조하고 있다는 데 불만을 표출할 수 있고, 차별적 환경에 대해서도 분노의 감정을 표출할 수 있다. 이때도 적극적 경청하기와 의역하기는 좋은 상담기술이 될 수 있다.

Seligman(2000)은 분노 성향의 부모는 다른 유형의 부모보다 교사에게 더 위협적으로 인식될 수 있다고 지적하였다. 물론 부모가 표출하는 분노의 감정은 교사 이외의 다른 요인(예, 다른 사람 또는 다른 사건에 대한 좌절감이나 조급함)에 의해서도 일어날 수 있다. 그러나 부모의 분노가 교사의 개인적인 일[예, 성적 처리의 오류, 자녀의 문제행동에 대한 오기(誤記) 등]로 발생하였고 그에 따라 부모가 교사에게 불만을 표출했다면, 상담자로서의 교사는 자신의 실수를 합리화하기보다는 솔직하게 실수를 인정하는 것이 좋다. 장애학생의 부모와 교사가 향후 더 긍정적인 상담관계로 발전할 수 있는 지름길이 될 수 있기 때문이다.

6. 다투는 성향의 부모

1) 다투는 부모의 특징

다툼이 많은 부모는 본래의 성격특성이 그렇기 때문에 다툼이 많이 일어난다고 말하기가 매우 어려울 것이다. 장애학생 가족구성원의 경우, 가족 안에서의 문제가 원인이 되어 부부간 다툼으로 발전할 수는 있어도 근거 없이 성격적으로 다툼을 벌인다는 것은 일반적으로 이해하기가 어렵기 때문이다. 자녀 문제로 인하여 부부간 다툼이 발생할 때는 주로 가족구성원 간의 이견에 따른 갈등이 지속된 관계로 일어날 수 있다. 일시적인 갈등은 시간이 지나면서 해소될 수 있지만, 상호 간의 의견이 지속적으로 불일치하게 되면 그에 따른 책임 소재에 대한 공방으로 이어지기가 쉽다. 특히 장애학생의 부모는 자녀의 문제를

두고 서로 다투는 경향을 보일 때가 많다. 자녀에게 문제가 발생하지 않을 때는 큰 문제가 없지만, 자녀가 길을 잃어버린다거나, 학교에서 싸움이 일어나 불이익을 받게 된다거나 하면 자녀를 돌보는 부분에 대한 책임 공방을 벌이게 된다. 부모가 서로 자녀문제를 두고 지속적으로 다툼을 벌이게 되면, 다른 자녀도 걱정, 조바심 및 무기력의 증상을 보일 수 있다(Cummings & Davies, 2011)

다툼이 많은 부모는 상대방의 의견을 경청하지 않고 자신의 주장이 옳다는 주장을 전개하려는 경향이 있다. 상대방의 말을 들어주기보다는 자신의 의견이 더 옳다고 여기며, 자신을 먼저 이해해 달라고 요구하는 경향이 있다. 또한 다투는 부모는 종종 참는다고 말하지만, 실제 참는 것이 아니라 내재된 의견 불일치의 감정을 속에 참고 있다가 다음에 다툼이 일어날 때 그 내용을 다시 언급하면서 불만스러운 감정을 누적시키려는 경향이 있다. 따라서 다툼이 많은 부부는 다투는 원인에 대해 서로 충분히 인식하지 못하고 지나가게 되면 언제든 내용이 다시 부상할 수 있고, 더 큰 감정싸움으로 번질 가능성이 높다고 보아야 할 것이다. 문제는 이러한 부정적 감정들이 누적되면 부모 자신도 자존감이 낮아지고, 자녀의 행동을 바라보는 태도 또한 더 비관적으로 변할 수 있다는 점이다. 부모 자신의 건강과 자녀의 건강을 해칠 정도로 부부간 다툼이 일어난다면, 이는 부모상담이 조속히 개입되어야 할 이유가 충분히 있다고 할 수 있다.

2) 부모상담 전략

부모상담을 진행할 때는 전략과 기술을 함께 고려하는 것이 좋다. 다투는 부모는 어느 한 사람의 의견만을 경청할 수 없기 때문에 객관성을 유지하기 위하여 두 사람을 상담 과정에 참여시키는 것이 일반적이다. 이때는 상호 관찰을 통하여 가족의 역동성을 이해할 수 있는 기회를 만들어 낼 수 있다. 물론 부부가 함께 상담 과정에 참여했으나 두 사람의 관계가 악화되어 서로 양보하지 않으려 할 때는, 시간 간격을 두고서 개별 상담을 진행하는 것이 좋다 (Seligman, 2000). 그렇지 않고 함께 상담을 진행하게 되면, 상담자는 중간에서 불편하고 난감한 상황이 벌어질 수도 있기 때문이다.

상담자는 경우에 따라서는 타 전문가에게 상담을 의뢰해야 할 경우도 있다. 교사는 부부관계를 다루는 상담 전문가가 아니기 때문에 이 분야의 다른 전문가에게 의뢰하는 것이 더 좋을 수도 있다(Seligman, 2000). 따라서 교사는 직접 해결하기 어려운 난제들이 섞여 있고 싸움의 원인이 자녀의 부적응 문제와 상관없는 부부간의 개인적인 일이라면 깊이 관여하지 않는 게 좋다. 부부간 다툼의 내용과 정도에 따라 다르겠지만, 부모가 자녀와의 갈등상황이 심각하지 않고, 상호 간의 의견불일치를 비교적 쉽게 해결할 수 있는 경우라면 교사로서 상담을 합리적으로 진행할 수 있는 조건이 될 수 있다.

상담자는 장애학생의 부모와 가족의 문제에 관한 정보를 공유할 수 있어야 할 것이다. 즉, 부모가 자녀 문제를 두고 서로 다툼을 벌이게 될 경우, 이는 서로가 자녀에 관한 정보를 함께 공유하지 못하고 각자 부분적인 정보만 가졌기 때문에 발생할 수 있다는 점이다. 또한 서로 다르게 인지된 정보로 인하여 다툼이 일어날 수도 있다. 이 경우에 상담자는 양쪽 부모의 관점을 모두 듣고 양쪽 부모의 의견이 합당하다는 사실을 발견하게 될 수도 있다. 이때는 두 사람의 의견을 하나로 모을 수 있는 진술문을 제공해 주는 것이 상담을 진행하는 데 큰 도움이 된다. 예를 들면, 장애학생의 아버지는 자녀의 학업성취도를 높이 평가하고 있고, 어머니는 자녀의 외형적 이미지와 행동에 초점을 맞추고

서 서로 논쟁을 벌이고 있다고 가정해 볼 때, 다음과 같은 진술문은 상담을 진행하는 데 도움을 줄 수 있다.

> "얘기를 듣고 보니 두 분의 의견에 저도 동의해야 할 것 같군요. 미래를 생각해 볼 때, 동수의 행동, 외형적 모습 그리고 학업성취 모두 중요할 것 같습니다. 그래서 어느 한두 개에 집중하기보다는 동수에게 큰 부담을 주지 않으면서, 모두 취합할 수 있는 방법이 있지 않을까 하는 생각이 드는군요. 이 세 가지 영역을 모두 포함시켜 함께 발전을 모색해 볼 수 있는 프로그램에 대해선 어떻게 생각하시는지요?"(Seligman, 2000, p. 246)

경청하기는 특히 부부간 부정확한 정보를 습득함으로써 갈등상황이 빚어질 경우 활용할 수 있는 의사소통 기술이다. 부정확한 정보는 개인으로 하여금 잘못된 판단과 오해를 낳기 쉽다. 따라서 자녀와 관련된 학업성적, 학업성취에 있어서의 장애요인과 행동문제, 학습 프로그램의 개입 효과 등에 관한 구체적인 정보를 제공하고, 부모의 의견을 경청하는 기회를 갖는 것이 상담을 효과적으로 진행시킬 수 있는 지름길이 될 수 있다(Seligman, 2000).

이 유형의 부모와 상담을 진행할 때 부모 중 어느 한쪽 편을 들지 않는 것은 중요한 상담 전략이다. 부모가 가족의 주요 관심사를 두고 다투든, 별로 어렵지 않은 주제를 가지고 다투든, 어느 한쪽 편을 들지 않고 두 사람의 의견을 경청하면서 함께 해결방안을 모색해 보는 것이 가장 민주적이고 효율적인 상담 방법이다. 학교현장에서 교사가 부모 중 한쪽 얘기만 듣는다고 하면, 이는 또 다른 부부간의 갈등, 부모-교사 간의 갈등을 유발할 가능성이 높아진다. 또한 학교현장에서 부모상담을 진행하는 교사가 주목해야 할 부분은 부부의 문화적 표현 양식을 이해할 수 있는 지식체계를 갖추고 문화적 상담기술을 익히는 일이다. 미국과 마찬가지로 우리나라도 다문화 사회로 진입하고 있는 것이 현실이다. 다문화 상담은 더 이상 먼 곳의 이야기가 아니다.

부모상담을 진행하다 보면 부모가 교사 앞에서 감정적으로 언성을 높일 수도 있고, 조용히 이성적인 두뇌싸움을 벌일 수도 있다. 이때 상담자로서의 교사는 당혹스러움을 감추기가 어려울 수도 있을 것이다. 문화적 표현 양식은 자녀를 두고 다툼을 벌이는 부부간에도 나타날 수 있기 때문에 문화에 대한 이해를 높이는 것도 부모상담을 진행하는 데 큰 도움이 될 수 있다.

7. 비협조적 성향의 부모

1) 비협조적 부모의 특징

　상담을 진행하는 데 있어 부모의 비협조적인 태도는 상담자-부모의 상담 관계 형성을 방해하는 요인으로 작용한다. 더구나 부모의 비협조적인 태도는 부모상담의 효율성과 효과성에도 부정적인 영향을 미친다. 이는 장애학생이 교사의 지도를 따르지 않고 흥미를 보이지 않거나 비협조적 태도를 보이지 않는 것과 마찬가지이다. 따라서 부모가 자녀의 일에 비협조적인 태도를 보이는 것은 교사가 직면해야 하는 주요 문제 가운데 하나이다.

　상담자는 상담 과정에서 부모가 비협조적으로 행동하는 이유를 찾아 보는 것이 중요하다. 그 원인을 찾지 않고서는 상담자와 부모가 서로 치료적 동맹 관계를 형성하기가 어렵기 때문이다. 물론 부모가 가사로 바쁜 경우에는 가족의 관심사를 상의하기 어렵기 때문에 단순히 비협조적으로 비춰질 수도 있다. 또한 어떤 부모에게는 학부모 모임이 크게 의미가 없다고 비춰질 수도 있지만, 교사의 입장에서는 부모의 행동이 비협조적이라고 생각될 수도 있다. 게다가 가정통신문이 다른 집으로 잘못 전달되었거나 이사로 인해 학교 모임이 공지되지 못함 등의 이유로 비협조적으로 비추어질 수 있다. 자녀는 학교에서 많은 시간을 보내고 있기 때문에 부모의 행동이 협조적이냐 비협조적이냐를 판단하는 기준은 일반적으로 부모가 학교 행정에 참여하는 정도와 자녀의 학업지도에 대한 부모의 관심도에 달려 있다고 판단해 왔던 것도 사실이다. 그러나 단순히 학교 모임의 참석 여부를 가지고 부모의 협조 여부를 판단하는 것은 부모상담을 진행하는 데 있어서 경계해야 할 부분이다. 무엇보다 상담자는 부모의 소극적인 행동을 단순히 비협조적이라고 판단할 것이 아니라, 그렇게 행동할 수밖에 없는 다른 이유는 없는지 조심스럽게 살펴보는 노력이 필요하다.

비협조적인 부모가 학교 일에 소극적인 이유는 고통스러운 일을 회피하고자 하는 무의식적인 행동 때문일 수도 있다(Seligman, 2000). 학교생활에서 장애자녀의 열등한 부분에 관한 내용을 교사로부터 듣게 된다는 것은 부모로서 고통스러운 일이 될 수 있으므로 가급적이면 교사와의 접촉을 피하려고 할 수도 있다는 것이다. 특히 장애학생이 비장애 학생과 교육과정에 통합되어 있는 경우, 장애학생의 부모는 자신의 자녀가 비장애 학생들과 비교되는 것을 두려워할 수도 있다. 이러한 환경 속에서 부모가 자녀의 학업수행을 도와줄 것이라고 담당 교사에게 얘기했음에도 불구하고, 실제 자녀를 위해 학습지도를 해 주는 경우는 흔치 않다(Seligman, 2000). 이 유형의 부모가 보이는 행동은 자녀를 돌보는 것을 회피 또는 철회함으로써 실제 자녀와 부딪히며 경험하게 될 불안을 감소시키려고 하는, 자신만의 생존 전략일 수도 있다. 한편, 자녀의 학교생활과 관련하여 교사의 의견에 비협조적인 부모는 자녀의 장애를 수용하는 과정에서 어려움을 겪고 있거나 자녀의 장애상태를 부인하고자 하는 심리적 특성을 지니고 있을 수도 있다(Seligman, 2000).

이 유형의 부모가 보여 주는 비협조적인 태도는 그 원인이 무의식적인 회피이든 수용의 문제이든, 부모상담 과정에서 상담자가 직면해야 할 부모의 심리적 특성일 수 있다.

2) 부모상담 전략

자녀의 장애상태를 수용하지 못해 비협조적인 태도를 보이는 부모에게는 어떠한 상담 전략이 필요할까? 상담자는 장애학생을 위해 특별히 도움이 필요한 영역이나 장점을 발휘할 수 있는 영역을 지적해 주면서 부모에게 현실적으로 접근해 볼 수 있다. 장애학생의 부모가 자녀의 장애상태를 계속 부인하려고 하면, 자녀가 잘못하는 부분보다 잘하는 부분을 강조하면서 상담을 전개할 수 있다. 학생의 능력을 벗어난 과도한 칭찬이나 비현실적인 진술은 오히려 장애를 부인하려는 부모의 심리적 방어기제를 더 고착시킬 수 있기 때문에 주의가 필요하다. 부모가 자녀를 아직 수용할 준비가 되어 있지 않다면 부모의 이야기를 진실한 마음으로 경청하고 부모의 입장에서 공감해 주는 것이 오히려 향후 현실적인 주제를 다루게 될 때 더 효과적일 수 있다. 앞서 장애적응 과정에서 언급했듯이, 상담의 효과는 부모들이 장애자녀의 현실을 긍정적으로 수용하는 단계에서 가장 효과적일 수 있다.

한편, 상담자로서의 교사는 정서적 문제를 수반하는 부모나 학교 일에 참여가 부족한 부모와도 대면할 기회가 종종 있을 수 있다. 학교 모임에 부모를 초대하게 될 때, 교사는 부모에게 부담을 주지 않는 선에서 초대장을 발부할 수 있을 것이다. 다음은 학교 모임에 비협조적인 성향의 부모를 초대할 때 메시지 내용을 제시한 것이다.

> "지난번 전화통화를 할 때 부모님께 잠깐 논의드렸습니다만, 개인적인 문제들로 어려워하고 계시다는 걸 잘 알고 있습니다. 그렇지만 동수의 학교생활도 중요하므로 조만간 동수의 학업문제로 논의를 드리고 싶습니다. 제게 전화를 주시거나, 혹시 제가 자리에 없으면 메시지를 남겨 주세요. 바로 연락드리겠습니다."(Seligman, 2000, p. 230에서 의역 인용)

교사는 학교 모임에 참석하지 않는 부모에 대해서도 부정적인 태도를 갖지 않도록 주의해야 한다. 부모가 모임을 놓치게 된 이유에 대해 부드럽게 질문을 하되, 부모의 잘못을 암시하는 느낌이 들지 않도록 하는 게 중요하다. 일상적이지만 다음과 같은 함축적인 진술문을 활용해 볼 수 있을 것이다.

"지난 수요일 모임에서 못 뵈었을 때, 무슨 일이 생긴 것인지 걱정을 많이 했습니다. 두 분 다 괜찮으시죠?"

교사와 부모의 협력 관계는 장애학생 부모 또는 가족구성원이 지니고 있는 문제들을 해결하기 위해 신뢰를 구축하는 과정이라고 할 수 있다. 만약 교사가 부모와의 협력 관계를 맺지 못하고 진전이 없다면, 해당 원인을 찾는 노력은 상담자에게 필요한 과제일 것이다. 부모와 협력 관계를 유지하는 데 의심이 들 때는, "지난번에도 두 분께서는 별로 말이 없으셨던 것 같습니다. 혹시이전 모임에서 우리가 놓친 어떤 논의할 만한 부분이 있을까요?"와 같은 진술문을 활용해 그 동기를 파악하는 것이 보다 중요할 수 있다. 만약 몇 번의 상담회기를 진행하면서도 부모가 교사에게 말이 거의 없다면 이는 상담 진행이부모에게 크게 만족스럽지 못하다는 의미일 수 있고, 자녀와의 관계에도 크게 변화가 없을 것이라는 불만의 묵시적 표현일 수도 있다. 한편, 장애학생의 부모는 교사가 자신에게 부담을 느낀다고 생각하여 학교 방문을 꺼리는 경우도 있을 수 있다. 즉, 자신이 환영을 받지 못한다는 생각이 들 때, 교사의 업무와 학교 일에 협조하려 들지 않을 수도 있다는 것이다. 이때 교사는 부모 혹은그들의 장애자녀에게 혹시 부정적인 태도를 보인 적은 없었는지 스스로 되돌아보는 시간이 필요할 수도 있다. 학생의 장애수준이 학급 내에 수용될 수 없을 때 교사의 태도는 더 부정적일 수 있기 때문이다(Campbell et al., 2003). 그러나 부모가 그동안 교사를 오해하고 있었다는 사실을 인지하게 된다면, 이때담당 교사는 부모가 학교 모임에서 언제나 환영받을 수 있다는 느낌이 들 수있도록 수용해 줄 수 있다. 게다가 부모에게 학교 내 특별활동, 현장체험, 수업시간 참관 등 다양한 활동을 체험해 볼 수 있도록 격려해 줄 수도 있다.

어떤 부모는 직장 일 또는 지역사회 활동으로 인하여 학부모 면담 시간을지키지 못할 수도 있다. 특히 자녀가 중증의 장애를 가지고 있으면, 부모는 학교 모임을 제쳐 둔 채, 자녀를 돌보거나 의료시설을 방문하는 데 대부분의 시간을 보낼 수 있다. 이는 자녀의 장애상태에 대한 불안을 감소시키기 위한 부모의 대처방식일 수도 있다. 부모의 이러한 행동은 다른 사람의 입장에서는 학교 일에 비협조적이거나 흥미가 없는 것으로 비추어질 수 있지만, 부모의 입장에서 보면 충분히 이해가 되는 행동이다. 부모가 학교 모임에 참석하기를 꺼린다고 해서 교사가 부모상담을 강요해서도, 부모에게 학교 모임에 자주 참석해 달라고 강요해서도 안 될 것이다.

어떤 부모는 알림장과 전화로 교사와 소통하는 것을 더 선호할 수도 있다. 물론 알림장과 전화는 나중에 대면상담의 기회가 주어질 수 있는 주춧돌이 될 수도 있다. 교사가 자녀를 좋아하고, 잘 지도해 주고, 또 이야기를 적극적으로 경청해 준다는 생각이 들면 부모는 마음의 문을 열고 담당 교사에게 보다 협조적인 태도를 보여 줄 수 있을 것이다.

8. 도움행동이 과한 부모

1) 도움행동이 과한 부모의 특징

도움행동이 과한 부모도 부모상담 과정에서 변화가 필요한 유형이라고 할 수 있다. 장애학생의 부모가 자녀의 일과 관련된 관심사를 논의할 때 상담자에게 도움을 준다는 것은 분명 긍정적인 일이다. 그래서인지 이 유형의 부모는 비협조적이거나 태만한 부모보다는 긍정적인 유형으로 비춰지는 경향이 있다. 그러나 상담자가 생각했던 것 이상으로 도움행동이 과할 때는 상담자에게도 큰 부담이 될 수 있다.

부모가 보여 주는 과도한 도움행동은 자녀가 다니고 있는 학교에서 주로 많이 발생한다. 이 유형의 부모는 자녀의 학교생활과 관련하여 교사에게 적극적으로 협력하는 부모의 유형이기도 하다. 그러나 교사가 생각했던 필요 이상으로 도움행동을 보일 경우 교사는 심리적으로 부담감을 느낄 수 있다. 그리고 이러한 부담감 때문에 부모에게 사실대로 심리적 부담감을 전달하기도 어렵고, 설사 얘기를 전달한다 하더라도 부모가 당혹스러워할까 봐 쉬쉬하는 분위기가 지배적이다. 또한 학교현장에서 실제 담당 교사가 아니고서는 부모의 행동이 과하다는 것을 인식할 확률도 낮다.

부모가 자녀의 학교 일에 대해 과도하게 관심을 보이거나 참여하게 되는 이유는 무엇일까? 지나친 도움행동을 보이는 부모는 자신의 행동이 자녀와 관련된 일에 도움이 될 것이라는, 즉 행동의 유용성에 대한 확신 내지 동기 때문에 일어날 수 있다(Seligman, 2000). 이와 같은 욕구는 일반적으로 부모가 대인관계에서 만족감을 느끼지 못할 경우 도움행동을 통해 대리만족을 추구하고자 하는 심리상태를 반영한다는 정신분석학적 해석이 가능하다. 또한 부모의 가족구성원 가운데 만성적 질병을 가지고 있거나 알코올중독 증상이 있는 부친 또는 모친에게 제공해 왔던 과도한 도움행동이 동기화되어 나타났을 수도 있다.

문제는 과도한 도움행동을 제공하고자 하는 부모보다 이들의 과도한 도움행동을 적절하게 제지하지 못하는 교사의 애매모호한 태도가 방관을 불러왔을 수도 있다는 점이다. 이는 교사가 부모와 적절히 의사소통을 하지 못한 결과일 수도 있다. 중요한 사실은 이 유형의 부모에게 어떠한 종류의 도움을 얼마만큼 제공해 줄 수 있는지 적절히 요청할 수 있는 효율적 의사소통 기술을 활용할 수 있어야 한다는 점이다.

2) 부모상담 전략

상담자로서의 교사가 도움행동이 과한 부모에게 취할 수 있는 행동은 부모에게 자신이 경험하는 심리적 부담감을 기분이 상하지 않은 상태로 솔직하게 전달하는 기술이다. 도움행동 자체는 긍정적인 속성을 포함하고 있기 때문에, 다른 문제유형의 부모보다는 덜 위협적으로 느껴질 수 있다. 따라서 교사가 부모에게 분명하고 위협적이지 않은 방식으로 대면 상황에 대한 피드백을 전달한다면, 난감한 상황 없이 부모-교사가 지속적인 상담관계를 유지할 수 있

을 것이다. 이러한 의미에서 다음과 같은 진술문은 부모-교사의 상담관계를
발전시키는 데 도움이 될 수 있다.

> "어머님께서 도와주시려고 하는 부분들을 다 이해할 수 있고, 또 학생들
> 도 어머님의 참여를 좋아하고 있는 것 같습니다. 그런데 어머님께서 도와주
> 시려는 마음은 이해하고 있습니다만, 도움이 필요하지 않은 상황들도 더러
> 있습니다. 어머니의 도움에 진심으로 감사드리고 싶습니다. 다만, 도와주시
> 려는 시간을 좀 더 줄여 주시면 어머님께도 도움이 될 것 같은데……, 이 부
> 분에 대해서는 어떻게 생각하시는지요?"(Seligman, 2000, p. 237에서 의역
> 인용)

9. 행동하지 않는 부모

1) 행동하지 않는 부모의 특징

자녀의 일과 관련하여 행동하지 않는 부모는 사전에 약속한 말들을 실제
행동으로 옮기지 못하는 유형의 부모이기 쉽다. 학교현장에서 자녀의 일로 부
모상담을 진행하는 교사의 입장에서는 과제물이나 가정학습 지도를 부모가
함께 지도해 주었으면 하는 기대를 할 수 있다. 그러나 장애학생의 부모가 자
녀를 위해 과제물을 도와주고 학업지도를 해 주겠다고 약속을 했음에도 불구
하고, 약속한 내용들이 이행되지 않았다는 것을 알게 되었을 때, 교사는 실망
할 수도 있다.

그렇다면 장애학생의 부모가 약속한 말들을 행동으로 옮기지 못하는 이유
는 무엇일까? 상담자로서의 교사는 이처럼 부모가 말과 행동이 다른 이유가
무엇인지 꼼꼼하게 탐색해 볼 필요가 있다. 이렇게 하면 교사의 입장에서는
행동하지 않는 부모의 문제유형에 관한 지식을 습득할 수 있는 기회가 될 수

있고, 부모와의 지속적인 상담을 통해 장애학생의 성장과 발달에 도움이 될 수 있는 방법을 찾아볼 수 있기 때문이다.

행동하지 않는 부모의 심리적인 동기를 살펴보는 것도 이 유형의 부모를 이해하는 데 도움이 될 수 있다. 우선 이들은 도움행동을 제공한다는 측면에서 볼 때는 최소한 긍정적인 의도와 협조에 대한 의지가 있다고 볼 수 있다. 이처럼 부모가 가지고 있는 도움행동에 대한 의지와 의도는 담당 교사 또는 학교 관계자들을 기쁘게 해 줄 수도 있다. 그러나 부모가 교사의 생각에 부응해야만 자녀가 학교 프로그램 속에서 잘 수용될 수 있고, 또 긍정적인 피드백을 받을 수 있다고 생각한다면, 이는 분명 문제가 될 수 있다(Seligman, 2000). 이는 부모가 교사와의 면담에서 지키지 못할 수도 있는 약속을 먼저 해 버리는 결과를 낳기 쉽고, 이는 결국 행동하지 않는 부모를 양산하게 되는 이유를 설명할 수 있는 근거가 된다.

물론 어떤 부모는 자녀의 학습활동에 도움이 되기를 원하며, 실제 교사와의 협조 속에서 결정된 사항들을 실행에 옮기려고 노력하기도 한다. 이 유형의 부모가 보여 주는 행동은 그래도 약속을 실행에 옮기려고 노력해 본다는 점에서, 아예 노력도 하지 않고 행동을 이행하지 않는 부모보다는 긍정적인 측면이 있다. 그러나 부모가 자신이 한 약속을 행동으로 옮기기가 쉽지 않다는 것을 깨닫게 되는 순간 행동하지 않는 부모로서의 특성을 가지게 된다. Seligman(2000)은 이 유형의 부모들이 약속을 이행하지 못하는 다양한 이유를 다음과 같이 설명하였다.

첫째, 어떤 부모는 가족 내 다른 가족구성원을 챙겨 주어야 하는 일로 인해, 또는 실제 업무가 너무 많아 약속을 지키지 못할 수도 있다. 이들은 실제 좋은 의도를 가지고 있더라도 이를 실천으로 옮기기가 힘든 상황이라고 볼 수 있다.

둘째, 어떤 부모는 교사와 합의했던 활동들이 실제 자녀의 열등감을 드러내는 활동이 될 수 있다고 염려할 수도 있다. 그래서 불안을 느끼고 그에 따라서 약속을 철회하는 반응을 불러일으킬 수도 있다.

셋째, 어떤 부모는 학습활동에 동의했더라도, 이 부분은 훈련을 받은 교사의 몫이자 학교의 소관이라고 생각해 실행에 옮기지 않을 수 있다. 학교 교사는 아동에 대한 지식과 실천기술이 풍부한 교육전문가이기 때문에 자녀를 돌보는 일은 교사의 전담이라고 생각할 수 있다는 것이다.

넷째, 어떤 부모는 자신이 자녀의 과제물을 소화할 수 없다고 생각한다. 그래서 자신이 자녀의 과제물을 도와주면 그 결과물이 자녀에게 해가 되거나 불이익을 경험하게 만들 수도 있다고 생각한다는 점이다.

다섯째, 어떤 부모는 단지 행동하는 것을 미루고 이행하지 않는 사람일 수 있다.

앞에 언급된 유형의 부모가 보여 주는 부정적인 행동특성들은 어떤 경우로든 자녀의 성장과 발달에 도움이 될 수 있는 방향으로 부모의 태도와 행동을 변화시켜야 한다. 이는 부모상담을 진행하는 상담자 또는 교사의 몫이기도 하다. 교사는 약속을 이행하지 않는 부모의 행동을 보고 좌절과 분노의 감정을 가지게 될 수도 있다. 방임과 학대를 함께 경험하고 있는 장애학생을 볼 때는 그런 감정이 더욱 진하게 다가올 수 있다. 이때는 관심사를 부모와 논의해 본 후, 효율적인 해결방법을 안내해 주는 역할을 담당할 수 있을 것이다.

2) 부모상담 전략

부모가 자녀를 도와주는 데 있어 좋은 의도를 가지고 있다 하더라도 행동으로 옮기지 못할 때는 실망스러울 수밖에 없다. 교사는 부모가 자녀의 성장을 위해 약속한 내용이 실천되기를 원하지만, 실제 이행되지 않을 때면 실망과 좌절감을 경험할 수 있다. 행동하지 않는 부모와 상담을 진행할 때도 나름대로의 전략이 필요하다.

교사는 부모에게 반감을 불러일으킬 수 있는 정서적 반응을 보이지 않도록 조심해야 한다. 좌절과 분노의 표현은 효율적인 의사소통을 방해하기 때문이다. 교사가 좌절이나 분노를 표현하는 행동은 결코 문제를 해결하기 위한 전략이 될 수 없고, 효율적인 의사소통을 방해한다는 사실을 인식하는 것이 중요하다. 실제 부모가 약속한 내용과 행동으로 옮기는 데서 오는 불일치를 지적하는 것도 좋은 생각은 아니다. 행동하지 않는 부모를 비난해서도, 무책임하다거나 신뢰가 없다는 등의 내용을 함축하는 말을 전해서도 안 될 것이다 (Seligman, 2000). 그러나 어떤 경우에는 교사의 입장에서 부모에게 염려를 표현해야 할 경우도 있다. 다음은 행동하지 않는 부모에게 교사가 표현해 볼 수 있는 긍정적인 진술문과 부정적인 진술문의 예이다.

> "다른 책임들이 주어지면 분명 더 힘들게 느껴지실 거라는 걸 잘 알고 있습니다. 그러나 두 분 중 한 분이 동수와 30분, 일주일에 세 번씩 함께 책을 읽어 준다면, 학교에서 얻은 이점들을 충분히 유지할 수 있을 거라고 생각합니다."(Seligman, 2000, p. 249에서 의역 인용)

그러나 다음과 같은 진술문들은 부모들에게 저항을 불러일으킬 수 있기 때문에 상담자(또는 교사)들은 주의해야 한다.

> "아버님, 동수가 화장실을 갈 때마다 긍정적인 강화를 주라고 제가 몇 번이나 얘기했는지 모르겠습니다. 제가 얘기한 것을 이행하지 않는 한, 동수는 결코 배변훈련을 할 수 없을 겁니다. 무슨 문제가 있으신가요? 제가 작은 일을 부탁드린 건데, 애한테 시키기가 그렇게 어려우신가요?"
> "아버님, 동수에게 실천하기로 했던 좋은 약속들이 한 번도 이행되지 않았다는 사실에 전 솔직히 지쳤습니다. 이젠 아버님이 약속하신 말에 대해 어떤 조치든 취할 때가 온 것 같습니다."

이와 같은 부정적인 진술문은 상담자(교사)가 경계해야 할 예라고 할 수 있다. 왜냐하면 이러한 진술문은 부모에게 죄책감, 방어기제 및 적개심을 불러올 수 있고, 부모-교사 간의 협력 관계에도 부정적인 영향을 줄 수 있기 때문이다. 이는 부모-자녀, 교사-자녀 간의 관계에도 다시 악영향을 미칠 수 있다. 앞서 제시한 두 개의 부정적 진술문은 교사가 자신의 입장에서 부모에게 감정을 일방적으로 전달할 뿐, 실제 부모의 입장에서 행동하지 못하는 이유를 탐색해 보려는 노력이 전혀 없는 대화일 뿐이다.

교사는 학교에서 학생이 보여 준 성과를 부모에게 알려 주고, 가정에서 부모가 조금만 힘을 보태면 자녀의 성장이 더욱 촉진될 수 있다는 말을 전달할 필요가 있다. 이는 학교와 가정의 협력이 중요한 오늘날의 관점이기도 하다. 부모가 가정에서 자녀를 지원해 성공적인 경험을 얻으면, 이때 부모는 자신감 있게 행동을 추진할 수 있는 힘을 얻을 수 있다는 점이다. 그러나 부모가 가정에서 자녀를 지도하는 것에 대해 너무 불안해하거나 부담감을 느낀다면 강요하지 않도록 주의를 기울여야 할 필요는 있다.

10. 전문가로서의 부모

1) 전문가 부모의 특징

전문가 부모와 상담을 진행할 때도 주의가 필요하다. 전문가 부모는 일반적으로 학력 수준이 높은 편이고, 그들이 알고 있는 지식과 지위를 이용하여 자녀에 대해 특별한 사안을 요구하거나 특별한 대접을 원할 수도 있다. 학교 현장에서 상담을 진행하는 교사는 이 유형의 부모와 대면할 때면, 심리적으로 불편한 느낌을 받게 될 수도 있다. 교사가 전문가 부모의 자녀가 지니고 있는 문제점들을 부모의 책임이라고 말한다거나, 가정에서의 행동규칙과 같은 내용들을 부모에게 지시적으로 전달하기가 어려운 관계일 수도 있다.

전문가 부모는 학교교육과 교육과정에 대하여 신랄하게 비판하며 자신이 마치 교육계의 전문가 또는 특수교육 관련 자격증을 가지고 있는 사람인 것처럼 행동하려는 경향을 보일 수도 있다(Seligman, 2000). 특히 이와 같은 부모의 행동특성은 교사가 겪는 가장 큰 애로 사항들 중 하나일 수도 있다.

한편, 전문가 부모는 자녀의 교육에 대한 동기가 높은 편이고, 교육에 대한 지식도 상대적으로 많이 가지고 있다. 이러한 점은 분명 긍정적인 측면이다. 그러나 관련 지식을 가지고 교사에게 암묵적으로 영향력을 행사하려는 태도를 보이면 교사는 심리적으로 불편함을 느낄 수밖에 없다. 보다 큰 문제는 교사가 부모로부터 원치 않는 요청을 받게 될 때, 그 요청을 바로 묵과해 버리기보다는, 부모가 말한 내용에 무게를 두고 혹시 모를 장점들이 있는지 파악해 보려는 행동특성을 보일 수도 있다는 점이다(Seligman, 2000). 학교현장에서 상담을 진행하는 교사의 입장에서도 이 유형의 부모들과 대면하게 될 때 대처할 수 있는 상담 전략이 필요하다.

2) 부모상담 전략

전문가 부모를 대상으로 자녀의 관심사를 논의할 때도 부모상담의 전략이 필요하다. 일반적으로 전문가 부모의 유형을 열거해 보면, 자신이 (교육과 관련된) 많은 지식을 가지고 있다고 생각하는 부모, 자신이 전문가라고 여기는 부모, 학교 행정에 참여할 만한 지위를 가지고 있다고 생각하는 부모, 또는 학교 교육 혹은 행정에 간섭하려는 부모를 들 수 있다(Seligman, 2000). 특히 이 유형의 부모와 상담을 진행할 때는 일반적으로 교사와 협력 관계를 유지할 수 있는 일반 부모와는 다른 부모상담의 전략이 필요할 수 있다. 물론 이 유형의 부모에게 책임감을 부여해 주는 상담 전략이 시도될 수는 있지만, 모두 효과적인 것은 아니다.

이 유형의 부모가 관련 지식을 가지고 자녀의 이점을 얘기한다거나 다양한 의견을 개진할 때는 조용히 경청하는 자세를 보여 줄 수 있을 것이다. 그러나 부모의 간섭이 지나치다는 생각이 들면, 부모에게 학교 업무와 관련된 한계를 분명히 설정해 주는 것도 좋은 방법이다(Seligman, 2000). 즉, 교사가 부모에게 할 수 있는 역할의 범위를 설정해 주는 것은 교사가 방해를 받지 않고 자신의 일에 전념할 수 있는 큰 이점을 가지고 있다. 교사도 교육에 있어서 나름대로의 전문성을 가지고 있기 때문에 장애학생의 교육과 상담지도에 성실하게 임할 수 있는 기회가 될 수 있는 것이다.

부모의 역할에 한계를 설정해 두는 작업을 부모는 암묵적으로 환영할 수도 있다(Seligman, 2000). 왜냐하면 역할을 분담한다는 것은 교사의 업무에 대한 내용을 부모에게 전달해 줌으로써 교사가 자녀에게 관심을 가지고 있고, 믿을 만한 개입방법을 실천하고 있다는 믿음을 심어 줄 수 있으며, 부모도 필요할 때 자신의 의견을 언제든지 개진할 수 있는 여유를 허락해 준다는 것을 의미하기 때문이다. 부모의 모든 간섭을 들어주기보다는 부모의 역할과 교사의 역할을 분담함으로써 서로가 자녀의 성장에 도움이 될 수 있다는 것을 강조하는 것이 중요하다. 물론 경우에 따라서는 자존심이 강한 전문가 부모가 소외감을 느끼게 될 위험성이 있을 수 있다. 이때 부모는 교사에게 직접 불만을 전달하기보다는 다른 교사나 교장, 교감에게 불만을 토로할 수 있는 개연성도 없지는 않다. 이럴 때는 교사 본인이 느끼는 감정과 문제를 바라보는 인식의 차이를 인정하고, 그 차이를 감소시킬 수 있는 지속적인 대화만이 문제를 해결할 수 있는 단초를 제공해 줄 수 있다고 믿는 게 중요하다. 자기주장 행동(assertive behavior)은 적시적소에 활용될 때, 부모의 한계를 설정해 주는 효과적인 방법이 될 수 있다.

한편, 학생의 문제를 두고 부모와 논쟁하거나 비난하는 행동은 전문가 부모와 상담을 전개할 때 역효과를 낳을 수 있다. 중요한 사실은 장애학생을 도울 수 있는 방법을 강구하는 내용이 주가 되어야지, 교육 또는 교육 행정을 비판하는 자리 내지 이를 방어하는 내용이 주가 되어서는 안 된다는 점이다(Seligman, 2000).

자녀에 대한 사랑을 전달하는 데 있어서는 전문가 부모도 일반 부모와 크게 다르지 않다. 대부분의 부모는 자녀의 교육과 성장에 관심을 갖고 있고 학교 업무에도 협조적인 편이다. 부모는 자녀에게 문제가 발생하면 학교에서 상담을 하고, 팀의 일원으로 자녀의 문제를 해결하려고 노력한다. 이 유형의 부모와 상담을 진행하는 데 있어 교사가 부모의 전문성을 인식한 나머지 지위의 불평등을 인정하게라도 되면, 이는 전문가 부모가 교사의 업무를 간섭할 때보다도 더 큰 문제를 수반하게 될 가능성이 크다. 교사도 교육에서 만큼은 전문가이듯 전문가 부모도 그들의 분야에서 전문가라는 사실을 인정하고, 공통적인 가치에 대한 정보를 공유하고, 서로 지지해 주는 방법을 찾는 것이 상담관계에서 보다 중요한 전략이 될 수 있다.

11. 내담자로서의 부모

1) 내담자로서의 부모의 특징

장애학생을 둔 부모는 가족이 처한 상황에 따라 장애적응 과정을 다르게 받아들인다. 내담자로서의 부모는 가족구성원의 장애적응 문제와 관련하여 상담자의 도움이 필요한 내담자를 지칭하는 말이다. 내담자가 보이는 상담의 주제들은 너무나 다양하기 때문에 그 문제의 속성을 일일이 열거하기가 어렵다. 따라서 상담자로서의 교사는 학교 안에서 다룰 수 있는 문제들에 국한하여 내담자인 부모가 가지고 있는 문제의 특성들을 개관하는 것이 보다 합리적일 수 있다.

교사는 학교상담 분야의 전문가이긴 하지만, 부모가 지니고 있는 모든 문제를 해결할 수 있는 전문가는 아니다. 상담 분야가 세분화되어 있고, 해당 분야의 전문성도 점점 더 특수 영역으로 나누어지는 것과 무관하지 않다. 이는 교사도 내담자인 부모의 문제를 다룰 때, 일반적으로 다룰 수 있는 주제와 본인의 역할에 대한 자문(自問)이 필요할 수 있다는 점이다.

일반적으로 내담자로서의 부모가 경험하는 위기상황이 일시적이고 문제가 곧바로 해결될 수만 있다면, 이는 교사가 충분히 다룰 수 있는 상담의 주제가 될 수 있다. 일단 상담자로서의 교사가 지니고 있는 기본적인 상담기술, 즉 온정적인 태도와 경청하기 등과 같은 기술과 쉽게 부모에게 다가설 수 있는 자세를 갖추고 있다면, 분명 교사는 매력적인 상담자로서의 자질을 가지고 있다고 할 수 있다(Seligman, 2000). 그러나 부모가 담당 교사에게 전문적인 상담이나 심리치료를 요구할 경우에는, 교사가 다룰 수 있는 상담의 범위를 벗어나게 될 경우가 더러 있다. 이 경우에는 교사가 문제를 다룰 수 있는 기본적인 상담기술이 있다고 할지라도 상담자로서의 한계를 고려해 사건을 직접 담당할 수 있는지를 신중하게 결정해야 한다. 따라서 기본적인 상담기술을 구사하는 것 외에도, 상담자로서의 교사는 부모상담을 진행하는 데 있어서 다음과 같이 주의해야 할 몇 가지 사항들을 참조해 볼 수 있을 것이다.

첫째, 교사는 내담자로서의 부모가 경험할 수 있는 주요 문제와 부수적인 문제를 구분할 수 있어야 한다(Seligman, 2000). 부수적인 문제를 주 문제인 양 상담의 목표로 정해 버리면, 진짜 문제가 해소되지 않은 채 시간을 소비하게 되는 경우가 생길 수 있기 때문이다. 물론 교사가 처음 부임해 부모상담을 진행할 때는, 부모가 가지고 있는 주요 문제가 무엇인지 구분하기 어려울 수도 있다. 그러나 일반적으로 교사가 상담 과정을 기록하고 경험을 축적시킨다면, 부모가 지니고 있는 주요 문제와 부수적인 문제를 구분지을 수 있는 기준이 자연스럽게 정립될 수 있을 것이다.

둘째, 상담자로서의 교사는 경우에 따라서 부모상담을 다른 전문가에게 의뢰해야 할 경우도 있다. 만약 교사가 다른 상담 전문가에게 그동안 맡아 진행해 왔던 상담을 의뢰해야 할 경우에는 상담과 관련되어 있는 전문협회나 의학협회를 통해 부모가 전문가에게 의뢰될 수 있도록 배려해 줄 수 있을 것이다. 물론 내담자인 부모는 친구를 통해서도 상담자를 의뢰받을 수 있고, 동료 교사의 도움을 받아 전문가를 추천받을 수도 있다. 그러나 Seligman(2000)은 교사가 부모에게 기관, 병원 또는 전문가 협회를 통하지 않고 개인적으로 상담 전문가를 추천하는 것은 현명하지 않다고 하였다. 이는 개인적 친분을 이용한 윤리적 문제를 수반할 가능성이 있기 때문이다.

따라서 교사는 내담자로서의 부모가 문제를 호소할 때, 그 문제의 핵심이 무엇인지 면밀히 살펴본 후, 상담 전문가에게 의뢰할지의 여부를 판단하는 것이 좋다. 다음은 교사가 다른 상담 전문가에게 부모상담을 의뢰해 볼 수 있는 일반적인 증상들을 열거해 본 것이다(Seligman, 2000).

- 심각할 정도로 지속적인 우울증과 불안증상을 호소하는 경우(불면증, 주의집중 결핍, 악몽 및 자살에 대한 생각을 표현하는 경우)
- 장애자녀에 대한 강한 거부 감정과 그에 따른 죄책감이 심각한 경우(우울증과 불안증상의 원인이 될 수 있는 요인들)
- 가족의 기능이 위협받을 수 있다는 징후가 있을 경우(심각할 정도로 지속적인 논쟁이 있었다고 보고할 때, 별거/이혼/가정폭력/약물남용에 대한 논의가 있을 때)
- 일반 형제자매가 장애자녀로 인해 적응하는 데 심각한 어려움에 처해 있다고 보고할 경우
- 장애자녀를 방임하거나 신체적인 학대를 시사하는 언어적 표현이 있는 경우
- 장애자녀가 심리적 문제(우울증, 공격성)를 가지고 있다고 보고할 경우

2) 부모상담 전략

상담을 진행하다 보면 부모는 교사가 소화하기 힘든 주제임에도 불구하고 상담을 계속 맡아서 진행해 주기를 요청할 때가 있다. 즉, 내담자로서의 부모는 개인적인 친분과 물리적인 접근이 가능하다는 이유로 교사에게 상담자의 역할을 요구할 수도 있다. 그러나 부모에게 치료자로서의 역할이 필요하다는 생각이 들 경우, 교사는 자신이 지니고 있는 전문성의 한계를 부모에게 솔직히 말하고 전문 상담자의 도움을 받을 수 있도록 안내해 주는 것이 좋다. 이 경우 교사는 부모가 이용할 수 있는 지역사회의 정신건강증진센터나 상담기

관에 관한 정보를 충분히 확보해 두는 것이 좋다. 그럼에도 불구하고 부모가 교사에게 자신의 이야기를 꼭 들어 달라고 고집을 피우는 경우가 더러 있다. 이 경우에도 교사는 훈련받은 전문 상담자가 보다 효과적으로 도와줄 수 있다고 말하는 것이 좋다. 그런 다음 부모-교사로서의 상담관계는 종결된 것이 아니라 계속 자녀의 문제를 가지고 학부모 모임에서 얘기를 나눌 수 있다고 전해 줄 수 있을 것이다.

한편, 부모는 교사와의 상담이 친숙하다는 이유로 상담관계를 종결하고 싶어 하지 않을 수도 있다. 그러나 교사가 부모에게 다른 상담 전문가를 의뢰하는 데는 다음과 같은 이점들이 있기 때문이다(Seligman, 2000).

첫째, 교사들은 장애학생의 부모와 가족구성원이 지니고 있는 문제점과 도움을 받고자 하는 부모의 소망을 인식할 수 있다.

둘째, 교사는 상담자로서의 전문성에 대한 한계를 인지할 수 있는 기회가 될 수 있고, 부모가 지니고 있는 문제점에 대해서 계속 관심을 가지고 지켜볼 수 있다.

셋째, 교사는 부모와 지속적으로 상담관계를 형성할 수 있고, 장애학생의 문제에 초점을 맞출 수 있다.

넷째, 교사는 의뢰가 필요한 부모들의 유형을 파악하게 됨으로써 다른 전문가와 부모를 연계시킬 수 있는 안목을 배양할 수 있다.

참고문헌

Aaron, L., & Dallaire, D. H. (2010). Parental incarceration and multiple risk experiences: Effects on family dynamics and children's delinquency. *Journal of Youth Adolescence, 39*, 1471-1484.

Campbell, J., Gilmore, L., & Cuskelly, M. (2003). Changing student teachers' attitudes toward disability and inclusion. *Journal of Intellectual &*

Developmental Disability, 28(4), 369-379.

Cummings, E. M., & Davies, P. T. (2011). *Marital Conflict and Children: An Emotional Security Perspective (Guilford Series on Social and Emotional Development.* New York: The Guilford Press.

Dill, J. S. (2014). The irony of the overprotected child. Adopted from the blog of the institute for family studies. *http://family-studies.org/the-irony-of-the-overprotected-child.*

Fanning, P., MaKay, M., & Paleg, K. (1996). *When anger hurts your kids: A parent's guide.* New Harbinger Publications, Inc.

Faupel, A., Herrick, E., Sharp, P. (2011). *Anger management: A practical guide.* New York: Routledge.

Huang, C. C., Vikse, J. H., Lu, S., & Yi, S. (2015). Children's exposure to intimate partner violence and early delinquency. *Journal of Family Violence. 30*(8), 953-965.

Kruthi, M. K., Seemanthini, T. S., & Sharan. (2012). Awareness, parenting, anger, among parents of children with specific learning disability. *Journal of Psychosocial Research, 7*(2), 305-312.

Nichols, M. P. (1995). *The lost art of listening.* New York: Guilford Press.

Pincus, D. (2015). Calm Parenting: How to Get Control When Your Child is Making You Angry. Contents adapted from the web-site. *https://www.empoweringparents.com/article.*

Seligman, M. (2000). *Conducting Effective conferences with parents of children with disabilities.* New York: Guilford Press.

제8장

장애학생 가족기능 강화 프로그램

　　장애학생의 가족기능을 강화하기 위해서는 양질의 부모교육 관련 프로그램을 실질적으로 운영하는 방법이 필요하다. 장애학생 부모교육은 부모가 자녀의 양육과 기술에 관한 지식체계를 습득할 수 있는 기회를 제공해 줄 수 있고, 부모교육 프로그램은 실천적 양육기술을 습득할 수 있도록 도와준다.

　　그동안 국내외에서 많은 부모교육 프로그램이 소개되어 왔다. 그러나 많은 부모교육 프로그램이 시행되어 왔음에도 불구하고, 장애학생의 부모 또는 가족구성원에게 보다 구체적인 문제해결 기술과 실용적인 가족지원이 연결되지 못한 아쉬움이 있었던 것도 사실이다.

　　따라서 이 장에서는 일반적인 부모교육 프로그램의 유형들을 간단히 살펴보고, 장애학생의 가족기능을 강화시키기 위한 기법과 활용 전략, 그리고 가족기능 강화 프로그램을 운영하는 데 필요한 평가도구의 실제에 대하여 살펴보고자 한다.

1. 부모교육 프로그램
2. 장애학생 가족기능 강화 프로그램의 활용

1. 부모교육 프로그램

장애학생 가족구성원을 대상으로 실천해 볼 수 있는 부모교육 프로그램은 다양하다. 특히 다양한 부모교육 프로그램들 속에 편재되어 있는 의사소통의 기술들과 접근 전략들은 부모상담을 진행하는 예비 상담자에게 도움을 줄 수 있다. 여기에서는 다양한 부모교육 프로그램 가운데 체계적 부모양육 지원 훈련(Systematic Training for Effective Parenting: STEP)과 부모 효율성 훈련(Parent Effectiveness Training: PET)을 개관해 보고, 부모상담 과정에서 적극적으로 활용할 수 있는 기법 또는 기술을 중심으로 살펴보고자 한다.

1) 체계적 부모양육 지원 훈련(STEP)

STEP은 책 시리즈로 발간된 부모교육 프로그램으로 Adler의 개인 심리학 그리고 Dreikurs와 Gordon의 부모교육 이론을 토대로 만들어졌다. STEP은 한글로도 출간이 되어 있고, 국내외에서 이른 학령기(6~12세) 아동의 부모를 대상으로 7~9회기 프로그램으로 운영이 되고 있다. 여기에서는 9회기로 구성된 프로그램의 주요 교육 내용을 중심으로 살펴보고자 한다.

(1) STEP의 주요 교육 내용
- 아동의 행동 이해하기
- 나(부모)와 자녀 이해하기
- 나(부모)와 자녀 격려하기: 자신감과 가치관 길러 주기
- 의사소통: 반영적 경청하기, 자녀에게 말하기
- 의사소통: 나-전달법 이해하기, 대안 찾기, 부모의 생각과 느낌 표현하기
- 책임감 있는 훈육방법 이해하기
- 자연적 · 논리적 귀결 활용하기

- 가족 모임 갖기
- 자신감 개발 및 잠재력 발휘하기

(2) STEP에서 활용되는 부모상담의 기술

장애학생의 부모와 상담을 진행할 때 활용할 수 있는 의사소통의 기술들로는 경청하기, 질문하기, 나-전달법(I-message), 대안 찾기, 자연적·논리적 결과 활용하기 등이 있다. 이 기술들은 이전 장에서 상담 과정을 설명할 때 다루었던 내용과 중복되지만, 장애학생을 둔 부모와 가족구성원들이 활용해 볼 수 있는 사례중심의 효율적 의사소통 기술이라는 점에서 의미가 있다.

2) 부모 효율성 훈련(PET)

PET는 Gordon의 교육이론에 기초한 부모교육 프로그램으로 부모-자녀의 관계를 개선하는 목적으로 구성되어 있다. PET는 부모에게 자녀양육에 관한 지식을 제공하고 양육기술을 지원해 주기 위해서 운영되고 있다.

(1) PET의 주요 교육 내용

- 수용 도식에 대한 이해: 수용하는 부모와 수용하지 않는 부모
- 문제의 소유자 확인
- 반영적 경청
- 나-전달법 활용
- 환경 재구성
- 제3의 방법
- 가치관 대립에 대처하는 방법

(2) PET에서 활용되는 부모상담의 기술

PET는 부모-자녀의 관계를 개선시키기 위해 부모를 대상으로 효율적 의

사소통 기술을 훈련시키는 데 초점을 맞추고 있다. Gordon(2003)은 효율적으로 의사소통을 진행시키는 데 필요한 다섯 가지의 의사소통 기술을 소개하였는데, 이 기술들은 PET의 주요 내용들 속에 포함되어 있다. 수용성 수준 파악하기, 문제의 소유자 파악하기, 반영적 경청, 나-전달법 및 무승부법 활용이 주요 기술 영역들로 소개되어 있다.

3) 부모교육 프로그램의 상담기법

부모교육 프로그램의 상담기법은 장애학생의 부모와 가족구성원을 대상으로 상담을 진행할 때 효율적으로 활용될 수 있다. 부모와 가족구성원이 장애자녀와 대화를 나눌 때 사용하는 의사소통의 방식은 자녀의 반응과 행동에 영향을 미칠 수 있다. 상담자는 부모교육 프로그램의 주요 상담기법 혹은 기술들을 장애학생의 부모에게 소개해 줌으로써 부모-자녀 간 효율적인 의사소통이 가능할 수 있도록 실질적인 도움을 줄 수 있다.

(1) 질문하기

장애학생 부모교육 프로그램을 운영하는 데 있어 주로 활용할 수 있는 질문의 형태로는 개방형 질문과 폐쇄형 질문이 있다. 물론 직접 질문과 간접 질문의 형태도 활용될 수 있다. 이 질문의 형태들은 부모교육 프로그램 속에 구체적으로 편재·운영될 수 있기 때문에, 실제 활용될 수 있는 구체적인 예를 부모에게 제시해 주는 것이 실질적인 의사소통 기술을 학습하는 데 큰 도움이 될 수 있다. 질문하기의 구체적인 예시들은 제6장의 '2. 부모상담의 과정별 상담 전략' 절에서도 일부 다루고 있으므로, 예문들을 함께 참조해 볼 수도 있을 것이다.

① 개방형 질문

개방형 질문은 장애학생 부모 또는 가족구성원과의 문제해결 과정에서 다양한 사고를 촉진할 수 있는 질문의 형태이다. 이 질문은 부모교육 프로그램 참가자의 의사소통 능력을 촉진할 수 있는 이점을 지니고 있다. 다음은 개방형 질문의 예시이다.

"지금까지 영희가 인형놀이를 해 왔는데 아버님은 어떻게 생각하세요?"

"내년 영희의 학교생활에 관한 목표를 정해야 하는데 혹시 생각하고 계신 게 있으신가요?"

② 폐쇄형 질문

폐쇄형 질문은 장애학생 부모 또는 가족구성원이 학생의 관심사와 관련된 의사결정을 내리는 데 있어 도움을 줄 수 있는 질문의 형태이다. 폐쇄형 질문은 상담자가 질문의 요점을 상대방에게 명확하게 전달할 수 있고, 질문의 범위 내에서 원하는 응답을 이끌어 낼 수 있다는 이점이 있다.

"영희가 놀이치료에 진전이 있는데 아버님은 만족하세요?"

"내년에는 블록놀이, 수영, 과학실험 과목들이 있는데 영희가 어떤 과목을 선택하면 좋을까요?"

③ 직접 질문

직접 질문은 특정 개인 혹은 집단 구성원에게 특정 질문을 던져서 단답형의 응답을 이끌어 내는 질문의 형태이다. 직접 질문은 상담자가 부모 또는 가족구성원으로부터 직접 원하는 응답을 명확하게 얻을 수 있다는 장점이 있다. 직접 질문을 할 때는 질문의 내용 속에 모호한 용어나 속어, 가정 등이 포함되지 않도록 주의해야 한다. 직접 질문은 개방형 형태의 질문이 될 수도 있고, 폐쇄형 형태의 질문이 될 수도 있다.

"동수가 집에서 숙제를 했나요?"

④ 간접 질문

간접 질문은 진술하듯 대화하는 형태로 도입될 수 있고, 응답자의 다양한 반응을 유발할 수 있는 질문의 형태로 도입될 수 있다. 간접 질문은 장애학생의 부모나 가족구성원이 상담자의 질문에 대해(또는 자녀가 부모의 질문에 대해) 편안하게 느낄 수 있지만, 질문이 진술문의 형태로 도입되기 때문에 응답자는 그것이 질문인지 아닌지가 애매모호한 상황에 놓이게 될 수도 있다. 간접 질문은 모호성 때문에 부모가 자녀에게 활용하기보다는 상담자가 부모에게 상황에 맞게 적절히 활용하는 것이 보다 안전할 수도 있다.

> "동수는 친구들과 관계가 좋은데…… 동생과는 관계가 나쁘다는 게 좀 이상하군요?"
> "동수가 학교 밖에서도 친구들과 잘 어울릴 수 있다는 걸 알게 되면 참 흥미로울 것 같습니다."

(2) 경청하기

경청하기는 STEP과 PET에서 공통적으로 활용되고 있는 의사소통 기술이다. 경청하기는 상담자가 부모의 말을 관심 있게 듣고 있다는 것을 표현해 주는 방법일 뿐만 아니라 상대방의 말을 존중하며 듣고 있다는 표현을 담고 있는 상담기술이다. '경청하기'는 '반영적 경청(reflective listening)' 또는 '적극적 경청(active listening)'과 같은 의사소통 기술로 활용될 수 있다. 이 두 가지 경청하기 기술은 활용방법이 거의 동일하지만, STEP에서는 반영적 경청으로 소개되어 있고, PET에서는 적극적 경청으로 소개되어 있다.

'적극적 경청'은 보편적으로 활용되고 있는 경청하기 기술로서 상담자가 부모의 말을 듣고 무엇을 들었는지 피드백을 전달해 주는 방식으로 활용되는 의사소통 기술이다. 이때 상담자는 자신의 말이나 용어로 들었던 내용을 부모에게 재진술해 주거나 의역해 주는 방법을 활용하게 된다. 이와 같은 활동은 상담자가 들은 내용을 스스로 확인해 보고, 상담자와 부모가 모두 이해하고 있다는 것을 확인해 볼 수 있는 과정이기도 하다.

　한편, '반영적 경청'은 공감을 강조하는 Rogers의 인간중심 치료에서 나온 개념으로 '적극적 경청'의 기술보다 좀 더 구체화된 의사소통 기술이라고 볼 수 있다. 반영적 경청은 두 단계의 중요한 과정, 즉 상담자가 부모의 생각을 이해하기 위해 노력하는 과정과 상담자가 들은 부모의 생각을 다시 부모에게 전달해 주는 과정을 포함하고 있다(Wikipedia, 2017). 즉, 반영적 경청은 상담자가 부모의 생각이나 느낌을 재구조화하여 부모의 입장에서 부모가 한 말을 다시 전달해 주는 의사소통 기술이라는 점이다. 일반적으로 반영적 경청기술은 상담자로 하여금 개방형 반응을 학습할 수 있는 기회를 제공해 준다는 이점이 있다. 또한 부모는 자녀에게 반영적 경청 기술을 활용함으로써 자녀 스스로 이해받고 있고 수용되었다는 것을 느끼게 해 줄 수 있다.

　앞에 언급한 두 가지 경청하기 기술은 부모와 자녀의 효율적 의사소통을 위한 교육 프로그램 속에서 공통적으로 운영될 수 있을 것이다. 반영적 경청 기술과 적극적 경청 기술은 가족구성원의 현실 인식과 역량을 고려하여 상담자가 적절히 활용할 수 있다.

① 반영적 경청의 예
어머니: 전 장애수당을 놓치고 싶지 않아요. 일을 하면 장애수당이 깎인다는 걸 알고 있어요. 몇 년 동안 수당을 받아 왔는데…… 물론 일을 하고 싶지 않다는 건 아네요. 그러나 만약 수당을 잃게 된다면, 솔직히 일하고 싶진 않아요.
상담자: 어머님께서는 무엇보다도 수당은 분명하게 유지시키고 싶다는 말씀이로군요.

② 개방형 반응과 폐쇄형 반응

■ 상황: "나 오늘 학교 안 갈 거야. 석수는 나쁜 애야."

- 개방형 반응: "석수가 너를 괴롭힐까 봐 두려운가 보구나?"
- 폐쇄형 반응: "너도 학교를 가야 해. 다른 아이들도 가잖아. 그게 원칙이야."

(3) '나-전달법'과 '너-전달법'

'나-전달법(I-message)'은 STEP과 PET에서 공통적으로 활용되고 있는 의사소통 기술이다. 나-전달법은 부모가 자녀의 행동으로 인해 좌절과 갈등을 느끼게 될 때, 부모가 자신의 생각을 자녀에게 객관적으로 전달해 주는 의사소통 기술이다. 나-전달법과 비교하는 의미에서 자주 언급되는 의사소통 기술은 '너-전달법'이다. '너-전달법(You-message)'은 부모가 자녀의 행동으로 인해 화가 날 때, 자녀의 행동에 대해 비난하고 훈계하는 비효율적 의사소통 방법으로 간주된다(Gordon, 2003). 나-전달법을 효율적으로 활용하는 방법은 부모가 자녀에게 전달하고자 하는 내용을 자녀의 행동, 부모의 느낌 및 향후 결과 순으로 제시하는 것이다. 일반적으로 '네가 ~하면, 나는 ~라고 느낀다. 왜냐하면 ~하니까.' 순으로 배열하여 부모의 의사가 자녀에게 명확하게 전달될 수 있도록 한다.

■ **상황**: 자녀의 방에 물건들이 지저분하게 널브러져 있다.
- 나-전달법: "네가 이렇게 물건을 늘어놓으면 엄만 너무 힘들어. 엄마가 다시 청소를 해야 하잖니."
- 너-전달법: "넌 도대체 어떻게 된 애니? 이러면 안 된다고 했잖아. 빨리 정리해!"

■ **상황**: 선생님과 대화를 나누고 있는데 자녀가 옆에서 계속 보챈다.
- 나-전달법: "네가 방해를 하면, 엄마와 선생님 모두 힘들어. 함께 얘기를 나눌 수 없으니까 말이야."
- 너-전달법: "가만히 있어. 힘들게 하지 말고."

(4) 대안 찾기

대안 찾기는 자녀의 문제행동에 대한 해결책을 제시해 주는 의사소통 기술이라고 할 수 있다. 물론 반영적 경청도 부모가 자녀의 말을 존중하고 관심을 가지고 있다는 느낌을 전달해 줄 수 있지만, 그 자체가 대안이 될 수는 없다. 모든 의사소통의 기술은 효과적인 대안을 찾는 과정에 집중되어 있다고 할 수 있다. 이는 대안 찾기가 문제를 해결하기 위한 실질적 전략이기 때문이다. 상담자는 장애학생의 부모에게 자녀의 문제행동에 대해 대안을 찾는 의사소통 기술을 훈련시킬 수 있다.

- ▥ 상황: 자녀가 열심히 연습했음에도 불구하고 주어진 시간에 인형을 완전히 조립하지 못해 울먹이려고 한다.
- ● 대안 찾기: "다음번에 인형을 모두 완성하기 위해선 무엇을 할 수 있을까?"

(5) 자연적·논리적 귀결

자연적·논리적 귀결은 STEP에서 보상과 벌을 대체해 자녀의 문제행동을 해결하고자 할 때 활용할 수 있는 의사소통 전략이다. '자연적 귀결'이란 어떤 행동의 도입에 따른 결과가 자연스럽게 나타날 수 있도록 환경을 조성해 주는 전략이다. 한편, '논리적 귀결(결과)'은 어떤 행동의 도입에 따른 결과가 행위자의 책임을 수반할 수 있게끔 환경을 조성해 주는 전략이다. 논리적 결과는 서로의 권리를 인정해 주고, 상호 존중하는 태도를 가질 수 있다는 점에서 의사소통에 큰 도움이 된다. 자연적·논리적 귀결은 부모가 자녀에게 단순히 복종할 것을 요구하는 것이 아닌, 자녀 스스로 책임감 있는 의사결정을 내릴 수 있도록 격려해 줄 수 있다는 점에서 효과적인 방법이다(Dinkmeyer et al., 2008).

- ▥ 상황: 자녀가 학교에 제출해야 할 과제물을 준비하지 않고 놀기만 한다.
- ● 자연적 귀결: 자녀가 행동의 결과로 학교에서 어떠한 일이 일어날 수 있

는지, 직면할 수 있도록 그대로 둔다.

☞ 도움말: 숙제를 제출하지 않음으로써 받게 되는 불이익을 확인할 수 있다. 그러나 자연적 귀결은 자녀가 행동의 결과로 인해 불이익을 크게 받지 않는 환경조건에서 활용될 수 있을 것이다.

■ **상황: 자녀가 젓가락을 전기 콘센트 속에 넣으려 한다.**

● 논리적 귀결: 자녀를 전기 콘센트에서 분리시킨다. 자녀가 계속 접근하려고 하면 다른 방으로 데리고 가 격리시킨다.

(6) 문제의 소유자 확인하기

PET에서는 부모-자녀 간 효율적인 의사소통을 위해서 문제의 소유자를 확인하는 방법을 프로그램 속에 편재해 놓고 있다. 문제의 소유자 관계는 행동의 창(Behavior Window) 도식을 활용해 결정한다. 이 창은 자녀가 문제를 소유한 영역, 부모가 문제를 소유한 영역, 두 사람이 문제를 소유한 영역, 그리고 두 사람 모두 문제를 수반하지 않는 영역으로 나누어져 있다. 부모는 가족구성원과의 상호관계 속에서 문제의 소유자가 누구인지 확인할 수 있고, 그에 따른 합리적인 의사소통 기술을 선택할 수 있다. 또한 갈등문제를 해결하기 위한 효율적인 전략을 수립할 수도 있다. 일반적으로 자녀가 문제를 소유한 경우에는 '반영적 경청 기술'을 활용할 수 있고, 부모가 문제를 소유한 경우에는 '나-전달법'을 활용할 수 있다. 상황에 따라 논리적 귀결을 적절히 활용할 수 있다(Gordon, 2003).

■ **상황: 자녀가 언니의 인형을 다른 아이에게 빌려주었는데 찾아오지 않는다.**

● 문제의 소유자: 부모 또는 언니이다. 왜냐하면 언니가 필요한 인형을 찾아오지 않은 데 대해 실제 불편함을 느끼는 사람은 부모 또는 언니 자신이기 때문이다.

- 나-전달법: "네가 인형을 찾아오지 않아서 엄마는 마음이 좋지 않아. 언니가 그게 필요하다고 하는데 말이야."
- 논리적 귀결: 다음에 자녀가 언니의 인형을 빌려주고 싶다고 말할 때 다시는 빌려주지 못하도록 막는다.

(7) 무승부법

무승부법(no lose method)은 PET에서 부모-자녀 간의 갈등문제를 해결하기 위해서 도입된 기술이다. 무승부법에서는 누가 갈등문제를 해결하기 위한 해결책을 제시하느냐가 문제해결의 관건이 된다. 일반적으로 부모-자녀 간 갈등문제가 불거져 나올 때, 해결책을 제시할 수 있는 방법은 다음과 같다.

첫째, 부모가 자녀에게 해결책을 제시하는 경우이다. 게임으로 생각해 볼 때, 부모가 이기고 자녀가 지는 게임이다. 갈등문제가 계속 해결되지 않는 상황에서는 자녀가 부모에게 원망을 돌릴 수 있고, 분노를 표출할 수도 있다.

둘째, 자녀가 부모에게 해결책을 제시하는 경우로, 자녀가 이기고 부모가 지는 게임이다. 갈등문제가 해결되지 않는 상황에서는 부모가 자녀에게 원망을 돌릴 수 있다. 부모는 자녀의 행동에 대해 좌절감을 맛보거나 원망하게 될 수도 있다.

셋째, 부모와 자녀가 함께 해결책을 제시하는 경우로, 부모와 자녀가 함께 이기는 게임이다. 갈등문제를 해결하는 데 있어 서로 욕구를 만족시킬 수 있는 민주적인 방법으로 간주된다.

무승부법은 가족구성원들 간 갈등문제를 해결하기 위해 활용될 수 있고, 다음과 같이 여섯 단계의 상담 과정을 통해 전개될 수 있다(Hamner & Turner, 1996: 김경혜, 조윤경, 2006, p. 155에서 재인용).

- **1단계: 갈등 확인**

  부모와 자녀의 갈등요인들이 무엇인지 확인하고 분명하게 밝힌다.

- **2단계: 해결방안에 대한 가능성 확인 및 검토**

  확인된 문제들을 어떻게 해결할 것인지 다각도로 검토한다.

- **3단계: 가능성 있는 해결방안에 대한 평가**

  가능성이 있는 여러 형태의 해결방안들을 평가한다.

- **4단계: 최종 해결방안 결정**

  최종 해결방안을 결정한다.

- **5단계: 결정된 해결방안 시행**

  결정된 해결방안을 어떻게 수행할 것인지 구체적인 방법을 결정한다.

- **6단계: 사후 평가하기**

  최종 결정된 방법과 시행된 방법에 대한 효과성을 평가한다.

2. 장애학생 가족기능 강화 프로그램의 활용

  장애학생 가족기능 강화 프로그램(김경혜, 조윤경, 2006)은 가족체계 이론을 토대로 부모의 자아를 강화시키고 자녀를 양육시키는 데 필요한 실용적 기술을 조합해 구성한 부모교육 프로그램이다. 이 프로그램은 기존의 전통적인 접근방식, 즉 장애학생의 부모에게 장애와 관련된 지식정보를 제공하고, 양육기술에 관한 교육을 제공하는 일반적인 프로그램의 특성에다 실천적인 내용을 보완하여 편성하였다고 할 수 있다. 장애학생 가족기능 강화 프로그램은 총 10개의 주제로 나누어져 있고, 부부와 부모관계에 관한 이론, 실천적 상담기술 활용 및 갈등 문제를 해결하기 위한 워크북의 형태로 구성되어 있다. 이 프로그램의 주요 주제들을 정리해 보면 다음과 같다.

■ **제1주제: 나 이해하기**

● **교육목표**: 개체로서의 '나'를 안다. '나'는 어떤 사람인가를 이해하는 것은 건강하고 행복한 가정환경을 만들기 위해 필요한 과정이다. '건강한 나'로부터 '건강한 가족'이 만들어질 수 있다. 따라서 성장과정에서 나에게 영향을 준 사람(가족)과의 관계를 통해 지금의 나를 이해할 수 있도록 한다. 또한 나와 배우자의 성격을 분석해 봄으로써 자기 자신뿐만 아니라 배우자의 성격을 보다 잘 이해할 수 있는 토대를 마련할 수 있고, 건강한 부부관계를 유지하는 데 도움을 얻을 수 있다.

■ **제2주제: 우리 부부관계는 어떠한가?**

● **교육목표**: 바람직한 부부관계를 형성하고 이를 유지시키기 위한 일환으로 현재의 부부관계를 분석해 보고 부부관계를 향상시킬 수 있는 방안을 함께 모색해 본다.

■ **제3주제: 나는 어떤 부모인가?(I)**

● **교육목표**: 부모로서의 나는 어떠한가? 나의 양육태도는 어떠한가? 좋은 부모의 역할을 실천하고 있는가? 그렇지 않다면 무슨 이유 때문인가? 부모로서의 나를 분석해 보고, 바람직한 부모로서의 역할을 찾아 보고, 이를 실천하기 위한 구체적인 방법과 필요한 기술을 향상시킬 수 있도록 한다.

■ **제4주제: 나는 어떤 부모인가?(II)**

● **교육목표**: 장애자녀의 부모로서 나는 심리적으로 어떤 단계에 해당하며, 나와 자녀와의 관계에서 문제점은 무엇이고 문제의 원인은 무엇인지 살펴본다. 일상생활을 자녀와 함께 원활하게 지내기 위한 양육기술을 살펴보고, 이를 실천하도록 한다.

■ **제5주제: 자녀 이해하기**

● **교육목표**: 자녀를 보다 잘 이해하기 위해서 자녀의 성격과 기질을 살펴보고, 그에 따른 바람직한 부모로서의 태도를 살펴본다. 상황에 대처할 수

있는 기술을 향상시켜 부모-자녀 간의 건강한 상호작용이 이루어질 수 있도록 한다.

■ **제6주제: 바람직한 대화 기법**
● **교육목표**: 가족구성원과의 상호작용을 적절히 유지하기 위해서는 효율적인 의사소통 기술이 필수적이다. 특히 바람직한 대화 기법들은 학습이 가능한 기술들이다. 효율적인 의사소통 기술을 활용함으로써 가족의 순기능을 유지할 수 있다.

■ **제7주제: 분노 다루기**
● **교육목표**: 대인관계 속에서 분노를 다루는 방법을 익힌다. 특히 부부관계나 부모-자녀의 관계 속에서 관계가 악화되는 이유는 분노를 다스리지 못하고 부정적 감정을 폭발시키기 때문이다. 따라서 분노의 원인과 유형을 살펴보고, 가족구성원이 상호작용의 관계 속에서 노출되기 쉬운 '분노'를 다스릴 수 있는 방법과 기술을 부모에게 학습시킬 수 있도록 한다.

■ **제8주제: 갈등 및 스트레스 해결(I)**
● **교육목표**: 대인관계 속에서 발생하기 쉬운 갈등과 스트레스의 원인을 이해하고, 스트레스에 대처할 수 있는 올바른 방법과 기술을 향상시킬 수 있도록 한다.

■ **제9주제: 갈등 및 스트레스 해결(II)**
● **교육목표**: 장애자녀로 인한 갈등과 스트레스가 가족구성원에게 어떤 영향을 주었는지 살펴본다. 이를 해결하기 위한 방안을 모색해 본다.

■ **제10주제: 좋은 부모와 행복한 가족에 대해 생각하고 느껴 보기**
● **교육목표**: 그동안의 부모교육 내용을 정리해 보면서, 자신의 변화된 모습과 바람직한 부모의 모습에 관한 소감을 나누어 본다. 행복한 가족구성원으로서의 상호관계를 유지시키기 위한 마음가짐을 공유해 본다.

이 가운데 바람직한 대화를 위한 의사소통 기술(제6주제)과 분노, 갈등 및 스트레스에 대한 문제해결 기술(제7, 8, 9주제)은 장애학생의 부모와 가족구성원을 위한 실천적 부모상담 전략들로써 충분히 활용해 볼 수 있을 것이다.

1) 효율적 의사소통을 위한 기술

(1) 의사소통의 유형

의사소통의 유형은 상담자와 장애학생의 부모 간 협력적 상호관계를 형성하는 데 영향을 미친다. Schmuck과 Runkel(1994)은 의사소통의 유형을 일방적 의사소통(unilateral communication), 양방향 의사소통(directional communication) 및 교류적 의사소통(transactional communication)으로 구분하였다. 이 유형들을 살펴보는 것은 효율적 의사소통에 관한 상담기술을 발전시키는 데 도움을 줄 수 있다.

- 일방적 의사소통: 전자우편, 서신 등을 통해 정보를 신속하게 전달할 수 있는 편리성이 있다(Sileo & Prater, 2012). 그러나 상담자와 부모가 협력적 상호작용을 구축하는 데 있어서는 제한점이 있다.
- 양방향 의사소통: 상호작용의 측면에서는 일방적 의사소통보다 유리한 의사소통의 유형이다. 그러나 동등성 측면에서는 상담자가 일반적으로 전문가의 역할을 담당하기 때문에 협력 관계를 상정하기에는 다소 부족한 의사소통의 유형이라고 할 수 있다.
- 교류적 의사소통: 상담자와 내담자가 신뢰와 존중을 바탕으로 상호 협력 관계를 추구하는 모형으로 간주되는 의사소통의 유형이다.

이와 같은 의사소통의 유형은 나름대로 장점을 가지고 있다. 따라서 상담자는 부모와 의사소통을 하는 가장 큰 목적이 무엇인지 살펴본 후, 그에 따라서 적절한 의사소통의 유형을 선택하여 상담을 진행할 수 있을 것이다.

한편, Satir(1972)는 의사소통의 유형을 인간의 부조화 행동을 이해할 수 있는 수단 또는 방법으로 활용하고자 하였는데, 이 의사소통의 유형은 가족구성원들이 자신들의 부조화 행동을 직접 인식해 볼 수 있다는 점에서 도움이 된다. Satir(1972)는 의사소통의 유형을 일치형, 회유형, 비난형, 초이성형 및 산만형으로 구분하여 설명하였다(김경혜, 조윤경, 2006; Meier, 2015). 각 성격유형의 특징을 살펴보면 다음과 같다.

① 회유형

회유형의 사람은 자신보다 다른 사람들을 염두에 둔 의사소통 방식을 선택하려는 경향이 있다. 주요 관심사는 다른 사람이 자신을 어떻게 바라보느냐는 것이고, 다른 사람의 감정을 건드리지 않으면서 늘 인정을 받으려고 노력하는 유형이다. 자기주장을 늘어놓기보다는 다른 사람의 말에 동조하려는 경향이 강하다. 다른 사람과 그들이 처한 상황을 존중하지만, 자신의 내면세계를 존중하지 못하는 편이다. 대면관계에서 갈등을 피하려고 한다.

② 비난형

비난형의 사람은 자신의 책임을 결코 인정하지 않으려 하고, 다른 사람 또는 이들이 처해 있는 환경을 비난하려고 한다. 다른 사람의 가치를 상대적으로 중요하지 않다고 여기는 반면, 자신의 가치는 중요하다고 여긴다. 자신이 경험하는 소외감과 만족스러운 얼굴의 이면에 내재되어 있는 외로움을 숨기려고 한다. 이 유형의 사람은 분노를 자주 드러내며, 대인관계에서 갈등을 일으키는 경향이 있다. 회유형 사람들이 보이는 의사소통의 방식과는 상반된 경향이 있다.

③ 초이성형

초이성형의 사람은 아주 섬세하고 합리적인 행동을 선택하지만 자신의 감정을 잘 드러내지 않고 약점을 숨기려 한다. 어떤 면에서 보면 냉혈 인간처럼 보이기도 한다. 이들은 겉보기에는 냉철해 보이기도 하고 초이성적인 듯하지만, 내면에는 불꽃같은 기질을 지니고 있을 수 있다. 합리성을 매우 중요시하기 때문에 상황의 기능적 측면에 초점을 맞추려 한다. 또한 자료의 객관성과 논리성 유무를 따지는 것을 좋아한다. 감정은 별로 중요한 가치가 아니기 때문에 대인관계나 대면에서 감정적 개입을 자제하려고 하고, 관망하려는 태도를 보인다. 자신이나 다른 사람들을 과소평가하는 것처럼 비춰지기도 한다.

④ 산만형

산만형의 사람은 자신이 경험하고 있는 외로움이나 부적응을 보상하려고 노력하는 모습을 보인다. 긍정적인 행동을 실천하기가 쉽지 않고, 분노에서부터 죄책감을 표현하는 데 이르기까지 다양한 감정의 기복 상태를 보여 주며, 다른 사람이 느끼는 감정상의 문제를 회피하거나 조종하려는 경향이 있다. 그래서 언어, 사고, 행동 등의 모든 차원에서 다소 부산스러운 편이다. 자신과 주변에 있는 사람들에게 주의집중을 하지 못하는 편이고, 상황 대처능력도 매우 부적절해 주변 사람을 혼란스럽게 한다. 이들은 비난형, 초이성형 그리고 산만형이 혼재해 있는 특징을 지니고 있다.

⑤ 일치형

일치형의 사람은 감정을 통제하고 모든 유형의 사람과 잘 어울리는 편이다. 문제가 발생했을 때 자기주장을 하며 상보적으로 문제를 해결하려고 노력한다. 자신의 개성과 독특성을 인정하고, 자기를 보호하기 위해 지나치게 방어적이지도 않다. 자기 자신과 다른 사람을 사랑하고 신뢰한다. 다른 사람과 친밀한 관계를 형성하려고 노력하고 자신의 장점 또는 자원을 활용할 수 있다. 자기와 다른 사람을 수용하고 변화에 융통적인 태도를 취하며 개방적인 편이다. 이들은 실시간 일관된 반응을 보여 주며, 언행이 일치하는 특징을 지니고 있다. 이들이 선택하는 의사소통의 방식은 여러 사람들이 함께 갈등을 해결하는 데 있어 귀감이 될 수 있다.

지금까지 살펴본 의사소통의 유형 가운데 회유형, 비난형, 초이성형 및 산만형은 장애학생 가족구성원 간 갈등을 유발할 수 있는 유형으로 간주될 수 있고, 일치형은 가족구성원 간 갈등을 해결해 줄 수 있는 있는, 즉 사람들을 화합시킬 수 있는 의사소통의 유형으로 간주될 수 있다. Meier(2015)는 일치형의 의사소통 방식이 문제 상황에서 가장 창의적으로 문제를 해결할 수 있는 행동특성을 보여 준다고 지적하였다. 일치형의 사람들이 보여 주는 언행일치는 의사소통의 전형적 유형의 귀감이 될 수 있고, 부모상담 과정에서 상담자가 지향해야 할 유형이라고 할 수 있다.

(2) 의사소통 유형 검사

의사소통의 유형을 탐색해 보는 것은 한 가족구성원 간의 상호작용의 관계를 탐색해 볼 수 있다는 점에서 귀중한 상담 자료가 될 수 있다. 다음은 Satir의 의사소통 분류방식에 기초하여 개발된 의사소통 유형 검사이다. 이 검사는 장애학생 부모와 가족구성원을 대상으로 의사소통의 관계를 간단히 진단해 볼 수 있다는 측면에서 실용적이다.

□ 의사소통 유형 확인해 보기

※ 다음 진술문을 읽고 자신의 의사소통 유형에 가깝다고 생각되면 해당 항목의 [　] 안에 표시(○)를 하시오(총 40문항).

01. 나는 상대방이 불편해 보이면 비위를 맞추려고 한다. [a]
02. 나는 남이 잘못되었을 때 그 원인을 자주 상대방의 탓으로 돌린다. [b]
03. 나는 무슨 일이든지 조목조목 따지는 편이다. [c]
04. 나는 생각이 자주 바뀌고 동시에 여러 행동을 하는 편이다. [d]
05. 나는 타인의 평가에 구애받지 않고 내 의견을 말한다. [e]
06. 나는 관계나 일이 잘못되었을 때 자주 내 탓으로 돌린다. [a]

07. 나는 다른 사람들의 의견을 무시하고 내 의견을 주장하는 편이다. [b]

08. 나는 이성적이고 차분하며 냉정하게 생각하는 편이다. [c]

09. 나는 다른 사람들로부터 정신이 없거나 산만하다는 소리를 듣는다. [d]

10. 나는 부정적인 감정도 솔직하게 표현한다. [e]

11. 나는 지나치게 남을 의식해서 나의 생각이나 감정을 표현하는 것을 두려워한다. [a]

12. 나는 내 의견이 받아들여지지 않으면 화가 나서 언성을 높인다. [b]

13. 나는 나의 견해를 분명하게 표현하기 위해 객관적인 자료를 자주 인용한다. [c]

14. 나는 상황에 적절하지 못한 말이나 행동을 자주 하고 딴전을 피우는 편이다. [d]

15. 나는 다른 사람이 내게 부탁을 할 때 내가 원하지 않으면 거절하는 편이다. [e]

16. 나는 사람들의 얼굴표정, 감정, 말투에 신경을 많이 쓴다. [a]

17. 나는 타인의 결점이나 잘못을 잘 찾아내어 비판하는 편이다. [b]

18. 나는 실수를 하지 않으려고 애쓰는 편이다. [c]

19. 나는 곤란하거나 난처할 때는 농담이나 유머로 그 상황을 바꾸려고 하는 편이다. [d]

20. 나는 나 자신에 대해 편안하게 느낀다. [e]

21. 나는 타인을 배려하고 잘 돌보아 주는 편이다. [a]

22. 나는 명령하듯 지시적인 말투를 자주 사용하기 때문에 상대가 공격받았다는 느낌을 받을 때가 있다. [b]

23. 나는 불편한 상황에서는 그대로 넘기지 못하고 시시비비를 따지는 편이다. [c]

24. 나는 불편한 상황에서 안절부절못하거나 가만히 있지 못하는 편이다. [d]

25. 나는 모험하는 것을 두려워하지 않는다. [e]

26. 나는 다른 사람들이 나를 싫어할까 봐 두려워 위축되거나 불안을 느낄 때가 많다. [a]

27. 나는 사소한 일에도 잘 흥분하거나 화를 낸다. [b]

28. 나는 현명하고 침착하지만 냉정하다는 말을 자주 듣는다. [c]

29. 나는 한 주제에 집중하기보다는 화제를 자주 바꾼다. [d]

30. 나는 다양한 경험에 개방적이다. [e]

31. 나는 타인의 요청을 거절하지 못하는 편이다. [a]

32. 나는 자주 근육이 긴장되고 목이 뻣뻣하며 혈압이 오르는 것을 느끼곤 한다. [b]

33. 나는 나의 감정을 표현하는 것이 힘들고 혼자라는 느낌이 들 때가 많다. [c]

34. 나는 분위기가 침체되어 있거나 지루해지면 분위기를 바꾸려 한다. [d]

35. 나는 나만의 독특한 개성을 존중한다. [e]

36. 나는 나 자신이 가치가 없는 것 같아 우울하게 느껴질 때가 많다. [a]

37. 나는 타인으로부터 비판적이거나 융통성이 없다는 말을 듣기도 한다. [b]

38. 나는 목소리가 단조롭고 무표정하며 경직된 자세를 취하는 편이다. [c]

39. 나는 불안하면 호흡이 고르지 못하고 머리가 어지러운 느낌을 받을 때가 있다. [d]

40. 나는 누가 나의 의견에 반대해도 감정이 상하지 않는다. [e]

주: 진술문의 일부는 내용에 큰 변화가 없는 한도 내에서 용어나 어귀를 문맥에 맞게 수정하였음.
출처: 김경혜, 조윤경(2006), pp. 181-182.

해석

유형별 문항

구분	유형	번호
a	회유형	01, 06, 11, 16, 21, 26, 31, 36
b	비난형	02, 07, 12, 17, 22, 27, 32, 37
c	초이성형	03, 08, 13, 18, 23, 28, 33, 38
d	산만형	04, 09, 14, 19, 24, 29, 34, 39
e	일치형	05, 10, 15, 20, 25, 30, 35, 40

합계 [a:] [b:] [c:] [d:] [e:]

유형별로 점수를 합산한 후, 가장 높은 점수부터 낮은 순으로 나열해 본다. 높은 점수는 개인이 그만큼 더 자주 사용하는 의사소통 방식이라는 것을 시사한다.

의사소통을 효율적으로 전개하기 위해서는 그동안 기술해 왔던 모든 상담 기술을 동원해 볼 수 있을 것이다. 상담의 과정은 초기 상담부터 상담 후기에 이르기까지 모두 의사소통을 전제로 이루어지기 때문에 의사소통의 기법들은 가장 포괄적이고 실천적인 상담기술이라고 할 수 있다. 의사소통을 촉진할 수 있는 상담기법은 이 장의 내용과 제6장의 '4. 의사소통 기술에 대한 이해' 절에 기술되어 있는 내용을 함께 참조해 볼 수 있을 것이다.

(3) 효율적 의사소통을 위한 전략

효율적인 의사소통 기술은 장애학생의 부모 및 가족구성원이 가족문제를 해결해 나가는 과정에서 관찰될 수 있는 언행불일치의 문제를 해결하는 데 도움을 줄 수 있다. 효율적 의사소통 기술이 필요한 이유는 장애학생과 부모, 부모와 가족구성원 간의 의사소통의 부재가 문제를 일으킬 수 있고, 이러한 문제들은 역으로 가족구성원들 간 의사소통의 부재를 더 심화시킬 수도 있기 때문이다.

부모-자녀 간의 효율적 의사소통을 위한 전략은 주로 가족 안에서 일어날 수 있는 문제 상황에 초점을 맞추고 있다. 김경혜와 조윤경(2006)은 부모-자녀 간 효율적 의사소통을 위한 부모행동의 전략을 기술하였는데, 이들이 기술한 여섯 가지의 교육용 행동전략들은 문제 상황을 해결하기 위한 상담기술을 훈련과정 속에 편성해 놓고 있다. 프로그램의 세부 내용을 부연 설명해 보면 다음과 같다.

① 개방적으로 대화할 수 있는 분위기를 형성한다.

가족구성원은 장애자녀의 장애상태와 그를 둘러싼 물리적 환경의 장벽으로 인해 분위기가 경직되어 있는 편이다. 부모는 자녀의 장애적응 과정에서 고립감을 경험할 수 있고 가족구성원으로부터 지지를 받지 못한다고 느낄 수도 있다(Kerr & McIntosh, 2000). 가족구성원 간 의사소통의 방식은 부모와 가족구성원의 성격요인과 집안의 환경에 따라서 다양하게 나타날 수 있다. 부모는 장애자녀에게 따뜻하고 지지적인 태도를 보여 줄 수 있어야 하고, 친밀감이 조성될 수 있는 의사소통 기술을 부모교육을 통해 습득할 수 있다.

② 자녀에게 수용언어를 사용한다.

부모는 장애자녀를 양육하면서 과잉보호하려는 경향이 있고, 이로 인해 자녀의 성장과 자립성 개발에 어려움이 초래될 수 있다(Seligman, 2000). 과잉보호 성향이 있는 부모는 자녀의 말을 수용하기보다는 부모가 먼저 나서서 말하는 경우가 일반적이다. 부모가 수용언어를 사용하면 자녀는 인정을 받고 있다는 느낌을 받을 수 있고, 자신의 행동도 제지를 받지 않는다는 긍정적인 생각을 할 수 있다. 수용언어는 분명 자녀의 성장에 도움이 될 수 있는 긍정의 힘을 지니고 있다. 또한 수용언어는 자녀가 느끼는 감정이나 문제점을 솔직히 털어놓을 수 있는 계기를 만들어 줄 수 있다. 수용언어는 가족구성원의 의사소통의 통로가 될 수 있으며 부모교육을 통한 학습이 가능하다.

③ 비수용적인 언어는 사용하지 않는다.

부모가 사용하는 비수용적인 언어는 수용적인 언어와 달리 자녀로 하여금 자신의 존재감이 거부당하고 있고, 자신을 표현하는 행동이 제지받는다는 부정적 느낌을 받게 만든다. 이때는 장애자녀가 부모 또는 가족구성원을 향해 미움과 증오의 감정을 내적ㆍ외적으로 표출할 가능성이 높아진다. 말없이 자신의 일만을 묵묵하게 수행하고 있는 자녀의 행동이 자칫 긍정적인 모습 내지 행동으로 오해될 수도 있다.

가족의 순기능은 가족구성원의 효율적인 의사소통을 전제로 형성될 수 있기 때문에, 부모는 가족 안에서 수용언어를 사용함으로써 자녀 또는 가족구성원과 대화의 창을 열어 놓는 마음의 자세가 필요하다. 물론 부모의 입장에서도 자녀의 언행에 화가 날 수 있는 많은 상황들이 있을 수 있을 것이다. 그러나 설사 이러한 상황일지라도 자녀에게 비판하는 말투를 사용하거나 미움을 조장할 수 있는 언어를 사용하지 않도록 의식적인 노력을 기울여야 한다. 부모와 가족구성원은 부모교육 프로그램을 통해 수용언어를 활용하는 방법과 그 효과성을 체험해 볼 수 있는 기회를 가질 수 있을 것이다. 다음은 비수용적인 언어를 사용한 예이다.

- 명령 · 강요하는 말: 자녀에게 명령하거나 지시하는 형태로 언어를 사용한다.
  "내가 얘기했지?"
  "엄마가 사 준 옷 입고 가!"
  "오늘 숙제는 꼭 해야 해!"

- 비난 · 비판하는 말: 자녀를 부정적으로 평가하거나 판단하는 언어를 사용한다.
  "넌 도대체 어떻게 된 놈이야!"
  "넌 몰라도 돼!"
  "이런 것도 모르니 그런 소릴 듣지!"

- 경고 · 위협하는 말: 자녀의 못마땅한 행동을 보고 부정적인 결과를 암시하는 언어를 사용한다.
  "한 번만 더 그러면 그땐 큰일 날 줄 알아."
  "형이랑 또 싸우면 그땐 밥도 안 줄 거야!"

- 욕설 · 조롱하는 말: 자녀에게 욕설을 하거나 수치심을 느끼게 하는 언어

를 사용한다.

"이것도 모르다니, 이 돌대가리 같은 놈."

"이 멍청한 녀석 같으니."

"이 놈아, 그러니까 등신이란 소릴 듣지."

"하나만 알고 정말 둘은 모르는 놈이로군."

- 분석 · 진단하는 말: 자녀의 행동을 부모가 일방적으로 분석하고, 판단하고, 결정하는 언어를 사용한다.

  "오빠에게 혼났다면 넌 분명 잘못을 했을 거야."

  "네가 잘못했으니까 친구가 그렇게 말했겠지."

- 훈계 · 설교하는 말: 자녀에게 할 일과 하지 말아야 할 일을 구분하여 훈계하듯 언어를 사용한다.

  "밥 먹은 다음엔 꼭 이를 닦아야 착한 어린이가 되는 거야."

  "아빠 말을 들으면 절대 후회할 일은 없어. 왠지 알아?"

④ 자녀가 하는 말에 주의를 기울인다.

부모가 장애자녀의 말에 주의를 기울인다는 것은 자녀의 말을 잘 경청한다는 말이 된다. 경청하기는 주의집중과 관련이 있는 상담기술로 효율적인 의사소통을 전개할 수 있도록 도와준다(Davis, 1993). 자녀는 부모가 자신의 생각과 감정에 아무런 관심이 없다고 느끼면 소외감을 경험할 수 있고, 그에 따라 불만이 쌓일 수도 있다. 따라서 부모는 경청하기를 통해 자녀의 문제와 요구사항을 보다 잘 인식할 수 있도록 주의를 기울이고, 자녀를 정확히 이해할 수 있도록 의식적인 노력을 기울일 필요가 있다. 자녀는 부모가 자신의 이야기에 귀를 기울이고 있다고 느낄 때, 비로소 자신의 가치를 발견할 수 있고, 부모가 자신을 믿고 있다고 느낄 수 있는 것이다.

⑤ 부모-자녀 간 양방향의 의사소통이 될 수 있도록 주의를 기울인다.

일반 가족구성원의 의사소통의 채널은 양방향으로 전개되는 것이 일반적이다. 그러나 장애자녀를 둔 부모는 자녀의 장애로 인한 죄책감 때문에 자녀들을 더 보호하려는 경향이 있다(Seligman, 2000). 이때 부모는 자녀의 말에 귀를 기울이기보다는 자녀를 보호한다는 차원에서 일방향의 의사소통 방식을 채택하려고 할 수도 있다. 일방향의 의사소통 방식은 부모-자녀 간 효율적인 의사소통을 어렵게 만드는 요인으로 작용할 수 있다. 부모교육 혹은 부모교육 프로그램은 부모-자녀 간 이루어지는 의사소통의 방식을 논의할 수 있게끔 도와줄 수 있고, 일방향의 의사소통 방식을 양방향으로 전환시키도록 도울 수 있다. 양방향 의사소통에 관한 학습은 자녀에게 문제가 발생했을 때, 부모가 혼자서 해결방안을 결정하기보다는 자녀와 상의하여 결정할 수 있도록 한다.

⑥ 공통의 관심사를 갖는다.

공통의 관심사를 갖는다는 것은 가족구성원 간 상호작용을 촉진할 수 있는 좋은 방법이 될 수 있다. 가족구성원이 가치와 목표를 공유하고 있다는 사실은 가족구성원이 삶의 관점을 얼마나 밀접하게 서로 동의하고 있는가를 측정해 주는 지표가 된다(DeFrain & Asay, 2007). 아무리 큰 가치와 삶의 목표가 있다고 하더라도 가족구성원 간에 효율적인 의사소통의 통로가 없다면 서로 가치를 공유하는 것 자체가 어렵다. 효율적인 의사소통은 가족구성원이 함께 가치를 공유하고 삶의 목표를 함께 꾸려 나갈 수 있도록 도와준다. 부모-자녀 간 공통의 관심사나 취미를 공유하고자 하는 노력은 가족의 순기능을 회복·촉진할 수 있는 좋은 방법이 될 수 있다.

2) 분노 다루기

분노는 장애학생 가족구성원이 경험할 수 있는 여러 정서적 반응 가운데 하나이다. 분노는 우리가 원하는 것을 얻지 못했을 때 나타나는 정서적 반응으로 생존에 필요한 긍정적인 측면도 분명 지니고 있다. 그러나 일반적으로 사람들의 눈에 분노는 부정적으로 비추어지고 있는 것이 사실이다. 이는 분노에 대한 반응 또는 행동이 사람의 눈에 부정적으로 인식되기 때문일 것이다.

사람은 장애적응 과정에서 원하는 것을 얻지 못할 때 좌절에 대한 반응으로 분노가 나타날 수 있고, 억눌린 감정으로 인해 분노가 표출될 수 있다(Faupel et al., 2011). 분노는 단기적이고 개인이 통제할 수 있다면 큰 문제가 없지만, 분노의 표현이 장기적이고 개인이 통제할 수 없다고 느낄 때는, 이미 많은 문제점을 노출시키고 있다고 볼 수 있다. 분노는 개인 간에 차이가 있겠지만, 신체적·정신적 건강을 위협할 수 있고, 가족기능, 친구 및 우정관계, 학교생활, 삶의 질, 법질서, 재정 건전성 등을 위협할 수 있다(Faupel et al., 2011). Fanning 등(1996)에 따르면, 분노 성향이 있는 부모는 다음과 같은 특성들을 지니고 있다.

- 공격적이고 비타협적이다.
- 공감능력이 미흡하다.
- 일반적으로 적응능력이 부족하다.
- 태만함은 분노를 유발하는 경향이 있다.
- 아동의 성장발달에 부정적인 영향을 미친다.
- 정서적·행동적인 문제(우울, 사회적 고립감, 부부학대)를 유발하는 경향이 있다.

(1) 분노를 조절하는 데 영향을 미치는 요인

Faupel 등(2011)은 분노를 조절하는 데 영향을 미칠 수 있는 요인으로 학습된 반응, 신념체계, 무의식적 동기 및 개인차 요인을 들었다. 분노를 조절하는 데 영향을 미칠 수 있는 요인을 살펴보는 것은 분노를 조절하는 전략을 강구해 볼 수 있는 길이기도 하다.

① 학습된 반응

사람은 어린 시절 주변 사람들로부터 분노를 표출하는 방법을 학습할 수 있고, 그다음에는 개인의 분노를 표출하는 방식으로 자리를 잡을 수 있다고 본다. 즉, 분노의 표현은 학습될 수 있다고 간주된다. 상담자는 과거 개인이 어떻게 분노를 조절해 왔는지, 과거에 어떻게 자신의 분노를 표출해 왔는지 등에 관한 과거의 학습경험을 토대로, 이후 자신과 타인의 분노에 대한 표출 방식을 긍정적으로 변화시킬 수 있다는 사실을 주목할 필요가 있다.

② 불합리한 신념체계

앞서 개관했듯이, 불합리한 신념체계는 인지심리학에 토대를 둔 개념이다. 즉, 우리가 분노를 표출하는 이유는 분노를 유발한 상황에 기인하기보다는 그 상황을 우리가 어떻게 생각하느냐에 달려 있다고 본다. 이는 불합리한 신념체계를 합리적인 신념체계로 전환시켜 줄 수 있는 노력이 분노를 조절하는 데 중요한 상담 전략이 될 수 있다는 것을 시사한다.

③ 무의식적 동기 요인

무의식적 동기 또한 분노 조절에 영향을 미치는 요인이 된다. 과거에 부모를 잃은 경험이 있는 아동은 다시 사람들(보호자들)로부터 거부될 수 있다는 것을 두려워할 수도 있기 때문에 미래에 친밀한 인간관계를 맺는 데 어려움이 수반될 수 있다고 여겨진다. 내재적인 동기 요인을 탐색해 보면, 개인의 분노에 대한 반응을 이해할 수 있는 실마리를 찾을 수 있다.

④ 개인차 요인

분노의 표현 방식은 개인마다 다르다. 분노를 비교적 잘 조절하는 사람이 있는 반면, 그렇지 못한 사람도 있다. 뇌신경과학의 발달로 분노 조절을 담당하는 뇌의 신경실체가 개인마다 다르다는 것이 밝혀진 게 현실이다. Goleman(1996)은 자기-인식(self-awareness)이 정서적 표현의 토대가 될 수 있다고 하였다. 자기-인식에 대한 개인차 요인을 고려해 볼 때, 자기-인식을 잘하는 사람은 그렇지 않은 사람보다 자신의 정서 상태를 잘 조절한다고 볼 수 있다.

(2) 분노의 표현과 조절 방식

개인이 분노를 표현하는 방식 또한 다양하다. 예를 들어, 중요한 거래처 약속이 있는데 교통 체증으로 인해 약속을 지키지 못했다고 가정해 보자. 개인은 자신을 원망할 수도 있고, 차를 몰고 나온 사람들을 원망할 수도, 도로를 넓히지 않은 담당기관 또는 지방자치 정부를 탓할 수도 있다.

부모상담을 진행하는 상담자의 입장에서는 분노의 표현 방식을 보다 구체적으로 이해하는 것이 필요하다. 분노 조절을 위한 전략들을 수립함에 있어서 분노의 표현 방식을 진단하는 과정은 필수적이기 때문이다. 분노는 심리학적으로 유목화시키기는 어렵지만(Dautaj, 2017) 여기에서는 Faupel 등(2011)이 분류한 분노의 표현 방식, 즉 '대치된 분노(displaced anger)' '억압된 분노(repressed anger)' '억제된 분노(suppressed anger)' '문제가 있는 분노' 및 '일반적 분노'를 중심으로 살펴보도록 한다(Faupel et al., 2011)

① 대치된 분노

대치된 분노(displaced anger)의 표현은 분노를 유발한 직접 대상자가 아닌 다른 사람 또는 사물로 옮겨지는 '대치'의 형태로 나타날 수 있다. 장애자녀의 양육에 대한 책임 공방으로 부부싸움을 한 어머니가 비장애 자녀에게 집안의 허드렛일을 과도하게 시키는 경우는 대치된 분노의 표현일 수 있다. 이때 상담자는 가족구성원이 타인에게 피해를 주지 않는 건설적 방식으로 분노를 표출하는 방법을 학습할 수 있도록 도움을 줄 수 있다.

② 억압된 분노

억압된 분노(repressed anger)는 정신분석학에서 나온 개념으로 개인이 인지하기는 어렵지만 지속적으로 개인의 행동에 영향을 미치는 분노의 형태를 말한다. 억압된 분노는 무의식적인 기억과 감정이 내부에 자리 잡고 있기 때문에, 이들을 의식 속으로 가져오는 상담기술이 필요하다. 억압된 분노는 우울증의 원인이 될 수 있으므로 상담자는 억압된 분노의 원인을 탐색하여 이후로는 보다 긍정적인 행동을 유발시킬 수 있도록 상담을 제공할 수 있다.

③ 억제된 분노

억제된 분노(suppressed anger)는 억압된 분노와 달리 우리가 의식적으로 인지할 수 있지만 행동으로 잘 표현되지 않는 분노의 형태를 말한다(Faulpel et al., 2011). 우리는 과거의 학습을 통해 분노는 부정적이고 좋지 않은 것이니까 표출하면 안 된다고 학습을 받아 왔을 수도 있다. 억제된 분노는 나중에 건강을 해칠 수도 있고, 건설적이지 않은 방식으로 분노를 폭발시킬 위험성을 지니고 있다. 억제된 분노도 우울증의 한 원인이 될 수 있으므로 개인이 건설적인 방식으로 적절히 분노를 표출할 수 있도록 상담을 제공해 줄 수 있을 것이다.

④ 문제가 있는 분노

문제가 있는 분노(problematic anger)는 적절하게 표현되면 문제가 없지만 부적절하게 표현될 때는 문제를 수반할 수 있다. 부적절하고 비효율적으로 표현된 분노는 개인의 정신건강, 인간관계 및 합리적 사고방식을 위협하는 부정적 요인으로 자리 잡을 수 있기 때문이다. 부적절한 분노의 표현은 자신과 타인을 향해 욕을 하거나 적개심과 공격성을 드러내는 일이 많기 때문에 분명 건설적이지는 않다. 해결되지 않은 과거의 갈등 등과 같은 특정 사건들은 개인이 분노를 표현하는 방식에 영향을 미칠 수도 있다. 개인이 분노를 통제하지 못할 때는 합리적 사고가 멀어질 수 있고, 부적응 행동이 유발될 수도 있다. 따라서 개인이 분노를 인식하고 스스로 분노를 조절할 수 있는 역량을 키울 수 있도록 상황에 적절한 상담지원이 이루어져야 할 것이다.

⑤ 일반적 분노

일반적 분노(general anger)란 개인이 일상생활 속에서 크게 문제를 일으키지 않으면서도 분노에 대한 통제력을 가지고 있는 행동방식을 일컫는 말이다(Faupel et al., 2011). 개인이 분노를 경험하게 되면 상대방의 분노에 대한 감정과 행동을 보다 잘 이해할 수 있는 근거가 될 수 있기 때문에, 일반적인 분노는 건설적인 특징을 가지고 있다. 상대방을 비난하거나 공격하지 않는 일반적인 분노의 표현은 일상생활 속에서도 허용될 수 있고, 분노를 표출할 수 있는 상황에 처하더라도 효율적으로 분노를 표현하는 방법을 학습할 수 있는 기회를 얻을 수 있다. 적절히 분노를 표현하는 방법으로는 '나-전달법'이 활용될 수 있다. 나-전달법은 부모-교사가 학생들의 부적절한 행동을 수정할 수 있도록 도움을 주는, 효율적인 의사소통 기술로 알려져 있다(Gordon, 2003).

(3) 분노 검사의 활용

가족구성원을 대상으로 분노 검사를 활용해 보는 것은 이들의 현재 정서 상태를 진단하고 향후 상담의 효과를 평가해 볼 수 있는 귀중한 자료가 된다. 분노 조절이 상담의 주요 목적이었다면, 분노 상태에 관한 검사결과는 해당 분야의 상담 종결을 위한 근거 자료로 활용될 수 있다.

부모 또는 가족구성원의 분노 상태를 진단해 볼 수 있는 표준화된 검사도구는 보다 객관적인 자료를 수집할 수 있는 장점을 지니고 있다. 그러나 자료수집에 시간이 걸리고 해석에도 신중을 기해야 하는 등 주의사항을 염두에 두어야 한다. 그에 비해 비교적 간단하게 내담자의 분노 상태를 선별해 볼 수 있는 스크린용 분노 검사는 정확도 측면에서는 표준화된 검사도구들과 견줄 수는 없지만, 검사의 편리성이라는 측면에서 상담자로서의 교사들이 활용하기에 유용할 수도 있다.

분노를 진단하는 스크린용 검사도구로는 Faupel 등(2011)이 소개한 '실행검사(Action test)'가 있다. 이 검사는 총 10개의 간단한 문항으로 구성되어 있고, 응답자가 각 진술문을 읽고 분노가 일어날 때마다 흔히 취하는 행동을 4점 척도에 따라 응답하도록 되어 있다. 각 항목에서 얻은 점수를 합산하여 얻은 총 점수로 분노가 표현되는 방식을 이해할 수 있는 기준을 마련해 주고 있다. 그러나 표준화되어 있지 않기 때문에 해석에 주의가 요구되며, 저자의 허가를 받아 검사를 실시할 수 있도록 하고 있다. 한편, 『Psychologist World』의 '분노검사'(총 25문항)와 『Psychology Today』에서 제공하고 있는 '분노 조절검사'(총 10문항)는 온라인에서 무료로 검사를 받을 수 있도록 하고 있다. 두 검사 모두 각 문항을 읽고 리커트식으로 응답하도록 되어 있으나 채점결과를 온라인으로 통보받을 수 있다는 점에서 자가채점의 방식과는 다르다.

(4) 분노 조절을 위한 기술

분노를 유발하는 상황과 분노의 대상에 따라서 상담자는 다양한 분노 조절 기술을 활용할 수 있다. 분노는 언제, 어디서든 일어날 수 있는 일상적 사건 이 될 수 있기 때문에 장애학생 부모 또는 가족구성원의 경우에도 예외가 아 니다. 따라서 부모와 가족구성원이 분노 조절 기술을 습득하는 것은 긍정적인 삶을 영위하는 데 있어서 큰 자산이 될 수 있다. 연구자들은 분노의 위험성이 있는 사람들을 대상으로 활용해 볼 수 있는 많은 분노 조절 기술을 소개해 왔 다(Barnhill, 2001; Faupel et al., 2011)

● 주의 분산시키기

분노가 표현될 수 있는 시간에 내담자의 주의를 다른 곳으로 이동시켜 분노의 표현 가능성을 억제 · 분산시키는 기술이다. 분노를 표출하는 학생에게 좋아하는 장난감을 준다거나 주의를 다른 곳으로 분산시키는 다양한 방법들이 동원될 수 있다.

● 분노 유발 환경에서 벗어나기

분노가 유발된 상황 또는 유발될 수 있는 상황을 벗어나 다른 상황을 만들어 주는 기술이다. 장애자녀를 둔 부모의 경우 가족이 처한 상황을 단순히 벗어난다고 해서 문제가 해결되지는 않는다. 이 기법은 장애학생이 집 밖에서 일어날 수 있는 문제 상황(예, 소음이 심한 환경)을 해결할 수 있는 방법으로 적절하게 활용될 수 있다.

● 웃음과 해학의 활용

웃음과 해학(humor)의 활용은 분노의 표현과 정반대되는 개념으로 적절히 활용하면 분명 긍정적인 측면이 있다. 그러나 상담자가 빈정거리거나 조롱하는 의미로 상담 과정에서 활용하면 장애학생의 부모 또는 가족구성원의 또 다른 분노를 유발할 수 있는 조건이 될 수 있으므로 조심스럽게 시도되어야 한다.

● 의사소통 기술의 활용

적극적 경청하기 기술이 활용될 수 있다. 적극적 경청하기는 상대방의 말에 대한 존중의 의미를 표현하는 것과 동시에 관심을 표현해 주는 효율적인 의사소통 기술이다. 나-전달법과 같은 긍정적 언어를 사용하여 상담자 또는 장애학생의 부모가 원하는 것을 보다 정확히 전달함으로써 분노가 잠재적 상태로 남아 있는 것을 방지할 수 있다. 화술 또한 중요하다. 목소리가 높으면 격앙된 정서를 반영하게 되므로 부드럽고 천천히 말하면서 자신의 감정을 통제할 수 있도록 습관을 들인다.

● 적극적 무시

적극적 무시는 분노의 대상이나 사건에 대하여 의도적으로 무시하는 분노 조절 방법 가운데 하나이다. 상대방의 사소한 사건이나 내용에 의도적으로 신경을 쓰지 않고(주의집중하지 않고), 상대방이 긍정적으로 수행할 수 있는 행동들에만 보다 집중할 수 있도록 하는 기술이다. 적극적 무시는 행동 조성의 한 방법으로 활용될 수 있다.

● 이완기법의 활용

이완기법은 신체의 생리적 각성을 감소시키기 위해 활용될 수 있다. 명상 호흡법을 실시하거나 운동, 음악 등에 열중함으로써 개인의 생리적 각성 상태를 감소시킬 수 있다. 이완기법은 스트레스를 완화시켜 주는 효과적인 방법으로 활용되고 있다.

● 글쓰기

글쓰기는 자신의 삶을 돌아볼 수 있는 기회를 제공함으로써 자신의 정서 상태를 통제할 수 있는 힘을 길러 줄 수 있다. 일기는 일상생활에서 자신이 느끼는 감정을 솔직히 적어 볼 수 있기 때문에 분노를 효율적으로 조절하는 방법으로 활용된다. 분노 관련 서적을 읽고 독후감을 써 보는 것도 분노 조절의 한 방법으로 활용될 수 있다.

● 도움 요청

분노를 보다 적극적으로 조절할 수 있는 방법으로써 외부 기관의 도움을 받을 수도 있다. 전문가에게 도움을 요청하거나 부모교육 및 상담 세미나 또는 프로그램에 참여하여 분노 조절에 관한 지식을 습득하고 분노 조절 기술을 익힐 수 있다.

3) 스트레스와 갈등 해결을 위한 전략

(1) 스트레스와 성격유형

스트레스는 성격유형을 포함한 다양한 요인과도 매우 밀접히 연관되어 있다고 보고되었다(Lecic-Tosevski et al., 2011). Lecic-Tosevski 등(2011)은 성격과 스트레스의 관계를 이해하기 위해서는 다양한 스트레스 환경에 처해 있는 개인차의 영향에 주목해야 한다고 하였다. 이는 한 개인의 성격이 스트레스 환경에서 차별적으로 표현될 수 있다는 것을 시사한다.

흔히 한 개인의 성격을 얘기할 때, '누구는 A유형의 성격이다, 누구는 B유형의 성격이다'라는 얘기를 종종하곤 한다. A유형의 성격은 1950년대 심장전문 의사인 Friedman과 Rosenman에 의해 처음 소개된 용어이다. 이후 1966년에 Friedman은 극단적인 A유형의 성격을 자신의 책에 소개하면서 A유형(A-type)의 성격과 B유형(B-type)의 성격에 대하여 자세하게 보고하였다. Friedman에 따르면, A유형의 성격은 스트레스의 위험성이 큰 성격유형으로 간주되는데, 다음과 같은 세 가지 주요 증상들로 촉발될 수 있다고 하였다.

- 유동적 적개심(free-floating hostility): 아주 사소한 사건으로도 유발될 수 있음
- 급하고 인내심이 없음(time urgency and impatience): 화를 잘 내는 것이 특징으로 안절부절못하고 분노행동을 보임
- 경쟁적 충동(competitive drive): 스트레스를 잘 받고, 성취욕에 이끌리는 정신력을 지니고 있음

Friedman이 보고한 유동적 증상은 은밀히 진행되므로 일반적으로 관찰하기가 쉽지 않고, 후자의 두 증상은 보다 관찰이 가능한 행동들로 기술되어 있다. Friedman은 A유형의 성격이 관상동맥성 심장질환의 유병률과 아주 밀접히 연관되어 있다고 보고하였다. 일반적으로 A유형의 성격은 일을 추진하는 데 있어서 성급하고 스트레스에 취약한 반면, B유형의 성격은 스트레스 수준이 A유형보다 낮은 편이라고 보고되었다. Friedman과 Rosenman(1959)의 연구는 이후 건강심리학의 발전에 큰 공헌을 하였고, 인간의 마음이 신체건강에 미치는 영향에 대한 많은 연구를 촉진하는 계기를 만들어 주었다는 점에서 긍정적으로 평가되고 있다. 후속 연구들을 통해 기술된 A유형과 B유형의 성격적 특징을 중심으로 요약해 보면 다음과 같다.

● A유형 성격의 행동특성

– 야망을 가지고 있으며 매사에 의욕적이다.

– 시간에 쫓기는 생활을 하는 편이다.

– 장애물이라도 도전해 보려고 한다.

– 투쟁적이고 경쟁심이 강한 편이다.

– 확신과 결단성이 있다.

– 완벽함을 추구한다(완벽주의자 경향이 있다).

– 다른 사람들로부터 존경을 받기 위해 노력한다.

– 약속을 잘 지킨다.

– 우월의식이 있고, 자기중심적이다.

– 인내심이 부족하고 매사 조급한 편이다.

– 경쟁자에게 적개심을 갖는다.

– 일에 파묻혀 산다.

● B유형 성격의 행동특성

– 편안하고 이완된 생활을 하는 편이다.

– 인내심이 많고 서두르지 않는다.

– 일을 안정적으로 추진하려고 한다.

– 이기고 지는 데 큰 관심이 없다.

– 천천히 모든 일을 완수하며 성취를 즐긴다.

– 자주 휴식을 취하고 시간을 즐긴다.

– 사람들을 많이 사귀는 편이다.

– 타인의 반응에 과민반응을 보이지 않는다.

– 자신의 한계를 인식하고 있다.

– 미래에 대해 심사숙고한다.

– 창의적 직종(예, 작가, 예술가 등)에 이끌리는 경향이 있다.

– 여러 가지 흥미를 갖는다.

(2) A유형-B유형의 성격과 스트레스 검사

장애학생의 부모 및 가족구성원이 장애적응 과정에서 경험할 수 있는 스트레스는 가족의 순기능을 저해할 수 있는 부정적 요인이라고 할 수 있다. 가족구성원들이 경험하는 스트레스의 수준에는 개인차가 있지만, 가족구성원 간 이루어지는 상호작용의 흐름을 이해할 수 있다는 측면에서 스트레스 검사는 도움을 준다.

그동안 장애학생의 가족구성원을 대상으로 스트레스의 양을 비교적 정확하게 진단해 볼 수 있는 많은 표준화된 검사도구들이 개발되어 왔다. 한편, 간편하게 활용해 볼 수 있는 진단용 스트레스 검사 또한 시간과 경제적인 측면에서 유용한 가치를 지니고 있다.

① A유형 성격검사

A유형 성격검사(Type-A Personality Test)는 『Psychology Today』에서 온라인으로 제공하고 있는 성격유형 진단 검사이다. 이 검사는 총 73문항으로 구성되어 있고, 검사를 실시하는 데 약 20분 정도 소요된다. 각 진술문을 읽고 해당 항목에 대해 자주 느끼는 정도를 리커트 척도에 따라 응답하도록 되어 있다. A유형의 성격검사를 마친 후에는 도표와 함께 자세한 성격유형 관련 정보를 얻을 수 있다. 『Psychology Today』에서 검사 문항에 대한 수정 작업이 진행될 수 있기 때문에 원래의 검사 문항 수는 유동적일 수 있다.

② Jenkins A유형-B유형 성격검사

이 성격유형의 검사는 Jenkins 활동검사(Jenkins Activity Survey)를 수정한 검사도구로서, 원래는 심장마비와 연관되어 있는 증상 또는 행동들을 진단하기 위해서 개발되었다(Jenkins et al., 1971). 이 검사는 30개의 다중선택형 문항들로 구성되어 있고, 응답자들이 리커트 척도에 따라 각 항목에 응답을 할 수 있도록 편재되어 있다. 온라인용으로 검사를 실시할 수 있고, 점수는 35점부터 380점까지 범주화되어 있다. 높은 점수는 A형 성격에 연관되어 있다고 해석할 수 있으며, 낮은 점수는 B유형의 성격과 연관되어 있다고 해석할 수 있다. 검사를 실시하는 동안 이전 질문으로 되돌아갈 수 있고, 응답한 내용을 다시 수정할 수도 있다.

③ Friedman A유형 성격검사

Friedman A유형 성격검사(Friedman, 1996)는 심장마비와 A유형 성격의 연관성을 살펴보고자 했던 Friedman과 Rosenman(1959)의 초기 연구에 기초하여 개발되었다. 이 검사는 총 30문항으로 구성되어 있고, 응답하는 데 10분 정도가 소요된다. 이 검사는 리커트식의 다른 검사들과는 달리, 본인의 성격이 각 진술문에 얼마나 부합하는지, 해당 여부만을 체크하도록 되어 있다. 다음은 Friedman A유형 성격검사의 예이다.

> ※ 당신은 A유형의 성격입니까? 다음 진술문을 읽고 자신의 성격과 부합한다고 생각되는 항목에 체크해 주세요.
>
> ☐ 힘들게 일을 하고 나서 긴장을 풀지 못한다.
> ☐ 경쟁을 좋아하고 이기는 것을 중요하게 생각한다.
> ☐ 동시에 두 가지 일을 시도한다. 예를 들면, 전화하면서 숙제를 한다.
> ☐ 줄 서서 기다리는 것을 싫어하고, 안절부절못하거나 참을성이 없다.
> ☐ 너무 빨리 먹는다.
> ☐ 스스로 마감시간을 정해 놓는다.
> ☐ 캐비닛의 문이나 문고리가 열리지 않을 때 비이성적으로 화를 낸다.
> ☐ 시간관념이 매우 강하다.
> ☐ 신중하게 취미와 여가활동을 한다.
> ☐ 더 큰 성취감을 맛보기 위하여 밤늦게까지 일을 한다.
> ☐ 때때로 전화 통화 도중에 다른 것을 생각하거나 다른 일을 한다.
> ☐ 항상 바쁘다.
> ☐ 여분의 에너지가 충전되어 있는 것처럼 느껴진다.

□ 사고를 일으키는 경향이 있다.

□ 성취를 하거나 그 과정을 즐기기 위해 시간을 보내지는 않는다.

□ 거의 모든 분야에 강한 관심을 지니고 있다.

□ 활동이 제한되어 있다.

□ 이야기를 빠르게 한다.

□ 말을 할 때 제스처를 사용하고 강한 억양을 쓴다.

□ 크게 인정을 받고자 갈망한다.

□ 일을 할 때 성공해야 한다는 강박감이 있다.

□ 리더가 되고자 한다.

□ 논쟁과 토론을 즐기는 편이다.

□ 다른 사람의 느린 행동을 잘 참지 못한다.

□ 조용히 앉아 있지 못한다.

□ 자주 싸운다.

□ 다른 사람보다 우월해야 하고 우월해 보이는 것이 매우 중요하다.

□ 경쟁자가 들어올 경우, 더욱 열심히 일을 하려고 한다.

□ 학교 일이나 운동에 경쟁적으로 힘을 쏟는다.

□ 모든 일을 계획적으로 처리하는 편이다(예, 휴가 계획, 하루 전에 다음날 입을 옷을 내놓는 것 등).

□ 시간을 쓸데없이 소비하는 것을 싫어한다.

□ 적의적인 행동을 자주 한다.

채점 및 해석

앞의 항목들 가운데, 15개 이상의 항목에 체크했다면, 당신은 A유형의 성격으로 분류된다. A유형의 성격은 활동적이며 일반 사람들도 5~6개 정도는 A유형의 성격을 가지고 있는 것으로 알려져 있다.

(3) 일반 속성용 스트레스 검사

성격요인은 스트레스에 영향을 미치는 요인들 가운데 하나이다. 스트레스는 개인과 환경의 상호작용에 따른 결과물로 나타날 수 있기 때문에 스트레스를 올바로 이해하기 위해서는 스트레스의 다양성을 평가할 수 있는 포괄적 진단체계가 필요하다. 장애학생 가족구성원을 대상으로 스트레스의 유형과 정도를 탐색해 보는 것은 상담 진행에 필요한 관련정보를 얻을 수 있다는 이점이 있다.

그동안 장애학생의 부모와 가족구성원을 대상으로 스트레스 수준을 진단할 수 있는 표준화된 검사도구들이 많이 개발되어 왔다. 업무 특성상 전문성이 필요한 다양한 진단도구들도 있지만, 학교현장에서 부모상담을 진행하는 교사가 간단하게 활용해 볼 수 있는 속성용 스트레스 검사도구도 있다. 일반 속성용 스트레스 검사는 일상생활 속에서 경험할 수 있는 스트레스의 원인과 유형을 간편하게 진단해 볼 수 있다는 이점이 있다. 한국교류분석상담연구원(2010)의 일반 속성용 스트레스 검사는 신뢰도와 타당도를 가지고 있는 표준화된 검사도구들을 활용하기에 앞서, 간단하게 장애학생의 가족구성원이 경험할 수 있는 스트레스의 수준을 진단해 보는 용도로 활용할 수 있다.

□ 일반 속성용 스트레스 검사

※ 다음 항목을 읽고, 자신에게 친숙한 증상이나 행동이 있다면 □ 안에 표시를 하시오.

분야	항목
신체상의 징조	□ 숨이 막힌다.
	□ 목이나 입이 마른다.
	□ 불면증이 있다.
	□ 편두통이 있다.

	☐ 눈이 쉽게 피로해진다.
	☐ 목이나 어깨가 자주 결린다.
	☐ 가슴이 답답해 토할 것 같은 기분이다.
	☐ 식욕이 떨어진다.
	☐ 변비나 설사 증상이 있다.
	☐ 신체가 나른하고 쉽게 피로를 느낀다.
행동상의 징조	☐ 반론이나 불평, 말대답이 많아진다.
	☐ 일하는 데 실수가 증가한다.
	☐ 주량이 증가한다.
	☐ 필요 이상으로 일에 몰입한다.
	☐ 말수가 적어지고 생각에 깊이 잠긴다.
	☐ 말수가 많고, 말도 되지 않는 주장을 펼칠 때가 있다.
	☐ 사소한 일에도 화를 잘 낸다.
	☐ 화장이나 복장에 관심이 없어진다.
	☐ 사무실에서 개인적인 전화를 하거나 화장실에 가는 횟수가 증가한다.
	☐ 결근, 지각, 조퇴가 증가한다.
심리, 감정상의 징조	☐ 언제나 초조해하는 편이다.
	☐ 쉽게 흥분하거나 화를 잘 낸다.
	☐ 집중력이 저하되고 인내력이 없어진다.
	☐ 건망증이 심하다.
	☐ 우울하고 쉽게 침울해진다.
	☐ 뭔가를 하는 것이 귀찮다.
	☐ 매사에 의심이 많고 망설이는 편이다.
	☐ 하는 일에 자신이 없고 쉽게 포기하곤 한다.
	☐ 무언가 하지 않으면 진정할 수가 없다.
	☐ 성급한 판단을 내리는 경우가 많다.

출처: 한국교류분석상담연구원(2010).

(4) 마음챙김 명상 프로그램

장애학생의 가족기능을 강화시켜 주는 프로그램들은 일반적으로 장애학생의 부모와 가족구성원을 대상으로 양육과 관련된 스트레스를 감소시키고, 가족 내 갈등상황을 해결할 수 있는 주요 방법들로 편재되어 있다. 조윤경과 김경혜(2005)는 장애학생의 부모를 대상으로 10주간의 가족기능 강화 프로그램을 실시해 본 결과, 부모들에게서 자기인식, 양육기술 강화 등의 항목에서는 긍정적인 변화가 관찰되었으나, 부모들의 양육스트레스를 낮추는 데는 유의미한 결과가 나타나지 않았다고 보고하였다. 이 연구자들은 그 대안으로써 다른 프로그램들과의 연계 · 지원이 필요하다고 제안하였다.

마음챙김 스트레스 감소 프로그램(Mindfulness-Based Stress Reduction Program: MBSR)은 장애학생의 부모, 일반 학생 및 환자의 스트레스를 완화시켜 주는 데 있어서 긍정적인 효과가 있다고 보고되었다(용홍출, 2008; 최수나, 2012; Baer et al., 2012). 용홍출(2008)은 장애학생의 부모를 대상으로 한국판 MBSR(KMBSR)에 기초하여 인지치료를 실시해 본 결과, 장애학생의 어머니들이 경험하는 양육 스트레스 영역들 가운데 심리적 스트레스, 사회생활 스트레스, 그리고 교육 및 치료관련 스트레스 영역에서 치료효과가 있었고, 강박증, 대인예민증, 우울증 및 정신병리 영역에서도 유의미한 감소를 나타냈다고 보고하였다. 이 연구는 KMBSR이 장애학생의 부모 및 가족구성원을 대상으로 상담 및 치료효과를 검증해 볼 수 있는 연계 프로그램이 될 수 있다는 것을 시사해 준다. 그리고 KBMSR은 학생들의 스트레스 수준을 유의미하게 감소시켜 주는 효과가 있었고, 학교생활, 대인관계, 개인문제, 환경문제 및 가정

생활에 있어서도 유의미한 결과를 보여 주었다고 보고되었다(최수나, 2012). Baer 등(2012)도 환자들과 생활 스트레스를 경험하고 있는 사람들을 대상으로 MBSR 프로그램을 8주 동안 실시해 본 결과, 2주 후부터 유의미하게 스트레스가 완화되는 긍정적인 효과가 나타났다고 보고하였다.

이와 같은 연구들을 토대로 할 때, MBSR 프로그램은 가족기능 강화 프로그램을 통한 가족지원의 한 방법으로서 장애학생의 부모와 가족구성원을 대상으로 장애 부적응에 따른 문제를 해결하고, 부모들의 양육 스트레스를 완화시켜 줄 수 있는 연계 프로그램의 형태로 운영될 수 있다는 것을 시사한다.

📁 참고문헌

김경혜, 조윤경(2006). 장애아동 가족기능강화 프로그램의 이론과 실제: 실제편. 파라다이스복지재단.

용홍출(2008). 마음챙김명상에 기초한 인지치료의 효과: ―장애아동 어머니의 심리적 특성 변화를 중심으로. 대구대학교 박사학위청구논문.

조윤경, 김경혜(2005). 가족기능 강화 프로그램이 장애 아동 부모의 스트레스와 가족 기능성에 미치는 영향. 유아특수교육연구, 5(1), 79-104.

최수나(2012). 마음챙김(KMBSR) 명상 프로그램이 중학생의 스트레스, 자존감, 정서에 미치는 효과. 가톨릭대학교 상담심리대학원 석사학위청구논문.

한국교류분석상담연구원(2010). 스트레스척도. 연수부자료실.

Baer, R. A., Carmody, J. C., & Munsinger, M. (2012). Weekly change in mindfulness and perceived stress in a mindfulness-based stress reduction program. *Journal of Clinical Psychology, 68*(7), 755-765.

Barnhill, J. A. (2001). *She's gonna blow!*: Harvest House Publishers.

Davis, H. (1993). *Counseling parents of children with chronic illness or disability*. The British Psychological society.

Dautaj, J. (2017). Types Of Anger. http://stress.lovetoknow.com/Types of Anger.

DeFrain, J., & Asay, S. M. (2007). *Strong Families Around the World: Strengths-Based Research and Perspectives*. Binghamton, NY: The Haworth Press.

Dinkmeyer, Sr, D., McKay, G. D., & Dinkmeyer, Jr. D. (2008). *Parents handbook: Systematic training for effective parenting*. STEP publishers.

Fanning, P., McKay, M., & Paleg, K. (1996). *When anger hurts your kids: A parent's guide*. New Harbinger Publications, Inc.

Faupel, A., Herrick, E., & Sharp, P. (2011). *Anger management: A practical guide*. New York: Routledge.

Fiedler, C. R., Simpson, R. L., & Clark, D. M. (2007). *Parents and families of children with disabilities: Effective school-based support services*. Columbus, OH: Pearson Prentice Hall.

Friedman, M. (1996). *Type A Behavior: Its Diagnosis and Treatment*. New York: Plenum Press.

Friedman, M., & Rosenman, R. (1959). Association of specific overt behaviour pattern with blood and cardiovascular findings. *Journal of the American Medical Association 169*: 1286–1296.

Goleman, D. (1996). *Emotional intelligence: Why it can matter more than IQ*. London: Bloomsbury.

Gordon, T. (2003). *Teacher effective training*. New York: Three Rivers Press.

Hamner, T. J., & Turner, P. H. (1996). *Parenting in contemporary society*. Boston: Allyn & Bacon.

Jenkins, C. D., Zyzanski, S. J., & Rosenman, R. H. (1971). Progress toward validation of computer-scored test for the type A coronary-prone behavior pattern. *Psychosomatic Medicine, 33*, 193-202.

Kerr, S. M., & McIntosh, J. B. (2000). Coping with a child has a disability: Exploring the impact of parent-to-parent support. *Child: Care, Health and Development, 26*(4), 309-322.

Lecic-Toseviski, D., Vukovic, O., & Stepanovic, J. (2011). Stress and personality. *Psychiatriki, 22*(4), 290-297.

Meier, J. D. (2015). Five Satir categories for understanding of communication styles. http://sourcesofinsight.com/satir-categories

Satir, V. (1972). *Peoplemaking*. Palo Alto, CA: Science and behavior books.

Schmuck, R. A., & Runkel, P. J. (1994). *The handbook of organization development in schools and colleges* (4th ed.). Prospect Heights, IL: Waveland.

Seligman, M. (2000). *Conducting Effective conferences with parents of children with disabilities.* New York: Guilford Press.

Sileo, N. M., & Prater, M. A. (2012). *Working with families of Children with special needs: Family and professional partnerships and roles.* Pearson.

Wang, P., Michaels, C. A., & Day, M. S. (2011). Stresses and coping strategies of Chinese families with children with autism and other developmental disabilities. *Journal of Autism and Developmental Disorder, 41,* 783-795.

Wikipedia. (2017). Reflective listening. https://en.wikipedia.org

제9장

가족지원 서비스

장애학생의 부모 및 가족구성원은 장애적응 과정에서 상담자의 도움이 필요한 경우가 많다. 주요 상담 내용에는 부모의 의사결정 지원, 정서적 문제해결, 지역사회 자원의 활용 등에 관한 다양한 서비스 영역들이 포함되어 있다. 여기에는 장애학생 가족의 순기능을 회복 · 촉진시키기 위한 부모상담뿐만 아니라, 가족지원 서비스 영역도 포함되어 있다.

우리나라에서도 법령에 따라 장애학생, 부모 및 가족구성원이 부모교육과 다양한 가족지원 서비스의 혜택을 받을 수 있는 여건이 마련되어 있다. 특히 장애학생 부모상담 서비스는 지역사회기관의 가족지원 서비스 영역들과 연계될 때 보다 큰 파급효과를 가져올 수 있다.

이 장에서는 가족지원 서비스에 대한 전반적인 지식체계, 관련 법규 및 프로그램의 운영현황에 대하여 살펴보고자 한다.

1. 가족지원 서비스의 토대
2. 가족지원 관련 법규
3. 장애인 복지사업과 가족지원 프로그램

1. 가족지원 서비스의 토대

1) 가족지원 서비스의 정의와 필요성

가족지원은 아동, 성인 또는 부모가 포함된 장애를 가진 가족구성원에 대한 지원을 의미한다(Wikipedia, 2017). 미국 보건복지부와 관련 단체들의 후원을 받고 있는 미국아동복지정보센터(Child Welfare Information Gateway: CWIG, 2017)에 따르면, 가족지원은 "지역사회에서 부모들이 보호자로서의 역할을 수행할 수 있도록 지원 · 지지하는 서비스"로 정의되어 있다. 이 정의는 가족의 장점과 욕구를 고려하되, 부모의 역할인 양육기술을 향상시켜 자녀의 발달을 촉진할 수 있도록 부모의 역량을 최대한 강화시켜 주는 데 초점을 맞추고 있다. 이 정의는 장애학생 가족지원 서비스에도 그대로 적용될 수 있다. 무엇보다도 지역사회 자원을 연계할 수 있는 서비스 영역을 포함시키고 있다고 보는 것이 보다 합리적일 것이다. 이는 모든 장애학생 가족구성원이 가족지원 서비스에 따른 이점을 얻을 수 있다는 것을 의미한다고도 볼 수 있다.

그동안 가족지원 서비스에 대한 필요성이 지속적으로 제기되어 왔다. 그러나 이러한 필요성에도 불구하고 부모가 장애자녀를 양육하는 데 있어서 필요로 하는 서비스를 관련 기관에서 제때 제공해 주지 못한 많은 증거들이 있다(Fiedler et al., 2007). 실제 장애학생 가족구성원은 장애학생이 안정적으로 생활할 수 있도록 보다 많은 가족지원에 관한 정보와 가족지원 서비스가 필요하다고 인식하고 있으며(U. S. Department of Education, 2001), 장애학생 가족구성원 또한 장애학생에게 도움을 주기 위해 지속적으로 노력을 기울이고 있다는 증거 자체로도 가족지원의 필요성이 절박하다고 할 수 있다(Yuan et al., 1996: Fiedler et al., 2007에서 재인용). 특히 학교는 장애학생의 가족구성원이 비교적 편안하게 느끼고, 자녀의 일과 관련하여 부모가 자주 왕래하고 있는 장소이면서 가족지원 서비스를 제공해 주는 사회기관이다(Wright & Stegelin, 2003). 장애학생의 학습과 사회활동의 장으로서 학교의 역할은 장애학생의 성장과 발달에 특히 중요하다고 할 수 있다. 우리나라에서도 「장애인 등에 대한 특수교육법」에서 장애학생에게 가족지원 서비스를 제공할 수 있도록 법적 근거를 마련해 놓고 있다. 장애학생 부모가 자녀양육에 관한 지식과 기술을 습득하고, 장애학생이 사회 속에 통합될 수 있도록 지원해 주는 것은 가족지원 서비스의 목적이자 과제라고 할 수 있다.

2) 가족지원 서비스의 주요 내용

가족지원 서비스는 서비스를 제공하고 있는 기관의 특성에 따라 다양한 서비스 영역이 포함될 수 있다. 가족지원 서비스는 해당 기관의 가족지원 프로그램을 통해 주요 내용이 전개된다. 미국 아이오와주 유아협회(Early Childhood Iowa, 2005)에 따르면, 가족지원 프로그램은 "장애학생과 가족구성원에게 심리적 · 정서적 안녕을 제공하는 지역사회 중심의 서비스"로 정의되어 있다. 이 정의에 기초한 대부분의 가족지원 프로그램들은 장애학생의 가족구성원에게 하나의 가족단위를 유지시켜 주면서 종합적이고 융통적인, 개별화된 서비스를 제공해 줄 수 있고, 일반적으로 프로그램의 단위 내에 지역사회의 공식적 · 비공식적 자원을 활용할 수 있도록 하는 다양한 지원 방안을 포함하고 있다. 물론 가족지원 프로그램은 비장애인 또는 장애학생 가족구성원처럼 특정집단을 대상으로 공통적으로 실행될 수 있고 차별적으로도 운영될 수 있다. 그러나 중요한 사실은 가족지원 프로그램이 장애학생과 해당 가족구성원의 욕구를 충분히 반영할 수 있는 내용들로 구성되어야 한다는 점이다. 다음은 장애학생 가족구성원에게 제공해 줄 수 있는 다양한 가족지원 서비스의 내용들 가운데 일부분을 제시해 놓은 것이다.

● **양육기술 훈련**: 장애학생이 생활환경에 익숙해질 수 있도록 가족구성원

에게 다양한 양육기술 훈련을 제공해 줄 수 있다. 여기에는 배변훈련 등과 같은 자립생활 기술부터 행동문제와 대인관계 훈련에 이르기까지 다양한 내용이 포함될 수 있고, 장애학생뿐만 아니라 가족구성원 모두에게 도움이 될 수 있는 프로그램으로 구성될 수 있다.

- 경제적 지원: 수당과 연금을 비롯하여 특수교육 장비나 도구 지원 등이 포함되어 있다. 경제적 지원을 받기 위해서는 국가, 지방자치단체 또는 지역사회 기관의 가족지원 서비스에 대한 정보가 필요하다.
- 휴식 지원: 부모와 가족구성원에게 휴식을 제공해 줄 수 있는 제도이다. 부모와 가족구성원이 휴식을 통해 재기 충전의 기회를 얻을 수 있듯이 장애학생들도 부모의 품에서 벗어나 자신의 자립생활에 대한 의지를 실천해 볼 수 있고, 외부에서 새로운 친구들을 만날 기회를 만들어 볼 수 있다는 점에서 휴식 지원은 상보적 가족지원 서비스라고 할 수 있다.
- 여가활동 서비스: 장애학생과 가족구성원이 학교를 벗어나 주간·야간 캠프활동 등에 참여함으로써 다른 동료들을 만날 기회와 삶의 방식에 관한 학습의 기회를 가질 수 있다. 주로 방과 후 활동의 일환으로 이루어질 수 있고, 주말 프로그램으로도 운영될 수 있다.
- 기타 서비스: 정책내용과 프로그램 안내, 신생아부모 서비스, 아동과 수형자 가족구성원을 위한 서비스, 지역사회 자원 활용 및 연계 서비스, 가족서비스 분담, 지방자치단체 및 지역사회 기관에 대한 정보 제공·안내 등이 포함되어 있다.

한편, 미국 아동복지정보센터(Child Welfare Information Gateway: CWIG)에서 제공하고 있는 가족지원 서비스 영역들에는 일반 서비스 영역, 아동 학대와 방임 예방 및 기타 지원방안의 내용들이 포함되어 있다. 이곳에서 제공하고 있는 가족지원 서비스 영역들과 해당 서비스 내용들을 열거해 보면 다음과 같다.

- 일반 서비스 영역
  - 유아 및 아동에 대한 양육과 관리
  - 장애학생 교육
  - 고용과 훈련 안내 및 지원
  - 건강관리 지원
  - 주택 알선 및 지원 정보 제공
  - 휴식 지원
  - 장애학생 지원 서비스

- 아동 학대와 방임 예방
  - 가정방문
  - 부모교육
  - 부모지지 집단을 통한 지원
  - 가족자원센터를 통한 지원
  - 자녀양육 관련 자원과 정보 제공

- 기타 지원 방안
  - 친족 보호 및 지원
  - 청소년 지원
  - 군인 가족구성원에 대한 지원
  - 가정폭력 상담 및 피해자 지원
  - 정신건강 상담 서비스
  - 약물남용 상담 서비스

3) 가족지원 서비스의 원리

가족지원 프로그램들은 장애학생 및 가족구성원에게 가족기능을 강화 · 촉진하는 다양한 내용으로 구성되어 있다. 이때 가족지원의 원리들은 가족지원 프로그램의 효율성 · 효과성을 평가할 수 있는 근거를 제공해 준다. Fiedler 등(2007)은 가족중심의 가족지원 서비스의 주요 원리에 관한 연구들을 다음과 같이 논의하였다.

첫째, 전문가는 가족구성원과 협력 관계를 유지해야 한다. 가족지원 서비스는 과거 부모의 역할이 의존적이었다는 비판에서 시작되었다고 할 수 있다. 과거의 학교현장에서는 자녀의 교육과 관심사에 대한 부모의 의사결정이 무시되는 경향이 있었지만, 지금은 부모와 전문가의 협동적 상호관계가 중시되는 방향으로 변화되었다는 점이다. 이 관점에서는 부모와 전문가가 협력 관계 속에서 가족의 관심사에 대한 의사결정을 함께 추진해 나간다고 볼 수 있다. 이때 전문가는 장애학생 부모에게 격려와 지지를 보내 줄 수 있고, 부모는 가족 내에서 가족구성원의 운명을 책임질 수 있는 힘을 얻을 수 있다.

둘째, 전문가는 전체 가족구성원의 욕구가 반영될 수 있도록 지원해야 한다. 한 가족 안에 장애학생이 있다는 사실은 장애적응 과정에서 전체 가족구성원에게 영향을 미칠 수 있다. 이는 가족구성원 가운데 한 사람이 장애를 가지고 있으면 전체 가족구성원의 관심사가 될 수 있다는 말이다. 따라서 전체 가족구성원의 욕구를 고려해야 가족이 한 단위로써의 순기능을 발휘할 수 있다.

셋째, 전문가는 가족구성원의 다양성과 전문성을 존중해야 한다. 전문가는 문화적 배경이 다르고 다양한 인종으로 구성된 가족구성원과 상담을 진행할 때, 이들의 다양성을 존중할 수 있어야 한다. 이는 한 사회를 지배하고 있는 문화적 가치를 소수민족의 구성원에게 강요하거나 소수민족에 대한 편견을 가지고 있으면 공정한 서비스를 제공하기 어렵다는 점을 지적한 것이다. 장애학생 부모는 자녀에 대하여 누구보다 잘 알고 있는 전문가이므로 이들의 지식체계를 전문가가 존중할 수 있어야 한다는 의미이기도 하다.

넷째, 전문가는 가족의 연계망을 확충하고 자연적 지원(natural support)을 활용할 수 있도록 한다. 장애학생 가족구성원은 장애적응 과정에서 심리적 ·

정서적 어려움을 경험하게 될 확률이 높다. 장애학생 부모는 부모결연 프로그램을 통하거나 동일한 상황에 놓여 있는 다른 가족구성원들과의 사회적 연계망을 확충함으로써 상호학습의 기회를 마련할 수 있고, 부모로서의 역량을 강화할 수 있는 기회를 얻을 수 있다. 또한 장애학생 가족구성원은 전문가 또는 기관의 지원에 의존하기보다는 자연적 지원망(예, 확대 가족구성원, 이웃, 직장동료, 친구)을 활용하게 될 때 보다 자생적인 힘을 얻을 수 있고, 전문가의 지원 서비스에 대한 의존도를 줄일 수 있다(Fiedler et al., 2007).

다섯째, 전문가는 가족의 장점을 활용할 수 있도록 한다. 이 원리는 장애학생의 장애회복을 강조한 의학적 모형과 장애의 원인을 부모의 책임으로 돌렸던 과거의 관점에 대한 비판에서 시작되었다. 오늘날에는 가족구성원 스스로 가족이 지니고 있는 장점들을 발견할 수 있도록 지원하는 데 초점이 맞추어져 있다. 가족이 지니는 장점 항목들에는 가족구성원의 장애학생에 대한 양육 기술, 활동 등이 포함될 수 있다. 물론 가족구성원은 장애와 별도로 과도한 일상생활의 업무로 인하여 가족이 지니고 있는 장점을 발견하지 못하게 될 수도 있다. 이때 전문가는 가족구성원이 지니고 있는 장점들이 무엇인지 구체적으로 알려 줄 수 있다.

여섯째, 전문가는 융통성 있고 접근 가능하며 적극적인 종합지원 서비스를 제공해야 한다. 이 원리는 가족지원을 제공하는 데 있어 학교 또는 재활 관련 기관들의 권위주의적 태도에 대한 비판에서 제기되었다. 오늘날에는 장애학생과 가족구성원이 학교 또는 기관의 규칙을 수동적으로 따라가는 입장에서 장애학생의 개별화교육과 가족구성원의 욕구가 반영될 수 있도록 해당 원리가 변화되었다는 것에 주목할 필요가 있다.

일곱째, 가족구성원의 선행 의지와 역량을 믿는다. 이 원리는 장애학생의 문제행동이 부모의 책임이라고 주장했던 과거의 관점에 대한 비판에서 출발하였다. 이제 전문가는 장애학생 부모가 가족구성원에게 도움을 제공할 수 있는 역량을 가지고 있다고 보고 있으며, 가족의 관심사에 대한 이들의 의사결정 과정을 존중해야 한다는 입장을 견지하고 있다. 물론 경우에 따라서는 스트레스가 과도하여 부모로서의 역량을 발휘하지 못하게 될 수도 있다. 그럼에도 불구하고 전문가가 지역사회의 가용 자원을 이용해 문제에 대처할 수 있도록 가족구성원의 역량을 강화해 줄 수 있다고 보고 있다. 가족구성원들이 스스로 가족의 운명을 개척해 나갈 수 있다는 입장에 서면, 가족기능은 보다 긍정적으로 변화될 수 있다고 보고 있다.

여덟째, 가족지원 서비스를 받고 있는 가족구성원의 통제력을 촉진할 수 있도록 지원한다. 장애학생 부모 또는 가족구성원은 가족기능이 유지될 수 있는 다양한 가족지원 서비스를 받고 있다. 그러나 가족구성원은 장애학생 양육 서비스를 제공받는 과정에서 불확실성을 느낄 수도 있고, 실제 서비스를 어떻게 받는 게 좋은지 의사결정 과정에서 취약성을 보이는 경우가 있을 수 있다 (Fiedler, 1994). 이때 장애학생 가족구성원은 전문가의 지원서비스를 통해 가족이 지원받을 수 있는 서비스의 유형과 지원의 양을 직접 결정할 수 있고, 가족의 기능을 회복 · 촉진시키는 데 있어서 자발적, 자조적인 힘을 얻을 수 있다. 이 원리는 장애학생 가족구성원과 학교 구성원 간의 상호 협력 관계 속에서 추진될 수 있다.

2. 가족지원 관련 법규

1) 장애인복지법

「장애인복지법」(障碍人福祉法)은 장애인의 복지 증진 및 사회활동 참여를 통한 사회통합을 실현시킨다는 목적으로 제정된 법률로, 현재 총 9장 전문 90조와 부칙들로 구성되어 있다. 제1조(목적)에는 이 법의 내용이 다음과 같이 기술되어 있다.

이 법은 장애인의 인간다운 삶과 권리보장을 위한 국가와 지방자치단체

등의 책임을 명백히 하고, 장애발생 예방과 장애인의 의료·교육·직업재활·생활환경개선 등에 관한 사업을 정하여 장애인복지대책을 종합적으로 추진하며, 장애인의 자립생활·보호 및 수당지급 등에 관하여 필요한 사항을 정하여 장애인의 생활안정에 기여하는 등 장애인의 복지와 사회활동 참여증진을 통하여 사회통합에 이바지함을 목적으로 한다.

특히 이 법 제9조(국가와 지방자치단체의 책임)와 제10조(국민의 책임)에 장애인복지 향상을 위한 책임을 명시함으로써 장애인복지가 한 나라에 속해 있는 모든 구성원의 중대한 관심사임을 보여 주고 있다. 「장애인복지법」에는 장애인 가족지원이란 조항이 별도로 제시되어 있지는 않지만, 장애인복지에 관한 구체적인 실천 내용들이 제1조(목적)에 따라 시행된다고 볼 수 있다. 이 법령에 근거한 주요 조항들에는 기본정책의 강구, 복지조치, 자립생활의 지원, 복지시설과 단체, 장애인보조기구 그리고 장애인복지전문인력에 관한 주요 시행 내용 등이 포함되어 있다. 가족지원 서비스는 「장애인복지법」에 근거하여, 보건복지부에서 시행하는 사업, 기타 중앙행정기관에서 시행하는 사업, 지방자치단체의 조례에 의거하여 시행하는 사업, 지방이양 사업 등으로 분류될 수 있는데, 장애학생 부모 및 가족구성원은 해당 가족지원 서비스에 대한 정보를 공유할 수 있다. 상담자는 장애학생 가족구성원의 욕구를 충족시킬 수 있는 지원 방안들을 참조하여 대상자에게 실질적인 정보를 제공해 줄 수 있다.

2) 장애인 등에 대한 특수교육법

「장애인 등에 대한 특수교육법」에서도 장애인 가족지원 서비스를 시행할 수 있는 근거를 마련해 놓고 있다. 제1조(목적)에는 이 법의 내용이 다음과 같이 기술되어 있다.

이 법은 「교육기본법」 제18조에 따라 국가 및 지방자치단체가 장애인 및 특별한 교육적 요구가 있는 사람에게 통합된 교육환경을 제공하고 생애주기에 따라 장애유형·장애정도의 특성을 고려한 교육을 실시하여 이들이 자아실현과 사회통합을 하는 데 기여함을 목적으로 한다.

이 법 제11조(특수교육지원센터의 설치·운영)에도 가족지원을 실시할 수 있는 근거 조항과 내용을 제시하고 있다. 이 법 ①항에는 다음과 같은 내용이 명시되어 있다.

> 교육감은 특수교육대상자의 조기발견, 특수교육대상자의 진단·평가, 정보관리, 특수교육 연수, 교수·학습활동의 지원, 특수교육 관련서비스 지원, 순회교육 등을 담당하는 특수교육지원센터를 하급교육행정기관별로 설치·운영하여야 한다.

한편, 이 법 제28조에는 특수교육 관련 서비스에 관한 조항을 명시해 놓고 있는데, 구체적인 관련 서비스 내용들로는 가족상담 등 가족지원, 물리치료·작업치료 등 치료지원, 보조인력 제공, 교구·학습보조기·보조공학기기 등 설비 제공 및 통학차량 지원·통학비 지원·통학 보조인력 지원이 포함되어 있다.

「장애인 등에 대한 특수교육법」에 근거한 특수교육지원센터는 지역사회 중심의 특수교육 지원체계라고 할 수 있다. 따라서 상담자는 장애학생 가족구성원에게 가족지원과 관련된 정보를 제공하고, 지원의 내용을 활용해 볼 수 있는 근거를 마련할 수 있다.

3. 장애인 복지사업과 가족지원 프로그램

1) 장애인 복지사업의 주요 내용

　보건복지부에서는 장애인이 실질적으로 사회복지의 혜택을 받을 수 있도록 1년 단위로 장애인 복지사업을 안내하고 있다. 여기에서는 일부 항목들을 제외하고, 2010년을 기준으로 우리나라에서 시행되었던 가족지원 관련 사업들을 중심으로 개관하였다. 장애인 복지사업의 주요 내용들은 새롭게 개편될 수 있기 때문에 상시 조회가 필요할 수도 있다.

(1) 보건복지부에서 시행하는 사업
- 장애수당 및 장애아동 수당
- 장애인연금
- 장애인자녀 교육비 지원
- 장애아 무상보육료 지원
- 장애인 자립자금 대여
- 장애인근로자 자동차구입자금 융자
- 장애인 의료비 지원
- 장애인 등록 진단비 지급
- 장애인 보조기구 교부
- 장애인 활동보조 지원 사업
- 중증장애아동 가족양육지원 돌보미 서비스
- 아동돌보미 지원 사업(여성가족부)
- 장애아동 재활치료 사업
- 건강보험 지역가입자의 보험료 경감(자동차분 건강보험료 전액 면제, 생활수준 및 경제활동 참가율 등급별 점수 산정 시 특혜 적용, 산출보험료 경감)

- 장애인 생산품 판매시설 운영
- 중증장애인 직업재활 지원사업 수행기관 운영
- 보장구 건강보험 급여(의료급여) 실시
- 장애인 자동차 표지 발급
- 농어촌 재가장애인 주택개조사업 지원
- 실비장애인 재활시설입소 이용료 지원

(2) 기타 중앙행정기관에서 시행하는 사업
- 승용자동차에 대한 개별소비세 면제
- 승용자동차 LPG 연료 사용 허용
- 차량구입 시 도시철도 채권구입 면제
- 소득세 공제
- 장애인 의료비 공제
- 상속세 상속공제
- 장애인 특수교육비 소득공제
- 증여세 면제
- 장애인보장구 부가가치세 영세율 적용
- 장애인용 수입물품 관세 감면
- 장애인 의무고용
- 특허 출원료 또는 기술평가 청구료 등의 감면
- 방송수신기 무료보급(자막방송수신기, 화면해설방송수신기, 난청노인용수신기)
- 장애인방송 시청 지원(자막방송, 수화방송, 화면해설 방송)

(3) 지방자치단체에서 조례에 의거 시행하는 사업
- 장애인용차량에 대한 등록세 · 취득세 · 자동차세 면제
- 차량 구입 시 지역개발 공채구입 면제

- 고궁, 농원, 국공립박물관 및 미술관, 국공립 공원, 국공립 공연장, 공공 체육시설요금 감면
- 공영주차장 주차요금 감면

(4) 민간기관에서 자체운영 규정에 의하여 실시하는 사업

- 철도 · 도시철도요금 감면
- 유선 전화요금 할인
- 이동통신요금 할인
- 시청각 장애인 TV 수신료 면제
- 공동주책 특별분양 알선
- 무료법률구조제도 실시
- 항공요금 할인
- 연안여객선 여객운임 할인
- 초고속 인터넷 요금 할인
- 고속도로 통행료 50% 할인
- 전기요금 할인
- 도시가스 요금 할인
- 장애인자동차 검사수수료 할인

(5) 지방이양 사업

- 청각장애인 인공달팽이관 수술비 지원
- 장애인생활시설 운영
- 장애인복지시설 치과 유니트 지원
- 장애인직업재활시설 운영
- 재활병 · 의원 운영
- 장애인심부름센터 운영
- 수화통역센터 운영

- 장애인복지관 운영
- 장애인 공동생활가정 운영
- 주간 · 단기 보호시설 운영
- 장애인 체육시설 운영
- 장애인재활지원센터 운영
- 장애인 재가복지 봉사센터 운영
- 지적장애인 자립지원센터 운영
- 장애인 특별운송사업 운영
- 편의시설 설치 시민촉진단 운영
- 시각장애인 편의시설지원센터 운영
- 지체장애인 편의시설지원센터 운영
- 여성장애인 가사도우미 파견 사업

2) 장애학생 가족지원 프로그램

장애학생 가족지원 프로그램은 가족구성원의 욕구와 가용 자원의 활용 여부를 반영하여 다양한 형태로 편성 · 운영될 수 있다. 여기에서는 일반적으로 지역사회의 장애인종합복지관, 장애인가족지원센터 및 특수교육지원센터에서 이루어지고 있는 가족지원의 주요 내용을 중심으로 프로그램들을 개관해 보고자 한다.

(1) 장애인종합복지관

우리나라 「장애인복지법」 제32조에는 장애인 복지서비스에 대한 지원사업의 내용들이 명시되어 있다. 즉, 국가와 지방자치단체는 이 법의 제32조 제1항에 따라 등록한 장애인에게 필요한 상담, 정보 제공 등의 복지서비스에 대한 지원이 적시에 이루어질 수 있도록 사업의 근거를 마련해 놓고 있다. 지방이양 사업에 대한 가족지원 제도도 장애인복지관, 장애인재활지원센터, 지적

장애인 자립지원센터에 등록되어 있는 장애인과 가족구성원을 대상으로 관련 서비스 지원이 이루어질 수 있도록 그 근거가 명시되어 있다(보건복지부, 2011). 장애인종합복지관의 가족지원 서비스는 일반적으로 교육재활 사업과 사회심리재활 사업으로 구분될 수 있고, 이 두 영역에서 주로 가족지원 프로그램이 운영되고 있다.

- **교육재활 사업**: 장애인에 대한 각종 교육재활 서비스를 제공하는 것을 주요 내용으로 하고 있다. 조기교육, 통합교육, 부모교육, 각종 교구대여, 시각장애인 기초재활 등을 주요 사업 내용들로 구성하고 있다.
- **사회심리재활 사업**: 장애인의 사회참여 확대를 위한 각종 사회심리재활서비스를 제공한다. 주요 사업 내용에는 재활상담(개인상담, 집단상담, 가족상담, 동료상담), 사회적응훈련(캠프, 방과 후 활동, 사회성 훈련 등), 심리치료(놀이치료, 심리운동치료, 음악치료, 미술치료, 치료 레크리에이션 등), 장애가족지원(장애형제기능 강화, 부모스트레스 대처훈련, 장애인의 자녀 지원 등), 자조집단(동아리활동, 부모회 육성), 주간보호센터 및 단기보호센터 프로그램이 포함되어 있다.

장애인종합복지관에서 실시하고 있는 가족지원 서비스에는 교육 기반의 장애학생 및 가족구성원의 역량강화 훈련과 스트레스 해소·경감을 위한 다양한 프로그램들이 편재되어 있지만, 비장애 가족구성원을 위한 다양한 프로그램들도 포함되어 있다. 〈표 9-1〉은 장애인종합복지관의 가족지원 프로그램 실시 현황을 나타낸다.

〈표 9-1〉 장애인종합복지관의 가족지원 프로그램 실시 현황

구분		자녀가 장애인인 경우	부모가 장애인인 경우
장애인 가족 중 비장애 가족구성원	아동기 (청소년기 포함)	● 정보 및 상담 ● 교육 및 (자조)모임 ● 사례관리 ● 부모 및 비장애 자녀 치료 서비스 ● 비장애 자녀 학습지원 서비스 ● 가족 문화활동 서비스 ● 가족 여가 서비스 ● 가족 일상생활지원 서비스	● 비장애 자녀 상담 ● 비장애 자녀 치료 서비스 ● 비장애 자녀 학습지원 서비스 ● 비장애 자녀 (장애) 체험학습
	성인기	● 교육 및 (자조)모임 ● 가족 여가 서비스 ● 가족 문화활동 서비스	-
	전 생애주기	● 정보 및 상담 ● 교육 및 자조모임 ● 사례관리 ● 가족치료 서비스 ● 가족 일상생활지원 서비스	● 가족 여가 서비스 ● 가족 문화활동 서비스 ● 일상생활지원 서비스 ● 상담 및 자조모임 ● 교육지원 ● 사례관리
장애 당사자		● 치료서비스 지원 ● 교육지원 서비스 ● 일상생활지원 서비스 ● 문화활동 서비스	● 장애부모 부모교육 ● 장애부모 여가지원 프로그램 ● 일상생활지원 서비스

출처: 장애인복지재단(2011), p. 29.

　　장애학생 가족구성원을 대상으로 장애인종합복지관에서 운영하고 있는 가족지원 프로그램에는 기관의 특성과 이용자의 다양한 욕구를 고려하여 다양한 프로그램이 기획 · 운영되고 있다. 다음은 장애인종합복지관에서 운영하고 있는 가족지원 프로그램들의 실제 운영 예를 제시한다.

① 서울시 A 장애인종합복지관의 가족지원 프로그램 운영 예

- **부모교육 프로그램 운영**: 교육, 심리 · 상담, 사회복지, 재활치료 관련 학과 전공자 및 각 기관 부모교육 담당자를 대상으로 '강한 부모- 강한 어린이 부모교육 지도자 과정' 프로그램을 운영하고 있다. 이 프로그램은 심화 과정과 보수교육 과정으로 운영되고 있고, 부모교육을 이수한 사람에게는 부모교육을 실시할 수 있는 자격이 주어진다. 이 프로그램은 장애아 부모 또는 가족구성원에게 직접 서비스를 제공하게 될 예비 전문가를 위한 양성 및 보수교육 과정이라고 할 수 있다.

- **가족지원 상담소 운영**: 가족지원 서비스를 제공하고 있는 전문가가 역할 분담을 통해 장애아 가족지원 서비스를 제공하고 있다. 가족지원과 관련된 주요 업무 내용들로는 진단과 판정(심리적 · 사회적 진단), 상담(개인, 부모상담, 가족상담 등), 심리재활 프로그램, 가족기능강화 프로그램, 장애아동 통합지원 프로그램, 아동 및 청소년 사회적응 · 방과 후 특별활동 · 방학 프로그램이 있다.

② 서울시 B 장애인종합복지관의 가족지원 프로그램 운영 예

여성장애인과 가족구성원을 위한 가족지원 지원서비스를 운영하고 있다. 지역사회의 요구를 반영한 프로그램으로 운영될 수 있고, 기관의 특색 사업의 일부로도 실시가 가능하다.

- **문화체험활동**: 문화체험의 기회가 적은 여성장애인 자녀에게 여가 및 외부 활동을 지원한다.
- **소외아동 정서지원**: 아름다운 가게와의 연계를 통해 장애인 가정에 특기 적성 교육 프로그램을 지원한다.
- **가정도우미 파견**: 여성장애인 가정에 임신, 출산, 육아와 관련된 종합적인 서비스를 제공한다.
- **여성장애인 가사도우미 파견**: 중증여성장애인을 대상으로 가사지원 서비

스를 수행할 수 있는 가사도우미를 파견한다.

- **여성장애인 자조모임**: 매주 자조모임을 실시하여 다양한 주제에 관한 교육 및 구체적인 프로그램을 계획 · 진행한다(문화예술교육진흥원 지원).

③ 서울시 소재 C 장애인종합복지관의 가족지원 프로그램 운영 예

장애아 부모 및 가족구성원의 유대감 조성과 가족기능을 강화하기 위한 프로그램을 운영하고 있다.

- **장애인 가족지원 서비스**: 지역(거점) 장애인가족지원센터와 연계한 사업을 운영하고 있다. 장애인 가족구성원에게 다양한 가족지원 서비스를 제공하기 위해 권역 내 유관기관과의 협력을 강화하고, 가족구성원의 삶의 질을 향상시킬 수 있도록 지원하고 있다.
- **심리지원 사업**: 장애자녀 또는 장애형제와 연관되어 있는 가족구성원의 상호작용을 심리평가를 통해 객관적으로 진단 · 상담하는 서비스를 제공하고 있다. 가족구성원 전체와 각 개인의 역량을 강화할 수 있도록 지원한다.
- **자조모임 조직화 사업**: 장애아 부모로 구성된 자조모임에 활동비를 지원하고 있다. 장애아 부모의 양육 스트레스를 감소시키고 동료지지 체계가 형성될 수 있도록 지원하고 있다.
- **행복한 평생설계**: 생애주기에 따른 가족구성원의 과제를 해결하기 위해 관련 정보를 제공하고 있으며, 가족교육 및 상담을 통해 가족의 기능을 강화하고 삶의 질을 향상시키기 위한 지원 서비스가 제공된다.
- **가족 여가 · 문화 활동**: 장애아 가족구성원이 함께 참여할 수 있는 다양한 여가 · 문화 활동을 지원한다. 가족구성원들이 유대감을 형성하고, 즐거움 속에 건강한 가족관계가 형성될 수 있도록 지원한다.
- **형제자매 · 비장애 자녀 정서지원**: 형제자매/비장애 자녀를 대상으로 심리운동(정서지원) 프로그램을 통해 비장애 형제자매나 장애아동이 심리적

인 어려움을 극복하고, 신체적 · 정신적으로 건강하게 성장할 수 있도록 지원한다.

- 부모회 연대 사업: 복지관 부모회 회원을 대상으로 다양한 부모회 활동을 주체적으로 계획 · 진행하며, 부모의 역량강화, 회원들 간의 단합 및 결속력이 강화될 수 있도록 지원하고 있다.

④ 경기도 D 장애인종합복지관의 가족지원 프로그램 운영 예

- 진학상담 간담회(엄마 학교 다녀오겠습니다): 초등학교 진학을 앞둔 장애유아 부모를 대상으로 초등학교 취학과 관련된 정보를 제공해 주고 있으며, 취학을 준비할 수 있도록 도움을 제공하고 있다.
- 부모교육: 복지관 대기자의 보호자 및 이용인의 보호자를 대상으로 평생교육의 관점에서 성인기 부모교육 및 아동 · 청소년 성교육을 실시하고 있다.
- 모아 애착형성 프로그램(엄마랑 나랑): 장애영유아와 부모를 대상으로 모아애착 놀이를 통한 부모애착을 증진시킬 수 있도록 지원하고 있다.
- 부모 여가활동 자조모임: 부모 자조모임 참가자들을 대상으로 난타 음악활동을 통해 친목을 도모할 수 있도록 지원하고 있다.
- 비장애 형제 프로그램: 장애형제를 둔 비장애 형제들 가운데 초 · 중 · 고등학생을 대상으로 장애인식에 관한 교육 및 놀이 활동 등 다양한 프로그램을 지원하고 있다.
- 가족나들이: 복지관 이용자, 장애 가족과 당사자들을 대상으로 체험활동을 통한 가족 문화나들이 및 부모나들이를 실시하고 있다.
- 계절학교: 장애아동 · 청소년과 부모를 대상으로 방학 중 자립생활 및 사회적응 프로그램을 지원하고 있다.

(2) 장애인가족지원센터

장애인가족지원센터는 우리나라 지방자치단체의 조례에 의거하여 시행되

고 있는 사업들 가운데 하나이다. 장애인가족지원센터는 장애인 가족구성원들을 대상으로 가족지원에 관한 정보를 제공하고 있으며, 상담, 사례관리, 휴식지원, 역량강화 지원 사업 등을 실시하고 있다(서울복지재단, 2011). 장애인가족지원센터를 통한 대상별 지원서비스의 내용은 다음과 같이 제시될 수 있다.

- 장애아의 아버지/어머니: 부모상담, 사례관리, 문화체험(캠프 등), 부모학교 운영 등
- 비장애 형제자매 가족구성원: 상담, 문화체험(캠프 등) 등
- 장애인 위기가정 · 저소득 장애인 가족구성원: 방문서비스 지원, 맞춤형 지원, 생활지원 등
- 장애인 가족구성원: 자조모임 조성 및 운영, 지역사회 협력 사업 등 기타 지원서비스

장애인가족지원센터의 주요 사업 내용을 개관해 보는 것은 상담자가 장애학생 부모 및 가족구성원의 욕구를 반영한 가족지원 관련 정보를 제공해 줄 수 있다는 측면에서 도움이 될 수 있다.

① 서울시장애인가족지원센터

■ 장애인가족상담 및 정보 제공
- 맞춤상담: 가족 상황에 맞는 복지 정보 및 지역에서 이용할 수 있는 서비스에 대한 상담을 제공한다. 전화, 내방 및 인터넷을 이용할 수 있다.
- 찾아가는 상담: 복지관, 의료기관, 특수교육지원센터 등 장애인 가족의 주요 접점 기관으로 찾아가 장애인 가족구성원들을 위한 복지정보 상담 및 교육을 실시한다. 전화, 내방, 인터넷을 이용할 수 있다.

■ 종합정보 구축

장애인 가족구성원이 공공·민간의 복지정보를 쉽게 이용할 수 있도록 다양한 방법으로 지원하고 있다. 지원 내용은 장애인 가족구성원들의 욕구에 따라 변경될 수 있다.

- 생애주기별 미니 장애인복지 맵(map)을 발간한다.
- 장애인과 가족구성원이 이용할 수 있는 생애주기별·생활영역별 공공 및 민간 복지자원을 소개한다.
- 복지기관 알림이북 발간: 장애인 가족구성원이 지역사회에서 이용할 수 있는 다양한 기관들을 생활영역별로 분류하여 소개한다. 이용 방법은 홈페이지 접속 → (메인페이지)센터간행물 → 다운로드 순으로 진행한다.

■ 장애인복지 현장 종사자 전문성 강화교육

장애인복지 현장 종사자의 전문성을 강화하여 장애인 가족에 대한 서비스의 질을 향상시킬 수 있도록 지원한다.

- 장애인 가족구성원들을 지원하기 위한 이론교육 실시: 장애인 가족지원 패러다임의 이해, 장애인과 가족의 권익옹호 및 장애유형별 가족지원의 실제[시각, 청각, 발달, 지체(중도)장애]; 교육 참가자 모집 시 신청할 수 있다(개별 이메일 접수).
- 장애인복지현장 실무 도움서 제작 및 보급: 장애인복지 현장 종사자를 위한 실무 도움서적을 개발·보급하여 종사자의 업무효율성을 높이고 양질의 서비스를 제공할 수 있도록 지원한다.

■ 프로그램 개발 및 보급

- 장애인 가족지원 아이디어 공모: 장애인 가족의 복지 향상에 관심 있는 시민이라면 누구나 장애인 가족을 위한 복지정책과 프로그램 아이디어를 제안할 수 있다. 연 1회 아이디어 공모 개최 시에 응모할 수 있다.
- 장애인 가족지원 신규 프로그램 개발: 장애인 가족 및 복지 현장의 필요성

에 따른 프로그램을 발굴하여 (심화 개발하고) 시험 운영 후 보급한다. 프로그램의 세부 구성을 위한 실무회의, 시범운영기관 선정 후 실행한다.

■ 민관협력체계 구축

- 장애인 가족지원을 위한 민간자원 개발 및 네트워크 구축: 장애인 가족지원 네트워크를 강화하여 다양하고 질 높은 서비스를 제공할 수 있도록 협력 사업을 추진한다. 내용은 전문가 위원회 및 교육위원회를 운영하고 자원 개발 및 네트워크를 구축(구강보건교육 등)한다.
- 장애인 당사자와 가족구성원들을 위한 여가문화 지원 사업: 장애인 당사자와 가족이 여가문화를 향유할 수 있도록 공연관람 등 다양한 여가문화 활동을 지원한다. 참여기관 모집 시 신청(기관 및 개인)할 수 있다.

■ 거점장애인복지관 연계사업 추진

- 지역중심의 장애인 가족지원 서비스: 지역별 거점장애인복지관과 서울시 장애인가족지원센터가 협력하여 장애인 가족구성원을 지원한다. 상담 및 정보 제공, 사례관리 컨퍼런스, 권역별 솔루션위원회 운영 및 심리정서지원 집단상담 '힐링스타트'가 이루어지고 있다. 전화, 내방 및 인터넷을 이용하여 신청할 수 있다.

② 대구시장애인가족지원센터

■ 무료법률상담

- 장애인 가족을 위한 '무료법률상담' 서비스: 대구시 내에 거주하고 있는 장애인 가족구성원을 대상으로 한다. 그동안 비용이나 시간관계로 이용이 어려웠던 장애인 가족에게 채권, 채무, 상속 및 유언, 이혼, 친권, 양육권, 손해배상, 개인회생 및 파산 등 기타 생활 법률 전반에 대해 무료로 상담할 수 있는 기회를 제공해 주고 있다. 전화와 내방으로 신청이 가능하며,

연락처와 자문을 구할 내용을 남겨 둘 수 있다(일정, 상담 장소 및 자문가 정보 제공).

■ 문제해결 부모집단상담

사춘기 장애자녀를 양육하면서 경험하게 되는 고충과 스트레스를 가지고 있는 부모를 대상으로 스트레스 및 문제해결 방안, 2차 성징에 따른 자녀의 변화 이해 및 스트레스 대처 방안에 대한 교육을 제공한다. 교육 내용은 7회기로 주제를 나누어 진행한다(회기별 교육 내용, 일시, 대상 및 장소에 대한 정보 제공).

■ '러브핸드' 동료 상담

장애자녀를 양육하고 있는 선배 부모가 일정 기간 전문교육을 이수한 후, 동료 상담자로 활동할 수 있다. 장애아동의 양육에 따른 고민이 생겼을 때, 전화 상담을 통해 양육에 대한 정보를 받을 수 있으며, 선배 부모의 지혜와 경험을 공유할 수 있는 기회를 가질 수 있다. 동료 상담자에게 전화나 문자로 연락을 취한 후 시간을 약속한다.

■ 가족결연 프로그램

장애인 가족구성원이 함께 참여할 수 있는 프로그램을 통해 양육에 대한 스트레스를 해소하고 심리적·정서적으로 안정감 회복과 부모와 아이들 간의 정서적 교류를 활성화하여 가족의 기능을 회복시킬 수 있다.

• 가족 문화체험: 영화, 연극, 전시회 등 가족구성원이 함께 할 수 있는 문화체험의 기회를 제공한다. 장애인 가족구성원을 대상으로 연중 2회 실시한다.

• 휴식 지원: 경제적·심리적으로 휴가 지원이 필요한 장애인 가족구성원에게 여름 휴가비를 지원하고, 여행 중 일어난 가족만의 이야기를 수기로 받아 센터 내에 게시한다. 장애인 15개 가정을 대상으로 7~8월 무렵

에 실시한다.

- **취미생활지원–I(풍선아트 3급 자격증 반)**: 장애아동 양육으로 인해 취미활동이나 여가활동에 제약이 많은 부모들을 대상으로 풍선아트 3급 자격증 반을 운영하고 있다. 자격증을 취득함으로써 사회활동에 참여할 수 있는 기회를 제공해 줄 수 있고, 동일 집단 내 정보를 교류할 수 있는 기회를 제공해 준다. 5~6월 무렵에 실시한다.

- **취미생활지원–II(천연화장품 만들기)**: 장애아동 양육으로 인해 취미활동이나 여가활동에 제약이 있는 부모를 대상으로 천연화장품 만들기 반을 운영하고 있다. 장애아 부모 20명을 대상으로 10~11월 무렵에 실시한다.

- **가족캠프**: 1박 2일 체험활동 위주의 가족단위 캠프를 진행한다. 장애인 가정(10~15가정)을 대상으로 9월 무렵에 실시한다.

- **'부부초청의 밤'**: 장애인 가정들이 함께 모여 가족구성원들 간의 화합의 시간을 갖고, 한 해를 마무리하는 자리를 마련한다. 장애인 가정 150명을 대상으로 12월 무렵에 실시한다.

■ 아버지 자조모임

장애자녀를 양육하는 과정에서 수반될 수 있는 심리적 부담감과 갈등을 감소시키고, 다양한 장애유형을 이해하고 아버지들과의 신체적 활동을 통해 건강을 증진시킬 수 있도록 지원한다.

- **다양한 스포츠 활동(등산, 야구관람, 볼링 등)과 지역 탐방**: 이 기회를 통해 취미생활을 다른 사람들과 공유하고, 자녀양육에 대한 아버지들 간의 교류활동을 통해 아버지의 역할을 강화시킨다. 장애자녀를 둔 아버지 10명을 대상으로 매월 1회 실시한다. 프로그램 회기별 자녀와 참여가 가능하며, 홈페이지 및 전화로 연중 신청이 가능하다.

■ 형제사랑 프로그램

- **비장애 형제 프로그램**: 비장애 형제들과 다양한 장애인식 개선 활동 및 야

외 활동을 통해 장애형제의 어려움을 이해하고, 또래집단과의 모임을 통해 일상생활 속 스트레스를 해소할 수 있다. 실내 활동 8회기, 야외활동 2회기 총 10회기(월 1회 넷째 주 토요일 10시, 수시모집)로 진행되며, 3~12월 동안 월별 프로그램이 진행된다. 수시모집이 가능하다.

- **뜨거운 형제 캠프**: 부모의 보호에서 벗어나 장애 · 비장애 형제가 2박 3일 동안 캠프를 통한 현장학습의 기회를 갖고, 형제간 유대감을 형성하고 자립심을 기를 수 있는 기회를 마련할 수 있다. 매년 여름방학 기간 중(7~8월, 자세한 기간은 프로그램 모집 기간에 공지) 실시하며, 자연생태체험 위주의 캠프 선정, 장애 · 비장애 형제간 유대감 형성 프로그램 실행, 장애체험을 통한 인식개선 프로그램 실시 그리고 자연의 소중함과 자연생태계를 확인할 수 있는 학습의 기회를 제공한다.

■ 장애아동 현장체험

장애인 가족의 환경과 경제적인 형편에 따라 장애아동은 다양한 외부활동의 기회가 부족하다. 현장체험학습을 통해 심리적 · 사회적 적응력과 대인관계 능력을 향상시킬 수 있다. 장애아동 30명을 대상으로 연중 2회 실시하며, 홈페이지 및 전화로 신청이 가능하다.

- **활동 내용**: 자연의 소중함과 자연생태를 경험하는 체험학습 실행, 대인관계 및 사회성 향상을 위한 체험학습 실행 및 다양한 지역 탐방 및 문화를 체험한다.

■ '도우미뱅크' 돌봄 서비스

일시적이고 긴급한 돌봄 서비스가 필요한 희망가정을 대상으로 가정 내 돌봄, 치료실 이동보조, 돌보미 가정 내에서 장애자녀를 위해 제공되는 서비스이다. 대구시에 거주하는 만 18세 중증 장애아를 둔 가족을 대상으로 실시하며, 필요한 구비서류는 등록카드지, 이용신청서, 개인정보 제공 동의서, 복지카드 사본, 수급자증명서(해당자) 및 한부모 가족증명서

(해당자)이다. 홈페이지 상단의 '열린마당-자료실'을 참고한다.

■ 위기장애인 가정 자립지원 프로그램

대구시에 거주하고 있는 장애인 세대 중 가족기능에 어려움을 갖고 있는 가정(위기장애인 가정)을 대상으로 실시한다. 생활환경 및 인식개선을 통해 자립할 수 있는 여건을 마련하고 삶의 질을 만족시킬 수 있도록 지원한다(세부 내용, 대상, 인원, 시기는 공지사항 참조).

- 요리 프로그램(행복더하기 요리교실): 위기 장애인 가정 중 경제적·심리적 불안으로 건강한 식생활이 어려운 가족구성원에게 요리강습을 지원한다. 잘못된 식생활에 따른 위험을 예방하고 건강을 증진시키며 참석한 사람들 간 정서적 교류를 활성화할 수 있는 기회를 제공한다.
- 인식개선 프로그램(마주보기 생활인식개선 교실): 위기장애인 가정의 생활환경을 개선시키기 위하여 인식의 변화를 도모하고 자립할 수 있는 여건을 마련한다.
- 생활환경개선 프로그램(너도 나도 청소교실): 위기장애인 가족이 상대적으로 취약한 청소 및 생활환경 정리에 관한 교육을 제공한다.
- 생활환경개선 지원: 사례관리서비스 가정 내 주택, 교육, 의료, 가구 등의 지원을 통해 위기상황을 극복하고 자립할 수 있도록 지원한다.

■ 위기가정 사례관리

대구시에 거주하고 있는 장애인 세대 중 가족기능에 어려움을 갖고 있는 가정(위기장애인 가정)을 대상으로 한다. 지속적인 사례관리를 통해 지역사회 자원을 연결하여 자녀를 올바르게 양육하고 사회의 한 구성원으로 건강하게 성장할 수 있도록 하며 가정의 기능 회복 및 자립생활을 지원할 수 있도록 한다.

- 사례관리 서비스: 지역사회 내 다양하고 복합적인 욕구와 문제를 가진 장애인 가정을 지원하기 위하여 지역자원을 연계, 가족기능을 회복시키고

자립생활과 가족역량이 강화될 수 있도록 지원한다. 대구시에 거주하는 장애인 자녀(18세 미만)가 있는 가정으로 부모가 장애인인 가정, 조손가정 및 한부모 가정, 양육자의 정신적·육체적 손상이 심각하여 올바른 양육이 어려운 가정, 장애자녀가 두 명 이상으로 양육이 어려운 가정, 그리고 기타 여러 가지 이유로 가족기능에 어려움을 겪고 있는 장애인 위기가정을 대상으로 한다. 주요 서비스 내용은 정서지원(부부문제, 자녀문제, 개별심리문제, 이혼문제, 기타 문제 상담 등), 정보 제공(법률노무상담, 취업상담, 장애관련 정보, 복지정책 등), 보호연계(도우미뱅크, 장애아동재활치료 서비스 등) 및 후원연계(결연금 지원, 장학금 지원, 후원물품 지원, 난방비 지원 등)이다.

- 지역사례회의(솔루션통합회의): 위기장애인 가정과 연계된 지역사회 기관 및 단체를 구성하여 회의를 진행, 가족 간 갈등을 해소하고 문제해결을 위한 방안을 제공하는 것이 주요 목적이다. 문제 및 위기발생 위기장애인 가정을 대상으로 2~3세대를 선정해 진행하며, 민관 현장전문가(슈퍼바이저)가 통합사례관리를 실시하고 사례특성에 따라 전문가를 초청해 문제의 해결방안을 모색한다. 또한 지역사회의 다양한 자원을 활용해 유기적인 협력체계를 구축할 수 있도록 한다.
- 감독(슈퍼비전): 감독자의 자문을 통해 사회복지사들이 실무현장 서비스에 대한 지식과 기술을 익힘으로써 전문적인 능력과 자질을 향상시킬 수 있고, 직간접적인 지도를 통해 사례관리 대상자의 역량을 강화시킬 수 있도록 한다.

가족지원 서비스를 제공하는 데 있어서 운영상의 문제 등 문제점을 살펴보는 것은 기관의 효율적인 운영과 관련되어 있는 중요한 현안이라고 할 수 있다. 장애인종합복지관에서 가족지원 서비스를 제공하는 데 있어서 어려운 점들은 가족지원 서비스에 대한 정보 부족(33.3%), 아동양육에 대한 부담(25%), 휴식지원(11.7%), 지원서비스 기관 부재(8%), 또래·이웃 간 관계 형성(8%)

순으로 조사되었다(서울복지재단, 2011). 이 보고서를 토대로 할 때, 장애인가족지원센터로서의 전문적인 역할과 기능은 이를 보완할 수 있는 방향으로 전개되는 것이 바람직할 것이다. 특히 장애인종합복지관 또는 장애인가족지원센터에서 근무하고 있는 상담자의 입장에서는 장애학생과 부모 및 가족구성원이 경험할 수 있는 문제점들을 면밀히 살펴보는 것은 상담 진행에 큰 도움이 될 수 있다. 장애학생 가족구성원이 경험할 수 있는 어려움들이 가족지원에 대한 공감대 부족, 자녀와의 관계 악화 및 시간적 여유의 부족이라는 결과를 토대로 할 때(서울복지재단, 2011), 상담자는 장애학생 부모 또는 가족구성원과 지속적인 상담관계를 유지함으로써 가족지원에 관한 핵심 정보를 제공하고, 찾아가는 서비스를 연계시킬 수 있는 방안 등도 모색해 볼 필요가 있다. 이는 가족지원 서비스가 원활히 연계될 수 있는 길을 찾는 방안일 것이다.

(3) 특수교육지원센터

「장애인 등에 대한 특수교육법」에 근거한 가족지원의 형태로 특수교육지원센터를 통한 가족지원이 있다. 특수교육지원센터는 지역사회중심의 지원체계로 운영되며, 특수교육 대상학생에게 가족지원 관련서비스에 대한 정책을 집행하고 전달해 주는 서비스를 담당하고 있다. 우리나라에서는 2001년 16개의 특수교육지원센터가 설립된 이래, 전국의 지역교육청, 특수학교 또는 특수학급 설치학교 가운데 거점 중심학교를 중심으로 운영되고 있다(이미선 외, 2005).

① 대구시동부교육지원청 특수교육지원센터의 주요 업무

■ 특수교육 대상학생 진단 · 평가 및 선정 · 배치 지원

유치원과 초 · 중학교에 재학 중인 특수교육 대상자와 취학의무 면제자 및 유예자에 대하여 특수교육지원센터에서 사전신청을 받아서 전화상담 및 면담을 통해 진단 · 검사를 실시한다.

- 특수교육 대상자 선정 및 장애인 등록을 위한 절차 및 법규 홍보
- 특수교육 대상자의 진단·평가 및 특수교육에 대한 자료 제공
- 중등 특수교육 대상학생 전환 교육 상담

■ **지역사회 장애인 및 특수교육 대상학생 가족 상담**

교사와 부모가 의견을 모을 수 있는 만남의 장을 제공하여 정보를 나누고 용기를 얻을 수 있는 기회를 제공한다.

- 관련 기관을 파악하여 유기적 관계 유지
- 관내 장애아를 파악하여 특수교육지원센터에 대한 홍보 강화
- 지역의 장애인, 장애인 가족, 특수교육 관련자에게 특수교육 정보 및 상담 제공

■ **미취학 특수교육 대상학생 발견 정보 관리**

특수교육 대상학생의 조기 발견과 교육적 지원으로 장애 극복 의지를 길러 사회 적응능력을 향상시키고 부모에게는 특수교육에 대한 정보 및 상담을 제공한다.

- 장애영유아 및 미취학 장애아동에 대한 정보 수집 및 관리
- 장애유아 무상교육비 지원 홍보 및 정보관리
- 장애아 실태 파악·관리로 교육적 지원

■ **통합학급 · 특수학급 교수 방법 지원**

특수교육 관련 정보 및 자료를 안내하고, 장애이해 교육자료 정보관리 및 지원 활동, 그리고 교수-학습 개선을 위한 자료 개발 및 정보를 제공한다.

- 각종 교수-학습 자료, 도서, 각종 검사도구 구입 비치
- 장애인식 개선을 위한 각종 자료 구입 지원
- 통합교육 프로그램 안내, 각급학교 행사 지원 및 보조

■ **순회교육**

장애정도가 심하여 학교가 아닌 가정에 거주하고 있는 특수교육 대상자
와 특수학급이 설치되지 못한 일반학교에서 교육적 혜택을 받지 못하는
특수교육 대상학생에게 교육적 기회를 제공한다(관내 유·초·중·고등학
교 특수교육 대상학생).
- 학생의 능력에 맞춘 교육 기회 부여
- 특수학급 미설치교 방문 순회교육
- 유·초·중학교 재택순회교육 대상자의 가정 방문교육

■ **보조공학기기 및 학습 보조도구 대여**

학생 개인별 교육적 요구에 맞는 보조공학기기, 교재·교구 및 검사도구
등을 대여하여 학습활동을 지원한다.
- 교사의 요구를 수용하여 특수교육 관련 자료 제공
- 각종 교수-학습자료, 도서, 각종 검사도구 구입 비치

② 천안교육지원청 특수교육지원센터의 주요 업무

■ **진단평가**

장애정도 및 교육욕구 등을 진단·평가하여 적합한 교육환경 배치로 개
별학생의 학습권을 보장한다.

■ **순회교육**

장애정도 및 환경에 적합한 교육 기회 제공, 특수교육 대상자의 무상교
육과 의무교육을 실시한다.
- 교육: 방문교육(교사의 방문을 통해 일대일로 이루어지는 교육), 통신교육(태
  블릿 PC를 통한 스마트러닝 이용교육, 이메일, 전화 등을 통해 과제를 부여하고
  확인하는 교육), 가정교육(사전계획에 의해 가정에서 학생 혼자 혹은 가족과

함께 하는 학습과제를 부여하는 교육), 출석교육(재적 학교의 수업과 행사활동 등에 참여하는 교육) 및 체험교육(사전계획에 의해 부모 또는 교사와 함께하는 교육) 실시

■ **진로 · 직업교육**

진로 · 직업교육의 내실화를 통해 장애학생의 자립생활과 사회통합을 유도한다.

● 진로 · 직업실 및 어울림카페 개방(대상, 시기, 내용 및 신청방법 참조)
● 각급 학교 내 희망일자리 사업(대상, 시기, 내용 및 신청방법 참조)

■ **통합교육**

특수교육 대상학생 · 비장애 학생의 통합교육 여건 조성, 특수교육 대상학생의 학교생활 및 사회 적응력 향상, 특수교육 대상학생의 학습권 보장과 통합교육을 활성화한다.

● '함께 가요! 하나 되는 세상!' 어울림 한마당 축제: 천안 관내 유 · 초등학교 특수교육 대상학생 및 통합학급 학생을 대상으로 연 1회 운영
● '작은 손짓으로 함께 여는 세상' 수화 경연대회: 천안 관내 학생을 대상으로 연 1회 실시

■ **평생교육**

장애인 평생교육 프로그램을 운영함으로써 장애인의 평생교육 참여 기회를 확대하고, 평생교육 특성화 프로그램을 보급 · 운영함으로써 장애인의 평생학습 다양화에 기여한다.

● 여성 장애성인 희망나래 합창단 운영: 천안지역에 거주하는 여성 장애성인을 대상으로 연중 모집하며, 각종 합창경연대회 참가, 지역 사회와 연계한 장애 인식 개선 공연 참가
● 장애당사자 인권교육 프로그램 운영: 천안지역 유치원, 초 · 중 · 고등학교

특수교육대상학생을 대상으로 학기 중 실시하며, 장애예방교육, 장애인
식 개선교육, 장애인 인권교육을 제공

■ **인권보호 상설모니터**
- 매월 최소 1회 이상 지역 내 학교(특수학교 및 일반학교)를 방문, 장애학생
  인권보호를 위한 모니터링 실시
- 장애학생의 범죄예방을 위한 상시모니터링 기능 수행과 장애학생 대상
  범죄예방을 위한 교육 및 지역 내 학교 컨설팅 활동

■ **건강장애학생 지원**
  장기입원 또는 치료를 위해 학습이 지체되거나 유급 위기에 놓인 건강장
  애 학생에 대한 학습권을 보장하고, 출석 수업에 대한 학생 및 학부모의
  심리적 부담감을 줄여 치료에 전념할 수 있도록 지원한다.
- 병원학교: 3개월 이상의 만성 질환으로 인해 장기 입원 및 장기 통원치료
  를 요하는 학생 중 병원학교가 설치된 병원에 입원 중인 학생 중 희망자
  에 한해 지원
- 꿈빛나래학교: 화상강의, 개별학습 지원

■ **장애유아교육**
  특수교육 대상 장애영유아에게 교육지원의 기회를 제공한다.
- 보호자에게 지도방법 및 자료 등 각종 정보 제공 및 자문, 개별화교육계
  획서(IEP) 구성 및 운영, 유치원 과정 특수교육 대상 유아의 교육비 지원
- 지원 대상자: 천안 관내 유치원(특수학교 포함)에 재학 중인 만 3~5세 특
  수교육대상 유아, 지원 단가[공립유치원: 1인 월 최대 110,000원(유아학비에
  서 지급), 사립유치원: 1인 월 최대 361,000원(실비 범위 내 지급)]

2001년 특수교육지원센터가 설립된 이래, 우리나라 특수교육지원센터의

역할과 기능에 관한 많은 연구들이 수행되었다. 특수교육지원센터의 운영상의 문제점으로는 교육지원청 중심의 센터 운영, 과도한 업무수행과 업무환경의 미흡 등과 (강경숙, 최세민, 2009; 김정민 외, 2014; 채희태, 2007), 관련 기관의 협력, 정보관리, 연수 기능 및 장애학생 부모에 대한 지원서비스가 미흡하다는 문제점들이 보고되었다(강경숙, 최세민, 2009). 특수교육지원센터의 운영 방식과 업무 환경에 대한 개선, 특수교사의 전문성 강화를 위한 환경조성 및 연수기능의 확대, 그리고 기관 간 협력과 가족지원 서비스 연계 방안은 우리나라 특수교육지원센터의 운영과 관련된 필요한 과제라고 할 수 있다.

3) 기타 가족지원 프로그램

(1) 부모결연 프로그램

부모결연 프로그램(parent-to-parent program)은 상담자-장애학생 부모(또는 가족구성원) 간 이루어지는 상담 과정과 달리 장애학생 부모 대 다른 장애학생 부모 간 이루어지는 가족지원 프로그램의 한 유형을 지칭하는 말이다. 부모결연 프로그램은 장애학생 부모들 간 이루어지는 상담지원 서비스라는 의미를 고려해 볼 때, 우리나라에서 '부모 대 부모 지원 프로그램' 또는 '동료상담지원(지지)'으로 불리기도 한다. 동료상담지원은 의미상 차이점이 있긴 하지만, 우리나라 「장애인복지법」 제56조(장애동료 간 상담)에서 그 실시 근거가 마련되어 있다고 할 수 있다. 즉, 같은 법 조항에 "장애인이 장애를 극복하는 데 도움이 될 수 있도록 장애동료 간 상호대화나 상담의 기회를 제공한다" 라고 명시되어 있다는 점이다. 부모결연 프로그램은 장애인종합복지관이나 장애인가족지원센터에서 '자조모임' 또는 '동료상담지원/지지' 등의 이름으로 유사하게 운영되고 있는 가족지원 프로그램으로 볼 수 있다.

부모결연 프로그램은 최근 장애자녀를 둔 가족구성원에게 유사한 장애를 가진 가족구성원들을 연결시킴으로써 장애적응 과정에서 얻은 경험을 전수해 주는 형태로 이루어진다. 즉, 부모결연 프로그램은 장애자녀를 둔 경험이 있는 부모가 경험이 적은 장애자녀의 부모에게 자녀양육에 관한 지식, 기술 및 경험을 전달해 줌으로써 경험이 적은 장애자녀의 부모가 양육 관련 정보와 정서적인 지원을 받을 수 있는 가족지원 프로그램이라고 할 수 있다(Santelli et al., 1997). 따라서 부모결연 프로그램에서는 무엇보다도 최근 장애자녀를 키우게 된 부모에게 공감대가 형성될 수 있는 경험이 많은 부모를 선정해 주는 작업이 무엇보다 중요한 과제이다.

미국에서는 1975년부터 부모동료상담 지원 서비스가 실시되었는데, 이 서비스를 통한 부모 간의 상호 지지가 부모역량을 강화시키는 데 매우 중요한 역할을 담당할 수 있다는 연구결과가 발표되면서, 네브래스카주 오마하시를 시작으로 미국 전역에서 시행되고 있다(에이블뉴스, 2015). 우리나라에서도 사회복지법인 다운회 '아름다운'에서 만든 부모결연 프로그램이 있다. 이 프로그램은 다운증후군 자녀를 위해 부모가 1994년 사회복지법인을 설립한 이후로 지금까지 가족중심의 지원 서비스를 제공해 오고 있다(김경혜, 조윤경, 2006). 다운회에서는 장애인 부모와 가족구성원을 대상으로 센터와 가정 간의 체계적인 연계 서비스가 이루어질 수 있도록 부모교육과 부모상담 서비스를 지원해 오고 있다. 최근 한국장애인부모회에서 이 프로그램과 유사한 '장애인 부모동료상담사 양성사업'을 진행하고 있지만, 아직은 전국적으로는 활성화되어 있지 않은 상태이다(에이블뉴스, 2015).

부모결연 프로그램은 장애학생 가족지원 서비스를 효과적으로 제공해 줄 수 있는 프로그램이라고 할 수 있다. 이 프로그램은 장애학생 부모가 자녀를 양육하는 데 필요한 정보를 다른 장애학생 부모로부터 얻을 수 있고, 장애에 대한 긍정적인 조망과 정서적 지원을 얻는 데 효과적이다(전혜인, 2010). 또한 이 프로그램은 청소년의 의존성을 다루는 아동복지 분야에서 새롭게 부상하고 있는 프로그램의 한 유형으로서 부모의 태도 변화에도 큰 효과가 있는 것으로 보고되었다(Summers et al., 2012).

(2) 부모역량강화 프로그램

장애학생 가족구성원을 위한 가족지원 서비스의 유형들 가운데 부모의 역량강화는 부모교육 프로그램의 중요한 주제라고 할 수 있다. 장애학생 부모 및 가족구성원의 역량강화 현안은 부모가 자신감 있게 자녀를 양육하고, 가족의 관심사에 대한 문제를 해결할 힘을 얻을 수 있다는 측면에서 긍정적 지원 서비스라고 할 수 있다.

부모역량강화 프로그램(Parent Empowerment Program: PEP)은 뉴욕주한가족협회(Families Together in New York State)에서 부모들에게 제공하고 있는 훈련 프로그램으로 연구자, 전문가, 부모, 부모권리 옹호자 및 정책입안자들이 수년간의 공동의 노력 끝에 개발한 훈련 및 자문을 주요 내용으로 하고 있다. PEP는 과학적 지식과 지지의 원리를 결합한 개념체계에 토대를 두고 있는데, 구체적으로는 행동수정의 이론과 가족지원의 원리를 통합하여 적용한 프로그램이다.

PEP는 40시간의 핵심적인 기본훈련으로 구성되어 있는데, '부모와 지역사회 역량강화를 통한 아동의 정신건강 향상'이라는 훈련 원안에 따라 회기별로 진행된다. 총 7회기로 진행되는 훈련 원안에는 각 회기별로 부모가 가족동료 상담지지(Family Peer Advocates)를 통해 효과적으로 역량강화훈련을 받을 수 있도록 자녀양육 기술과 관련 지식을 다루는 내용이 포함되어 있다. 또한 훈련 과정에는 교훈적 자료 제시, 집단토론 및 활동 그리고 역할시연이 편성되어 있다. PEP에 등장하는 주요 훈련 개념들을 현실세계에 적용하는 데 필요한 6개월의 집단자문 활동도 훈련 내용 속에 포함되어 있다. 〈표 9-2〉는 부모역량강화 프로그램의 회기별 주요 훈련 내용을 나타낸다.

Dunst 등(1988)은 장애학생 부모들의 역량을 강화시키기 위해서 몇 가지 전제조건이 필요하다고 보고하였다. 이 조건들은 부모의 역량강화를 위한 필요충분 조건일 수도 있다. 이들이 제시한 조건을 제시해 보면 다음과 같다. 첫째, 부모는 필요한 가족지원 서비스를 받기 위해서 지역사회의 가용 자원에 접근할 수 있어야 한다. 둘째, 부모는 의사결정 능력과 문제해결 능력을 지니

〈표 9-2〉 부모역량강화 프로그램의 회기별 주요 훈련 내용

PEP 회기별 단위	주요 훈련 내용
1. PEP 개념적 토대	● 부모지원의 원리 ● 행동수정 모형
2. 경청하기와 의사소통 기술	● 적극적 경청하기 기술 ● 아동의 정신건강 유지를 위한 실천적 개입
3. 우선순위 설정	● 목적과 목표에 대한 우선순위 설정 ● 서비스 이용에 방해요인을 극복하기 위한 전략의 활용 ● 활동계획서 작성
4. 경계선 설정 기술	● 비밀보장 ● 사생활정보 공유 ● 역할분장
5. 집단관리 기술	● 집단 [토론 주제] 개발 ● 집단 [토론 주제] 개발 이해하기 ● 집단 [토론] 촉진 기술
6. 정신건강 체계	● 진단과정에 대한 이해 ● [관련] 서비스 선택에 관한 정보 제공 ● 부모의 욕구에 부응하기 ● 서비스 제공자와의 협력 ● 세부 장애유형과 경험에 기초한 개입
7. 특수학교 관련 업무	● 특수교육 관련 법에 대한 이해 ● 교사와의 협력

고 있어야 한다. 셋째, 부모는 필요한 자원을 확보하기 위해서 다른 사람 들과 의사소통하는 데 필요한 기술을 지니고 있어야 한다.

이와 같은 조건들에 따르면, 지역사회의 가용 자원에 대한 활용은 사회복지를 구현할 수 있는 사회적 기반이 조성되어야 하는 조건이라고 볼 수 있고, 두 번째와 세 번째 조건은 부모의 역량을 강화하기 위한 교육과 훈련의 중요성을 강조한 부분이라고 할 수 있다. 장애학생 부모의 역량을 강화시키기 위해서는 사회복지 환경이 구축되어야 하고, 역량강화학습 프로그램 구성과 훈련 프로그램에 참여하고자 하는 부모의 의지 또한 중요한 요인이 될 수 있다.

참고문헌

강경숙, 최세민(2009). 특수교육지원센터의 운영 실태 및 개선방안. **중복지체부자유아연구**, 52(3), 19-45.

김경혜, 조윤경(2006). **장애아동 가족기능강화 프로그램의 이론과 실제**. 파라다이스 복지재단.

김정민, 임해주, 김경화(2014). 특수교육지원센터에 근무하는 특수교사의 경험 및 직무만족도에 따른 지원센터의 발전방향에 관한 질적 연구. **특수아동교육연구**, 16(1), 321-338.

보건복지부(2011). 2010년 장애인복지 사업안내.

서울복지재단(2011). 가족지원센터운영방안.

이미선, 이유훈, 조광순, 김태준(2005). 특수교육지원센터 운영방안 연구. 경기: 국립특수교육원.

전혜인(2010). **장애아동 가족지원의 실제**. 경기: 한국학술정보.

채희태(2007). 독일의 특수교육지원센터 운영방안 분석과 한국에의 시사점 탐색. **특수아동교육연구**, 9(1), 37-60.

Dunst, C. J., Trivette, C. M., & Deal, A. G. (1988). *Enabling and empowering families: Principles & guidelines for practice*. Cambridge, MA: Brookline Books.

Early Childhood Iowa (2005). Definition for family support. IOWA state final report (Feb 04, 2005).

Fiedler, C. R. (1994). Inclusion: Recognition of the giftedness of all children. *Network, 4*(2), 15-23.

Fiedler, C. R., Simpson, R. L., & Clark, D. M. (2007). *Parents and families of children with disabilities: Effective school-based support services*. Columbus, OH: Pearson Prentice Hall.

Santelli, B., Turnbull, A., Marquis, J., & Lerner, E. (1997). Parent-to-Parent programs: A resource for parents and professionals. *Journal of Early Intervention, 21*(1), 73-83.

Summers, A., Wood, S. M., Russell, J. R., & Macgill, S. O. (2012). An evaluation of the effectiveness of a parent-to-parent program in changing attitudes and increasing parental engagement in the juvenile dependency system. *Children and Youth Services Review, 34*(10), 2036-2041.

U. S. Department of Education (2001). *Twenty-third annual report to congress on the implementation of the Individuals with Disabilities Education Act.* Washington, DC: Author.

Wright, K., & Stegelin, D. A. (2003). *Building school and community partnerships through parent involvement.* Upper Saddle River, NJ: Merrill/Prentice Hall.

Yuan, S., Baker-McCue, T., & Witkin, K. (1996). Coalitions for family support and the creation of two flexible funding programs. In G. H. S. Singer, L. E. Powers, & A. L. Olson (Eds.), *Redefining family support: Innovations in public-private partnerships* (pp. 357-388). Baltimore: Paul Brookes.

에이블뉴스(2015. 7. 14.). "장애아동 부모결연 프로그램 정책화 필요". www.ablenews. com

Child Welfare Information Gateway [CWIG]. (2017). Family support services. www.childwelfare.gov/topics

Wikipedia (2017). Family support. https://en.wikipedia.org

제10장

장애학생 부모상담의 윤리

상담자에게는 상담 서비스 제공에 대한 엄격한 윤리적, 도덕적 행동이 요구된다. 전문가 윤리강령은 상담자의 업무 속성에 따라 차이가 있지만, 일반적으로 내담자의 권익을 보호하고, 이들이 건강하고 행복한 삶을 누릴 수 있도록 지원한다는 점에 있어서 모든 전문가가 공통적으로 지켜야 하는 도덕적 행동 규칙이라고 할 수 있다.

장애학생의 부모 및 가족구성원에게 상담을 제공할 때도 전문가 윤리강령은 동일하게 적용될 수 있다. 상담자는 업무를 안내하는 중요한 지침서로 윤리 기준을 활용할 수 있고, 이 기준은 상담자와 내담자의 권익옹호와 윤리적 문제를 해결해 줄 수 있는 근거로 활용될 수 있다.

이 장은 부모상담의 윤리와 관련된 비밀보장, 윤리적 실천 전략 및 윤리강령의 주요 내용들로 구성되어 있다. 여기서는 상담 서비스를 제공하고 있는 다양한 전문가 집단 가운데 교사의 역할을 중심으로 윤리적 현안들을 살펴보고자 한다.

1. 부모상담의 윤리
2. 윤리강령

Counseling with Parents of Students with Disabilities

1. 부모상담의 윤리

1) 윤리의 정의

Merriam-Webster 사전(2017)에서 윤리는 "도덕적으로 좋고 나쁜 것에 대한 이념에 기초한 행동의 규칙"으로 정의되어 있다. 이는 윤리가 인간의 행동과 의무를 반영해 주는 중요한 개념이라는 것을 시사한다. 윤리의 개념은 개인 혹은 집단 구성원들의 도덕적 가치 기준과 행동 원칙을 규정하는 데 분명 영향을 미친다고 할 수 있다.

전문가의 윤리는 개인의 행동, 인간의 활동 및 전문가와의 관련성을 기초로 하고 있는 도덕적 원칙과 가치체계를 지칭하는 말이기도 하다(Sileo & Prater, 2012). 따라서 전문가 윤리강령은 전문 직종의 특성에 따라 서비스를 제공하는 도덕적 원칙과 행동 규칙을 명시한 규정이라고 할 수 있다. 교육자의 윤리강령이 인간의 복지 구현과 교육자의 교육적 의사결정 과정에 힘을 실어 주고 있듯이, 상담자의 윤리강령도 인간의 재활복지와 합리적 의사결정 과정에 토대를 두고 있는 실천적인 행동 규칙이라고 할 수 있다.

2) 비밀보장과 부모상담의 윤리

상담자의 판단과 결정은 전문가의 윤리적 행동 강령을 토대로 진행되어야 한다는 것은 상담을 실천하는 데 기본 전제가 될 수 있을 것이다. 이 전제는 장애학생의 부모를 대상으로 부모상담을 진행할 때도 그대로 적용된다. 교육에 관한 상담은 학교상담의 영역에서 주로 다루어져 왔는데, 상담전문가의 윤리강령은 학교현장에서 장애학생 부모상담을 실천하고 있는 교사에게도 동일하게 적용될 수 있다.

학교현장에서 부모상담을 진행하는 데 흔히 제기될 수 있는 윤리적 현안은 바로 비밀보장(confidentiality)에 관한 내용이다(Seligman, 2000). 비밀보장에 관한 내용은 제7장 '부모의 문제유형에 따른 상담 전략'에서도 언급하고 있지만, 모든 전문가 협회를 통틀어 상담자로서의 교사에게 매우 중요한 주제이기도 하다. 비밀보장의 원칙을 위반하는 것은 교사-부모 또는 교사-가족구성원의 관계에 매우 부정적인 결과를 가져올 수 있다. 학교현장에서 비밀보장의 원칙이 위배되는 이유는 다음과 같이 두 가지 원인이 있을 수 있다(Seligman, 2000). 첫째, 교사가 장애학생 또는 부모에게 화가 나서 복수를 하려고 하는 경우, 둘째, 비밀보장에 관한 정보가 지켜져야 하는 상황임에도 불구하고 교사가 이를 잘 인지하지 못하는 경우이다.

비밀보장의 문제는 교사가 감당하기 힘든 부모와 직면할 때 나타날 수 있다. 실제로 장애학생 부모의 행동 유형은 다양한 편이다. 어떤 부모는 자녀교육에 많은 시간을 보내지만, 또 어떤 부모는 자녀의 담당 교사를 비난하거나 못마땅하게 여기고, 자녀교육에 관한 불만사항을 자주 토로하는 사람도 있을 수 있다. 특히 후자는 그동안 교사에게 갖고 있었던 좌절, 불안 및 분노의 감정을 한꺼번에 표출하게 될 수도 있다. 이때 교사는 이 유형의 부모와 직면해야만 하는 도전거리가 생기게 된다.

교사는 자신이 경험하고 있는 고충을 주변의 지인들인 가족구성원, 친구 또는 동료 교사에게 얘기할 수도 있을 것이다. 물론 교사는 부모에게 크게 해가 되지 않는 선에서 일반적인 좌절에 대한 내용을 지인에게 설명할 수 있다. 그러나 내담자로서의 부모 또는 가족구성원에 관한 개인정보가 외부로 노출될 수 있는 위험은 피해야 한다. 굳이 부모에 관한 논의가 필요하다면, 수련감독자들과 논의하는 것이 좋다. 그 이유는 수련감독자에게 개인정보를 노출하는 것이 윤리적인 문제를 덜 야기할 수 있고, 교사가 개인적인 감정을 표현하고자 할 때는 피드백을 받을 수 있는 수련감독자와 상의하는 것이 오히려 더 안전하기 때문이다.

비밀보장과 관련하여 교사가 주의해야 할 점이 또 있다. 부모와 교사 사이에 오고간 모든 검사 결과와 일화는 외부에 노출되지 않도록 보완장치가 마련되어야 한다는 점이다. 그리고 관련 자료를 보고자 하는 전문가들은 동의서에 서명을 한 경우에만 공개될 수 있도록 조치를 취해야 한다. 이 경우에도 내담자인 부모에게 누가 관련 자료를 볼 수 있는지, 또 어떤 목적으로 열람하게 될 것인지를 명확하게 공지해 주어야 한다. 물론 부모도 자녀의 신상정보를 열람할 수 있는 법적 지위를 가지고 있다. 부모가 자녀의 서류를 열람하는 데는 몇 가지 이점들이 있다. 첫째, 이전에는 발견할 수 없었던 자녀에 관한 내용을 검토해 볼 수 있다는 것이고, 둘째, 자녀에 관한 정보가 정확한지 확인해 볼 수 있다는 점이다.

녹음기 등을 사용할 경우에는 부모에게 녹음을 하는 이유, 누가 녹음을 듣게 될 것인지 그리고 어떻게 활용할 것인지를 공지하고 허락을 받아야만 녹음기의 사용이 가능하다. 교사도 녹음기를 사용할 때는 학습을 목적으로만 녹음을 해야 하고, 그 이외에는 사용이 불가하다는 점을 숙지할 필요가 있다.

교사가 자신의 행동에 대한 적절성에 확신이 서지 않을 때는 소속된 전문협회의 윤리강령을 참조하면 도움이 된다. 이 윤리강령은 전문가에게 구체적인 지침서를 제공해 줄 수 있기 때문이다.

3) 윤리적 문제해결을 방해하는 요인

장애학생의 부모 또는 가족구성원과 상담관계를 유지하는 데 있어서 상담내용에 관한 비밀보장과 윤리를 실천하는 일은 매우 중요하다. 상담자의 상담윤리는 내담자와의 상담관계를 형성하는 데 매우 큰 영향을 미치기 때문에 평생교육 차원에서 지속적으로 다룰 수 있는 주제이기도 하다. 상담자는 업무속성에 따라서 소속된 전문가 협회의 윤리강령과 행동 기준에 영향을 받지만, 내담자의 권익옹호와 복지증진이라는 큰 틀에서 보면 상담철학은 동일하다고 볼 수 있다. Sileo와 Prater(2012)는 학교현장에서 교사가 장애학생의 부모 또는 가족구성원과 상담을 진행하는 데 있어 윤리성과 비밀보장의 요소를 방해할 수 있는 몇 가지 원인이 있다고 보고하였다. 이 원인들은 효율적 의사소통의 부재, 이해하기 힘든 전문 용어의 사용, 신뢰의 부족, 그리고 다양한 관점의 수용 문제로 요약될 수 있는데, 상담자로서의 교사가 상담윤리를 실천하는 데 방해가 될 수 있는 요소들이라고 볼 수 있다.

(1) 효율적 의사소통의 부재

효율적인 의사소통 기술은 교사와 장애학생의 가족구성원이 건설적인 상담관계를 형성하는 데 매우 중요하다. 또한 효율적 의사소통 기술은 개인 간 또는 전문가들 간 이루어지는 상호작용에 있어서 매우 중요한 요소로서, 상담자와 내담자가 생산적인 관계를 맺고, 상담 과정에서 윤리적 관계를 보장해 줄 수 있도록 소통을 촉진하는 도구가 될 수 있다(Sileo & Prater, 2012). 학교 현장에서 효율적인 의사소통이 없으면 교사와 부모 또는 교사와 가족구성원 간 개인적 · 전문적인 연결고리의 형성이 어려워질 수 있고, 상담을 진행하는 데 큰 걸림돌이 될 수 있다. 부모는 학교에 있는 자녀에게 무슨 일이 일어났는지 당연히 궁금해할 수도 있을 것이다. 가끔씩 학교에서 무슨 일이 있었는지 자녀에게 물어보면, 자녀는 "잘 모르겠다." "아무 일도 아니다."라고 말하곤 하는데, 이러한 대답은 교사와 부모에게 의사소통의 부재를 드러내는 것 같아 좌절감을 가져오게 만든다.

의사소통의 부재는 장애학생과 부모 사이에서도 일어날 수 있다. 교사는 학생의 학교생활에 대한 일상이 부모에게 공유되기를 원하지만, 결국 부모-자녀 간 의사소통의 부재 속에서 학교생활의 경험이 공유되지 못하고, 이후 부모상담을 진행하는 데 있어서 교사-부모 사이에 불신만 초래될 가능성도 있다. 이는 교사의 입장에서 학생을 별도로 신경써야 하는 업무 부담으로 다가올 수도 있다. 부모는 자녀로부터 학교생활에 관한 정보를 얻게 되는데, 학교에서 일어나는 모든 일들은 무조건 교사가 자신에게 일러주어야 한다고 생각하는 경향이 있다. 이러한 상황에서 중요하게 실천해 볼 수 있는 몇 가지 전략들이 있다. 첫째, 부모는 장애자녀가 귀가했을 때 자녀에게 학교생활에 대해 물어볼 수 있어야 하고, 둘째, 교사는 학생에게 학교에서 경험한 것을 부모에게 얘기했는지 자연스럽게 확인할 수 있어야 한다.

부모가 자녀에게 숙제를 지도하는 것도 윤리적 갈등을 불러올 여지가 있다. 과연 부모가 어느 정도까지 자녀의 숙제를 도와주어야 하는가의 문제이기 때문이다. 자녀가 혼자 숙제를 할 수 있도록 할 것인지, 숙제를 바르게 하지 않는다는 것을 알면서도 그대로 두어야 하는지에 대해 부모는 자신의 역할에 대한 갈등을 겪을 수 있다. 대부분의 부모는 자녀가 숙제를 혼자 하고, 또한 올바른 과제물을 제출할 수 있기를 원한다. 대부분의 장애학생의 부모는 장애자녀의 학업을 전적으로 지도해 주면 자녀의 자율성이 침해될 수 있고, 자녀가 혼자서 숙제를 하면 과제물을 제출하기가 어려울 수 있다는 것을 이해하고 있다. 학업지도 문제로 가족 내 문제가 발생하면 이러한 부분을 담당 교사와 상의하여 숙제에 대한 기준을 명료화하는 것이 윤리적 갈등을 봉합하고 부모-교사 사이의 불신을 감소시키는 좋은 방법이 될 수 있다.

(2) 전문 용어의 사용

부모에게 교육 전문 용어를 사용하는 것은 효율적인 의사소통을 방해하는 요인으로 작용할 수 있다. 특히 전문 용어는 관련 분야에서 일하고 있는 전문가들 사이에서도 이해하기 힘들고, 상담장면에서 전문 용어를 자주 사용하면 부모-교사의 의사소통을 방해할 수 있는 충분한 요인이 된다. 일반 용어를 사용하더라도 의사소통에 큰 불편함이 없는데, 굳이 전문 용어를 사용할 필요는 없다. 부모에 따라서는 전문 용어를 사용하는 교사를 대면하는 것이 왠지 서먹하게 느껴질 수도 있고 심리적으로 불편할 수도 있기 때문이다. 일상생활에서 특수교사가 자주 사용하는 많은 전문 용어 중 일부를 제시하면 다음과 같다. IEP(Individual Education Plan, 개별교육계획서), ITP(Individual Transition Plan, 개별전환계획서), OT(Occupational Therapy, 작업치료), PT(Physical Therapy, 물리치료), LD(Learning Disabilities, 학습장애), ID(Intellectual Disability, 지적장애), TBI(Traumatic Brain Injuries, 외상적 뇌손상), IQ(Intelligence Quotient, 지능지수) 등이 있다.

(3) 신뢰의 부족

장애학생의 부모 또는 가족구성원과 상담을 진행할 때, 상담자로서의 교사가 신뢰가 부족하면 부모와 상담관계를 형성하는 데 큰 방해요인이 될 수 있고, 또 윤리적 문제를 일으키기 쉽다. 부모가 학교 또는 교사에 대해 가질 수 있는 불신은 부모 자신의 학령기 시절에 경험했을지도 모르는 부정적 사건들에 기인할 수 있다(Greenwood & Hickman, 1991). 특히 장애학생을 둔 부모와 인종·문화적 배경이 다른 부모는 과거의 대인관계에서 얻은 부정적 경험들로 인해 교육에 대한 불신을 가지게 될 수도 있다(Sileo & Prater, 2012). 다음은 Sileo와 Prater(2012)가 다문화 상담을 진행할 때 주지해야 할 사항을 요약해 본 것이다.

> 인종과 문화적 배경이 다른 경우, 상담자와 부모가 차이점을 공유하고자 하는 생각이 있다면 큰 문제가 발생하지는 않는다. 다만 상담자로서의 교사가 부모 또는 가족구성원의 문화적 배경이나 특수 상황을 이해하지 못하고 주류 사회의 가치기준대로 이들의 행동양식과 문제를 평가하려고 한다면, 부모는 교사 또는 학교 행정에 불신을 가질 수밖에 없다.

앞에서 언급되었듯이 학교현장에서 교육서비스를 제공할 때 차별이라는 윤리적 문제는 언제든지 대두될 수 있을 것이다. 윤리강령에도 인종, 성별, 종교, 문화적 배경 등을 이유로 내담자를 차별하지 않는다고 명시되어 있듯이, 세부적인 행동 기준 혹은 행동 규칙들은 대면관계에서 윤리적 문제들을 해결할 수 있는 근거를 제공해 줄 수 있다. 신뢰를 바탕으로 상담관계를 형성하는 것은 상담자의 자질에 대한 표현이자 기술이라고 할 수 있을 것이다.

(4) 다양한 관점의 수용 문제

다양한 관점의 수용 문제는 교사들이 장애학생의 부모 또는 가족구성원의 의견을 수용하지 못하는 태도나 행동 양식을 의미한다. 교사는 개인의 교육지식에 근거하여 경험을 활용하려는 경향이 있다. 그래서 대학에서 전문자격증을 취득하기 위해 수학했던 경험과 실습을 떠올리고, 그동안의 연수 기회에서 얻은 경험을 토대로 장애학생을 지도하려고 한다. 반면, 부모는 개인적인 경험을 토대로 문제를 바라보려는 경향이 짙다. 개인적인 경험이란 부모가 자신의 부모로부터 학습한 첫인상에 대한 경험, 아동을 양육하면서 얻은 경험, 그리고 주변 지인의 경험을 통해 자녀의 문제를 바라보려는 경향성을 의미한다. 따라서 상담자로서의 교사는 자녀에 관한 지식과 자녀교육에 대한 부모의 관점을 존중하는 태도가 필요하다. 다양한 관점을 수용하지 못하면 의견충돌이 일어날 수 있고 불신을 가져오는 등 향후 의사소통 관계에 악영향을 미치기 쉽다. 따라서 교사는 부모의 다양한 의견과 관점을 수용할 수 있는 마음의 자세를 갖추어야 한다.

4) 장애학생 가족을 위한 윤리 실천 전략

윤리강령과 행동 기준은 상담자 또는 교사가 장애학생의 부모 및 가족구성원과 상담을 진행할 때 참조할 만한 윤리적 행동 규칙에 관한 내용을 담고 있다. 그러나 이러한 윤리적 행동 규칙에 관한 지식체계는 상담을 진행하는 데 도움을 줄 수 있지만, 윤리를 실천하는 데 있어서는 직접적인 도움을 주지 못한다(Sileo & Prater, 2012). 장애학생 부모상담 과정에서 교사는 의사소통을 방해할 수 있는 수많은 요인들과 마주칠 수 있고, 특히 윤리적 갈등, 즉 갈등상황이 발생했을 때 어떠한 선택을 할 것인지를 놓고 고민을 하지 않을 수 없다. 윤리강령이 상담자의 상담 과정에서 행동의 원칙들로서 참고할 만한 기준은 될 수 있겠지만, 문제를 해결하는 방안을 직접적으로 제시해 주는 것은 아니기 때문이다. 그러다 보니 상담자는 부모상담 과정에서 많은 윤리적 갈등상황 속에서 선택을 해야 하는 처지에 직면하게 된다. 특히 윤리를 실천하는 문제는 구체적인 윤리적 갈등상황을 제시한 후, 그 안에서 다양한 윤리적 실천 과제들을 논의하는 것이 보다 현실적인 대안이 될 수 있다.

장애학생의 학교배치 문제는 교사에게 윤리적 갈등을 가져올 수 있는 요소로 작용할 수 있다. 자녀의 학교배치에 대한 결정을 놓고 장애학생의 부모 중한 사람은 학교의 결정에 동의하지만, 다른 한 사람이 탐탁지 않게 생각할 수도 있고, 최소제한환경(Least Restrictive Environment: LRE)의 요건에 맞지 않는다고 불만을 토로할 수도 있다. 가족구성원이 처해 있는 상황은 다를 수 있겠지만, 학교배치에 관한 문제는 교사와 부모 간 윤리적 갈등의 한 단면을 보여 줄 수 있는 사례가 될 수 있다. Berkeley와 Ludlow(2008)는 교사가 윤리적 갈등을 경험하게 될 때, 합리적인 선택을 할 수 있도록 여섯 단계의 요소들로 해결책을 제시하였다(Sileo & Prater, 2012, p. 184에서 재인용). 이들이 제시한 윤리적 실천 과제들을 중심으로 주요 내용들을 요약해 보면 다음과 같이 전개될 수 있을 것이다.

📋 문제 상황

동수는 중학교로 진학할 예정이다. 담당 교사는 동수의 특수학급 배치를 고려하고 있으며, 동수 부모와의 상담을 계획하고 있다. 담당 교사는 동수의 부모 및 가족구성원에 관한 대략적인 정보를 가지고 있고, 학교 일로 동수의 어머니와 친분관계를 유지해 오고 있지만, 동수의 아버지와는 친분이 거의 없는 편이다. 동수의 어머니는 자녀의 특수학급 배치에 동의하고 있지만, 특수학급 배치 문제를 동수 아버지께 말하면 그가 화를 내면서 흥분할 것이라고 걱정하고 있다.

⧖ 윤리적 실천 전략

■ 1단계

윤리적 갈등(딜레마)에 대한 개인의 상황과 감정 그리고 이 갈등상황이 다른 사람들과 어떻게 관련되어 있는지 살펴본다. 이때는 윤리적 갈등상황을 가능하면 구체적으로 진단하는 것이 필요하다. 장애학생 가족구성원이 지니고 있는 문제점이 무엇인지 열거해 보고, 각 문제점과 관심사가 무엇인지 탐색해 보는 데 초점을 맞추어 볼 수 있다. 교사는 자녀의 특수학급 배치에 대해서 부모 또는 가족구성원에게 의견을 물어보고 그에 따른 반응을 살펴볼 수 있을 것이다. 부모가 반대하고 있는지, 반대의 원인은 무엇인지가 윤리적 갈등을 해결하기 위한 첫걸음일 수 있다.

■ **2단계**

갈등상황에 관여해 있는 사람들의 사회적 역할 관계가 어떻게 되고, 어떻게 상호작용하고 있는지 관계성을 살펴본다. 교사는 그동안 진행해 온 상담 과정을 떠올려 본 후, 가족구성원 중 누가 장애학생의 상황을 잘 이해하고 있는지, 부부 간 의견충돌은 없었는지, 그리고 가족구성원 간 의사소통의 구조와 상호작용에 관한 내용을 진단해 볼 수 있을 것이다. 담당 교사가 어머니와 친숙한 관계를 형성해 왔다면 특수학급의 배치문제를 진지하게 상의해 볼 수 있을 것이다. 부부 중 특수학급의 배치에 우려를 표명하는 사람이 있는지도 생각해 볼 수 있다. 앞의 사례에서 동수 어머니는 자녀의 특수학급 배치를 이해하고 있지만 학급배치에 관한 얘기를 동수 아버지에게 말하면 그가 당혹스러워할 것이라고 진술했다면, 교사는 어머니가 진술했던 이 부분을 꼭 기록해 둔다.

■ **3단계**

이전의 유사한 윤리적 갈등상황을 참고하여 사실관계를 확인해 본다. 이 단계는 윤리적 갈등을 해결하기 위해 사례를 수집하는 과정이라고 할 수 있다. 이전의 유사사례를 수집하는 목적은 교사가 이전의 사례를 참고하여 현재의 윤리적 갈등에 대한 결정을 내리는 데 참조하기 위함이다. 학교에서 참고할 만한 유사한 상황은 있는지, 유사한 경험이 있는 교사가 있는지, 당시 어떻게 문제를 해결했는지 등의 질문은 교사 또는 상담자가 사례를 수집한 후, 윤리적 갈등을 해결할 수 있도록 행동 계획을 수립하는 데 도움을 줄 수 있다.

■ **4단계**

전개도(흐름도)를 작성해 본 후, 다른 사람의 관점에서 구체적인 행동 계획
을 수립한다. 이 단계는 상담자가 의사결정을 내리기 위해서 역량을 모아야
하는 가장 어려운 상담 과정이 될 수 있다. 이때는 예상하고 있는 실천 과
정을 도표로 작성해 놓은 작업이 중요하다. 물론 교사는 갈등상황에 관여해
있는 부모의 다양한 관점을 수용할 수 있는 태도를 보여 주어야 한다. 동수
의 아버지가 자녀의 특수학급 배치에 우려를 표명해 왔다면, 동수의 아버지
와 면담을 계획하고 특수학급의 배치가 동수에게 어떻게 도움이 될 수 있는
지에 대한 정보를 전달할 수 있는 기회를 마련해야 할 것이다. 이는 교사가
부모의 관점을 수용하되, 교사와 학교 담당자들의 결정 상황을 부모에게 자
세히 전달할 수 있는 기회가 될 수 있다. 다음은 동수의 특수학급 배치에 우
려를 표명하고 있는 동수 아버지에게 향후 교사가 직면할 수도 있는 가상의
대화 내용을 적어 본 것이다.

> "아버님의 얘기는 잘 들었습니다만, 동수도 그동안 특수학급에서 많은 지지를
> 받아 왔다고 생각하고 있습니다. 동수도 좋아하고 있는 것 같은데, 아버님께서 동
> 수의 특수학급 배치를 우려하고 계신 어떤 이유들이 있으신가요?"

만약 특수학급 배치에 관한 의견을 부모들에게 성공적으로 전달할 수 없는
상황이라면, 교사는 '동수의 특수학급 배치에 대한 결정이 합당한가?' '이전
의 다른 사례들을 참고해 학교 구성원들과 학급배치 문제를 다시 논의해 볼
수 있겠는가?'와 같은 질문들을 스스로 던져 볼 수 있을 것이다. 만약 이러
한 자문을 통해서 동수의 특수학급 배치에 대한 결정이 최선의 결정이라는
판단이 서면 교사는 부모에게 자신의 의견과 학교의 결정 사항이 전달될 수
있도록 준비를 한 후 다음 단계로 넘어갈 수 있다.

■ **5단계**

교사는 흥미진진하게 자신의 결정 사항에 대해 모험을 결행할 수 있는지 다
시 탐색해 본다. 이 단계는 결정 사항과 관련된 위험성 여부를 재고해 보되,

모든 가능성에 무게를 두고 결정 사항을 다시 검토해 보는 과정이다. 다른 교사들과의 협력적 의사결정 과정은 도움이 될 수 있지만 결정은 대개 개인이 내리게 된다(Sileo & Prater, 2012). 이때 교사는 자신의 결정으로 인해 다른 사람이 해를 입게 될 수 있는지, 혹은 다른 사람의 능력을 침해할 소지는 있는지 숙고해 볼 필요가 있다. 이 단계에서는 윤리적 갈등에 관여해 있는 모든 사람에게 해를 입히지 않아야 한다는 비해성의 원칙이 준수될 수 있어야 한다(상담자 윤리강령의 주요 행동 기준들은 다음 절에서 보다 구체적으로 다룬다).

■ 6단계

그동안의 상담 사례와 경험을 토대로 개인과 기관의 사정을 고려해 본 후, 최종 윤리적 의사결정을 내린다. 이 단계는 상담자의 개인적 상담 사례와 경험을 토대로 자신의 결정이 윤리적 갈등에 관여해 있는 다른 사람의 사고와 행동에 어떻게 영향을 미칠 수 있는지 탐색해 보는 과정이기도 하다. 교사가 학생을 지도하면서 얻은 경험과 사례를 토대로 자신의 결정을 정당화할 수 있는 과정일 수도 있다. 그러나 이러한 과정은 장애학생에게 실질적 도움을 제공해 줄 수 있다는 확신이 전제되어야 한다. 그동안의 경험을 토대로 할 때, 동수의 특수학급 배치가 성공적이었고, 동수와 유사한 상황에 있던 동료 학생들도 성공적으로 학교생활을 경험해 왔다면, 특수학급과 같은 구조화된 학습 환경이 지니는 장점들을 부모에게 충분히 설명할 수 있는 근거를 마련할 수 있다. 동수 아버지에게 학급배치가 합당한 이유를 설명해 주고 수용이 되면, 특수학급 배치 결정에 대한 윤리적 갈등이 종결될 수 있다.

2. 윤리강령

1) 일반 윤리강령

장애아동교육위원회(Council for Exceptional Children: CEC)는 장애학생의 교육을 담당하고 있는 교사를 위한 주요 전문기관 가운데 하나이다. CEC의 윤리강령과 기준은 교사의 역할에 관한 세부 지침서라고 할 수 있다. 이 윤리강령과 기준 안에는 교사와 장애학생 부모의 협력 관계와 상호 존중에 관한 내용들이 포함되어 있다. 이는 장애학생에게 학교교육의 이점을 최대한 제공해 줄 수 있는 실천적 행동 강령이라고 할 수 있다. 교사의 전문적 활동 분야에 관한 내용은 다음과 같다(CEC, 2010).

- 부모와 효율적인 의사소통을 촉진한다. 효율적인 의사소통을 활성화하기 위해서 전문 용어를 사용하는 것을 피하고, 가정에서 사용하고 있는 언어를 일차적으로 사용하되, 적절하다면 다른 의사소통 방식을 활용할 수 있도록 한다.
- 사생활과 비밀보장을 존중하고, 부모-전문가(교사)의 의사소통 관계를 유지하도록 한다.
- 특수교육의 계획, 실행, 평가 및 장애학생을 위한 관련 서비스를 제공하는 데 있어서 부모의 지식과 교사의 전문적 역량을 활용한다.
- 부모교육의 기회를 제공한다.
- 부모들에게 자녀의 교육권리에 관한 정보뿐만 아니라 이 권리를 위반할 가능성이 있는 상황에 관한 내용들 또는 실무에 관한 정보들을 제공해 준다.
- 문화적 다양성을 인식하고 존중한다.
- 가정과 지역사회의 물리적 환경이 장애학생의 행동과 인생관에 영향을

미칠 수 있다는 것을 인식한다.

한편, 미국상담학회(American Counseling Association: ACA)도 상담자의 윤리강령과 실천 기준을 규정해 놓고 있다. ACA의 윤리강령과 실천 기준은 일반적으로 다섯 가지의 도덕적·윤리적 원칙들로 기술될 수 있다(Herlihy & Corey, 1996; Seligman, 2004). 이 원칙들을 제시해 보면 다음과 같다.

(1) 자율성의 원칙

자율성(autonomy)이란 내담자의 선택에 대한 자유와 행동을 존중하는 것을 의미한다. 상담자는 내담자의 독립성과 역량을 강화시킬 수 있도록 지원해 주어야 하며, 개인의 다양성과 차이점을 존중해야 한다. 내담자의 자율성은 내담자가 선택을 해야 하는 상황에서 이성적인 판단을 할 수 있다는 것을 인정하고, 내담자가 타인으로부터 조정·간섭·통제를 받지 않아야 한다는 것을 의미한다. 그러나 내담자가 정신적·정서적 장애를 가지고 있을 때, 내담자의 잘못된 선택이 내담자 자신과 가족구성원에게 해가 될 가능성이 있을 때, 내담자가 다른 사람으로부터 회유, 협박 등의 위험에 처할 가능성이 있을 때, 그리고 내담자의 자립생활을 저해할 수 있는 가능성이 있을 때는 상담자가 내담자를 지원해 줄 수 있다.

(2) 비해성의 원칙

비해성(non-maleficence)이란 내담자에게 해를 끼치지 않아야 하고 내담자의 흥미가 최대의 관심사가 될 수 있는 방향으로 상담 서비스를 제공해야 한다는 것을 의미한다. 비해성의 원칙은 타인이 해로운 행동을 할 때 이를 규제할 수 있다는 의미를 내포한다. 따라서 어떤 개인이 심각한 전염병을 전파할 가능성이 있을 때는 이 사람이 다른 사람에게 질병을 옮기지 않도록 제지해야 할 의무가 상담자에게 있다. 그리고 이러한 제지는 설사 전염병을 가진 사람이 직장을 잃게 될 수가 있다고 하더라도, 다른 사람의 건강에 해악이 되므로 동일한 윤리 원칙이 적용될 수 있을 것이다.

(3) 수혜성의 원칙

상담자는 내담자에게 해가 되는 행동을 해서는 안 될 뿐만 아니라, 도움행동을 촉진하고 타인을 도와주는 데 있어서도 주도적 역할을 담당해야 한다. 수혜성(beneficence)의 원칙은 내담자에게 도움이 되는 행동을 상담자가 직접 실행에 옮긴다는 측면에서 행동 지향적인 개념을 함축하고 있다. 수혜성의 원칙과 관련하여 비해성의 원칙은 종종 비교의 대상이 된다. 즉, 내담자에게 해가 되는 비해성의 원칙이 수혜성의 원칙보다 우선시되어야 한다는 의견이 지배적 관점이다. 결국 해로운 일을 삼가는 것이 좋은지, 도움이 되는 일을 먼저 실행하는 것이 좋은지에 대한 물음일 수 있다. 장애학생 가족구성원이 장애적응 과정에서 많은 스트레스를 경험하고 가족의 기능이 와해될 수 있는 상태에서는 수혜성의 원칙보다는 비해성의 원칙이 우선시될 수 있다.

(4) 정당성의 원칙

상담자는 공정하고 전문적 협력 관계를 유지할 수 있도록 행동해야 한다. 정당성(justice)이란 제한된 자원으로 인하여 관련 서비스를 내담자에게 모두 제공하지 못하게 될 경우, 상담자는 자원을 효과적으로 배분하는 기회균등의 원칙을 준수해야 한다는 것을 의미한다. 자원이 많고 분배가 내담자에게 모두 돌아가는 풍족한 환경에서는 윤리적 문제가 제기될 가능성이 희박하지만, 자원과 서비스가 제한되어 있는 상황에서는 윤리적 갈등이 증폭될 확률이 높다. 상담자는 내담자의 개별 욕구를 파악하여 선택적인 자원 할당과 지원 서비스가 이루어질 수 있도록 행동 기준을 정립할 필요가 있다. 정당성의 원칙은 장애, 성 등을 이유로 차별이 없어야 하며, 원칙에 근거하여 서비스를 제공받을 수 있는 우선 순위가 달라져야 한다는 의미를 내포하고 있다. 일반적으로 중증의 장애인은 경증의 장애인보다 서비스에 대한 우선권이 있고, 중증의 심리적 부적응을 경험하고 있는 부모는 일시적인 부적응을 경험하고 있는 부모들보다 먼저 상담 서비스를 제공받을 수 있다.

(5) 충실성의 원칙

충실성(fidelity)은 상담자가 자신의 전문 분야에서 내담자를 위해 헌신의 노력을 다해야 한다는 행동의 원칙을 의미한다. 충실성의 원칙은 상담관계를 형성하는 데 있어서도 동일하게 적용될 수 있다. 즉, 상담자는 장애학생의 부모 또는 가족구성원과 치료적 동맹관계를 맺음으로써 신뢰성, 진실성 및 책임성 있는 행동을 보여 줄 수 있어야 한다. 내담자에 대한 비밀보호와 정보이용 동의서 작성은 충실성의 중요한 요소이다. 장애학생의 부모 및 가족구성원을 대상으로 부모상담을 실천할 때도 상담자의 충실성은 핵심적 요소이다.

이와 같은 다섯 가지의 윤리강령의 원칙은 상담자가 구체적인 윤리 기준과 규칙들을 이해할 수 있도록 도움을 준다. 또한 특별한 상황이 발생하거나 윤리적 갈등상황이 모호한 상황에 처했을 때, ACA의 일반적인 윤리 원칙은 합리적 의사결정을 할 수 있도록 기준을 제시해 줄 수 있다. 상담자는 일반 윤리 원칙에 대한 이해를 바탕으로 까다로운 윤리적 문제(예, 두 개 이상의 원칙이 갈등을 유발할 경우)에 대해서도 효과적으로 대처할 수 있는 혜안을 얻을 수 있다(Seligman, 2004).

2) 전문가 협회의 윤리강령 주요 내용

(1) 상담심리사 윤리강령 주요 내용

윤리강령은 전문가 협회의 업무 내용에 따라 다소 융통성 있게 활용될 수 있다. 협회의 상황에 따라 타기관의 일반 윤리강령들이 차용될 수 있고, 해당 협회의 업무특성이 잘 반영될 수 있도록 세부 규칙들이 수정될 수도 있다. 한국상담심리학회 산하 상담심리사 윤리강령(한국상담심리학회, 2018)은 전문가로서의 태도, 사회적 책임, 내담자의 복지와 권리에 대한 존중, 상담관계, 정보의 보호 및 관리, 심리평가, 수련감독 및 상담자 교육, 윤리문제 해결 및 회원의 의무인 9개의 강령으로 영역이 구분되어 있고, 해당 강령 내 세부 기준이 규정되어 있다. 이들 중 전반부의 다섯 개 윤리강령과 여덟 번째 윤리문제 해결에 관한 내용은 장애학생 부모상담을 실시하는 데 있어서 상담자 또는 교사가 준용할 수 있는 윤리강령과 기준이라고 할 수 있다. 상담심리사 윤리강령의 주요 내용을 살펴보면 다음과 같다(부록의 상담심리사 윤리강령 참고).

① 전문가로서의 태도

상담자는 전문적 능력을 유지하기 위한 노력으로 교육과 연수의 필요성을 인식하고 참여함으로써 자신의 전문 분야에서 상담활동을 수행하며, 상담의 효율성을 증진시킬 수 있도록 수련감독을 받을 수 있다. 성실성은 전문가에게 주어진 중요한 태도로서 자신의 신념체계에 대한 자각과 개인 옹호활동에 적극적인 태도를 지녀야 하고, 자신의 능력의 범위를 벗어난 경우에는 다른 상담자나 전문가에게 의뢰서비스를 요청할 수 있어야 한다. 자격관리 또한 상담자로서의 태도에 중요한 기준으로 자격급수와 상담경력에 대한 고지 의무 및 교육 · 연수의 필요성을 규정하고 있다.

② 사회적 책임

상담자의 사회적 책임에 관한 세부 기준들은 사회와의 관계, 고용기관과의 관계, 상담 기관 운영자의 책무, 다른 전문직과의 관계, 자문활동 및 홍보에 관한 내용으로 구성되어 있다. 상담자는 사회의 윤리와 도덕기준을 존중하고 전문적 활동에 헌신함으로써 사회에 공헌하는 것을 준수하도록 사회적 책임을 규정하고 있다.

③ 내담자의 복지와 권리에 대한 존중

내담자의 복지와 권리에 대한 존중은 내담자 복지, 내담자의 권리와 사전동의 및 다양성 존중으로 구성되어 있다. 상담자는 내담자의 존엄성을 존중하고 복지 증진에 힘써야 한다. 또한 내담자에게 상담과 관련된 정보를 제공해야 하고 개인정보에 대한 사전 동의 및 내담자의 권익을 보호해야 한다. 내담자는 성별, 장애, 인종 등을 이유로 차별받지 않아야 하며, 문화적 배경과 가치가 인정되어야 한다. 이 윤리강령 내부에는 내담자에 대한 비밀보호, 사례지도 및 정보의 공유, 제한점에 대한 공지 등을 포함하는 행동 기준들이 규정되어 있다.

④ 상담관계

상담관계의 행동 기준들은 다중 관계, 성적 관계, 여러 명의 내담자와의 관계 및 집단상담에 관한 내용들로 구성되어 있다. 다중 관계에서는 상담사는 객관성과 전문적인 판단에 영향을 미칠 수 있는 다중 관계를 피하도록 규정하고 있다. 사무실 외에서의 사적인 관계와 성적 관계를 금하도록 명시하고 있고, 다수의 내담자와 상담관계를 형성할 때도 역할 분장을 명확히 하도록 규정하고 있다. 집단상담을 제공할 때도 집단원의 권리와 복지를 훼손해서는 안 되고 집단리더의 권리와 윤리에 관한 내용을 규정하고 있다.

⑤ 정보의 보호 및 관리

정보의 보호 및 관리에 관한 행동 강령은 내담자의 사생활과 비밀보호, 기록, 비밀보호의 한계, 집단상담과 가족상담, 상담 외 목적을 위한 내담자 정보의 사용, 그리고 전자 정보의 관리 및 비밀보호에 관한 내용들로 구성되어 있다. 상담자는 내담자의 사생활과 비밀보호에 대한 권리를 최대한 존중해야 하고, 기록·문서의 보관에 있어서도 내담자의 동의를 구할 수 있어야 한다. 한편 내담자의 생명이나 사회의 안전을 위협하는 경우에는 비밀보호의 한계가 있음을 알려 주고, 기타 한계 상황에 대해서도 미리 공지해 주어야 한다. 가족상담을 진행할 때는 한 가족구성원에 대한 정보를 본인의 허락 없이 다른 가족구성원에게 제공할 수 없다는 명시적 규정도 제시해 놓고 있다. 전자 정보의 관리 및 비밀보호에 관한 내용은 내담자의 정보보호에 대한 노력을 명시해 놓고 있다.

⑥ 윤리문제 해결

윤리문제 해결은 실제 상담전문가의 여덟 번째 윤리강령에 해당하며, 숙지의 의무, 윤리위반의 해결 및 상벌윤리 위원회와의 협조에 관한 내용들로 구성되어 있다. 상담자는 윤리강령의 기준들을 숙지함으로써 윤리강령의 시행 과정을 지원할 수 있고, 윤리강령에 대한 위반 사항이 적발될 때, 상벌윤리 위원회와의 협조를 통해 윤리문제를 해결할 수 있다.

(2) 재활상담사 전문가 윤리강령의 주요 내용

전미재활상담협회(the National Rehabilitation Counseling Association: NRCA)는 1972년 재활상담사가 업무를 수행하는 과정에서 윤리적인 갈등 상황에 직면하게 될 때, 전문가로서 행동의 원칙을 활용할 수 있도록 윤리강령을 제정하였다. 이 윤리강령은 이후 미국재활상담협회(the American Rehabilitation Counseling Association: ARCA)와 재활상담자격위원회(the Commission on Rehabilitation Counseling Certification: CRCC)가 함께 개정작업에 참여한 끝에 완성되었다(강위영 외, 2009). CRCC(2017)의 재활상담사 윤리강령은 12개의 윤리강령과 76개의 세부 행동 기준들로 구성되어 있다. 이 윤리강령은 장애인을 대상으로 직업재활 및 다양한 상담 서비스를 제공하는 재활상담사의 행동 규칙들을 담고 있다는 점에서 장애학생의 부모 또는 가족 구성원을 대상으로 준용해 볼 수 있는 지침서가 될 수 있다. 특히 장애학생 가족구성원의 의사결정 및 가족문제를 해결하기 위한 상담 서비스를 제공할 수 있다는 점에서 유용하다. 장애학생 가족구성원이 경험하고 있는 장애요인과 그를 둘러싼 환경적 영향은 부모상담의 주요 소재들이기도 하다. 재활상담사(Certified Rehabilitation Counselor: CRC)를 위한 11개의 행동강령을 중심으로 행동 기준의 내용들을 간단히 살펴보면 다음과 같다.

① 상담관계

재활상담사는 진실성을 존중해야 하고 함께 일하는 사람들과 집단의 안녕을 보장해 줄 수 있어야 한다. 상담자의 일차적 의무는 장애를 가진 내담자를 대상으로 하는 상담 서비스를 제공하는 데 있다. 상담자는 항상 자신의 이익보다 내담자의 이익이 더 중요하다고 생각해야 한다. (9개의 윤리 기준과 세부 윤리 원칙이 포함되어 있다.)

② 비밀보장, 면책특권 정보, 사생활 보호

재활상담사는 상담 중 얻은 내담자에 관한 정보에 대해 비밀을 보장해 줄 수 있어야 한다. 다른 사람과 정보를 공유할 때는 그 사항을 내담자에게 공지해야 하고, 예외의 사항에 대해서도 공지해야 한다. 가족구성원도 정보를 공유하는 데 있어서 서로 간 비밀이 보장되어야 한다. (7개의 윤리 기준과 세부 윤리 원칙이 포함되어 있다.)

③ 권익옹호와 접근성

재활상담사는 장애인의 권익옹호에 힘써야 한다. 상담 서비스를 제공하는 데 있어 태도의 장벽을 이해할 수 있도록 지원해야 하며, 시설 등에 대한 접근에 있어서도 장애물이 있는지 확인하고 정보를 공유할 수 있어야 한다. (2개의 윤리 기준과 세부 윤리 원칙이 포함되어 있다.)

④ 전문가의 책임성

재활상담사는 내담자에게 최대한의 이익을 제공해 줄 수 있는 다른 전문가들, 즉 동료 전문가, 다른 기관, 협회, 의뢰 기관 및 다른 전문가들과 진실성 있는 관계를 형성할 수 있도록 노력해야 한다. 상담자는 새로운 교육과 훈련을 통해 전문성을 신장시키고 문화적 다양성을 이해할 수 있도록 노력하며, 전문 자격증이 잘 유지될 수 있도록 해야 한다. (6개의 윤리 기준과 세부 윤리 원칙이 포함되어 있다.)

⑤ 다른 전문가 및 고용주와의 관계

재활상담사는 다양한 문화적 배경을 이해할 수 있는 지식을 갖추어야 하고 동료 전문가의 관점을 존중해야 한다. 고용주와의 관계에서 장애인에게 공익이 될 수 있는 제안을 해야 하고, 장애인의 개인적 성장과 고용에 있어서 실질적 도움이 될 수 있도록 노력해야 한다. 다른 전문가들과도 내담자의 안녕을 위해 협력을 강화해야 한다. (3개의 윤리 기준과 세부 윤리 원칙이 포함되어 있다.)

⑥ 법정 서비스

재활상담사는 내담자의 권익을 보호해야 하고, 법정 재활에 관한 능력을 향상시킬 수 있도록 노력해야 한다. 법정 서비스를 제공하는 데 있어서는 실천을 강화할 수 있도록 노력해야 한다. 현재 상담을 진행하고 있거나 이전에 상담을 진행했던 내담자의 경우에는 특별한 사정이 없는 한, 이들을 위해 법정 증언을 하지 않는다. 간접 서비스를 제공할 때는 상담사의 역할과 한계를 설명해 주어야 한다. 법정 서비스를 제공할 때는 사례 수용 여부를 윤리적 기준에 기초하여 결정할 수 있도록 하고, 서비스 요금에 대한 시비가 일어날 때 내담자에게 해가 되지 않는 선에서 서비스를 중지할 수 있다. (4개의 윤리 기준과 세부 윤리 원칙이 포함되어 있다.)

⑦ 평가와 사정

재활상담사는 평가도구를 선별, 활용 및 해석할 때는 이 도구들이 내담자의 복지증진을 위해 활용될 수 있다는 것을 인지해야 한다. 평가 서비스를 제공할 때는 동의서를 작성해야 하고, 평가결과를 정확히 해석하되 문화적 특수상황이 고려되어야 한다. 재활상담사는 평가도구의 선별, 활용 및 해석에 관한 기술을 확보하고 있어야 하고, 평가결과가 잘못 사용되지 않도록 하며, 검사의 한계를 인지하고 있어야 한다. (10개의 윤리 기준과 세부 윤리 원칙이 포함되어 있다.)

⑧ 감독, 훈련 및 교육

재활상담사의 수련감독자는 정기적으로 재활상담사를 만나 사례 내용을 논의하여 내담자의 복지에 기여할 수 있도록 하고 행동 윤리강령을 이해하고 실천할 수 있도록 한다. 수련감독자는 상담 및 감독 관련 기술을 향상시키기 위해 평생교육 활동에 참여하고, 감독에 있어서 부적절한 관계를 맺거나 직권을 남용하지 않도록 유의하는 등 수련감독에 충실할 수 있도록 노력해야 한다. (8개의 윤리 기준과 세부 윤리 원칙이 포함되어 있다.)

⑨ 연구 및 책 발행

재활상담사는 장애인에게 보다 효율적인 서비스를 제공하기 위해서 지식을 확충하는 노력을 해야 한다. 상담자는 설문조사를 실시하는 데 있어 자문을 받을 수 있고, 연구를 추진하는 데 있어 연구 참여자들의 정보를 보호할 수 있도록 하고, 윤리 원칙에 충실한 행동을 해야 한다. 연구결과에 대한 보고서는 정확하게 작성할 수 있도록 하며, 연구결과가 기관, 프로그램, 서비스 제공 등에 비호의적이라고 할지라도, 보고서에 포함시키는 데는 예외가 될 수 없다는 것을 인지하고 있어야 한다. 연구결과물을 발간할 때는 표절하지 않아야 하고, 책 발행에 관한 윤리 원칙들을 준수해야 한다. (5개의 윤리 기준과 세부 윤리 원칙이 포함되어 있다.)

⑩ 공학기기, 사회미디어 및 원격 상담

재활상담사는 공학기기를 활용하여 상담 서비스를 제공하더라도 윤리강령에 정의되어 있는 동일한 수준의 행동과 능력을 보여 줄 수 있어야 한다. 공학지원 서비스를 제공할 때도 상담자는 내담자가 기능적 · 언어적으로 사용하기에 적절한지를 결정해 줄 수 있어야 한다. 내담자의 비밀보장에 관한 부분도 동일하며, 동의서를 작성할 수 있도록 준비되어야 한다. 상담자는 상담 과정과 사업 절차에 있어서 공학기기를 사용하는 이점과 한계점을 내담자에게 설명해 주어야 하며, 사회미디어를 통해 교육과 원격상담을 제공할 때도 윤리강령에 명시되어 있는 윤리 원칙을 준수할 수 있도록 해야 한다. (4개의 윤리 기준과 세부 윤리 원칙이 포함되어 있다.)

⑪ 사업 운영

재활상담사는 자신의 사업을 대중에게 홍보할 때는 자신의 자격을 속이거나 호도하지 않도록 정확히 제시해야 한다. 상담자는 자신의 상품을 판매하기 위해 상담, 교육, 훈련 또는 수련감독 관계를 맺지 않아야 하고, 연수를 통해 부당한 영향력이 행사되지 않도록 해야 한다. 상담자가 생성한 문서는 내담자에 관한 적합한 상담정보만을 포함하고 있어야 하고, 정보의 비밀보장이 이루어져야 한다. 전문 상담 서비스를 제공하는 데 있어서 상담자는 내담자의 재정 상태와 지역적 사정을 고려하여 상담료 등을 책정해야 한다. (4개의 윤리 기준과 세부 윤리 원칙이 포함되어 있다.)

⑫ 윤리적 문제 해결

재활상담사는 전문적 서비스를 제공하는 데 있어 법적 · 윤리적 · 도덕적 태도로 행동해야 하고, 윤리강령의 진실성을 유지하며, 다른 사람에게 해가 될 수 있는 어떠한 행동도 삼가야 한다. 재활상담사는 재활상담자격인증위원회(CRCC)의 윤리 기준에 관한 지식을 가지고 있어야 하며, 내담자의 불만사항에 대해 불공정한 차별이 일어나지 않도록 주의해야 한다. 특별한 상황이나 진행되고 있는 활동들이 윤리강령을 위반하고 있는지 확신이 서지 않을 때는 다른 윤리 기준을 참고하여 경험이 있는 전문가들로부터 자문을 받을 수 있고, 윤리적 갈등을 해결하기 위한 의사결정 모형과 기술을 활용해 볼 수 있다. (3개의 윤리 기준과 세부 윤리 원칙이 포함되어 있다.)

참고문헌

강위영, 나운환, 박경순, 류정진, 정명현, 김동주, 정승원, 강윤주(2009). **직업재활개론**. 서울: 나눔의 숲.

한국상담심리학회(2018). 상담전문가 윤리 강령. *http://www.krcpa.or.kr/sub01*.

Berkeley, T. R., & Ludlow, B. L. (2008). Ethical dilemas in rural special education: A call for a conversation about the ethics of practice. *Rural Special Education Quarterly, 27*(1/2), 3-9.

Commission on Rehabilitation Counselor Certification [CRCC]. (2017). *Code of professional ethics for rehabilitation counselors*. Schaumburg, IL: Author.

Council for Exceptional Children [CEC]. (2010). *Code of ethics and standards for professional practice*. Arlington, VA: Author.

Greenwood, G. E., & Hickman, C. W. (1991). Research and practice in parent involvement: Implications for teacher education. *Elementary School Journal, 91*, 279-289.

Herlihy, B., & Corey, G. (1996). *ACA ethical standards casebook*. Alexandria, VA: American Counseling Association.

Seligman, L. (2004). *Diagnosis and treatment planing in counseling* (3rd ed.). New York: Kluwer Academic/Plenum Publishers.

Seligman, M. (2000). *Conducting Effective conferences with parents of children with disabilities*. New York: Guilford Press.

Sileo, N. M., & Prater, M. A. (2012). *Working with families of Children with special needs: Family and professional partnerships and roles*. Pearson.

Merriam-Webster(2017). Ethics. www.merriam-webster.com/dictionary/ethic

[부록 1] 상담심리사 윤리강령(2018년 개정)

한국상담심리학회는 인간의 존엄성과 가치를 존중하고 다양한 심리적 조력 활동을 통해, 개인이 자기를 실현하는 삶을 살도록 돕는다. 본 학회는 이러한 목적을 구현하기 위하여 상담심리사 자격제도를 운영한다. 본 학회에서 인증한 상담심리사(1급, 2급)와 상담심리사 수련과정에 있는 학회원은 전문가로서의 능력과 자질을 향상시키며, 상담심리사의 역할을 하는 데 있어 내담자의 복지를 최우선 순위에 둔다. 상담심리사는 전문적인 상담활동을 통해 내담자의 개인적인 성장을 넘어, 국민의 심리적 안녕을 도모함으로써 사회적 공익에 기여한다. 이러한 책무를 다하기 위해 상담심리사는 전문성, 성실성, 사회적 책임, 인간 존중, 다양성 존중의 원칙을 따른다. 윤리강령의 준수는 내담자와 상담자 보호 및 상담자의 전문성 증진에 기여한다. 이를 위하여 상담심리사는 다음과 같은 윤리강령을 숙지하고 준수할 것을 다짐한다.

1. 전문가로서의 태도

가. 전문적 능력

(1) 상담심리사는 자신의 능력의 한계를 인정하고 교육과 수련, 경험 등에 의해 준비된 역량의 범위 안에서 전문적인 서비스와 교육을 제공한다.

(2) 상담심리사는 자신이 가진 능력 이상의 것을 주장하거나 암시해서는 안 되며, 타인에 의해 능력이나 자격이 오도되었을 때에는 수정해야 할 의무가 있다.

(3) 상담심리사는 문화, 신념, 종교, 인종, 성적 지향, 성별 정체성, 신체적 또는 정신적 특성에 대한 자신의 편견을 자각하고, 이를 극복하기 위해 노력해야 한다. 특히 위와 같은 편견이 상담 과정을 방해할 우려가 있을 경우 자문, 사례지도 및 상담을 요청해야 한다.

(4) 상담심리사는 자신의 활동분야에 있어서 최신의 과학적이고 전문적인

정보와 지식을 유지하기 위해 지속적인 교육과 연수의 필요성을 인식하고 참여한다.

(5) 상담심리사는 자신의 전문적 능력에 대해 정확히 인식하고 정기적으로 전문인으로서의 능력과 효율성에 대해 자기점검 및 평가를 해야 한다. 상담자로서 직무를 수행하는 데 방해가 되는 개인적 문제나 능력의 한계를 인식하게 될 경우 지도감독이나 전문적 자문을 받을 책무가 있다.

나. 성실성

(1) 상담심리사는 자신의 신념체계, 가치, 제한점 등이 상담에 미칠 영향력을 자각해야 한다.

(2) 상담심리사는 내담자에게 상담의 목표와 이점, 한계와 위험성, 상담료 지불방법 등을 명확히 알린다.

(3) 상담심리사는 능력의 한계나 개인적인 문제로 내담자를 적절하게 도와줄 수 없을 때, 전문적 자문과 지원을 받는 등의 적절한 조치를 취한 뒤, 직무수행을 제한할지 아니면 완전히 중단할지 여부를 결정해야 한다.

(4) 상담심리사는 자신의 질병, 죽음, 이동, 퇴직으로 인한 상담의 갑작스런 중단가능성에 대비하고 있어야 하며, 또한 내담자의 이동이나 재정적 한계 등과 같은 요인에 의해 상담이 중단될 경우, 이에 대해 적절한 조치를 취해야 한다.

(5) 상담심리사는 내담자가 더 이상 도움을 필요로 하지 않거나, 상담을 지속하는 것이 더 이상 내담자에게 도움이 될 가능성이 없거나, 오히려 내담자에게 해가 될 것이 분명하다면 상담관계를 종결해야 한다. 내담자가 다른 전문가를 필요로 할 경우에는 적절한 과정을 거쳐 의뢰하거나 관련 정보를 제공한다.

(6) 상담심리사는 개인의 이익을 위해 상담전문직의 가치와 품위를 훼손하는 행동을 해서는 안 된다.

(7) 상담심리사는 자신이 지도감독 내지 평가하거나 기타의 권위를 행사하

는 대상, 즉 내담자, 학생, 수련생, 연구 참여자 및 피고용인을 물질적, 신체적, 업무상으로 착취하지 않는다.

(8) 상담심리사는 자신의 기술이나 자료가 다른 사람들에 의해 오용될 가능성이 있는 활동에 참여해서는 안 되며, 이런 일이 일어난 경우에는 이를 바로잡거나 최소화하는 조치를 취한다.

다. 자격관리

(1) 상담심리사는 자신의 자격급수와 상담경력을 정확히 알려야 하며, 자신의 자격을 과장하지 않는다.

(2) 상담심리사는 자신이 상담 관련 분야에서 취득한 최종 학위 및 전공을 정확히 명시하고, 그 이외의 분야에서 취득한 학위가 있더라도 그것을 마치 상담 관련 학위인 것처럼 알리지 않는다.

(3) 상담심리사는 자신의 전문자격을 유지하기 위하여 지속적인 교육, 연수를 받아야 한다. 만약 자격이 정지되었을 경우에는 이에 따른 책임을 지며 자격을 회복하기 위해 노력한다.

2. 사회적 책임

가. 사회와의 관계

(1) 상담심리사는 사회의 윤리와 도덕 기준을 존중하고, 사회공익과 상담분야의 발전을 위해 최선을 다한다.

(2) 상담심리사는 필요시 무료 혹은 저가의 보수로 자신의 전문성을 제공하는 사회적 공헌 활동에 참여한다.

(3) 상담비용을 책정할 때 상담심리사들은 내담자의 재정상태를 고려하여야 한다. 책정된 상담료가 내담자에게 적절하지 않을 때에는, 대안적 서비스를 받을 수 있도록 돕는다.

(4) 상담심리사는 상담자 양성에 도움이 되는 다양한 전문적 활동에 참여한다.

나. 고용 기관과의 관계

(1) 상담심리사는 자신이 종사하는 기관의 목적과 방침에 공헌할 수 있는 활동을 할 책임이 있다. 기관의 목적과 방침이 상담자 윤리와 상충될 때에는 이를 해결하기 위해 노력해야 한다.

(2) 상담심리사는 근무기관의 관리자 및 동료들과 상담업무, 비밀보장, 직무에 대한 책임, 공적 자료와 개인자료의 구별, 기록된 정보의 보관과 처분에 관하여 상호 협의해야 한다. 상호 협의한 관계자들은 협의 내용을 문서화하고 공유한다.

(3) 상담심리사는 자신이 속한 기관의 효율성에 제한을 줄 수 있는 상황에 대해 미리 알려주어야 한다.

다. 상담기관 운영자

(1) 상담기관 운영자는 기관 내에서 이루어지는 제반 상담활동을 관리 감독함에 있어, 내담자의 권리와 복지를 최우선으로 고려해야 한다.

(2) 상담기관 운영자는 방음, 편안함, 주의집중 등을 고려하여 상담 및 심리평가에 적합한 독립된 공간을 제공해야 한다.

(3) 상담기관 운영자는 상담심리사를 포함한 피고용인의 권리와 복지 보장 및 전문성 제고를 위해 최선의 노력을 다 할 책임이 있다.

(4) 상담기관 운영자는 업무에 적합한 전문성을 갖춘 상담심리사를 고용하고, 이들의 증명서, 자격증, 업무내용, 기타 상담자와 관련된 다른 정보 등을 정확하게 파악하고 관리하여야 한다.

(5) 상담기관 운영자는 직원들에게 기관의 목표와 활동에 대해 알려주어야 한다.

(6) 상담기관 운영자는 고용, 승진, 인사, 연수 및 지도 시에 성별, 장애, 나이, 성적 지향, 성별 정체성, 사회적 신분, 외모, 인종, 가족형태, 종교 등을 이유로 차별적인 행동을 해서는 안 된다.

(7) 상담기관 운영자는 고용을 빌미로 상담심리사가 원치 않는 유료 상담,

유료 교육, 내담자 모집을 강제해서는 안 된다.

라. 다른 전문직과의 관계

(1) 상담심리사는 함께 일하는 다른 전문적 집단의 특성을 존중하고, 상호
협력적 관계를 도모한다.

(2) 공적인 자리에서 개인 의견을 말할 경우, 상담심리사는 그것이 개인적
의견에 불과하며 상담심리사 전체의 견해나 입장이 아님을 분명히 해야
한다.

(3) 상담심리사는 내담자가 다른 정신건강 전문가의 서비스를 받고 있음을
알게 되면, 내담자로 하여금 상담 사실을 그 전문가에게 알리도록 권유
하고, 긍정적이고 협력적인 치료관계를 맺도록 노력한다.

(4) 상담심리사는 내담자 의뢰나 소개와 관련한 비용을 수취하거나 요구하
지 않는다.

마. 자문

(1) 자문이란 개인, 집단, 사회단체가 전문적인 조력자의 도움이 필요하여
요청한 자발적인 관계를 말한다. 상담심리사는 자문을 요청한 개인이나
기관의 문제 혹은 잠재된 문제를 규명하고 해결하는 데 도움을 준다.

(2) 상담심리사는 자신이 자문에 참여하는 개인 또는 기관에게 도움을 주는
데 필요한, 자질과 능력을 갖추었는지를 스스로 검토하고 자문에 임해야
한다.

(3) 상담심리사는 자문에 임할 때 자신의 가치관, 지식, 기술, 한계성이나 욕
구에 대한 깊은 자각이 있어야 하고, 자문의 초점은 문제를 가진 사람이
아니라 풀어나가야 할 문제 자체에 두어야 한다.

(4) 자문 관계는 자문 대상자가 스스로 성장해 나가도록 격려하고 고양하는
것이어야 한다. 상담심리사는 이러한 역할을 일관성 있게 유지해야 하
고, 자문 대상자가 스스로의 의사결정자가 되도록 도와주어야 한다.

(5) 상담활동에서 자문의 활용에 대해 홍보할 때는 학회의 윤리강령을 성실하게 준수해야 한다.

바. 홍보

(1) 상담심리사는 전문가로서의 자신의 자격과 상담경력에 대해 대중에게 정확하게 홍보해야 하며, 오해를 일으킬 수 있거나 거짓된 내용을 전달해서는 안 된다.

(2) 상담심리사는 일반인들에게 상담의 전문적 활동이나 상담 관련 정보, 기대되는 상담효과 등을 정확하게 알려주어야 한다.

(3) 상담심리사는 출판업자, 언론인, 혹은 후원사 등이 상담의 실제나 전문적인 활동과 관련된 잘못된 진술을 하는 경우 이를 시정하고 방지하도록 노력한다.

(4) 상담심리사가 워크숍이나 상담 프로그램을 홍보할 때는 참여자의 선택을 위해서 정확한 정보를 제공해야 한다.

(5) 상담심리사는 상담자의 품위를 훼손하지 않도록 책임의식을 가지고 홍보해야 한다.

(6) 상담심리사는 홍보에 활용하기 위하여 내담자에게 소감문 작성이나 사진 촬영 등을 강요하지 않는다.

(7) 상담심리사는 자신이 실제로 상담 및 자문 활동을 하지 않는 상담기관이 자신의 이름을 기관의 홍보에 사용하지 않도록 해야 한다.

3. 내담자의 복지와 권리에 대한 존중

가. 내담자 복지

(1) 상담심리사의 일차적 책임은 내담자의 복지를 증진하고 존엄성을 존중하는 것이다.

(2) 상담심리사는 내담자의 잠재력을 개발하여 건강한 삶을 영위하도록 도

움을 주며, 어떤 방식으로도 해를 끼치지 않는다.

(3) 상담심리사는 상담관계에서 오는 친밀성과 책임감을 인식해야 한다. 상담심리사의 개인적 욕구충족을 위해서 내담자를 희생시켜서는 안 되며, 내담자로 하여금 의존적인 상담관계를 형성하지 않도록 노력해야 한다.

(4) 상담심리사는 직업 문제와 관련하여 내담자의 능력, 일반적인 기질, 흥미, 적성, 욕구, 환경 등을 고려하면서 내담자와 함께 노력하지만, 내담자의 일자리를 찾아주거나 근무처를 정해줄 의무가 있는 것은 아니다.

나. 내담자의 권리와 사전 동의

(1) 내담자는 상담 계획에 참여할 권리, 상담을 거부하거나 상담 개입방식의 변화를 거부할 권리, 그러한 거부에 따른 결과에 대해 고지 받을 권리, 자신의 상담 관련 정보를 요청할 권리 등이 있다.

(2) 상담심리사는 상담을 시작할 때 내담자가 충분한 설명을 듣고 선택할 수 있도록 적절한 정보를 제공해야 하고, 상담자와 내담자 모두의 권리와 책임에 대해서 알려줄 의무가 있다. 이러한 사전 동의 절차는 상담 과정의 중요한 부분이며, 내담자와 논의하고 합의된 내용을 적절하게 문서화한다.

(3) 상담심리사가 내담자에게 설명해야 할 사전 동의 항목으로는 상담자의 자격과 경력, 상담 비용과 지불 방식, 치료기간과 종결 시기, 비밀보호 및 한계 등이 있다.

(4) 상담심리사는 내담자에게 상담 과정의 녹음과 녹화 가능성, 사례지도 및 교육에의 활용 가능성에 대해 설명하고, 내담자에게 동의 또는 거부할 권리가 있음을 알려야 한다.

(5) 내담자가 미성년자 혹은 자발적인 동의를 할 수 없는 경우, 상담심리사는 내담자의 최상의 복지를 고려하여, 보호자 또는 법정 대리인의 사전 동의를 구해야 한다.

(6) 상담심리사는 미성년인 내담자를 상담할 때, 필요하면 부모나 보호자가

상담에 참여할 수 있음을 내담자에게 알린다. 이 경우, 상담자는 부모 혹은 보호자의 참여에 앞서 그 영향을 고려하고 내담자의 권익을 보호하도록 한다.

다. 다양성 존중

(1) 상담심리사는 모든 인간의 기본적인 권리, 존엄성, 가치를 존중하며 성별, 장애, 나이, 성적 지향, 성별 정체성, 사회적 신분, 외모, 인종, 가족형태, 종교 등을 이유로 내담자를 차별하지 않는다.

(2) 상담심리사는 내담자의 다양한 문화적 배경을 이해하려고 적극적으로 시도해야 하며, 상담심리사 자신의 고유한 문화적 정체성이 상담 과정에 어떤 영향을 주는지 인식해야 한다.

(3) 상담심리사는 자신의 고유한 가치, 태도, 신념, 행위를 인식하고, 내담자에게 자신의 가치를 강요하지 않는다.

4. 상담관계

가. 다중 관계

(1) 상담심리사는 객관성과 전문적인 판단에 영향을 미칠 수 있는 다중 관계는 피해야 한다. 가까운 친구나 친인척, 지인 등 사적인 관계가 있는 사람을 내담자로 받아들이면 다중 관계가 되므로, 다른 전문가에게 의뢰하여 도움을 준다. 의도하지 않게 다중 관계가 시작된 경우에도 적절한 조치를 취해야 한다.

(2) 상담심리사는 상담할 때에 내담자와 상담 이외의 다른 관계가 있다면, 특히 자신이 내담자의 상사이거나 지도교수 혹은 평가를 해야 하는 입장에 놓인 경우라면 그 내담자를 다른 전문가에게 의뢰한다.

(3) 상담심리사는 내담자와 상담실 밖에서 연애 관계나 기타 사적인 관계(소셜미디어나 다른 매체를 통한 관계 포함)를 맺거나 유지하지 않는다.

(4) 상담심리사는 내담자와의 관계에서 상담료 이외의 어떠한 금전적, 물질적 거래를 해서는 안 된다.

(5) 상담심리사는 내담자의 선물로 인해 발생할 수 있는 문제를 숙고해야 한다. 선물의 수령 여부를 결정함에 있어서 상담관계에 미치는 영향, 선물의 의미, 내담자와 상담자의 동기, 현행법 위반 여부 등을 신중하게 고려해야 한다.

나. 성적 관계

(1) 상담심리사는 내담자 및 내담자의 보호자, 친척 또는 중요한 타인에게 자신의 지위를 이용하여 성희롱 또는 성추행을 포함한 성적 접촉을 해서는 안 된다.

(2) 상담심리사는 내담자 및 내담자의 보호자, 친척, 또는 중요한 타인과 성적 관계를 가져서는 안 된다.

(3) 상담심리사는 이전에 연애 관계 또는 성적인 관계를 가졌던 사람을 내담자로 받아들이지 않는다.

(4) 상담심리사는 상담관계가 종결된 이후 적어도 3년 동안은 내담자와 성적 관계를 맺지 않아야 한다. 그 후에라도 가능하면 내담자와 성적인 관계는 갖지 않는다.

다. 여러 명의 내담자와의 관계

(1) 상담심리사가 두 명 이상의 사람들에게 상담 서비스를 제공하는 경우(예: 남편과 아내, 부모와 자녀), 누가 내담자이며 각각의 사람들과 어떤 관계를 맺어갈지를 명확히 하고 상담을 시작해야 한다.

(2) 만약에 상담심리사가 내담자들 사이에서 상충되는 역할을 해야 된다면, 상담심리사는 그 역할에 대해서 명확히 하거나, 조정하거나, 그 역할로부터 벗어나도록 한다.

라. 집단상담

(1) 상담심리사는 집단 목표에 부합하는 집단원들을 모집하여 집단상담이 원활히 진행되도록 한다.

(2) 상담심리사는 집단참여자를 물리적 피해나 심리적 외상으로부터 보호하기 위해 충분한 주의를 기울인다.

(3) 집단리더는 지위를 이용하여 집단원의 권리와 복지를 훼손하지 않는다. 또한, 집단 과정에서 집단원의 선택의 자유를 존중하고, 이들이 집단 압력으로부터 보호 받을 권리가 있음을 유념한다.

(4) 집단 리더는 다중관계가 될 수 있는 가까운 친구나 친인척, 지인 등을 집단원으로 받아들이지 않는다. 또한, 집단상담이 끝난 후 집단원과 사적인 관계를 맺거나 유지하지 않는다.

5. 정보의 보호 및 관리

가. 사생활과 비밀보호

(1) 상담심리사는 상담 과정에서 알게 된 내담자의 민감 정보를 다룰 때 특별히 주의해야 하고, 상담과 관련된 모든 정보의 관리에 있어 개인정보보호와 관련된 법을 준수해야 한다.

(2) 상담심리사는 사생활과 비밀유지에 대한 내담자의 권리를 최대한 존중해야 할 의무가 있다.

(3) 내담자의 사생활 보호에 대한 권리는 존중되어야 하나, 때로 내담자나 내담자가 위임한 법정 대리인의 요청에 의해 제한될 수 있다.

(4) 내담자의 사생활 보호가 제한되는 경우라 하더라도, 상담심리사는 내담자의 사생활 침해를 최소화하기 위해 노력해야 하고, 문서 및 구두 보고 시 사생활에 관한 정보를 포함시켜야 할 경우 그 목적과 밀접한 관련이 있는 정보만을 포함시킨다.

(5) 상담심리사는 강의, 저술, 동료자문, 대중매체 인터뷰, 사적 대화 등의 상황

에서 내담자의 신원확인이 가능한 정보나 비밀 정보를 공개하지 않는다.

(6) 상담심리사는 상담 기관에 소속된 모든 구성원과 관계자들에게도 내담자의 사생활과 비밀이 보호되도록 주지시켜야 한다.

나. 기록

(1) 상담기관이나 상담심리사는 상담의 기록, 보관 및 폐기에 관한 규정을 마련하고 준수해야 한다.

(2) 상담심리사는 법, 규정 혹은 제도적 절차에 따라, 상담기록을 일정기간 보관한다. 보관 기간이 경과된 기록은 파기해야 한다.

(3) 공공기관이나 교육기관 등은 각 기관에서 정한 기록 보관 연한을 따르고, 이에 해당하지 않는 경우에는 3년 이내 보관을 원칙으로 한다.

(4) 상담심리사는 상담의 녹음 및 기록에 관해 내담자의 동의를 구한다.

(5) 상담심리사는 면접기록, 심리검사자료, 편지, 녹음 파일, 동영상, 기타 기록 등 상담과 관련된 기록들이 내담자를 위해 보존된다는 것을 인식하며, 상담기록의 안전과 비밀보호에 책임을 진다.

(6) 상담심리사는 내담자가 합당한 선에서 기록물에 대한 열람을 요청할 경우, 열람할 수 있도록 한다. 단, 상담심리사는 기록물에 대한 열람이 내담자에게 해악을 끼친다고 사료될 경우 내담자의 기록 열람을 제한한다.

(7) 상담심리사는 내담자의 기록 열람에 대한 요청을 문서화하며, 기록의 열람을 제한할 경우, 그 이유를 명기한다.

(8) 복수의 내담자의 경우, 상담심리사는 각 개별 내담자에게 직접 해당되는 부분만을 공개하며, 다른 내담자의 정보에 관련된 부분은 노출되지 않도록 한다.

(9) 상담심리사는 기록과 자료에 대한 비밀보호가 자신의 죽음, 능력상실, 자격박탈 등의 경우에도 보호될 수 있도록 미리 계획을 세운다.

(10) 상담심리사는 상담과 관련된 기록을 보관하고 처리하는 데 있어서 비밀을 보호해야 하며, 이를 타인에게 공개할 때에는 내담자의 직접적인 동

의를 받아야 한다.

다. 비밀보호의 한계

(1) 내담자의 생명이나 타인 및 사회의 안전을 위협하는 경우, 내담자의 동의 없이도 내담자에 대한 정보를 관련 전문인이나 사회에 알릴 수 있다.

(2) 내담자가 감염성이 있는 치명적인 질병이 있다는 확실한 정보를 가졌을 때, 상담심리사는 그 질병에 위험한 수준으로 노출되어 있는 제3자(내담자와 관계 맺고 있는)에게 그러한 정보를 공개할 수 있다. 상담심리사는 제 삼자에게 이러한 정보를 공개하기 전에, 내담자가 자신의 질병에 대해서 그 사람에게 알렸는지, 아니면 스스로 알릴 의도가 있는지를 확인한다.

(3) 법원이 내담자의 동의 없이 상담심리사에게 상담관련 정보를 요구할 경우, 상담심리사는 내담자의 권익이 침해되지 않도록 법원과 조율하여야 한다.

(4) 상담심리사는 내담자 정보를 공개할 경우, 정보 공개 사실을 내담자에게 알려야 한다. 정보 공개가 불가피할 경우라도 최소한의 정보만을 공개한다.

(5) 여러 전문가로 구성된 팀이 개입하는 상담의 경우, 상담심리사는 팀의 존재와 구성을 내담자에게 알린다.

(6) 비밀보호의 예외 및 한계에 관한 타당성이 의심될 때에 상담심리사는 동료 전문가 및 학회의 자문을 구한다.

라. 집단상담과 가족상담

(1) 집단 상담을 할 경우, 상담심리사는 그 특정 집단에 대한 비밀보장의 중요성과 한계를 명백히 설명한다.

(2) 가족상담에서 상담심리사는 각 가족 구성원의 사생활 보호에 대한 권리를 존중한다. 한 가족 구성원에 대한 정보는, 해당 구성원의 허락 없이는

다른 구성원에게 공개될 수 없다. 단, 미성년자 혹은 심신미약자가 포함된 경우, 이들에 대한 비밀보장은 위임된 보호자에 의해 제한될 수 있다.

마. 상담 외 목적을 위한 내담자 정보의 사용

(1) 교육이나 연구 또는 출판을 목적으로 상담관계로부터 얻어진 자료를 사용할 때에는 내담자의 동의를 구해야 하며, 각 개인의 익명성이 보장되도록 자료 변형 및 신상 정보의 삭제와 같은 적절한 조치를 취하여 내담자에게 피해를 주지 않도록 한다.

(2) 다른 전문가의 자문을 구할 경우, 상담심리사는 사전에 내담자의 동의를 구해야 하며, 적절한 조치를 통해 내담자의 사생활과 비밀을 보호하도록 노력한다.

바. 전자 정보의 관리 및 비밀보호

(1) 전자기기 및 매체를 활용하여 상담관련 정보를 기록·관리하는 경우, 상담심리사는 기록의 유출 또는 분실 가능성에 대해 경각심과 주의의무를 가져야 하며 내담자의 정보보호를 위해 적극적인 노력을 해야 한다.

(2) 내담자의 기록이 전산 시스템으로 관리되는 경우, 상담심리사는 접근 권한을 명확히 설정하여 내담자의 신상이 드러나지 않도록 조치를 취한다.

6. 심리평가

가. 기본 사항

(1) 심리평가의 목적은 심리검사를 활용하여 내담자의 자기이해 및 의사결정을 돕고 치료계획을 수립하는 데 있다.

(2) 상담심리사는 규정된 전문적 관계 안에서만 심리검사를 활용한 진단, 평가 및 개입을 한다.

(3) 심리평가에 대한 상담심리사의 결과해석, 소견 및 권고는 충분한 정보와

근거를 바탕으로 이루어져야 하며, 상담심리사는 이에 대한 내담자의 알 권리를 존중한다.

(4) 상담심리사는 심리검사의 결과나 해석을 오용해서는 안 되며, 전문적 자격을 갖추지 않은 사람에 의한 심리검사의 개발, 출판, 배포, 사용에 대해서는 적절한 조치를 취한다.

(5) 상담심리사는 내담자 혹은 내담자의 법정대리인의 동의가 있는 경우에만 내담자의 개인정보가 포함된 심리평가 관련 자료를 공개한다. 단, 공개 대상은 자료를 해석할 만한 충분한 자격을 갖춘 전문가로 제한한다.

나. 검사를 사용하고 해석하는 능력

(1) 상담심리사는 심리평가를 수행함에 있어 평가 도구의 채점, 해석과 사용, 관리에 대한 책임이 있으며, 자신이 훈련받은 검사와 평가만을 수행해야 한다. 이는 온라인 검사의 경우에도 해당된다.

(2) 상담심리사는 검사도구의 타당도와 신뢰도, 검사도구의 개발과 사용 지침에 대해 이해하고 있어야 한다.

(3) 상담심리사는 검사의 실시, 채점 및 해석이 제공되는 온라인 검사의 경우에도 원 검사의 구성 및 해석에 대해 숙지하고 있어야 한다.

(4) 상담심리사는 수련생이 심리검사를 유능하게 수행할 수 있는지 지속적으로 감독해야 한다.

다. 사전 동의

(1) 상담심리사는 심리평가 전에 내담자 또는 내담자의 법정 대리인에게 사전 동의를 받아야 한다. 사전 동의를 구할 때에는 검사의 목적과 용도, 비용에 대해 내담자가 이해할 수 있도록 설명해야 한다.

(2) 상담심리사는 검사결과를 제공할 때 내담자 혹은 내담자가 사전 동의한 수령인에게 결과를 전달하고 적절한 해석을 제공해야 한다. 이는 집단으로 실시된 검사도 해당된다.

라. 검사의 선택 및 실시

(1) 상담심리사는 내담자에게 적절한 심리검사를 선택해야 하며 검사의 타당도와 신뢰도, 제한점 등을 고려한다.

(2) 상담심리사는 다문화 배경을 가진 내담자를 위한 심리검사 선택 시, 그의 사회문화적 맥락을 신중히 고려해야 한다.

(3) 상담심리사는 표준화된 조건에 따라 검사를 시행한다. 검사가 표준화된 조건에서 시행되지 않거나, 검사 수행 중 일반적이지 않은 행동 혹은 예외적인 상황이 발생할 경우, 그러한 내용을 기록해야 하고, 그 검사결과의 타당성을 의심하거나 무효 처리할 수 있다.

(4) 상담심리사는 신뢰할 수 있는 검사결과를 얻기 위해 검사지 및 검사도구가 노출되지 않도록 주의하고 그 내용을 언급하지 않을 책임이 있다.

마. 검사 결과의 해석과 진단

(1) 상담심리사는 검사 해석에 있어서 성별, 장애, 나이, 성적 지향, 성별 정체성, 사회적 신분, 외모, 인종, 가족형태, 종교 등의 영향을 고려하고, 다른 관련 요인들과 통합 비교하여 검사 결과를 해석한다.

(2) 상담심리사는 경험적으로 입증되지 않은 평가 도구를 사용할 경우, 그 도구를 사용하는 목적을 내담자에게 설명하고 결과 해석에 신중해야 한다.

(3) 상담심리사는 정신장애에 대한 평가를 하는 경우 각별한 주의를 기울여야 한다. 내담자를 위한 치료 방향, 치료 유형 및 후속조치를 결정하기 위해서 개인 면담 및 평가 방법을 신중하게 선택하고 사용한다.

(4) 상담심리사는 내담자의 문제가 그가 속한 문화의 영향을 받는다는 것을 인지하고, 정신장애 진단 시 사회경제 및 문화적 경험을 고려해야 한다.

(5) 상담심리사는 정신장애를 진단하는 것이 내담자나 다른 사람들에게 해가 된다고 판단할 경우, 진단 혹은 진단 결과의 보고를 유보할 수 있다. 상담자는 진단이 지니는 긍정적, 부정적 함의를 신중하게 고려한다.

바. 검사의 안전성

(1) 상담심리사는 공인된 검사의 전부 또는 일부를 발행자 허가 없이 사용, 재발행, 수정하지 않는다.

(2) 상담심리사는 실시한 지 오래된 검사 결과에 기초한 평가를 피하고, 시대에 뒤떨어진 검사 도구를 사용하지 않는다.

(3) 상담심리사는 심리검사의 요강, 도구, 자극, 또는 문항이 대중매체, 인터넷(온라인) 등을 통해 노출되지 않도록 해야 하며, 또한 특정한 반응에 대한 구체적인 해석이 대중적으로 공개되지 않도록 해야 한다.

7. 수련감독 및 상담자 교육

가. 수련감독과 내담자 복지

(1) 수련감독자는 수련생이 진행하는 상담을 지도·감독할 때, 내담자의 복지를 우선적으로 고려해야 한다.

(2) 수련감독자는 수련생이 내담자들에게 상담 서비스를 제공함에 있어서, 자신의 자격 요건을 명확히 알리도록 지도한다.

(3) 수련감독자는 사전 동의 및 비밀보장 등의 권리가 내담자에게 있음을 수련생에게 주지시킨다.

나. 수련감독자의 역량과 책임

(1) 수련감독자는 사례지도 방법과 기법들에 대한 교육과 훈련을 받음으로써, 사례지도 역량을 향상시키기 위해 노력한다.

(2) 수련감독자는 전자 매체를 통하여 전송되는 모든 사례지도 자료의 비밀보장을 위해서 주의하고, 필요한 조치를 취한다.

(3) 수련감독자는 사례지도를 진행할 때, 학회에서 권고한 사례지도 형식과 시간을 준수해야 한다.

(4) 수련감독자는 사례지도를 시작하기 전에, 진행 과정에 대해 충분히 설명

한 후 동의를 받음으로써, 수련생의 적극적 참여를 독려할 책임이 있다.

(5) 수련감독자는 수련생에게 그들이 준수해야 할 전문가적 · 윤리적 규준과 법적 책임을 숙지시킨다.

(6) 수련감독자는 지속적 평가를 통해 수련생의 한계를 파악하고, 그가 자신의 한계를 인식하고 보완할 수 있도록 돕는다.

(7) 자격 심사 추천을 하는 주 수련감독자는 수련생이 합당한 역량을 모두 갖추었다고 여겨질 때에만 훈련과정을 확인 및 추천한다.

다. 수련감독자와 수련생 관계

(1) 수련감독자는 수련생과 상호 존중하며 윤리적, 전문적, 개인적, 그리고 사회적 관계를 명료하게 정의하고 유지한다.

(2) 수련감독 관계의 변화나 확장이 있을 경우, 수련감독자는 그로 인한 문제가 발생하지 않도록 적절한 전문적 조치를 취한다.

(3) 수련감독자와 수련생은 성적 혹은 연애 관계를 갖지 않는다.

(4) 수련감독자와 수련생은 상호 성희롱 또는 성추행을 해서는 안 된다.

(5) 수련감독자는 가족, 친구, 동료 등 상대방에 대한 객관성을 유지하기 힘든 사람과 수련감독 관계를 맺지 않는 것을 원칙으로 한다.

라. 상담 교육자의 책임과 역할

(1) 상담 교육자는 상담과 관련된 자신의 지식과 능력 범위 안에서 교육을 제공하며, 상담 분야에서의 가장 새로운 정보와 지식을 활용한다.

(2) 상담 교육자는 교육과정에서 상담자의 다양성 인식 증진 및 다문화적 역량 향상을 도모한다.

(3) 상담 교육자는 교육생들이 상담이라는 전문직의 윤리적 책임과 규준을 숙지할 수 있도록 지도하고, 교육자 스스로 윤리적인 역할 모델이 될 수 있도록 노력한다.

(4) 상담 교육자는 자신이 속한 기관의 정책과 실제가 수련과정의 취지와 어

굿난다면, 가능한 범위에서 그 상황을 개선하도록 노력한다.

(5) 상담 교육자는 수련중인 학회 회원의 상담료나 교육비를 책정할 때 특별한 배려를 함으로써 상담자 양성에 기여한다.

(6) 강의나 수업 중에 내담자, 학생, 혹은 수련생에 관한 정보나 이야기를 사례로 활용할 경우, 신상 정보를 충분히 변경하여 그 개인이 드러나지 않도록 보호한다.

(7) 상담 교육자는 교육생들이 훈련프로그램 중 상담자의 역할을 할 경우에도, 실제 상담자와 동일한 윤리적 의무와 책임이 있음을 인식하도록 지도한다.

(8) 상담 교육자는 평가대상이 되는 학생과 상담관계를 맺지 않는다. 단 학교 현장에서 교육의 목적으로 이루어지는 집단 상담의 경우는 예외로 한다.

(9) 상담 교육자와 교육생은 성적 혹은 연애 관계를 갖지 않는다.

(10) 상담 교육자와 교육생은 상호 성희롱 또는 성추행을 해서는 안 된다.

8. 윤리문제 해결

가. 숙지의 의무

(1) 상담심리사는 본 윤리강령 및 적용 가능한 타 윤리강령을 숙지해야 할 의무가 있다. 본 윤리강령에 대해 모르고 있거나, 잘못 이해했다고 해도 비윤리적 행위가 정당화될 수는 없다.

(2) 상담심리사는 현행법이 윤리강령을 제한할 경우, 현행법을 우선적으로 적용한다. 만약 윤리강령이 현행법이 요구하는 것보다 엄격한 기준을 설정하고 있다면 윤리강령을 따라야 한다.

(3) 특정 상황이나 행위가 윤리강령에 위반되는지 불분명할 경우, 상담심리사는 윤리강령에 대해 지식이 있는 다른 상담심리사, 해당 권위자 및 상벌윤리 위원회의 자문을 구한다.

(4) 상담심리사는 사실이 아닌 일을 만들거나 과장해서 위반 사례로 신고하거나 이를 조장하지 않는다.

나. 윤리위반의 해결

(1) 상담심리사는 다른 상담심리사의 윤리강령 위반을 인지한 경우, 그 위반이 심각한 해를 끼치지 않는다면, 우선 해당 상담심리사에게 윤리문제가 있음을 인식시킨다.

(2) 명백한 윤리강령의 위반으로 개인이나 조직이 실질적인 해를 입거나 그럴 가능성이 있는 경우, 그리고 개별적인 시도로 해결되지 않는 경우, 상담심리사는 상벌윤리 위원회에 신고한다.

(3) 소속 기관 및 단체와 본 윤리강령 간에 갈등이 있을 경우, 상담심리사는 갈등의 본질을 명확히 하고, 소속 기관 및 단체에 윤리강령을 알려서 이를 준수하는 방향으로 해결책을 찾도록 한다.

다. 상벌윤리 위원회와의 협조

(1) 상담심리사는 상벌윤리 위원회의 업무에 협조한다. 상담심리사는 윤리강령을 위반한 것으로 신고된 사건 처리를 위한 상벌윤리 위원회의 조사, 요청, 기타절차에 협력한다.

9. 회원의 의무

본 학회의 모든 회원(정회원, 준회원)은 상담심리사 자격취득 여부와 상관없이 본 윤리강령을 준수할 의무가 있다. 윤리강령에 어긋나는 행위를 한 상담심리사는 윤리강령과 상담심리학회 회칙에서 정한 절차에 따라 징계를 받을 수 있다. 또한, 징계결과를 학회원, 다른 기관이나 개인에게 알릴 수 있다.

부칙

(1) 본 윤리강령은 2003년 5월 17일부터 시행한다.

(2) 본 윤리강령은 학회 명칭과 상담전문가 명칭을 변경함에 따라 해당되는 용어를 수정하여 2004년 4월 17일자부터 시행한다.

(3) 본 개정 윤리강령은 2009년 11월 21일부터 시행한다.

(4) 본 개정 윤리강령은 2018년 1월 1일부터 시행한다.

[부록 2] 흥미 조사지(Interest Survey)

※ 다음 항목들은 특수교육 대상학생의 부모들이 지니고 있는 관심사에 대한 주제들입니다. 가장 흥미가 있는 주제들에 표시해 주십시오.

☐ 1. 편부모로서의 어려움

☐ 2. 자기주장 규율(assertive discipline) – 긍정적인 가정환경 조성하기

☐ 3. 이혼과 별거 – 가족에 미치는 영향들

☐ 4. 성교육에서 부모의 역할

☐ 5. 계부/계모 가족들 – 한 가족 안에서 성공적으로 사는 방법

☐ 6. 부모-교사 모임 – 부모를 위한 전략들(tips)

☐ 7. 아이들이 좋은 학업습관을 갖도록 도와주는 방법들

☐ 8. 아동이 학교에서 문제행동을 보일 때 필요한 지원을 받는 방법들

☐ 9. 자존감 – 아동들이 자신들에게 좋은 감정을 갖게 하는 방법

☐ 10. 자유와 통제 – 아동들에게 한계를 정해 주는 문제들

☐ 11. 아동들과의 의사소통에 관한 문제들

☐ 12. 자녀의 언어발달 지원에 관한 문제들

☐ 13. 자녀들과 좋은 시간을 보내는 방법들

☐ 14. 유아들을 위한 가정 활동들

☐ 15. 청소년기 자녀들과 함께 생활하기

☐ 16. 약물/알코올 사용과 남용

☐ 17. 자녀들의 미래에 대한 계획 지원하기

☐ 18. 장애아동 양육 스트레스

☐ 19. 장애아동의 일반 형제/자매 지원

☐ 29. 장애아동의 성교육

☐ 21. 학습장애아동에 대한 지원

☐ 22. 개별화교육계획서(IEP) 과정 – 법적 현안들과 부모의 역할

☐ 23. 문제 아동들을 위한 행동관리 기법들

☐ 24. 전문가와의 관계: 교사, 치료사, 평가사, 교장

☐ 25. 특수교육 의뢰 – 의미 등 궁금한 사항들

☐ 26. 기타

출처: Taylor(2004). *Parental skills collaborative services for students with disabilities*, p. 243.

인명

내용

최국환(崔國煥, Choi Gughwan)

고려대학교에서 생리심리학 전공으로 석사학위를 받은 후, 미국 시카고 소재의 Illinois Institute of Technology에서 재활심리학(재활상담 전공) 으로 박사학위를 받았다. 시카고 한인서로돕기센터에서 공인재활상담사 (CRC)로 근무하였고, 미주『코리안 저널』, 미주『한국일보』및『동아일보』 에 건강칼럼을 연재하였다. 현재 가톨릭대학교 특수교육과 교수로 재직 중이며, 학회 및 협회에서 공인재활상담사 및 재활심리전문가로 활발하게 활동하고 있다.『생물심리학: 뇌와 행동』(공역, 학지사, 2013),『심리상담의 전략과 기법: 상담연습을 중심으로』(공역, 시그마프레스, 2007),『심리상담 의 과정과 기법』(공역, 시그마프레스, 2004) 등 다수의 저 · 역서 및 관련 논 문들을 발표해 왔다.

특수교육 및 재활복지 분야의 전문가를 위한
장애학생 부모상담
Counseling with Parents of Students with Disabilities

2018년 8월 20일 1판 1쇄 발행
2023년 10월 20일 1판 4쇄 발행

지은이 • 최 국 환
펴낸이 • 김 진 환
펴낸곳 • ㈜ **학지사**

04031 서울특별시 마포구 양화로 15길 20 마인드월드빌딩 5층

대표전화 • 02) 330-5114   팩스 • 02) 324-2345

등록번호 • 제313-2006-000265호

홈페이지 • http://www.hakjisa.co.kr
인스타그램 • https://www.instagram.com/hakjisabook

ISBN 978-89-997-1587-7 93370

정가 20,000원

출판미디어기업 **학지사**

간호보건의학출판 **학지사메디컬** www.hakjisamd.co.kr
심리검사연구소 **인싸이트** www.inpsyt.co.kr
학술논문서비스 **뉴논문** www.newnonmun.com
원격교육연수원 **카운피아** www.counpia.com